国家图书馆数字图书馆推广工程"网络书香讲坛"授课专家作品

图书馆
信息资源安全

基于云计算环境下

黄国彬◎著

知识产权出版社

全国百佳图书出版单位

—北京—

图书在版编目（CIP）数据

图书馆信息资源安全：基于云计算环境下/黄国彬著. —北京：知识产权出版社，
2021.10

ISBN 978 - 7 - 5130 - 7709 - 5

Ⅰ. ①图… Ⅱ. ①黄… Ⅲ. ①图书馆工作—信息安全—安全管理—研究 Ⅳ. ①G251

中国版本图书馆 CIP 数据核字（2021）第 181416 号

责任编辑：江宜玲　　　　　　　　　　　　　　责任校对：潘凤越
封面设计：回归线（北京）文化传媒有限公司　　责任印制：孙婷婷

图书馆信息资源安全：基于云计算环境下

黄国彬　著

出版发行：	知识产权出版社 有限责任公司	网　　址：	http://www.ipph.cn	
社　　址：	北京市海淀区气象路 50 号院	邮　　编：	100081	
责编电话：	010 - 82000860 转 8339	责编邮箱：	jiangyiling@cnipr.com	
发行电话：	010 - 82000860 转 8101/8102	发行传真：	010 - 82000893/82005070/82000270	
印　　刷：	三河市国英印务有限公司	经　　销：	各大网上书店、新华书店及相关专业书店	
开　　本：	720mm×1000mm　1/16	印　　张：	22	
版　　次：	2021 年 10 月第 1 版	印　　次：	2021 年 10 月第 1 次印刷	
字　　数：	370 千字	定　　价：	88.00 元	

ISBN 978 - 7 - 5130 - 7709 - 5

序　言

随着人工智能、区块链、云计算和大数据的广泛应用，图书馆的信息环境逐步从相对自成体系发展成为开放性的信息生态系统，其中，基于云计算的图书馆新运营模式日益兴起。在这一发展背景下，图书馆信息安全问题已成为重要的研究议题。图书馆的云计算应用目前仍处于探索和初步应用阶段，由于相关政策法律尚不完善，影响了云计算在图书馆的广泛应用。与此同时，这一全新应用所引发的信息安全政策法律问题更缺乏深入系统的研究。

本书综合应用图书馆情报学、信息管理学、信息法学、网络信息安全学等学科知识，采用多种社会科研研究方法，研究了图书馆应用云服务的角色定位、资源体系建设和应用模式，探讨了其面临的信息资源安全问题，从云服务协议和图书馆信息安全内部管理制度等角度，分析了图书馆应用云服务后产生的信息资源体系变化，特别是图书馆作为云服务消费者在云计算环境下面临的信息资源安全风险类型及其原因。本书紧密联系国际图书馆界应用云服务的最新进展，并充分结合我国图书馆界当前应用云服务的实际情况和国情特点，提出了一些富有见地的信息安全应对策略和建议。这些建议具有针对性和前瞻性，为我国图书馆应用云服务进一步提升资源建设、信息服务和业务管理提供了有效的理论依据，丰富了我国图书馆学、情报学的研究成果。因此，本书具有重要的理论探索和实践应用价值。

概括来说，本书在以下几个方面的研究具有特色和突出贡献。

（1）分析了图书馆在云计算环境下新的角色定位。本书系统梳理了我国以及英国、美国、印度、新加坡和土耳其等国家在图书馆界应用云服务的基本模式和特征定位，提出了云计算环境下图书馆更主要的是以云服务消费者角色出现的观点。

（2）通过对图书馆在应用通用云和专用云两个方面的调研和研究，归纳了其发展特征，揭示了图书馆云服务的主要模式和影响机制。本书通过对多家图书馆云服务应用的分析，探讨了应用问题，并结合与图书馆资源建设和信息服务相关的 4 款通用性云服务产品和 10 款专用性云服务产品进行调研，分析了图书馆应用云服务的可行性，研究分析了图书馆主要应用的云服务产品 DaaS（数据即服务）、SaaS（软件即服务）、IaaS（基础设施即服务）及其对图书馆的影响。

（3）探讨了云服务的协议和政策法律两方面引发的图书馆信息资源安全风险问题。在云计算环境下，面向个人数据和虚拟资源的存储与服务，将是图书馆的一种新兴业务。因此，云计算环境下图书馆的信息资源安全也将具有新的特点。本书选取 8 家云服务代表运营商，对其所提供的服务协议从信息安全的角度进行剖析，分析了云服务协议的风险隐患和法律的滞后性问题。

（4）对图书馆信息资源类型涉及的云计算安全相关政策法律进行了体系化和模块化研究。其中，剖析了英国、德国、法国、美国、欧盟、中国等多个国家和地区的多部政策、法律，并梳理和剖析了我国现行多部相关约束性文件。从云计算数据管理生命周期核心环节的数据收集、数据存储、数据传输、数据使用和数据删除等模块入手，分别对各环节中有关信息安全的相关政策规范进行了有针对性的分析，并根据图书馆的信息资源类型进行细分，对信息资源安全涉及的较为庞杂和分散的政策法律进行了梳理和体系化研究。

（5）系统和有针对性地分析了云计算环境下我国图书馆信息资源安全合规性规制问题，特别是云服务协议及内部制度建设问题，并提出了基于特定安全需求的具体服务协议安全框架和内部制度建设规范策略。

黄国彬长期关注和研究图书馆信息政策法律领域的问题，并在相关领域发表了许多重要研究成果，本书是他基于云计算环境下图书馆信息安全政策法律领域的开先河之作，其阶段性成果之一 *Analysis on Information Security Responsibilities of Main Cloud Service Providers Based on Service Agreement* 在 2014 年北京大学举办的 International Conference on Information Capital，Property & Ethics Conference Program 上进行交流后，受到图书馆界同行的普遍关注。随后，国家图书馆数字图书馆推广工程组邀请他在"网络书香讲坛"上围绕"云端上的图书馆"开展专题授课，并将授课过程制作成视频课件供全国公共图书馆界同行学习，截至目前已有包括珠海市图书馆、廊坊市图书馆、通化市图书馆等在内的 8 家公共图书馆组织了专题学习。黄国彬等撰写的论文《当前云计算面临的法律困惑》获 2012 年度中国图书馆协会年会论文二等奖。2014 年，黄国彬在中国图书馆学会第六届青年学术论坛上以"云计算与大数据环境下图情机构信息安全风险及法律应对"为题进行了学术交流并获中国图书馆学会"青年学术之星"的荣誉称号。与此同时，黄国彬老师受邀在 2016 强国知识产权论坛"新常态下的知识产权应用与保护"作专题发言，主要观点被搜狐网、法制网等转载报道，产生了良好的学术影响。

当前，基于人工智能、区块链、云计算和大数据环境下的信息变革带来诸多的信息政策法律问题。这些问题对数字经济、数字公共服务及数字强国建设的良性健康发展至关重要。我国加快了相关政策法律建设步伐，《中华人民共和国网络安全法》已于 2017 年 6 月 1 日施行，《中华人民共和国个人信息保护法》《中华人民共和国数据安全法》也于今年陆续出台，图书馆界和信息安全领域都非常关注这一新趋势。相信本书的出版，不仅对于图书馆、情报及档案管理理论与实践研究工作者有重要的参考意义，也对相关部门的技术应用和政策法规制定等具有重要的借鉴价值。

周庆山　北京大学

2021 年 6 月

目　录

第1章 前　言

云计算是分布式处理、并行处理和网格计算的发展，或者说是这些计算机科学概念的商业实现。其实质是用户终端通过远程连接，获取存储、计算、数据库等计算资源。云计算作为一种 IT 基础设施与服务的交付和使用模式，将深刻影响互联网的运作和服务模式，也将为传统图书馆和数字图书馆未来的发展提供新的建设场景和运行方式。

1.1　研究背景与目标

目前，以联机计算机图书馆中心（Online Computer Library Center，OCLC）、美国国会图书馆、英国国家图书馆、英国联合信息系统委员会（Joint Information Systems Committee，JISC）和中国高等教育文献保障系统（China Academic Library & Information System，CALIS）等为代表的国内外图书馆机构已开启了云计算在图书馆的应用实践。云计算将使图书馆在软件环境、硬件存储、应用平台与服务方式等方面发生深刻变革，同时也会使图书馆信息资源面临很多安全问题，包括数据资源的安全存储、知识产权保护、数据保密、用户权限管理及访问控制管理等。2008 年，OCLC 的 Janifer Gatenby 撰文指出："对图书馆而言，重要的是拥有与控制他们的数据资源，自由地共享、提供访问、曝光数据，而拥有或运行操作与管理这些数据的软件则不那么重要。"这是OCLC 规划云计算应用的征兆。同时，他在 NETConnect 杂志发文提出"云图书馆员"（Cloud Librarians）的新概念。2009 年年初，Michael Stephens 在博文《图书馆如何使用云》中对云计算在图书馆的应用做了初步的展望，预测图书馆界 2009 年技术趋势，将云计算列为十大技术趋势之首。

与此同时，美国图书馆协会（American Library Association，ALA）的网站

TechSource 编发了多篇涉及"云"的技术介绍，同样可看作云计算在图书馆研究的肇始。2009 年 4 月 23 日，OCLC 宣布即将推出基于 WorldCat 书目数据的"Web 级协作型图书馆管理服务"。这被公认为是一项云计算服务。由于 OCLC 在图书馆界的深远影响，此举预示着云计算在图书馆领域广泛应用的开始。2009 年 5 月，英国的图书馆自动化系统供应商 Talis 公司的 Richard Wallis 等人讨论云计算，提出了"云计算图书馆"（Cloud Computing Libraries）的新概念。Talis 公司试图找到一个能够聚合云计算在图书馆应用的新的术语，并希望能够适时地进入基于云计算的图书馆商业应用市场。①

1.1.1 研究背景

（一）国家和行业高度重视云环境下的安全问题

云计算是未来信息产业发展的趋势，随着云计算的进一步发展与应用，针对云环境下的安全问题，国家和行业领导人给予了高度重视。2014 年 4 月 17 日，中共中央总书记、国家主席、中央军委主席、中央国家安全委员会主席习近平主持召开中央国家安全委员会第一次会议并发表重要讲话，指出构建集政治安全、国土安全、军事安全、经济安全、文化安全、社会安全、科技安全、信息安全、生态安全、资源安全、核安全等于一体的国家安全体系。②2011 年 1 月，中国电子信息产业发展研究院软件与信息服务业研究所所长安晖博士在"打造中国云——云计算促进产业转型升级"研讨会上从战略的角度分析了中国云计算产业面临的问题、机遇和挑战以及发展目标，指出云计算安全面临的最大挑战是相关法律法规亟待完善。③

（二）应对云环境下信息安全问题的政策法律、指导文件相继推出

随着云计算技术的快速发展及其在各行业的广泛应用，政府部门、立法机构为应对云环境下信息安全问题，相继推出了相关的政策法律。2011 年 5 月，

① 田雪芹. 云计算环境下图书馆变革的进展与趋势 [J]. 农业图书情报学刊，2010，22（11）.
② 新华网. 习近平阐述国家安全观：集 11 种安全于一体 [EB/OL]. (2014 - 04 - 28) [2020 - 12 - 10]. http: //news. sina. com. cn/c/2014 - 04 - 15/173329939109. shtml.
③ 安晖. 中国云计算产业发展战略研究 [EB/OL]. (2011 - 02 - 10) [2020 - 12 - 10]. http: //smb. chinabyte. com/268/11800268. shtml.

美国白宫向国会提交了期待已久的新版网络安全计划，希望借此加强保护云计算环境下民众的个人隐私和美国金融系统的安全。新计划提议建设一套针对破坏联邦数据行为进行惩罚的法规，其最重要的看点是明确了对使用计算机进行网络犯罪的处罚，并规定了入侵关键系统的最低处罚力度。① 2016 年 8 月，北京市人民政府办公厅发布了《北京市大数据和云计算发展行动计划（2016—2020 年)》，以深入贯彻落实《国务院关于促进云计算创新发展培育信息产业新业态的意见》《国务院关于印发促进大数据发展行动纲要的通知》《国务院办公厅关于运用大数据加强对市场主体服务和监管的若干意见》等文件精神，确保云服务的安全，全面推进北京大数据和云计算发展。②

在图书情报领域，国家图书馆"十三五"发展规划确定了"十三五"时期业务建设的 10 项重点任务，包括建设基于云计算和大数据的技术支撑平台、部署图书馆应用云服务的安全策略等。其任务重点是关注利用大数据、云计算、物联网等新技术，为业务建设、管理工作与读者服务提供有力的技术支撑。③

（三）学界与业界普遍关注云计算环境下的信息安全

云计算作为一种新的应用，其信息安全问题是决定云计算发展前景的关键，因此云环境下的信息安全也成为学界、业界普遍关注的话题。以美国、英国、澳大利亚和加拿大为代表的主要国家，围绕云计算、云计算安全举办了多场会议。与此同时，我国学界和业界也对云计算环境下的信息安全问题给予了关注。2011 年 6 月，"中国云计算安全政策与法律工作组成立大会"暨"中国云计算安全政策与法律高端论坛"在西安举行，来自学术界、产业界和政府部门的专家学者讨论并正式组成了中国云计算安全政策法律工作组，旨在通过云计算的安全政策法规研究，为国家决策提供政策法律建议，为云计算服务提供商进行业务创新、服务创新、最佳实践交流等提供政策支持和咨询服务。在成立大会上，与会专家认为，云计算发展中的安全风险和威胁必须引起国际社会的普遍关注，云计算产业须首要解决安全政策和法律问题，国家应当从战略

---

① 美国政府向国会提交新版网络安全计划 ［EB/OL］. （2011 - 06 - 03）［2020 - 12 - 10］. http：//tech. hexun. com/2011 - 05 - 16/129638509. html.

② 搜狐. 2016—2020 年北京市大数据和云计算发展行动计划 ［EB/OL］. （2016 - 09 - 28）［2020 - 12 - 10］. http：//mt. sohu. com/20160821/n465258958. shtml.

③ 申晓娟. 国家图书馆"十三五"发展规划概要 ［J］. 数字图书馆论坛，2016 （11）：2 - 11.

上重视云计算发展与安全之间的关系，确定国家云计算安全战略，适时调整现行国家政策、法规中已经不能适应云计算发展的规定，为云计算发展创建良好的信息安全政策法律环境。① 2011 年 10 月，第二届中国信息安全法律大会在西安举行，会议以"迈向云时代的信息安全战略与法律政策"为主题，对威胁信息安全的行为和事件、云环境下信息安全的法律与保护、云计算的主要政策及技术对策、云计算的信息安全问题与政策法律等进行探讨。由中国云计算安全政策与法律工作组编写的《中国云计算安全政策与法律蓝皮书》也在大会上同步发布。②

此外，2011 年 5 月，"云计算与版权法的未来研讨会"在深圳举行。云计算的发展给版权产业带来许多机遇和商机，但同时对传统版权法律的制度、授权模式、使用方式都提出了严峻的挑战。与会专家在介绍和定义云计算这种新事物的基础上，根据现有的法律制度和实践对这种新模式下的版权授权、版权保护、产业发展等进行研讨。③ 2016 年 8 月，中国大数据技术与应用研讨会在北京召开。工业和信息化部信息通信发展司副司长陈家春表示，我国数据总量正在以年均 50% 的速度增长，预计到 2020 年将占全球的 21%；2015 年，我国云计算带动上下游产业规模超过 3500 亿元。但也面临着不少挑战，其中包括法律法规及标准尚待完善等。④

（四）云环境下信息安全问题被纳入国家社科基金重大课题的研究范畴

在学界、业界的普遍关注下，云计算环境下信息安全问题的研究也逐渐进入国家社科基金重大课题的选题范围。2012 年 3 月，国家社科基金重大项目"中国云计算知识产权问题与对策研究"开题论证暨专家研讨会在玉泉路研究生院举行。项目首席专家李顺德教授从云计算技术对当前知识产权制度的挑战，云计算知识产权问题研究现状，项目研究目标、总体框架、基本内容和创

① 中国云计算安全政策与法律工作组在西安成立 ［EB/OL］. （2011 - 06 - 17）［2011 - 11 - 13］. http：//www. infseclaw. net/news/html/630. html.

② 中国信息安全认证中心. 第二届中国信息安全法律大会在西安交大举行 ［EB/OL］. （2011 - 10 - 19）［2017 - 05 - 05］. http：//www. isccc. gov. cn/xwdt/xwkx/10/487635. shtml.

③ 范京蓉. "云计算与版权法的未来"研讨会在深举行 ［EB/OL］. （2011 - 08 - 16）. http：//roll. sohu. com/20110517/n307679713. shtml.

④ 李景. 预计到 2020 年我国信息数据总量将占全球 21% ［EB/OL］. （2016 - 09 - 28）. http：//news. cyol. com/content/2016 - 08/29/content_13770609. html.

新点，研究团队与研究力量，子课题设置、研究计划和预期成果五个方面做了
开题报告。① 而在图书情报领域，也有国家社科基金重大项目围绕云计算环境
下的信息安全相关问题开展研究。2015 年 4 月，武汉大学胡昌平教授主持的
2014 年度国家社科基金重大项目"云环境下国家数字学术资源信息安全保障
体系研究"开题报告会在武汉举行。云环境下国家数字学术资源信息安全保
障体系研究是一个与实践紧密结合的重大课题，能够给国家信息安全保障体系
的构建提供很好的决策建议。②

（五）企业界推出更能满足云环境下信息资源安全需求的产品与服务

随着云计算产品的增加，企业引发的云计算数据风险也在增加，由此企业
推出更能满足云环境下信息资源安全需求的产品与服务。2011 年 6 月，知名
风投公司 Kleiner Perkins Caufield & Byers 表示，计划建立特别基金以专门投资
云计算技术。云计算通过互联网为企业和个人用户存储数据，以降低成本，提
高可靠性。云服务已经成为硅谷的一大热门领域，众多创业家纷纷试水这一市
场。③ 2011 年 9 月，Google 推出安全性能更有保障的云存储服务产品 Google
Drive。④ 2016 年 6 月，亚马逊的云计算服务正式入驻印度。到目前为止，该公
司在孟买已经成立了两个 AWS 数据中心。⑤

2016 年，BSA 全球云计算计分卡 Scorecard （唯一一个定期跟踪云计算国
际政策与法律格局变化的报告）显示，全球有关云计算信息安全的政策法律，
在世界各地正在不断改善。为云计算服务提供信息安全政策与法律环境的国家
可以在生产力和经济增长方面获益。提供最佳政策与法律的国家是那些重视数
据自由流动，隐私权、知识产权得到保护，对网络犯罪行为实施强大威慑的国
家。许多国家也认识到，与其他制定有云计算政策的国家进行国际云计算政策

---

① 全国哲学社会科学规划办公室."中国云计算知识产权问题与对策研究"召开开题论证会
［EB/OL］.（2012 – 03 – 19）. http：//www. npopss – cn. gov. cn/n/2013/0424/c360261 – 21265617. html.

② 武汉大学. 胡昌平教授 2014 年度国家社科基金重大招标项目开题报告会举行 ［EB/OL］.
（2015 – 12 – 04）. http：//sim. whu. edu. cn/index. php/index – view – aid – 790. html.

③ 著名风投 KPCB 计划成立云计算投资基金 ［EB/OL］.（2016 – 08 – 25）. http：//tech. sina.
com. cn/i/2011 – 06 – 25/04165690729. shtml.

④ 谷歌云存储服务界面泄露：已在内部使用 ［EB/OL］.（2011 – 09 – 25）. http：//tech. sina.
com. cn/i/2011 – 09 – 25/09346107888. shtml.

⑤ 亚马逊在印度的首批 AWS 数据中心落户孟买 ［EB/OL］.（2015 – 08 – 06）. http：//
d. youth. cn/tech_focus/201606/t20160629_8202217. html.

合作将为参与全球经济的所有国家带来利益。而那些阻止或不支持使用云计算并随之制定相应安全管理政策与法律的国家，将无法赶上使用云计算国家的发展步伐。该报告对占据全球 80% IT 市场的 24 个国家的 IT 基础设施和政策环境（或云准备状况）进行了排名，并根据每个国家的优势和劣势在七个关键政策领域（确保隐私、促进安全性、打击网络犯罪、保护知识产权、确保数据可移植性和国际规则的统一、促进自由贸易、建立必要的 IT 基础架构）中划分了等级。2016 年的研究结果显示，自 2013 年以来，几乎所有国家在促进与推动云计算应用及其信息安全等相关问题的政策与法律环境方面都有了明显的改善。

1.1.2 研究目标

通过系统研究云计算环境下图书馆信息资源安全的新特性、图书馆信息资源安全政策法律的基本框架，从政策法律的角度，力图在实践层面为图书馆更好地嵌入云计算环境，借助云服务高效、安全地开展图书馆的资源建设与信息服务提供可行策略；而在理论研究层面，则通过进一步梳理国内外信息资源安全的政策法律体系、可适用于图书馆的信息资源安全政策法律的基本框架、当前信息资源安全的政策法律与云计算环境下图书馆信息资源安全诉求之间的矛盾，丰富图书馆学基础理论、信息法学的研究内容。

1.2 研究的理论基础与方法

1.2.1 研究的理论基础

（一）云计算的基本属性

云计算是现有技术和模式的演进和采用，是一种商业计算模式，旨在降低成本和帮助用户专注于自身的核心业务。它具有下列特点：①虚拟化的资源池（包括资源虚拟化和应用虚拟化等形式）。云计算将计算资源汇集在一起形成资源池，部署成各种不同的服务供用户使用。②弹性快速服务。云计算的资源分配可以根据应用访问的具体情况进行动态调整，弹性服务可帮助用户在任意时间得到满足需求的计算资源。③按需自助服务。云计算是把信息技术作为服务提供的一种方式，用户可以根据需求即时得到服务。从这个角度讲，"云"

是一个庞大的资源池，用户按需计费购买。④动态可扩展性。云数据中心的规模可以根据用户规模的增长程度和具体应用需求动态拓展。底层的物理资源可以自动增长，增加云的计算能力；上层用户的应用可以根据不同的业务需求，组合出多种多样、互相隔离的应用形式。⑤广泛的网络接入。云中的 IT 资源须通过网络访问，且支持多种标准的接口，不受客户端配置和位置影响。⑥可测量性。云中的 IT 资源可进行精确测量，一方面可以更精确地了解系统的运行状态，另一方面可以为实现服务收费提供计量方法。①

（二）基于云服务模式的安全风险类型

对于云计算的服务模式，因不同研究者分析角度、分析方法等的不同，形成了其结论的差异。有些研究者认为云计算的服务模式为"SPI"模式，即 SaaS（Software as a Service，软件即服务）、PaaS（Platform as a Service，平台即服务）、IaaS（Infrastructure as a Service，基础设施即服务）；而有些研究者认为云计算的服务模式还包括 CaaS（Communication as a Service，通信即服务）、DaaS（Data as a Service，数据即服务）、HaaS（Hardware as a Service，硬件即服务）；有些研究者认为还应包括 KaaS（Knowledge as a Service，知识即服务）。在本书中，笔者主要从 PaaS、HaaS、IaaS 和 DaaS 等角度来分析云计算面临的安全风险，具体见表 1-1。

表 1-1　云计算服务模式及安全风险

架构层次	服务模式	功　能	信息安全风险
开发平台层	PaaS	提供分布式开发服务	平台的构建漏洞、可靠性、可用性、用户身份管理、非法访问等
物理层	HaaS	提供各种局部资源支持	电源故障、硬件故障、病毒攻击、电磁泄漏、位置安全、物理访问、环境安全、地域因素等
资源架构层	IaaS	主要提供灵活、高效、高强度的分布式计算服务	黑客攻击、协议风险、计算性能的可靠性等
资源架构层	DaaS	提供分布式的可靠、安全、大容量、便捷的数据存储服务	数据的存储位置、数据隔离、灾难恢复、数据加密、数据删除等
应用层	SaaS	提供各种应用软件服务	软件漏洞、版权问题、物理安全、应用安全、管理安全等

---

① 徐保民. 云计算解密：技术原理及应用实践［M］. 北京：电子工业出版社，2014.

（1）物理层（HaaS）：物理层是云计算的最底层，该层的资源主要是构成云骨干地理分布的局部本地资源，如计算资源、存储资源、网络资源、传感器、服务器等。在这一层面临的安全风险包括电源故障、硬件故障、病毒攻击、电磁泄漏、位置安全、物理访问、环境安全、地域因素等，这些安全问题会给用户带来很大的损失。例如：电源故障、硬件故障会导致服务中断，用户来不及存储或备份的数据丢失；病毒攻击会影响服务的正常运行，影响用户的数据安全；电磁泄漏会导致用户数据泄露，甚至会使得用户数据被违法使用等。

（2）资源架构层（IaaS、DaaS）：资源架构层的主要功能是为用户提供可靠的网络通信服务，所面临的安全风险包括黑客攻击、协议风险、计算性能的可靠性、数据的存储位置、数据隔离、灾难恢复、数据加密、数据删除等。其中，每种安全风险都有可能导致服务中断及用户数据泄露。

（3）开发平台层（PaaS）：PaaS的主要功能是提供分布式开发服务，是一种把服务器平台作为一种服务提供的商业模式。[1] 开发平台层以 API 方式提供各种编程环境，同时也为程序开发者提供扩展、负载均衡、授权、Email、用户界面等多样服务支持。PaaS 加速了应用服务部署，支持应用服务扩展，如 Google App Engine 和 Salesforce Apex System。[2] 开发平台层主要面临的安全风险包括平台的构建漏洞、可靠性、可用性、用户身份管理、非法访问等。

（4）应用层（SaaS）：SaaS 是以软件租用、在线使用方式为用户提供各种软件服务，软件即服务带给用户很多好处，如用户无须购买软件，无须对软件进行不断的升级和维护，大大降低了用户的成本等。然而 SaaS 同样会给用户带来诸多安全风险，如软件漏洞、版权问题、物理安全、应用安全、管理安全等。

1.2.2　研究方法

通过案例分析法、网站调研方法，分析云计算环境下图书馆的角色，明确云计算环境下图书馆的信息资源构成体系和云计算环境下图书馆信息资源安全

---

① PaaS［EB/OL］．（2012 - 04 - 08）．http：//www. zdnet. com. cn/wiki - Service_PaaS.

② 刘志芳，张学红. 云计算的安全问题分析与探讨［EB/OL］．（2012 - 04 - 08）［2020 - 12 - 10］. http：//wenku. baidu. com/view/07734401de80d4d8d15a4f22. html.

面临的新问题以及图书馆对信息资源安全的需求。通过内容分析法、文献调研法，研究云计算环境下图书馆信息资源安全的基础理论；进而通过比较分析法、法条分析法，对不同国家可适用于云计算环境的信息资源安全政策法律和图书馆在云计算环境下可适用的信息资源安全政策法律开展比较研究，构建云计算环境下图书馆信息资源安全政策法律体系；在此基础上，研究云计算环境下图书馆信息资源安全政策法律的建设思路。

1.3　基本概念的界定

1.3.1　云计算相关概念的界定

（一）云计算

Google 认为："云计算是将所有的计算和应用放置在云中，设备终端不需要安装任何东西，通过互联网络来分享程序和服务。"微软认为："云计算应是'云+端'的计算，将计算资源分散分布，部分资源放在云上，部分资源放在用户终端，部分资源放在合作伙伴处，最终由用户选择合理的计算资源分布。"维基百科的解释是："云计算是一种基于互联网的计算方式，通过这种方式，共享的软硬件资源和信息可以按需提供给计算机和其他设备。"美国国家标准与技术研究院（National Institute of Standards and Technology，NIST）对云计算的定义是："云计算是一种模式。这种模式是为了建立能够通过网络普遍的、便利的、按需付费的方式获取计算资源（如网络、服务器、存储、应用和服务等），这种获取方式可以快速地被提供并且是以最省力和无人干预的方式获取的，这些资源来自一个共享的、可配置的资源池。"

（二）公有云和私有云

公有云指的是第三方提供商为用户提供的云服务，用户通过网络就能使用。公有云一般是价格低廉的或免费的，是云计算的主要形态。而私有云通常为客户单独使用，在企业内部使用，对数据的安全性和隔离性要求很高。混合云既包括公有云又包括私有云，提供的服务可以供其他应用使用，也可以供自已使用，混合云的部署方式对提供者要求很高。

（三）云数据中心

在云计算环境下，传统的数据中心已经无法满足对数据处理的需求，新一代云数据中心随之产生。云数据中心是云计算硬件架构底层的独立计算单位，具有高速以太网技术、浪涌缓存、网络虚拟化、统一交换、绿色节能等技术特征，是云计算能够实现弹性快速大规模计算能力的强大支撑。总体来说，云数据中心具有更低的成本、更高的服务质量、更短的开发部署周期及更便捷的运维管理优势，更适应大数据时代。具体而言，云数据中心与传统数据中心的区别有：①云数据中心采用虚拟化技术，可以使服务器、基础设施的工作更加饱满；②云数据中心可以一直在高负荷的状态下运行，并能保证其高可靠性；③云数据中心更加节能，主要表现为云数据中心负荷高、工作效率高、投入产出比高；④云数据中心可以实现弹性、自动负载均衡管理；⑤对于云数据中心来说，某个服务器的维护、改建、迁移或停止不会对数据中心产生太大的影响。

1.3.2　信息安全相关概念的界定

（一）信息安全

建立在网络基础之上的现代信息系统安全是指信息网络的硬件、软件及其系统中的数据受到保护，不因偶然的或者恶意的问题而被破坏、更改、泄露，系统连续可靠正常地运行，信息服务不中断。① 我国相关法律给出的定义是：保障计算机及其相关的和配套的设备、设施（网络）的安全，运行环境的安全，保障信息安全，保障计算机功能的正常发挥，以维护计算机信息系统的安全。国家信息安全重点实验室给出的定义是：信息安全涉及信息的机密性、完整性、可用性、可控性。综合起来说，就是要保障电子信息的有效性。

（二）信息安全基本属性

信息安全意味着机密性、完整性、可用性和可控性。②

---

①② 黄波，刘洋洋. 信息安全法律法规汇编与案例分析［M］. 北京：清华大学出版社，2012.

（1）机密性

机密性（confidentiality）是指确保信息不泄露给未授权用户、实体或进程，不被非法利用。机密性能够确保敏感或机密数据的传输和存储不遭受未授权的浏览，甚至可以做到不暴露保密通信的事实。

（2）完整性

完整性（integrity）是指信息未经授权不能进行改变的特性，即信息在存储或传输过程中保持不被偶然或蓄意删除、修改、伪造、乱序、重放、插入等破坏和丢失的特性。完整性能够保障被传输、接收或存储的数据是完整的和未被篡改的，在被篡改的情况下能够发现篡改的事实或篡改的位置。

（3）可用性

可用性（availability）是指信息可被授权实体访问并按需求使用的特性。可用性能够保证即使在突发事件下数据和服务依然能够正常被使用。

（4）可控性

可控性（access）是指对信息及信息系统实施安全监控。管理机构对危害国家信息的来往、使用加密手段从事的非法通信活动等进行监视审计，对信息的传播及内容具有控制能力。可控性能够保证掌握和控制信息与信息系统的基本情况，可对信息和信息系统的使用实施可靠的授权、审计、责任认定、传播源跟踪和监管等控制。

1.3.3　图书馆信息资源相关概念的界定

在云计算出现之前，图书馆的信息资源主要包括文献资源、数字化信息资源和各种网络资源。图书馆信息资源的概念始终是一个动态发展的过程。首先，"文献资源"从传统的"藏书"延伸出来，主要指印刷型、缩微型及一些未经数字化技术处理的音像制品的资源。伴随着信息技术的发展，计算机与互联网在图书馆得到推广与应用，文献资源实现数字化，出现了 E – first，甚至是 E – Only。随着网络信息资源的不断增加，"文献资源"又进一步延伸为"信息资源"。在云计算环境下，传统的设备资源已经可以虚拟化，成为一种计算资源。因此，图书馆通过使用云服务产品，可将信息资源体系的成员进一步扩展到各种虚拟化的计算资源。

1.4 研究内容与研究思路

1.4.1 研究内容

本研究的主要内容如下：

（1）研究云计算环境下图书馆的角色。主要研究云计算环境下图书馆作为云服务接受者与云服务提供者的特点，明确图书馆是作为云服务的提供者，还是云服务的接受者，还是两者兼而有之，有哪些合适的云服务产品可供图书馆使用，图书馆应用云服务的主要特点与基本模式是什么，等等。

（2）研究云计算环境下图书馆信息资源安全面临的新问题及图书馆对信息资源安全的需求。主要研究图书馆作为一个云服务的接受者时，如何确保自身数据的安全。

（3）研究云计算环境下图书馆的信息资源构成体系。主要研究图书馆作为云服务接受者，其交付给云服务提供商处理的对象涉及哪些信息资源，主要从图书馆传统信息资源、个人数据和虚拟化计算资源这三个角度展开。

（4）研究云计算环境下图书馆信息资源安全的基础理论。图书馆信息资源安全的实质就是在特定时间内确保特定信息资源只能由授权用户访问和使用。此方面的研究包括：云计算环境下图书馆信息资源安全的内涵与外延，云计算环境下图书馆信息资源安全问题的独特性、云计算的技术本质所带来的信息资源安全新问题。重点从当前的政策法律和云服务协议角度分析云计算环境下图书馆信息资源安全面临的隐患与潜在威胁。

（5）对不同国家可适用于云计算环境的信息安全政策法律和图书馆在云计算环境下可适用的信息资源安全政策法律开展比较研究，重点是对中外信息资源安全的政策法律进行比较研究，以反映我国信息资源安全政策法律与国外信息资源安全政策法律的差距以及这种差距对我国在图书馆可适用信息资源安全政策法律制定方面的有效启示。

（6）研究云计算环境下图书馆信息资源安全政策法律体系。根据图书馆在云计算环境下的角色定位，研究图书馆作为云服务接受者可以适用的各项有关信息安全的政策法律。

（7）研究云计算环境下图书馆信息资源安全政策法律的建设思路。结合当前图书馆可适用的信息资源安全政策法律的基本框架与主要内容，分析国外在这方面的举措、国内存在的问题，根据云计算环境下图书馆信息资源安全的特殊性，对构建云计算环境下图书馆信息资源安全的政策法律体系提出可行性建议。在此基础上，就如何确保我国图书馆信息资源安全提出了合理的应对策略。

1.4.2　研究思路

根据研究目标和研究内容的设计，本书第 1 章至第 6 章研究了云计算环境下图书馆的角色定位，即图书馆主要以云服务接受者为主，是云服务的消费者；第 7 章研究了图书馆在云计算环境下的信息资源体系构成；第 8 章研究了图书馆三类主要信息资源的安全风险及其原因；在此基础上，第 9 章剖析了国内外当前有关云计算信息安全的政策法律，并为第 10 章构建云计算环境下满足图书馆信息资源安全需求的政策法律体系与相关应对策略打下基础。本书具体研究框架如图 1 - 1 所示。

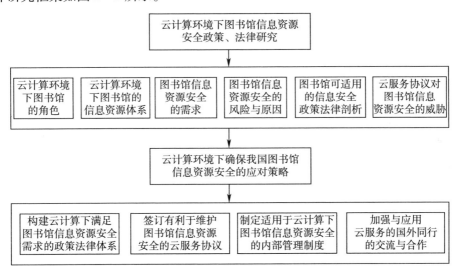

图 1 - 1　本书的研究框架

第 2 章　文献综述

本书以"云计算""云服务""信息安全""图书馆""政策""法律"等为检索词，在 Web of Science、CNKI、ProQuest 和 Emerald 等数据库中进行标题、摘要、关键词等检索，结果发现，目前与本研究主题相关的文献最早见于 2009 年，文献类型以期刊论文为主，会议论文集和著作为辅。本书将检索获得的相关文献分为国内文献和国外文献，揭示国内外围绕本主题的研究特点与研究差异。对于国外文献的划分，本书以第一作者所标注的机构归属国为依据，即若第一作者所在的机构为我国境外机构，则该文献为国外文献。因此，若第一作者所在的机构为境内机构，即便其论文为英文形式，本书也将其归为国内研究文献。考虑到对作者姓名的准确表述，本书未把以拼音著录的中文作者姓名译为汉字。

2.1　国内研究文献综述

2.1.1　研究云计算在图书馆中的应用

（一）研究云计算在系统平台构建和服务模式设计上的应用

随着对云计算研究的深入，已有学者研究如何将云计算应用于数字图书馆系统平台的设计和服务模式的创新上。这方面较有代表性的研究成果有：沈奎林等研究了以 VMware vSphere 云操作系统构建图书馆虚拟化云服务平台的解决方案;① 吴广印研究了分布式检索系统的构建及其核心技术,探索了"云检索系统"的实现;② 张亚明等采用了基于云计算的协同过滤算法,设计了面向用户的移动个性化推荐系统;③ 张凌云设计了一个基于云服务平台的公共电子阅览室系统方案,详细阐述了其架构、功能的设计;④ J. Zhang 等研究了图书馆个性化服务平台的建设;⑤ D. Zhang 探索了为智慧图书馆服务建设基于云计算的数据分析平台;⑥ H. Wang 研究了基于云计算的信息咨询模式;⑦ X. Feng研究了云计算对图书馆自动化系统的发展的影响,并研究了其功能、模式、标准制定等;⑧ S. Wu 等提出了一种高校图书馆基于云计算的信息资源共享模式,为高校图书馆应用云计算进行共享提出了一些建议;⑨ 倪煜佳研究了图书馆联盟云服务平台建设的必要性、建设架构和关键问题,提出了图书馆联盟应用云计算服务平台的发展策略,包括降低成本、开发个性服务、动态分配资源、支持成员馆的硬件共建、避免成员馆的资源重复建设等;⑩ W. Xiong 等研究了基于云计算的云联邦图书馆建设,设计了云联邦图书馆的资源共享框架和实施策略,提出了建立云联邦图书馆的"1 + X"模型;⑪ 陈放等针对"全国高校图

① 沈奎林, 杜瑾. 基于 VMware vSphere 虚拟化技术构建图书馆云服务平台初探 [J]. 现代图书情报技术, 2011 (10): 74 - 78.

② 吴广印. 分布式检索系统架构及核心技术研究 [J]. 情报学报, 2013, 32 (6): 601 - 609.

③ 张亚明, 刘海鸥. 面向云环境的移动信息服务情景化协同过滤推荐 [J]. 情报学报, 2014, 33 (5): 508 - 519.

④ 张凌云. 浅议公共电子阅览室云服务平台建设的难点与创新 [J]. 图书馆理论与实践, 2014, (08): 86 - 89.

⑤ ZHANG J, ZHANG L. Personalized library information services in the cloud computing environment [C]. International Symposium on Signal Processing Biomedical Engineering, and Informatics (SPBEI 2013), 2014: 681 - 689.

⑥ ZHANG D, LIU X, HU B. Building data analysis platform for intelligent library services based on cloud computing [C], 2014: 673 - 676.

⑦ WANG H. Research on library information consultation model on cloud computing platform [C] //International Conference on Education, Management and Information Technology, 2015.

⑧ FENG X, LIU W. The development of library automation systems in cloud computing environment [J]. 2010 International Conference on Management Science and Engineering (MSE 2010), 2010 (1): 181 - 184.

⑨ WU S, HAO X. Study on the university library information resource sharing based on cloud computing [C]. Proceedings of the 5th International Conference on Cooperation and Promotion of Information Resources in Science and Technology (COINFO 10), 2010: 71 - 75.

⑩ 倪煜佳. 基于云计算的图书馆联盟服务平台构建研究 [D]. 长春: 东北师范大学, 2012: 37.

⑪ XIONG W, WANG Z. Construction of cloud federal libraries based on cloud computing [C]. Fuzzy Systems, Knowledge Discovery and Natural Computation Symposium (FSKDNC 2013), 2013: 447 - 455.

书馆事实数据库"系统为全国图书馆提供的"统计云服务"的成功案例，分析了其原理和技术，并对"统计云服务"系统构架的设计、数据标准化、统计参数和条件选择、统计结果的获取和存储方式等技术解决方案作出了阐述；① L. Xu 研究了云计算数字图书馆的多冗余结构模型，通过分析模型的可行性，指出该模型可以应用在公共图书馆和高校图书馆中；② F. Jia 等研究了利用云计算实现自适应性的数字图书馆系统，指明其关键步骤是进行用户数据挖掘，并阐述了其所使用的模糊聚类和 Apriori 算法。③

（二）研究基于云计算的图书馆整体安全保障系统构建

在数字图书馆的快速发展中，数据信息安全问题日益突出，如何建立安全可靠的数字图书馆被提上日程。针对该问题，国内有学者提出应用云计算来构建数字图书馆的整体安全保障系统。这方面较有代表性的研究成果有：王婷婷分析了军队院校图书馆应用云计算进行科学数据监管的三个优势，即提供安全稳定的监管环境、提供强大的并行计算能力和降低科学数据管理共享成本，并从总体架构、功能实现和监管策略三个角度讨论了基于云计算的科学数据安全监管平台的构建；④ 倪萍等通过深入研究云计算及用户信息行为，建立了一种基于云计算的高校图书馆统一资源服务安全策略管理架构，并对该架构的运行机制进行了分析，提出了云访问控制多安全域统一策略及形式化描述，以期提高高校数字化图书馆安全服务能力；⑤ 张叶红认为数字图书馆云计算安全架构层次可分为五层——物理层、核心层、资源架构层、开发平台层、应用层，各层次的安全策略分别为在物理层上建立日志审计、在核心层上建立专用协议栈、在资源架构层上建立信息安全风险评估、在开发与平台层上建立可信云、在应用层上建立操作权限与访问控制等；⑥ 张立滨讨论了目前高校图书馆安全

---

① 陈放，王晓平. 图书馆统计云服务的技术与应用 [J]. 大学图书馆学报，2010（03）：116－120.

② XU L. A multi－redundancy structure model of cloud computing digital library [J]. Applied Mechanics & Materials，2014，519－520：137－141.

③ JIA F，SHI Y，LI T. Digital library based on cloud computing [J]. Communications in Computer & Information Science，2013，392：145－155.

④ 王婷婷. 基于可信云计算的军队院校图书馆科学数据安全监管平台构建研究 [J]. 图书馆学刊，2016（12）：101－104.

⑤ 倪萍，王文兵. 云计算环境下高校图书馆安全策略研究 [J]. 图书情报工作，2016（S1）：188－191，194.

⑥ 张叶红. 数字图书馆云计算安全架构及其管理策略 [J]. 图书馆学研究，2010（21）：30－34.

保障存在的问题，给出了基于云计算虚拟化技术构建高校数字图书馆安全保障体系组成与服务模式，并通过对保障体系中的数字签名技术、防火墙技术等关键应用技术进行分析，最后提出了安全保障体系的构建方案。①

（三）IaaS（基础设施即服务）应用于图书馆

云计算主要有三种服务模式：IaaS、PaaS 和 SaaS。其中 IaaS 最为基础，因其直接与读者接触，在很大程度上决定着图书馆云应用的效率和读者满意度。因而，较多学者倾向于研究 IaaS 在图书馆中的应用。代表性研究有：俞乃博主要从技术架构和实际应用两方面研究了 IaaS 服务模式，并认为 IaaS 是现阶段最适合国内云运营商的一种服务模式。② 马晓亭等研究了云计算背景下图书馆应用 IaaS 平台的技术架构，并分析了 IaaS 平台所面临的安全威胁，提出了应对的安全策略；③ 同时还基于 Amazon EC2 服务的带宽、计算资源与低成本特性等，探讨了图书馆可通过利用有限的经费购买云服务的方式来提高成本的效用。④ 王世慧等研究了图书馆 IT 服务向 IaaS 迁移的过程，并对其进行了评价。⑤ 任思琪等从服务功能、应用原因、实施过程、应用经验等方面对应用 IaaS 的国外图书馆进行分析发现，国外图书馆行业已经较为广泛地采用了 IaaS，我国图书馆应用 IaaS 时应：①准确分析本馆是否具备应用条件；②选择合适的服务商；③建立本馆化的应用流程；④主动发现和有效应对实施过程中的问题。⑥

（四）研究利用云计算进行信息资源整合

云计算的一个重要优势是可以对信息资源进行整合，当前图书情报领域已

---

① 张立滨. 基于云计算虚拟化技术的高校数字图书馆安全保障体系构建研究［J］. 图书馆学刊，2016（09）：107 - 109.

② 俞乃博. 云计算 IaaS 服务模式探讨［J］. 电信科学，2011（S1）：39 - 43.

③ 马晓亭，陈臣. 云计算环境下图书馆 IaaS 平台的技术架构与安全策略［J］. 图书馆理论与实践，2012（11）：1 - 3.

④ 马晓亭，陈臣. 云计算环境下数字图书馆的成本效用研究［J］. 图书馆论坛，2012（03）：37 - 40.

⑤ 王世慧，杜伟. 云计算环境下图书馆 IT 服务向 IaaS 迁移探析［J］. 图书馆理论与实践，2012（08）：10 - 13.

⑥ 任思琪，黄国彬，王凤暄，等. 国外图书馆应用 IaaS 的基本模式与经验教训［J］. 图书情报工作，2015（23）：38 - 44，148.

有学者对此进行深入探讨。代表性研究有：王长全等指出，图书馆利用云计算技术进行信息资源整合的内容包括数据库、系统、检索方式、技术、协议标准等的整合；① 金志敏等提出了云计算环境下图书馆共享资源的准则和举措，指出了图书馆在云计算环境下，应当积极转变图书馆理念，促进资源整合和服务模式的不断创新；② 何文超探索了借助云计算的强大的整合能力，加强现代图书馆数字信息资源建设③；张继东利用云计算技术、语义服务技术来解决数字图书馆的资源重复建设问题和互操作问题，提出了云计算环境下数字图书馆语义服务的框架模型并给出了解决方案；④ 肖小勃、邵晶、张惠君阐述了 CALIS 三期 SaaS 形式的云服务，指出目前图书馆正流行使用 SaaS 云服务，CALIS 将在现有的 SaaS 平台基础上提供更多的应用，为成员馆和读者提供更好的信息服务；⑤ 张姝阐述了云计算的概念及特点，分析了目前我国数字图书馆信息资源整合的现状，提出了基于云计算的图书馆信息整合的发展优势以及需解决的问题。⑥

2.1.2　研究云计算环境下图书馆面临的安全问题及对策

（一）探讨信息资源层面的安全问题及对策

云计算在图书馆中的应用改变了信息资源的产生、传输、存储和访问等方式，但同时也带来了诸如信息丢失、泄露等安全问题。基于此，许多学者从信息资源层面探讨了相应的安全问题和解决方案，这方面的代表性研究有：马林元分析了云计算服务中有关数据传输、数据存储和数据审计三方面的安全风险，提出了基于政策法规及标准、安全存储与管理、权限设置的信息管理安全

---

① 王长全，艾雰. 云计算环境下的数字图书馆信息资源整合与服务模式创新 [J]. 图书馆工作与研究，2011（01）：48 – 51.

② 金志敏，刘祥芝，崔红兵. 基于云计算的图书馆信息资源共享模式重构与创新服务举措 [J]. 办公自动化，2015（23）：47 – 49.

③ 何文超. 云计算环境下图书馆数字信息资源建设初探 [J]. 图书馆，2012（03）：119 – 120.

④ 张继东. 云计算环境下的数字图书馆语义服务架构研究 [J]. 图书情报工作，2013（16）：130 – 134.

⑤ 肖小勃，邵晶，张惠君. CALIS 三期 SaaS 平台及云服务 [J]. 图书情报工作网刊，2012（03）：54 – 58.

⑥ 张姝. 云计算在数字图书馆信息资源整合中的应用 [J]. 情报探索，2012（09）：94 – 97.

策略。① 王家玲等构建了云计算环境下图书馆数据生命周期模型，并依次剖析了数据生命周期各阶段面临的安全威胁、安全和隐私保护框架以及保护策略中的关键技术。② 王长全等针对数字图书馆可能面临的安全存储、访问控制、权限管理、数据保密及知识产权等信息安全问题，提出云计算时代的数字图书馆应采用最新的技术手段、统一身份认证、严格控制访问权限、加快信息安全基础设施建设、制定相关标准及政策法规，以保障图书馆的合法权利和数据安全。③ X. Wang 等讨论了数据丢失问题，该文指出存储在"云端"的数据并不安全，万一服务器出现故障，就有可能造成用户数据的丢失，这会给用户带来很大的损失；另外，该文提到了数据备份，建议应该对数据进行分类备份，但并没有具体指出哪些数据应该备份，哪些数据可以省去该操作。④ 欧裕美等认为云计算作为一种新技术，在为图书馆带来发展机遇的同时，自身还存在许多欠缺和问题，其中云计算的安全问题就是制约它应用与发展的一个核心问题；同样地，云计算环境下的数字图书馆也面临着严峻的信息安全问题。⑤ 针对一系列的安全问题，欧裕美等提出了云计算环境下数字图书馆信息安全机制。

（二）探讨云平台设施层面的安全问题及对策

云平台在改进图书馆服务的同时，其自身的安全性也面临着各种挑战。针对这个问题，已有学者研究了云平台设施层面的具体安全问题，并提出了相应安全策略。代表性研究有：陈臣和高军针对云计算环境下数字图书馆虚拟机集群在安全管理环境、系统、密钥的安全管理、应用、管理机制五方面面临的威胁，提出可以通过加强对虚拟化硬件设备的安全管理，提高虚拟机自身的安全性、健壮性，部署安全的虚拟防火墙和划分 DMZ 网络安全边界，不断提高虚拟机安全管理的有效性，构建科学、可操作的虚拟机安全评估模型等措施部署

---

① 马林元. 云计算理论在高校图书馆信息管理安全问题中的体现 [J]. 中国管理信息化, 2016 (16)：170 – 171.

② 王家玲，郝梅梅，孙敏. 云计算环境下数字图书馆数据安全和隐私保护研究 [J]. 铜陵学院学报, 2016 (01)：115 – 117.

③ 王长全，艾雰. 云计算时代的数字图书馆信息安全思考 [J]. 图书馆建设, 2010 (01)：50 – 52.

④ WANG X, FU T, YU G, et al. Cloud computing concept in the application of HIT library [M]. Springer Berlin Heidelberg：Instrumentation, measurement, circuits and systems, 2012：255 – 259.

⑤ 欧裕美，苏新宁. 云计算环境下数字图书馆信息安全研究 [J]. 数字图书馆论坛, 2011 (9)：31 – 37.

安全策略。① 此外，陈臣和崔治总分析了图书馆 IaaS 云平台组成和安全需求，指出图书馆 IaaS 云平台存在安全漏洞、授权与认证、数据泄露与丢失、异国存储等方面的安全问题；然后针对这些问题，制定了数字图书馆 IaaS 云计算平台的安全结构和相应安全策略。② 关庆娟等探讨了图书馆应用 IaaS 中的资源共享安全问题，并提出了相应的安全策略。③

（三）探讨其他层面的安全问题及对策

云计算在图书馆中的应用除会引发资源层面、平台层面的安全问题外，还会在用户层面、云服务提供商层面、技术层面以及混合层面带来安全问题。这方面的代表性研究有：江秋菊研究了云计算环境下数字图书馆面临的数据信息安全隐患、云计算应用安全隐患、虚拟化安全隐患等问题以及解决相应问题的对策。④ 马晓亭等从数据储存、云平台、用户、虚拟化技术四方面剖析了云计算环境下数字图书馆的安全问题，强调只有实现策略、技术和人三个要素的结合，将安全保障渗透到数字图书馆"云"建立、维护、运营环节中去，才能为读者提供可靠、可信、高性价比的"云"计算阅读服务，才能为用户提供一个真正安全的"云"图书馆。⑤ 吕游认为云计算环境下的数字图书馆在数据存储、虚拟技术平台、用户权限、云服务供应商的可靠性等问题上存在安全风险，提出了通过加强数字图书馆数据安全存储与管理、确保数字图书馆虚拟化安全、建立健全行业标准与法律法规等策略来应对风险。⑥ 胡小菁等探讨了图书馆应用云计算所面临的管理问题，包括可替代性问题、标准问题、数据安全和保密问题、知识产权问题等，并提出了应对问题的建议。⑦ 潘辉研究了云计算环境下的图书馆用户隐私问题，认为要从政策、系统安全、用户个人安全意

---

① 陈臣，高军. 云计算环境下数字图书馆虚拟机安全部署策略研究 [J]. 现代情报，2013 (07)：64 – 66.

② 陈臣，崔治总. 数字图书馆 IaaS 云计算平台安全策略研究 [J]. 现代情报，2012 (07)：8 – 11.

③ 关庆娟，杨燕梅，刘浩. 云图书馆中"基础设施即服务"模式的安全研究 [J]. 电脑知识与技术，2014 (17)：3991 – 3993.

④ 江秋菊. 基于云计算数字图书馆信息安全实现研究 [J]. 现代情报，2014 (03)：68 – 70, 81.

⑤ 马晓亭，陈臣. 数字图书馆云计算安全分析及管理策略研究 [J]. 情报科学，2011 (08)：1186 – 1191.

⑥ 吕游. 云计算环境下数字图书馆信息安全问题与策略研究 [J]. 农业图书情报学刊，2014 (04)：113 – 116.

⑦ 胡小菁，范并思. 云计算给图书馆管理带来挑战 [J]. 大学图书馆学报，2009 (04)：7 – 12.

识等方面加强隐私安全，并讨论了其为云服务供应商带来的启示。① K. Tang 研究指出，数字图书馆可依托云计算，构建成为具有强大计算能力的云，以通过网络集成众多相对低成本的计算实体。这种由数字图书馆系统所构成的云，可以存储所有类型的文档资源，通过资源共享的方式统一管理。用户可以使用各种终端设备进行访问，而不受时间和地点的限制。在必要的情况下，数字图书馆的建设者可以通过资源的使用情况进行服务收费。基于云平台的数字图书馆可以分为核心服务、服务管理以及用户访问界面三个层次②。当然，K. Tang 认为，基于云平台的数字图书馆也将面临诸多问题，如数据安全、用户隐私泄露、虚拟安全等。为此，K. Tang 从 Web 浏览器安全性、数据加密、身份认证和授权决策、虚拟安全技术、云计算安全标准和评估体系建立等角度，全面探讨了数字图书馆在应用云计算技术中的安全应对策略。

2.1.3 从法律角度研究云计算环境下的图书馆安全问题

云计算的引入增加了图书馆信息服务的侵权风险。针对这个问题，已有学者从法律角度开展了深入研究，对图书馆的安全问题、相应政策法律以及规避侵权责任的对策等问题进行了探讨。代表性的研究有：孙一钢等从云计算环境下开展图书馆信息资源安全政策法律研究的现实意义出发，结合当前国内外的研究现状，从研究的理论价值、研究的基本内容和研究的基本思路出发，构建了云计算环境下图书馆信息资源安全政策法律的研究框架。③ 刘丹认为云计算给数字图书馆带来机遇的同时，会带来知识产权的侵权风险，如云计算安全问题导致的侵权风险以及云服务商的直接、间接侵权行为，并针对如何防控侵权行为从法律手段和行政手段等方面提出了对策。④ 秦珂研究了云计算下图书馆所面临的法律问题，指出云环境下，图书馆更容易遭遇著作权矛盾和冲突，针对此问题举出了积极采取开展著作权风险评估、理性利用契约机制、收集可采

---

① 潘辉. 数字图书馆用户隐私问题研究及其对云计算服务的启示 [J]. 情报理论与实践, 2011 (04)：44 - 47.

② Tang K. Research on security strategies of digital library based on cloud computing platform [J]. Advanced Materials Research, 2013, 734 - 737：3171 - 3174.

③ 孙一钢, 黄国彬. 云计算环境下图书馆信息资源安全政策法律研究 [J]. 图书馆杂志, 2011 (11)：21 - 25.

④ 刘丹. 云计算环境下数字图书馆的知识产权风险及防控对策 [J]. 中华医学图书情报杂志, 2015 (03)：23 - 25.

信的抗辩证据，以及主动与著作权人沟通协商等对策。① 不仅如此，他还从介绍著作权间接侵权的概念、特征、归责原则和判断标准等法理知识入手，以图书馆"提供云存储服务"和"提供云链接服务"为视角，探讨了可能构成间接侵权的若干行为，提出了规避间接侵权责任的对策。②

2.1.4 研究云计算服务平台的技术架构

云服务平台的技术架构是图书馆与云计算融合的核心要素。对于图书馆来说，这并不是一次简单的技术或设备上的改变，而是一次传统图书馆服务体制和运行模式上的根本性变革。云计算作为一种共享技术的架构模式，可以将海量的数字信息资源连接在一起，实现数字图书馆的云平台和云联盟，为数字资源的共知、共建、共享提供了新的途径，能够真正实现数字图书馆的集约化。针对云计算服务平台的技术架构，已有不少学者展开了相关探讨，代表性研究有：喻昕等论述了数字图书馆云服务平台的架构，包括应用层、管理平台层、数据层、基础设施层等；③ 谢原等研究了吉林省图书馆联盟的云服务平台，该平台由书刊管理子平台、知识发现与获取子平台、数字资产管理子平台、云存储子平台、云基础架构服务子平台构成④；童忠勇等阐述了数字图书馆推广工程云服务的体系架构，其架构包含基础设施云、数据云和服务云三层。⑤

2.2 国外研究文献综述

2.2.1 从图书馆视角研究云计算的基础理论

在云计算被引入图书馆之前，对相关理论进行探讨是必要的。目前，国外

---

① 秦珂. 云计算环境下图书馆的著作权法律风险规避 [J]. 图书馆工作与研究，2013（12）：10－13.

② 秦珂. 间接侵权理论视域下云计算环境中图书馆的著作权法律风险规避 [J]. 情报科学，2015（07）：16－20.

③ 喻昕，王敬一. 基于云计算技术的数字图书馆云服务平台架构研究 [J]. 情报科学，2011，29（07）：1049－1053.

④ 谢原，张静鹏，周秀霞. 图书馆联盟云计算服务平台的设计与实现——以吉林省图书馆云服务平台建设为例 [J]. 情报科学，2012（12）：1854－1857.

⑤ 童忠勇，刘术华，李东杰，等. 云计算环境下数字图书馆推广工程服务模式研究 [J]. 新世纪图书馆，2016（03）：57－60.

有学者从云计算的基本属性、应用于图书馆的必要性和可行性以及可能面临的风险等理论角度进行了探讨和分析。代表性的研究有：R. Sethi 介绍了在图书馆中应用云计算的基础知识，重点剖析了云计算的定义、特征、组成部分和类型，分析了云架构、云计算的组成部分、图书馆应用云计算的优势和面临的风险，指出云计算是各级图书馆实现全球化的基础。① J. P. Srivastava 等认为：云计算被应用于各个领域，如商业、工业及企业部门；云计算使人们能够利用互联网及时地访问硬件和软件。与商业和企业部门相比，图书馆对于云计算而言是一个相对较新的应用领域，世界各地的图书馆正在朝着应用云计算的方向发展，以利用云计算的功能和服务提高图书馆的基础设施能力和服务水平。J. P. Srivastava 等讨论了云计算的基础知识，云计算的特点、类型、优势，图书馆领域对云计算的需求和应用，强调云计算并不是万能的，也存在一些缺点。为此，J. P. Srivastava 等探讨了云计算的积极表现和消极表现，并介绍了云计算应用于图书馆的最佳实践。②

2.2.2　研究云计算在图书馆中的应用

（一）云计算应用于图书馆的分类组织

图书馆在云端进行资源共享时，需要依托一定的平台，平台上的硬件和软件是可以重复使用的，并且不断更新内容索引和在线目录。基于云计算的这一特点，已有学者从资源的分类组织角度探讨了云计算在图书馆中的应用。这方面代表性的研究有：K. S. Chudamani 等学者定义了用于分类的云计算技术③，分析了其特点，并讨论了图书馆是如何在使用分类系统的云计算解决方案的过程中受益的。

---

① SETHI R. Emerging technique in libraries：Cloud computing ［C］//International Symposium on Emerging Trends and Technologies in Libraries and Information Services. IEEE, 2015：29 - 31.

② SRIVASTAVA J P, VERMA V K. Cloud computing in libraries its needs, applications, issues and best practices ［C］//International Symposium on Emerging Trends and Technologies in Libraries and Information Services. IEEE, 2015：33 - 38.

③ CHUDAMANI K S, NAGARATHNA H C, SHARATHA B. Clouds and libraries：Classification as a tool for cloud computing ［C］//NEELAMEGHAN A, RAGHAVAN K S. Contexts and relations in knowledge organization, 2012：377 - 377.

（二）IaaS 应用于图书馆

IaaS 是云计算的一种常见模式，能为用户进行信息管理带来便利。为了提高图书馆的用户体验，已有学者探讨了将其应用于图书馆的优势和可能性。这方面的代表性研究有：Khatib 等采用了定性技术、目的性抽样和内容分析方法，调查了阿拉伯联合酋长国跨学习机构图书馆的潜在解决方案。其主要目的是调查基于私有云部署模式的基础设施即服务（IaaS）应用于图书馆的可能性，因为在阿联酋七大酋长国学习机构选定的电子图书馆中，相关人员对破坏隐私协议更为关注。研究结果表明，相关人员必须深入研究云计算基础架构（IaaS）解决案例，以便整合硬件的所有累积问题。此外，作者深入介绍了通过保护云中数据以协助图书馆的工作流程和减轻图书馆员任务的案例，对云计算的影响进行了批判性分析，并为其进一步发展提出了建议。① Han Y 提供了 Amazon Simple Storage Service（简称 Amazon S3）和 Google Cloud SQL（简称 Google GCS）服务的细节和二者的比较，并展示了如何使用 Amazon EC2 进行快速备份和资源监控。②

（三）SaaS 应用于图书馆

为了使图书馆能够提供信息服务并且发挥其作为应对各种信息需求的知识融合中心的功能，有必要基于最新的信息和通信技术开发下一代信息系统，也需要开发利用便携式设备的移动信息服务，如智能手机、平板电脑以及融合了云计算、SaaS 接口和图书馆 2.0 等概念的信息系统。③ 为此，B. W. Min 提出构建利用集成智能和云计算的图书馆信息系统的设想。该系统采用了基于 SaaS 的云计算服务理念，以应对图书馆移动服务模式的转变和电子数据的数量爆炸。这种概念模型的优势包括资源共享、多用户支持以及元数据的配置和支持。用户服务按照软件的形式提供。为了测试该基于云计算技术的图书馆信息

---

① KHATIB M M E, OPULENCIA M J C. The effects of cloud computing（IaaS）on e‐libraries in United Arab Emirates［J］. Procedia Economics & Finance, 2015（23）: 1354‐1357.

② HAN Y. IaaS cloud computing services for libraries: Cloud storage and virtual machines［J］. OCLC Systems & Services: International Digital Library Perspectives, 2013, 29（2）: 87‐100.

③ MIN B W. Improvement of smart library information service system for SaaS‐based cloud computing service［J］. International Journal of Contents, 2016, 12（4）: 23‐30.

系统的性能，B. W. Min 进行了效率分析和 TTA 认证测试，性能测试的结果令人鼓舞，工作时间大致是线性的，只有不到一秒钟的中等开销。该系统还通过了认证测试中的三级或更高级别的标准，其中包括 SaaS 成熟度、性能和应用程序功能。此外，D. Murley 研究了云计算在法律图书馆中的应用，其讨论了"云计算""软件即服务"等概念，阐述了云计算带来的益处，并列举了一些法律图书馆用以提供服务和资源的相关工具。①

（四）云计算应用于图书馆文件存储或共享

数字图书馆管理大量数据的存储需求不断提高，因此需要一个可以快速、经济地部署存储基础架构的系统。云计算是一种新的模式，其允许按需提供信息技术（IT）资源，降低管理复杂度。为此，学者 V. J. Sosa – Sosa 介绍了一种在私有/混合云计算环境中实现的基于开源软件的文件存储服务②，通过多个级别的数据可用性和容错度来评估该文件存储服务的性能和资源消耗，以求成为那些打算构建适度云存储基础设施的 IT 人员的参考指南。D. Shivalingaiah 等研究了高校图书馆应用云计算进行资源共享的方法，着重探索了图书馆应用云计算之前应该考虑的一些问题。③

2.2.3 研究图书馆应用云计算的影响因素

云计算应用于图书馆的效率与其影响因素密切相关，识别出相关影响因素并对其施加相应控制将有助于图书馆与云计算的有机结合。基于此，国外部分学者集中研究了有关图书馆应用云计算的影响因素。代表性研究有：印度学者 M. Yuvaraj 通过研究各种组织因素的特征④，以确定在 Banaras 印度大学图书馆系统部（BHULS）是否存在实施和维持云计算的有利气氛。他首先通过阅读相关主题的文献，制定了影响组织创新的 20 个因素；然后向 BHULS 的图书馆

① MURLEY D. Law libraries in the cloud [J]. Law Library Journal, 2009, 101 (2): 249 –254.

② SOSA – SOSA V J. A file storage service on a cloud computing environment for digital libraries [J]. Information Technology & Libraries, 2012, 31 (4): 34 –45.

③ SHIVALINGAIAH D, SHESHADRI K N. Applications of cloud computing for resource sharing in academic libraries [C] //International Conference on Cloud Computing Technologies, Applications and Management, 2012: 34 –37.

④ YUVARAJ M. Problems and prospects of implementing cloud computing in university libraries: A case study of Banaras Hindu University library system [J]. Library Review, 2015, 64 (8/9): 567 –582.

专业人员发放调查问卷，要求被访者给出每个因素对图书馆应用云计算的重要性水平。调查结果发现，BHULS工作人员对应用云计算有高度的热情，并已准备好应对挑战。

随后，M. Yuvaraj通过发放结构化问卷的调研方式，收集印度高校图书馆专业人员对云计算的看法①，总共有339名受访者参与该项调查。结果显示，图书馆专业人员在日常工作中会使用云计算工具，他们希望图书馆采用云计算来改善图书馆服务，以避免工作的冗余和低效。普遍的适用性、经济性以及服务的多层次性是图书馆采用云计算技术的核心动力。研究结果也显示，受访者对云计算中的数据安全与隐私问题表示担忧。为此，M. Yuvaraj指出，使用云计算的好处不足以说服图书馆从传统计算范式完全迁移到云计算模式，科学技术的进步可能不会将云计算变成主流技术。为了激励云计算进一步被应用，M. Yuvaraj认为应该将重点放在云服务提供商之间的协作上，并辅以仍需解决但不可缺少的云计算相关立法。M. Yuvaraj研究的原创性与价值在于，提供了高校图书馆专业人士对采用云计算的看法。

此外，M. Yuvaraj为了研究印度医学图书馆对云计算技术的接受程度以及有目的性地使用云计算技术的影响因素②，组织了32名具有云计算专长和经验的专家，利用德尔菲法对前述问题进行了研讨探究。在研究过程中，参与者确定了大约60个不同的影响因素，并且一致认为其中42个因素对云计算技术的接受程度、图书馆有目的性地使用云计算技术会产生直接影响。M. Yuvaraj指出了应该解决的重要因素，以提高印度医学图书馆对云计算技术的接受程度和有目的性地使用。M. Yuvaraj研究的创新性与价值在于，首次通过德尔菲方法研究影响印度医学图书馆使用云计算技术的因素。

不仅如此，M. Yuvaraj希望通过引入信息技术接受理论，以剖析印度高校图书馆使用云计算的现象与特点，探究影响印度高校图书馆云计算技术接受的关键因素。③ 为此，M. Yuvaraj使用了描述性调查等方法，发动了28所大学图

① YUVARAJ M. Perception of cloud computing in developing countries [J]. Library Review, 2016, 65 (1/2)：33 – 51.

② YUVARAJ M. Ascertaining the factors that influence the acceptance and purposeful use of cloud computing in medical libraries in India [J]. New Library World, 2016, 117 (9/10)：644 – 658.

③ YUVARAJ M. Determining factors for the adoption of cloud computing in developing countries：A case study of Indian Academic libraries [J]. The Bottom Line, 2016, 29 (4)：259 – 272.

书馆的专业人员参与其调研。为了找到高校图书馆接受云计算技术的核心驱动因素，M. Yuvaraj 从信息技术接受理论的框架中提取出了概念构想。研究结果发现，技术的易用性、有用性以及普遍的适用性是图书馆接受云计算技术的强大驱动力。同时，M. Yuvaraj 指出，态度与接受云计算服务的行为意图有显著的相关性。云计算感知属性与图书馆员使用云计算技术的意图之间也有高度的相关性。然而，安全风险是影响图书馆使用云计算意图的最大问题。

T. Shiferaw 等探讨了如何为埃塞俄比亚的公共高等教育机构建设一个基于云的图书馆架构，通过问卷调查法研究了人们对云计算技术的接受程度。研究结果表明，最适合在大学部署的云架构是混合云，因为其提供了私有云和公共云的综合效益。① J. Mavodza 对云服务主体相关的文献进行了回顾，发现目前图书馆正使用云计算来整合用户资源，如 SaaS、IaaS、PaaS 等，并基于研究发现指出使用商业云服务的图书馆员应熟悉云服务的使用对机构数据的影响，以为图书馆未来的实践和服务带来周密和适用的规划策略。②

2.2.4　图书馆应用云计算的安全问题和对策

随着云计算的普及，其带来的安全问题日益凸显。因而图书馆在应用云计算时，应考虑和评估其带来的安全风险。目前，国外已有学者着重探讨了图书馆应用云计算的安全问题，并尝试性地给出了解决方案，如 E. M. Corrado 提到由于担心数据安全和用户隐私问题，很多图书馆不愿意将数据存储到云端。③ E. P. Delozier 通过描述云中个人隐私和数据真实性问题，提供了减少或消除这些问题的解决方案，概述了五种网络浏览器的常见隐私设置、Tor 网络上的匿名浏览和用于验证在云中获得文件的完整性的标准方法。④ 毕竟对图书馆而言，云计算是一种新兴技术，必须平衡无处不在的访问方式，避免匿名丢失和真实性的潜在风险。C. H. Potts 研究了图书馆在云环境下的数字存储问题，

① SHIFERAW T, CERNA P D. Cloud library framework for ethiopian public higher learning institutions [J]. International Journal of Modern Education & Computer Science, 2016 (5)：47 – 53.

② MAVODZA J. The impact of cloud computing on the future of academic library practices and services [J]. New Library World, 2013, 114 (3/4)：132 – 141 (10).

③ CORRADO E M, MOULAISON H L. The library cloud pros and cons [J/OL]. (2012 – 03 – 05) [2021 – 08 – 23]. http：//codabox. org/10211/index. html.

④ DELOZIER E P. Anonymity and authenticity in the cloud：Issues and applications [J]. Oclc Systems & Services, 2013, 29 (2)：65 – 77.

认为图书馆过度依赖外部的数字化保存机制，如 LOCKSS、CLOCKSS 或者其他服务商，质疑资源虚拟化存储的可靠性，并批评了图书馆匆忙地达成区域合作协议、去除其多余的本地馆藏的做法。① M. Yuvaraj 也探讨了开源云计算给图书馆带来的一些安全威胁和风险，认为当基础设施、应用程序、数据存储全部由云服务商接管时，每一项服务都面临巨大的风险；列出了图书馆选择云服务商时要考虑的一些问题，指出在某些时候，服务器的物理位置也是一个需要考虑的因素。② L. M. Vaquero 等研究了 IaaS 云服务的安全问题，发现大多数云服务供应商采用了访问控制和加密技术，以确保虚拟的数据中心中不同数据的安全性。③

2.2.5 研究云计算环境下的信息安全政策法律

云计算环境下图书馆的信息安全问题困扰着许多读者，也制约了图书馆信息服务的发展。为了解决这一问题，国外已有学者专门围绕云计算环境下的信息安全政策、隐私保护等问题开展了研究。2008 年，普林斯顿大学信息技术政策中心以"云中的计算"为主题召开研讨会，专门探讨了云计算带来的各种安全政策问题。④ 2009 年 2 月，World Privacy Forum 推出《云计算中的隐私：云计算中隐私与保密的风险》报告，探讨了云计算环境下隐私和保密问题。⑤该报告指出，就某些信息或某类用户而言，共享并不一定是合法的，而应该受到一定方式的限制。即便没有专门的法律可以追究用户向云计算提供商泄露信息的责任，但这种行为仍应受到相关法律的制约。该报告还指出，目前，对政府机关和公司企业而言，比起从信息创建者获取信息，从云服务提供商获取相关信息更为便捷，但这也导致云服务提供商在服务、隐私政策和定位等方面的有关规定对用户的隐私和保密权益产生更为直接的影响。2010 年 3 月，加州

① POTTS C H. Journal des Savants：From the republic of letters to the cloud library ［J］. Journal of Scholarly Publishing, 2011, 43 (1)：68 – 75.

② YUVARAJ M. Security threats, risks and open source cloud computing security solutions for libraries ［J］. Library HiTech News, 2015, 32 (7)：16 – 18.

③ VAQUERO L M, RODERO – MERINO L, MORÁN D. Locking the sky：A survey on IaaS cloud security ［J］. Computing, 2011, 91 (1)：93 – 118.

④ It Governance . Cloud computing：A practical introduction to the legal issues ［EB/OL］. ［2011 – 02 – 20］. http：//www. itgovernance. co. uk/products/3261.

⑤ World Privacy Forum. Privacy in the clouds：Risks to privacy and confidentiality from cloud computing ［EB/OL］. (2009 – 02 – 23) ［2011 – 02 – 17］. http：//www. worldprivacyforum. org/pdf/WPF_Cloud_Privacy_Report. pdf.

大学伯克利分校法律技术中心和加州大学伯克利分校信息学院联合召开有关云计算环境下信息法律与信息政策问题的学术会议。与会者认为，随着越来越多的个人与公司企业信任地将自身数据交付虚拟计算环境下的云服务提供商进行处理，与此服务模式相关的信息法律与政策的问题却仍未得到妥善解决。①

美国贸易委员会 2010 年 12 月发布商业机构对用户隐私数据保护的白皮书，并在 2011 年发布最终版本。该白皮书强调：①商业机构应该切实提高保护用户隐私的能力，包括数据安全、收集限度、数据保留制度以及数据精确度等，这些内容应该融于各种应用设计、开发甚至整个生命周期；②商业机构应该简化在收集用户数据时给用户的选择，以便用户做出快速清楚的选择；③商业机构关于尊重隐私等声明和提示应该更加清楚、简短、标准化，保证用户更好地理解，以及横向对比隐私保护内容；④在商业机构打算以不同于收集数据时的隐私条款所约定的方式使用数据前，必须向用户提供非常显式的提示并获得用户明确的确认；⑤所有相关各方应该将商业数据隐私保护内容尽力告知消费者。②

日本经济产业省发布的《云计算与日本竞争力研究》报告指出③，为促进云计算在日本的发展，需要改进制度，放松对异地数据存储、服务外包的管制；在信息匿名化与信息安全的基础上，完善信息使用与传播的规章制度。

此外，国外研究人员 D. Reilly 等④、H. Katzan⑤、D. Svantesson 等⑥、C.

---

① UC Berkeley International House. Emerging law & policy issues in cloud computing ［EB/OL］. (2010 - 03 - 12) ［2011 - 02 - 17］. http：//www. ischool. berkeley. edu/newsandevents/events/cloudcomputingconference.

② Federal Trade Commission. Promoting consumer privacy in an era of rapid change ［R/OL］. (2010 - 12) ［2011 - 02 - 17］. http：//www. ftc. gov/os/2010/12/101201privacyreport. pdf.

③ Ministry of Economy, Trade and Industry. Report by the study group on cloud computing and Japan's Competitiveness ［R/OL］. (2010 - 08 - 16) ［2010 - 02 - 17］. http：//www. meti. go. jp/English/press/data/20100816_02. html.

④ REILLY D, WREN C, BERRY T. Cloud computing：Forensic challenges for law enforcement ［C］. Internet Technology and Secured Transactions：IEEE Xplore, 2010：1 - 7.

⑤ KATZAN H. On the privacy of cloud computing ［J］. International Journal of Management & Information, 2010, 14 (2)：1 - 12.

⑥ SVANTESSON D, CLARKE R. Privacy and consumer risks in cloud computing ［J］. Computer Law & Security Review, 2010, 26 (4)：391 - 397.

Kuner ①、B. Reingold 等②的研究基本囊括了大多数研究者讨论的法律问题。归结起来，国外研究主要从司法管辖权、数据安全和隐私保护、调查取证三方面进行探讨，并对一些具体的法律在云计算环境下的适用情况及冲突做了分析，如加拿大的《个人数据保护与电子文档法案》《欧盟数据保护指令》，美国的《儿童在线隐私保护法》《爱国者法案》等。另外，关于云计算环境下信息安全政策的会议交流，本研究对美国、英国、澳大利亚、加拿大的相关云计算会议情况进行了梳理。从会议交流的次数来看，美国举办得较多，英国、加拿大和澳大利亚进行的云计算安全的会议交流较少，美国、英国、加拿大关于云安全问题的会议交流都是从 2009 年开始的，而澳大利亚稍微早些，在 2008年悉尼举办的云计算会议上就探讨了云计算安全威胁与风险。关于信息安全政策法律的探讨，美国、英国、加拿大和澳大利亚的会议交流都有所涉及，只是目前交流次数还较少，但足以说明国外研究人员已经开始关注云计算信息安全政策法律的重要性。目前国外会议主要探讨的与云计算相关的法律问题包括：司法管辖权、隐私权、云计算协议的谈判与起草、法律遵守等，如在 2009 年4 月在安大略省多伦多市召开的 "Cloud Slam09 – Cloud Computing Conference"会议上③，详细讨论了云计算带来的隐私问题，具体探讨了什么是个人数据、什么是隐私、云环境下用户数据存储在哪里、哪些法律适用等问题。

2.3　国内外研究特点剖析

通过对国内外研究进展进行分析，发现其具有以下特点。

（1）研究领域比较集中。目前国内外的研究方向主要集中于云计算技术在图书馆的应用以及云计算环境下图书馆面临的信息安全风险和对策等问题的研究。较少有文献研究云计算环境下的信息安全政策法律、图书馆的云计算应用案例、图书馆提供云服务等问题。

---

① KUNER C. Data protection law and international jurisdiction on the internet [J]. International Journal of Law and Information Technology, 2010, 18 (3): 227 – 247.

② REINGOLD B, MRAZIK R, MIRIAM D. Cloud computing: Whose law governs the cloud? [EB/OL]. (2013 – 11 – 12). http://www.perkinscoie.com/files/upload/SEA_10 – 03_Westlaw_Document_09_48_34.pdf.

③ Cloudcor. APRIL 20 – 24, 2009 [EB/OL]. (2013 – 11 – 12). http://cloudslam09.com/.

（2）当前虽有文献研究图书馆云计算应用案例，但剖析不够深入，主要是对单个案例的分析和阐述，缺少与图书馆应用云计算整体环境的联系和对案例的系统梳理和详细剖析，如对其应用云计算的馆情背景、基本流程、影响因素、收益效果等的综合研究。

（3）当前虽有文献研究图书馆使用的云服务产品，但主要集中于研究 Amazon EC2 等通用性云服务产品，而缺乏对图书馆专用性云服务产品的深入研究和整体梳理。

（4）没有将图书馆、图书馆信息共享组织、云服务供应商作为一个整体系统来研究，探索其构建的云服务生态平台的结构、特点、运营方式等。

（5）虽有较多文献研究云计算环境下图书馆面临的信息安全问题和对策，但缺乏更广泛的研究角度，例如：①云服务用户在隐私、安全、可靠性、匿名性方面的期待是什么；②在这些方面的期待中，个人用户、企业用户、学术机构、政府机构、图书馆是否会存在不同等。

（6）缺少比较研究。缺少对不同国家可适用于云计算环境的信息安全政策法律的比较，尤其是缺少中外信息资源安全政策法律的比较研究，不能有效地反映我国信息资源安全政策法律与国外信息资源安全政策法律的差距以及对我国现行立法的有效启示。

（7）虽有少量文献研究云计算环境下的信息安全政策法律，但存在下列缺陷：①国外有关云计算信息安全政策法律研究的成果介绍比较少。信息资源安全政策与法律问题的研究需要借鉴与参考，在这一点上我国目前的研究仍未展开。②对云计算环境下图书馆信息资源安全的政策与法律研究仍较为缺乏，如云服务出现之前的一系列信息安全政策与信息法律是否可移植到云计算环境下；在当前的信息安全政策与信息法律环境下，云计算将给图书馆带来的哪些安全问题仍难以得到妥善解决。③缺少对我国信息资源安全政策法律环境的研究，在本土化特色方面也注重不够，尤其是对我国现行制度环境关注不够，对图书馆可适用的信息资源安全政策法律环境研究明显缺乏。我国的信息资源安全法律问题的研究既要有本土化的特色，又要有全球化的视野。

第3章 图书馆可利用的云服务产品类型与特点剖析

目前，市场上提供的云服务产品包括通用性云服务产品与专用性云服务产品。通用性云服务产品适用于各行业领域，能够满足用户的一般性功能需求，包括灵活定制的计算性能与存储空间、可在线访问并使用的软件功能等。典型的通用性云服务产品有 Amazon EC2、Amazon S3、DuraCloud 等。专用性云服务产品面向特定行业领域提供，能够满足用户的针对性功能需求，如托管专业的管理系统等。图书馆可利用的云服务产品主要包括通用性云服务产品与图书馆专用性云服务产品。本章将对图书馆可利用的云服务产品的基本信息、功能模块、服务定位、云服务类型等进行系统剖析，以揭示图书馆应用云计算的产品基础。根据相关云服务产品的知名度，本章选取的可应用于图书馆的云服务产品见表3－1和表3－2。

表3－1　通用性云服务产品及其服务内容

云产品名称	服务内容			
	计算能力	存储空间	开发平台	移动访问
Amazon EC2	√			
Amazon S3		√		
DuraCloud		√		
Google Apps				√

表 3 - 2　图书馆专用性云服务产品及其服务内容

云产品名称	服务内容				
	移动访问	图书馆集成 管理系统	发现服务	知识库	数据分析
Capita Chorus	√	√			
SirsiDynix Symphony	√	√	√		
Biblionix Apollo	√	√			
Ex Libris Alma	√	√	√	√	
ProQuest Intota Assessment	√				√
ProQuest The Summon® Service	√		√		
Capita Soprano	√	√			
LibLime Koha		√			
OCLC WMS	√	√	√	√	√
Innovative Sierra	√	√			√

3.1　通用性云服务产品

通用性云服务产品是面向各行业领域的标准化产品，也是市场上最早出现的一类云服务产品。自 2006 年陆续面世以来，其向各行业领域提供了高品质的云服务。目前，主要的云服务产品供应商有 Amazon、Google 等。

3.1.1　Amazon Elastic Compute Cloud

（一）基本概况

Amazon Elastic Compute Cloud（Amazon EC2）是 Amazon 于 2006 年推出的一款云服务产品。产品定位于帮助开发人员降低进行网络规模级云计算的难度，支持在云中订制计算容量。Amazon EC2 的 Web 服务接口非常简单，客户可以轻松获取和配置容量。使用该服务，客户可以完全控制其计算资源，并可以在成熟的 Amazon 计算环境中运行。Amazon EC2 将获取并启动新服务器实例所需要的时间缩短至几分钟，这样一来，在客户的计算要求发生变化时，便可以快速扩展计算容量。Amazon EC2 还为开发人员提供了创建故障恢复应用程序以及排除常见故障情况的工具。①

（二）功能模块

Amazon EC2 向客户提供了一个真正的虚拟计算环境，让客户使用 Web 服务接口启动多种操作系统的实例，通过自定义应用环境加载这些实例，管理客户的网络访问权限，并根据客户需要的系统数量来运行客户的映像。

Amazon EC2 具有多种强大功能，用于构建可扩展、能够故障恢复的企业级应用程序。主要功能包括提供高速的持久性存储、对实例进行优化、实例可存储在多个位置、提供动态 IP 地址、提供虚拟私有云、提供云服务的监控服务、按使用的容量实时自动扩展、动态负载平衡、高性能计算（HPC）集群、提供 GPU 实例、提供高 I/O 实例、提供密集存储实例、提供虚拟机的导入/导出、将常用管理任务自动化、提供在线软件的商店、提供增强型联网等。

（三）服务定位

该产品适用于图书馆较短时间内规模较大、较为临时的计算任务，也适用于图书馆较长时间内相对稳定的计算工作，可为图书馆在业务高峰时段提供额外的计算能力，也可以用于托管图书馆系统。

（四）计费方式

为 Amazon EC2 实例计费的方式有三种：按需实例、预留实例和竞价实例。客户也可以为专用主机付费，该主机可在专供客户使用的物理服务器上提供 EC2 实例容量。

（五）产品的云特质

根据上述分析，云服务产品 Amazon EC2 提供了多样的、灵活的计算能力，以供客户结合实际计算需求与资金预算对完成计算工作所需的存储空间大小、计算性能高低、数据读写快慢等进行选择，并支持存储空间、计算性能、数据读写等随不同时间节点计算负荷的变化而变化，符合基础设施即服

---

① Amazon Web Services, Inc. Amazon EC2［EB/OL］.（2016 – 07 – 11）. http：//aws. amazon. com/cn/ec2/.

务（Infrastructure as a Service，IaaS）的特质。对于完成计算工作所需的存储空间，Amazon EC2 所提供的 Amazon EBS 包括通用型、预配置 IOPS 与磁性介质三种类型，并支持容量自动扩展与实例密集存储。对于完成计算工作所需的计算性能，Amazon EC2 提供了高性能计算集群，支持对实例进行优化，并提供了 GPU 实例以满足客户的图形处理需求。对于完成计算工作所需的数据读写，Amazon EC2 提供了高速读写实例，并支持通过虚拟机读写数据。此外，Amazon EC2 支持客户对计算工作进行监控，并通过自动化常规任务减轻客户操作负担，通过物理存储空间的分离与动态 IP 地址的分配保障客户计算工作的安全进行。

3.1.2　Amazon Simple Storage Service

（一）基本概况

Amazon Simple Storage Service（Amazon S3）是一种面向 Internet 的简单存储服务，以很低的成本为软件开发人员提供高度可扩展的、可靠的、低延迟的存储基础设施。Amazon 提供一个简单的 Web 服务接口，可用于存储和提取任意数量的数据，这些操作可在任意时间、任意网络位置执行。使用 Amazon S3，开发人员可以轻松地构建利用互联网存储的应用程序。由于 Amazon S3 具有很高的可扩展性，而且客户只需按实际用量付费，因此开发人员可以从较小用量起步，根据需要扩展应用程序，而不影响性能或可靠性。

Amazon S3 提供了一系列的存储类别，可用于不同的用例，包括用于频繁访问数据的通用存储的 Amazon S3 Standard、用于长期但非频繁访问数据的 Amazon S3 Standard – Infrequent Access（Standard – IA），以及用于长期档案的 Amazon Glacier。Amazon S3 还提供了可配置生命周期政策，以便在客户数据的生命周期内对其进行管理。一旦设置了政策，客户的数据便会自动迁移到最合适的存储类别，而客户的应用程序无须任何更改。

Amazon S3 可单独使用，也可以与 Amazon EC2 和 AWS Identity and Access Management（IAM）等其他 AWS 服务以及用于初始或持续数据注入的数据迁移服务和网关结合使用。Amazon S3 为各种各样的使用案例提供了经济高效的对象存储，这些使用案例包括备份和恢复、近线归档、大数据分析、灾难恢复、云应用程序和内容分发。

（二）功能模块

Amazon S3 的功能模块包括：用于频繁访问的通用存储——Amazon S3 Standard；用于长期但非频繁访问数据——Amazon S3 Standard – Infrequent Access；用于长期档案存档——Amazon Glacier；以及 Amazon S3 的低冗余存储。

（三）服务定位

该产品适用于图书馆存储一般性数据资源，通过网络实现对数据资源的访问，以节省图书馆购买并部署存储设备所需的成本与空间，并减少图书馆维护数据资源与存储设备的人力与物力。该产品亦适用于图书馆存储需要长期保存而不频繁访问的数据资源，帮助图书馆完成馆藏数据资源的备份工作。

（四）计费方式

Amazon S3 按客户的实际使用情况收费，且无最低收费。其计费标准取决于 Amazon 的运营成本与客户所选择的物理存储区域，不同物理存储区域间的计费标准不尽相同。Amazon 的物理存储区域包括美国东部弗吉尼亚北部，美国西部俄勒冈、加利福尼亚北部，欧洲爱尔兰、法兰克福，亚太地区的新加坡、东京、悉尼、首尔、孟买，以及南美洲的圣保罗。

（五）产品的云特质

根据上述分析，云服务产品 Amazon S3 符合数据即服务（Data as a Service, DaaS）的特质。对于其所面向的数据存储对象，Amazon S3 根据不同类别数据访问频率的不同，提供面向频繁访问数据的通用存储、面向长期保存且非频繁访问的数据的存储与面向档案数据的存储，用户可通过 Amazon S3 的管理功能实现数据在不同类型存储间的灵活迁移。此外，面向政府机构及其他特殊需求，亦提供了 Amazon GovCloud 以存储内容信息较为敏感的数据。对于数据对象的格式，Amazon S3 并未作出限制。对于数据对象的规模，Amazon S3 支持根据客户需求进行动态扩展。客户在上传数据时，可自主选择距离自己物理位置较近的存储，Amazon 亦提供嵌入式网络加速 Amazon S3 Transfer Acceleration 以加快远距离数据传输速度，并在客户上传数据时向客户发送事件通知以告知客户行为。对于其所存储数据的安全性与可靠性保障，Amazon S3 支持客户对其所上传的数据进行加密操作，并对数据的访问权限进行设置。此外，Amazon S3 将客户的数据重复存储于不同物理存储位置，以保障客户信息的安全性、完整性。

3.1.3 DuraSpace 的 DuraCloud

（一）基本概况

DuraCloud 是一款由 DuraSpace 提供的云服务产品，在美国国会图书馆的国家数字信息基础设施与保存项目（National Digital Information Infrastructure and Preservation Program，NDIIPP）资助下研发，其可帮助科研机构、文化团体等充分利用云存储服务以长久保存其内容信息，而无须雇用具备专业技能的有关人员。通过单一的网络入口，客户可使用 DuraCloud 访问多家云服务供应商所提供的云存储服务，包括 Amazon S3、SDSC Cloud Storage、Rackspace Cloud Files、Amazon Glacier、DPN、Chronopolis 等。包括古彻学院（Goucher College）、普渡大学印第安纳波利斯分校（Indiana University – Purdue University Indianapolis）、政治与社会研究高校联盟（Inter – University Consortium for Political and Social Research）、莱斯大学（Rice University）、斯克兰顿大学（University of Scranton）在内的多所国外高校及有关组织机构已选用 DuraCloud 保存其内容信息。[①]

（二）功能模块

DuraCloud 的主要功能包括：①集成来自多个云存储供应商的云存储服务，并支持存储内容的自动同步；②为存储于云端的数据的安全性与可靠性提供保障；③为包括 MP3、MP4、FLV 等多种格式在内的音、视频流提供支持；④通过简单的、基于网络的用户接口，为客户所存储信息资源的在线共享提供支持；⑤通过控制面板、月度报告等多种方式，为客户所存储信息资源的持久性与可靠性提供保障。

DuraCloud 的功能特性包括：①为内容信息传输提供工具与服务支持，并

---

① DuraSpace. DuraCloud [EB/OL]. (2016 – 07 – 12). http：//www.duracloud.org/.

在信息上传或下载时对内容信息的安全性进行检查；②将客户信息重复存储于不同云存储服务供应商，并确保不同云存储服务供应商间的信息副本完全相同；③自动对客户信息执行比特级的安全检查，并向客户提供安全检查报告下载；④支持音、视频流，使客户无须安装流媒体播放器；⑤基于开源软件开发，并与 DSpace Repository Platform、Archive – It 等系统整合。

为满足不同用户的实际需求，DuraCloud 提供了 DuraCloud Preservation、DuraCloud Preservation Plus、DuraCloud Enterprise 与 DuraCloud Enterprise Plus 四个版本的云服务产品，各版本功能存在一定的差异。

DuraCloud Preservation 适用于仅需在云端保存单一信息副本的客户，最高可存储 5TB 内容信息。其主要功能包括基于 Amazon S3 的内容存储功能、全部内容的在线访问功能、内容分享功能、在线管理功能、内容信息的自动安全检查服务、存储报告与统计功能、专用上传/下载带宽。

DuraCloud Preservation Plus 适用于需在云端保存多个信息副本的客户，最高可存储 5TB 内容信息。除 DuraCloud Preservation 所提供主要功能外，其所提供的功能还包括：①自动同步存储于不同云存储服务供应商处副本的内容信息；②客户可在多个云存储服务供应商间选择不同副本的存储位置，可选的云存储服务供应商包括 Amazon Glacier、the San Diego Supercomputer Center Cloud Storage Service、Rackspace Cloud Files 等；③当某一副本发生完整性问题时，自动选用其他副本对存在问题的副本进行恢复。

DuraCloud Enterprise 适用于仅需在云端保存单一信息副本，但需要向多个个人、部门、科研团体共享信息的客户，可存储的内容信息无数据规模限制。当存储 10TB 以上内容信息时，需联系 DuraSpace 商议有关计费标准。除 DuraCloud Preservation 所提供的主要功能外，其所提供功能还包括：①媒体服务，提供音、视频流服务，并为音、视频流提供嵌入式播放器；②账户管理，包括管理账户详细信息、内容设置信息、用户账户信息、访问权限控制；③子账户创建——在客户的 DuraCloud 主账户下创建子账户，以向作为客户的组织机构内的部门、科研团体、个人等分享信息；④权限控制——通过向不同子账户分配不同的权限级别，实现对子账户可访问信息内容的控制。

DuraCloud Enterprise Plus 适用于需在云端保存多个信息副本，且需要向多个个人、部门、科研团体共享信息的客户，客户可在多个云存储服务供应商间选择信息副本的存储位置，可选的云存储服务供应商包括 Amazon Glacier、the

San Diego Supercomputer Center Cloud Storage Service 与 Rackspace Cloud Files，可存储的内容信息无数据规模限制。当存储 10TB 以上内容信息时，需联系 DuraSpace 商议有关计费标准。除 DuraCloud Preservation 所提供的主要功能外，其所提供功能还包括：①自动同步存储于不同云存储服务供应商处副本的内容信息；②当某一副本发生完整性问题时，自动选用其他副本对存在问题的副本进行恢复；③媒体服务，提供音、视频流服务，并为音、视频流提供嵌入式播放器；④账户管理，包括管理账户详细信息、内容设置信息、用户账户信息、访问权限控制；⑤子账户创建，在客户的 DuraCloud 主账户下创建子账户，以向作为客户的组织机构内的部门、科研团体、个人等分享信息；⑥权限控制，通过向不同子账户分配不同的权限级别，实现对子账户可访问信息内容的控制。

（三）服务定位

该产品适用于图书馆保存单一或多个馆藏信息资源副本，并且可对其他个人或组织访问与共享图书馆全部或部分资源的权限进行管理，适合图书馆云端存储，图书馆用户在线访问音、视频流。

（四）计费方式

DuraCloud 所提供的 DuraCloud Preservation、DuraCloud Preservation Plus、DuraCloud Enterprise 与 DuraCloud Enterprise Plus 的计费方式不尽相同。对于 DuraCloud Preservation，其使用费用为每年 1175 美元，存储费用为每年每 TB 700 美元。对于 DuraCloud Preservation Plus，选用 Amazon S3 与 Amazon Glacier，其使用费用为每年 1175 美元，存储费用为每年每 TB 825 美元；选用 Amazon S3 与 SDSC，其使用费用为每年 1475 美元，存储费用为每年每 TB 1400 美元。对于 DuraCloud Enterprise，其使用费用为每年 5250 美元，存储费用为每年每 TB 500 美元。对于 DuraCloud Enterprise Plus，选用 Amazon S3 与 Amazon Glacier，其使用费用为每年 5250 美元，存储费用为每年每 TB 625 美元；选用 Amazon S3 与 SDSC，其使用费用为每年 5550 美元，存储费用为每年每 TB 1200 美元。

（五）产品的云特质

根据上述分析，云服务产品 DuraCloud 符合 DaaS 的特质。对于其所面向的数据存储对象，DuraCloud 根据不同客户对副本数量与信息共享的不同需求，将其产品细分为 DuraCloud Preservation、DuraCloud Preservation Plus、DuraCloud Enterprise 与 DuraCloud Enterprise Plus 四个类别。对于数据对象的格式，Dura-Cloud 并未做出限制，客户无须对其数据做出任何处理即可利用 DuraCloud 提供的工具直接上传。此外，DuraCloud 还对 MP3、MP4、FLV 等格式的音、视频流媒体数据提供特别支持，用户无须在本地安装客户端应用程序，即可在线实现对存储于 DuraCloud 的音、视频流媒体数据的访问。对于数据对象的规模，DuraCloud 支持根据客户的实际使用需求进行收费，且在客户所需存储空间大于 10TB 时向客户提供优惠。对于其所存储数据的访问与共享，DuraCloud 支持客户在其账户下建立多个子账户，通过赋予不同子账户以不同的权限级别，实现客户数据的访问管理与共享控制。对于其所存储的数据的安全性与可靠性保障，DuraCloud 支持在上传、下载数据时对数据内容进行自动检查，并向客户发送安全报告。此外，DuraCloud 可通过在不同云存储服务供应商处对同一信息建立副本的方式对数据加以保护，并在某一副本信息发生错误时自动使用其他副本对错误信息进行修正。

3.1.4 Google Apps

（一）基本概况

Google Apps（Google Apps for Work）是 Google 提供的云服务产品套件，其服务完全基于云设计而成，包含 Google 云端硬盘（Google Drive）提供的文件存储与共享功能、Google 文档（Google Doc）提供的实时协作功能、Google 环聊（Google Hangouts）提供的视频会议功能与 Gmail 提供的专业电子邮件功能等，全部功能打包出售。Google Apps 支持客户通过各种设备、操作系统与浏览器访问并获取服务，且可以保证用户通过不同渠道所获得的服务体验始终如一。此外，Google 文档、Google 日历（Google Calendar）与 Gmail 支持在离线状态下查看、修改与创建内容，Google Apps 会自动在客户重新连接到互联网后同步其所做修改。[1]

---

[1] Google, Inc. Google App [EB/OL]. (2016 – 07 – 12). https：//apps. google. com/.

（二）功能模块

Google Apps 包括了十余种不同功能的在线软件，主要包括 Gmail、Drive（云端硬盘）、Hangouts（环聊）、Docs、Sheets、Slides、Forms、Calendar、Sites、Apps Vault、Google + 等。

（1）Google Gmail 是商务邮箱，提供高级垃圾邮件过滤、即时消息搜索、一体化文本、语音和多人视频聊天以及其他增加生产力的邮箱功能，如优先级收件箱等。Gmail 是一个标准的电子邮件应用程序，可以在任何移动设备上使用，在 iOS 和 Android 平台上均有专用的移动应用程序。

（2）Google Drive 是一个文件同步和共享服务，允许用户从任何地方、在任何设备（包括智能手机和平板电脑上）访问最新版本的工作内容。使用 Google Drive，用户可以使用 5TB 的存储空间来存储任何文件；可以即时查看常见格式的文档，包括文档、PDF、图像甚至直接从 Web 浏览器或移动设备浏览高清视频。团队可以共享文件或整个文件夹。采用单独的文件管理权限，工作人员可以轻松控制访问权限、评论或编辑每个文件。Google Drive 可以无限存储，并有专门的 iOS 和 Android 平台移动应用程序。应用程序还具备从 Windows 和 Mac 电脑同步文件的功能。

（3）Google Hangouts 是一个在线视频会议服务，允许多达 15 人从他们的笔记本电脑、平板电脑、电话或会议室连接高清视频。Google Hangouts 包括增强协作的屏幕共享、语音通话和可以快速对话的即时通信。Google Hangouts 提供针对 iOS 和 Android 的移动应用程序。

（4）Google Docs 可以对文件进行实时协作，所以团队可以同时完成同一个文档，这样会使项目开展得更快。Google Docs 支持图片、表格、公式、图形、链接和更多功能。社会评论允许从指定对象处快速收集反馈和其他各类信息。与谷歌 Docs 的员工一起，可以编辑其他文字处理软件创建的文档，或将流行的文件格式如 .doc、.docx 和 .rtf 转换为 Google Docs，以激活协作的功能。Google Docs 可以联网或断网工作，有专门针对 iOS 和 Android 平台的移动应用程序。

（5）Google Sheets 是一个功能强大的电子表格编辑器，可以让用户即时协同制作电子表格。Google Sheets 支持高级公式、嵌入式图表、过滤器和数据透视表等工具，可用于分析数据。Google Sheets 使用户可以共享列表、管理项目、分析数据和跟踪结果。通过 Google Sheets，用户可以编辑其他主要电子表格软件创建的电子表格，或将流行的电子表格格式如 .xls、.xlsx 和 .csv 转换为 Google Sheets 格式，以激活协同功能。Google Sheets 可以联网或断网工作，有专门针对 iOS 和 Android 平台的移动应用程序。

（6）Google Slides 支持嵌入式视频、动画和动态幻灯片转换，允许团队一起创建演示文档。用户可以私下与同事或合作伙伴分享，或可以将它们发布到网上，供客户查看。通过 Google Slides，用户可以编辑其他主要演示软件创建的演示文稿，或将流行的演示文稿格式，如 .ppt 和 .pptx 转换为 Google Slides，以激活协同功能。Google Slides 可以联网或断网工作，有专门针对 iOS 和 Android 平台的移动应用程序。

（7）Google Forms 可用于创建自定义网络调查问卷，并通过嵌入网页、电子邮件发送、社交媒体分享的方式分发问卷。当调查对象提交调查问卷时，Google Forms 可将问卷信息自动整理成电子表格，并支持对问卷信息的分析操作。

（8）Google Calendar 允许用户管理自己的日程安排，创建项目日程表，和同事一起安排时间，并添加共享资源（如会议室）。多个日历可以被显示多人安排的复合视图即时覆盖。谷歌日历可以在任何移动设备的标准日历应用程序中使用，有专门针对 iOS 和 Android 平台的移动应用程序。

（9）Google Sites 可用于帮助企业员工创建并共享项目网站与企业网站，而无须任何专业技能。通过 Google Sites，客户可更加集中地管理其组织的文档、日程等，并可通过智能手机与平板电脑实现对项目网站与企业网站的优化。

（10）Google Apps Vault 是一个保留、归档和发现的谷歌应用程序的工具。Google Apps Vault 允许 IT 管理员来管理关键业务信息、应对意外事件（如诉讼或员工离职）。Google Apps Vault 可以节约用于法律请求、审计或内部调查的时间和金钱。如果一个组织成员离开该组织，Google Apps Vault 可以跟踪他们已参与的项目和通信的状态。

（11）Google + 是一个为商务设计的社会网络工具。Google + 使人们更快、更容易与其客户和团队成员进行共享和协作。

（三）服务定位

该产品适用于辅助图书馆常规性业务的开展，帮助图书馆员规避因不同厂商、不同版本办公软件，以及因工作文档存储、传输等所产生的问题，从而帮助图书馆员提高工作效率，减少工作时间，降低工作成本。此外，Google 环聊所提供视频会议功能与 Gmail 所提供的电子邮件功能亦可辅助图书馆员之间的交流。

（四）计费方式

Google Apps 为新注册客户提供 30 天的免费试用期，单一客户最多支持 10 人试用。正式使用的计费标准为每人每月 5 美元或每人每年 50 美元。如果客户需要使用 Google Apps 的无限存储空间与保险柜服务，则需要额外支付每人每月 5 美元。Google Apps 为客户提供弹性方案与包年套餐两种结算方案：对于弹性方案，客户可随时增删使用人数，并按月结算当月所使用的服务费用；对于包年套餐，客户可享受折扣优惠，额外添加使用人数的费用按年度费用折算到每月的金额每月结算。

Google Apps 提供两档计费标准：每人每月 5 美元与每人每月 10 美元。对于每人每月 5 美元的档位，Google Apps 提供的主要功能包括商务电子邮件地址、视频和语音通话、集成在线日历、文件同步与共享、30GB 在线存储空间、在线文本报告档、电子表格和幻灯片、项目网站创建支持、安全与管理控制。对于每人每月 10 美元的档位，Google Apps 除提供上述功能外，还提供无最大限制的存储空间（如果客户团体少于 5 人，则每人存储空间最大限制为 1TB）、存储空间管理与控制功能、存储对象审计与共享报告、可检索电子邮件、聊天记录、文件信息的 Google Apps Vault、检索结果导出为不同格式文件的功能、可设置存档规则的客户电子邮件的存档功能等。

（五）产品的云特质

根据上述分析，云服务产品 Google Apps 符合软件即服务（Software as a Service）的特质。其通过网络为客户在线办公提供支持，而无须客户安装复杂的本地应用程序。Google Apps 所提供的在线办公支持功能包括基于 Google Docs 实现的文字处理功能（类似于微软的 Word 软件）、基于 Google Sheets 实现的数据处理功能（类似于微软的 Excel 软件）、基于 Google Slides 实现的演示文稿功能（类似于微软的 PowerPoint 软件）等。所提供的在线通信及信息共享功能包括基于 Google Gmail 实现的电子邮件功能、基于 Google Hangouts 实现的视频会议功能、基于 Google Drive 实现的文件存储与共享功能等。此外，Google 还支持通过 Google Forms 开展调查统计、通过 Google Calendar 进行日程规划、通过 Google Sites 建设项目网站、组织网站等。此外，Google Apps 中 Google Drive 组件允许客户在线存储并访问文件信息，且不受所处位置与所用设备的影响，客户可通过浏览器查看并编辑文件内容，设置文件访问权限等，这在一定程度上亦符合 DaaS 的特质。

3.2　专用性云服务产品

图书馆可适用的专用性云服务产品是专门面向图书馆提供的云服务产品。早在"云计算"概念产生之前，图书馆所使用的联机检索目录即在一定程度上具备云计算的特征，可谓是图书馆专用性云服务产品的雏形或前身。自"云计算"概念产生以来，为图书馆提供产品与服务的供应商即开始按照云计算的特点设计图书馆专用的云产品与服务。2009 年前后，明确标注"云计算"的图书馆专用性云服务产品大量出现，这些产品所支持的主要功能涉及图书馆资源建设、信息服务和业务管理等。

3.2.1　Biblionix Apollo

（一）基本概况

Apollo 是一款由 Biblionix 提供的，仅以公共图书馆为面向对象的云服务产品。它不具备服务高校图书馆、中小学图书馆等其他类型图书馆的功能特性，而更适合为中、小型公共图书馆所选用。选用 Apollo 的公共图书馆无须在馆舍内部署服务器，亦无须安装客户端软件，通过浏览器即可访问并获取 Apollo 的全部服务功能，且 Apollo 的维护与更新工作全部交由 Biblionix 完成。在 LibraryWorks 主办的 2016 年现代图书馆奖（2016 Modern Library Awards，

MLAs）评选中，Apollo 获得了唯一的最高奖项——年度产品奖（Product of the Year）。[1][2]

（二）功能模块

该产品的主要功能包括流通管理、馆藏管理与其他功能。流通管理功能主要包括：高度精简的接入接口，电话、短信及电子邮件提醒功能，公共目录与虚拟联盟功能，无须硬件设施即可实现的图书逾期或在馆的自动提醒功能，PC 端自助结算功能。馆藏管理主要包括：文献采购功能，书目删除功能，权限控制功能。其他功能包括：与联盟馆互联功能，关于电话、短信及电子邮件提醒是否成功的检测报告功能，新用户在线注册功能，支持集成第三方产品与服务，并提供有关第三方产品与服务的信息。

（三）服务定位

该产品适用于中、小型公共图书馆托管其核心管理系统，管理其馆藏文献信息与读者用户信息，可帮助图书馆减轻文献信息服务业务等的负担。

（四）计费方式

在试用阶段，Apollo 不收取任何费用。在正式使用阶段，Apollo 以图书馆为单位，按年收取订购费用。正如图书馆订购期刊或数据库一样，订购 Apollo 的图书馆可自主设置任意数量的用户，并可在任意数量的计算机上使用 Apollo。订购费用除文献采购、Content Cafe 2、自动提醒与分馆管理功能之外，Apollo 的其他主要功能，包括全部服务器功能、备份功能、用户帮助功能、免费升级功能、用户论坛功能等，均包括在其订购费用之内。订购 Apollo 无须繁杂的合同，用户可以随时终止对 Apollo 的订阅，并取回未使用的订购项目的款项。

（五）产品的云特质

根据上述分析，云服务产品 Biblionix Apollo 符合 DaaS 与 SaaS 的特质。在

---

①　Biblionix. Apollo［EB/OL］.（2016 - 07 - 13）. https：//www. biblionix. com/products/apollo/.

②　LibraryWorks. com. 2016 Modern Library Awards［EB/OL］.（2016 - 07 - 26）. http：//user - 94545020520. cld. bz/2016 - Modern - Library - Awards#4/z.

Apollo 的试用与调试阶段，作为客户的图书馆通过 Apollo 所提供的专用上传网页上传其数据资源副本。此后，Apollo 将在三天内完成上传数据在其服务器的部署工作，并在部署工作结束后通知图书馆，由图书馆检查上传数据是否被完整、准确地部署。通过浏览器，图书馆即可访问其上传数据资源，这符合 DaaS 的特质。Apollo 对图书馆的硬件设置和人员配备并无过多要求，仅要求作为客户的图书馆可使用 IE Explorer 10 或 Firefox 30 及以上版本的浏览器，并具有较高的网络连接与访问速度，而对是否是通过电话拨号上网或光纤上网并无要求。此外，Apollo 建议图书馆使用分辨率为 1024 × 768 及以上的显示设备访问其资源与服务。作为客户的图书馆仅通过浏览器即可访问 Apollo 所支持的馆藏管理功能、流通管理功能及其他服务功能，这符合 SaaS 的特质。

3.2.2　Capita Chorus

（一）基本概况

Chorus 是 Capita 于 2011 年推出的一款云服务产品，它以现代图书馆为服务对象，以图书馆管理系统（Library Management System，LMS）为服务内容，通过管理并维护图书馆核心系统，为图书馆自定义配置系统功能提供支持，重新定义了图书馆管理系统的技术架构。选用 Chorus 的图书馆可将其系统与信息托管于 Capita 的数据中心，由 Capita 负责保证 Chorus 的可访问性以及图书馆系统与数据的安全性，并能够有效减少用于购买或维护图书馆管理系统的成本。[1]

（二）功能模块

Chorus 继承了 Capita Alto 系统的全部优势与特点，并且可以促进图书馆不同管理软件之间的整合，帮助作为客户的图书馆管理当前读者用户所常用的服务，如自助服务、RFID 等。Chorus 亦可代替图书馆完成数据安全与网络连接的维护工作、修补服务器的安全漏洞、更新其软件与服务，为灾难恢复、服务监测、备份文件的离线存储提供支持。此外，Chorus 无须任意图书馆内部部署的硬件设施，且 Chorus 运行所需开支均由 Capita 承担。

---

[1]　Capita PLC. Libraries Chorus ［EB/OL］.（2016 – 07 – 13）. http：//www. capita – software. co. uk/libraries/library – management – system/libraries – chorus.

Chorus 的功能模块包括工作人员界面、公共资源发现系统、服务管理界面等，各模块承担不同的具体功能：①工作人员界面承担的具体功能包括流通、编目、采购、综合数目数据库、馆际互借、期刊管理与报告；②公共资源发现系统承担的具体功能包括为客户提供高度个性化的界面、提供检索辅助功能、为图书馆读者用户提供自助服务入口"我的账户"，以及提供标准化的移动界面；③服务管理界面承担的具体功能包括支持按一定标准查找或删除数据、提供服务指南、提供数据备份与灾难恢复功能等。

（三）服务定位

该产品适用于图书馆更新其管理系统，从而减少图书馆购买与维护本地管理系统的成本。

（四）产品的云特质

根据上述分析，云服务产品 Capita Chorus 符合 SaaS 的特质，它将图书馆管理系统作为服务内容，为图书馆文献服务、信息服务等业务提供支持，为图书馆系统与数据提供更新维护与安全保障，并支持读者用户自助服务、RFID 等功能，从而帮助图书馆减少用于购买与维护本地图书馆管理系统，以及部署与维护本地图书馆管理系统所需硬件设置的成本，并将一部分图书馆员从传统的日常系统与数据维护工作中解放出来，使图书馆更专注于为读者用户提供更为优质的服务。

3.2.3　Capita Soprano

（一）基本概况

Soprano 是一款由 Capita 提供的云服务产品，它可让图书馆员在任意时间、任意地点访问图书馆管理系统，为服务读者用户提供支持。例如，图书馆员可在日常巡视的同时通过 Soprano 回复读者问询、可在书架前清点在架图书，快速完成一系列馆藏管理任务。仅通过安装于连接到互联网的计算机或平板电脑的浏览器，Soprano 即可实现对图书馆管理系统的实时访问。此外，Soprano 亦提供离线模式。①②

（二）功能模块

Soprano 可为其客户随时随地访问图书馆管理系统提供支持，其主要功能如下。

首先，提供移动式日常工作系统。采用最新技术，Soprano 易于访问与使用。作为一款基于云的产品，在客户想要通过 Soprano 访问其图书馆管理系统时，仅需要将计算机或平板电脑连接到互联网，并使用安装于该计算机或平板电脑的浏览器访问 Soprano。同时，Soprano 亦提供离线模式，即便用户暂时无法连接到互联网，亦不会对其操作产生负面影响。借助 Soprano，图书馆员可将多种类型的图书馆服务主动带给读者用户，而非等待读者用户前往图书馆。

其次，提供实时的馆藏管理功能。Soprano 为图书馆员馆藏管理工作提供支持。仅通过平板电脑，图书馆员即可获取完成馆藏管理工作所需的全部信息。因此，图书馆员可在书架前快速更新馆藏资源的状态信息，并查找出未在架的具体书目，而无须搬运任意书目，也无须打印任意书目清单。

（三）服务定位

该产品适用于帮助图书馆员打破传统的工作空间限制，引入移动式办公新理念，从而帮助图书馆优化馆藏管理等工作的实施流程，以节约时间、节省成本。

（四）产品的云特质

根据上述分析，云服务产品 Soprano 符合 SaaS 的特质。其提供馆藏流通模块（Circulation Module）帮助图书馆员通过安装在可连接到互联网的移动设备上的浏览器访问图书馆管理系统，以在日常巡视、整理书架等情况下仍能保证对读者的书目预约、在架查询等需求的及时处理。此外，流通模块亦将图书馆员的办公区域拓展至图书馆馆舍之外。即便图书馆员身处图书馆馆舍外部，其

---

① Capita PLC. Libraries Soprano［EB/OL］.（2016 – 07 – 16）. http：//www. capita – software. co. uk/solutions/libraries/library – management – system/libraries – soprano.

② Capita 推出下一代图书馆管理系统［J］. 现代图书情报技术，2013（6）：84.

亦可通过 Soprano 的流通模块完成有关馆藏流通的常规工作，或组织开展基于小型流动图书馆的阅读活动。此外，Soprano 提供馆藏管理模块（Stock Management Module），辅助图书馆员完成对馆藏资源的实时清点工作，而无须暂时关闭图书馆或搬运馆藏图书。图书馆员通过 Soprano 对书目状态信息的更新亦可被即时更新至图书馆管理系统，且无须花费人力、物力整理或打印记录文档。此外，Soprano 支持离线模式，在暂时无法通过互联网连接到图书馆管理系统的情况下，其自动将图书馆员的操作加入等待队列，在重新连接到图书馆管理系统后，其将自动执行等待队列中的全部操作，并对图书馆管理系统进行更新。

3.2.4　Ex Libris Alma

（一）基本概况

Alma 是由高校图书馆自动化解决方案领导性供应商 Ex Libris 开发的云服务产品。随着图书馆馆藏文献资源中数字资源所占比例的日渐增加，图书馆面临着不同类型文件资源的管理问题，在管理不同类型文献资源的过程中亦产生了较多的资源冗余与浪费。Alma 为纸质资源、数字资源等不同类型文献资源的管理问题提供了解决方案。它通过数据共享、合作服务与云架构，优化工作流程，整合当今图书馆管理纸质、数字资源的各类不同的系统，支持图书馆的纸质资源与数据资源管理的所有业务，包括选择（采访和需求驱动采访）、印刷资源管理（流通、预约、馆际互借）、数字资产管理（数据库功能）、元数据管理（编目、合作性元数据管理）、链接解析和数字化以及图书馆其他日常业务。Alma 通过对图书馆资源的利用情况、单位成本等进行分析，对馆藏资源进行选择、采访和评估，可以使图书馆的馆藏资源发展预算得到最大化的利用。①

（二）功能模块

Alma 的总体目标是为图书馆提供综合性的统一资源管理解决方案，以避

---

① Ex Libris Ltd. Ex Libris Alma：The next – generation library management solution ［EB/OL］. (2016 – 07 – 14). http：//www. exlibrisgroup. com/category/AlmaOverview.

免在维护相互分离的图书馆集成系统（ILS）、电子资源管理（ERM）、机构库，发现和链接解析产品过程中的工作和数据重复。它使得图书馆员能够在单一环境中完成全部工作，消除在不同系统之间同步数据的需求，能够对整体馆藏进行统合性分析，并突出图书馆馆藏的特色部分。

Alma 提供在线的一体化管理系统，并且该产品具有强大的开放性，支持MARC、DC、CNMARC、MODS 等多种元数据标准，支持 SIP2、Z39.50、SRU、EDI、NCIP、COUNTER、SUSHI 等协议，具备可扩展的体系架构，以及多种网络服务、开放 API 的扩展接口，并支持灵活的合作模式——共享数据、联合采访、PDA 等。此外，该产品还具备先进的统计分析功能。

Alma 系统对图书馆工作流程进行了优化，图书馆可以自己定义规则并定制工作流；它提供的新功能"社区编目"（Community Catalog）允许图书馆之间相互共享元数据；它采用非 MARC 元数据，支持所有类型的资源描述与组织；它对客户、提供商以及数据库开放标准并开放 API，便于与校园其他系统相互集成；它的开放链接解析程序可以直接链接到电子或纸本资源。

（三）服务定位

该产品适用于图书馆托管其馆藏资源管理系统，并与其他系统相集成。产品可帮助图书馆员实现对馆藏文献资源与数字资源的集成管理，共享元数据以实现快速联合编目，并对馆藏资源进行统计分析。

（四）产品的云特质

根据上述分析，云服务产品 Ex Libris Alma 为图书馆各类型文献资源提供了包括采选、购买、元数据管理、数字化处理等支持，帮助图书馆整合用于管理纸质资源、数字资源等不同类型资源的、相互独立的管理系统，通过数据的共享和服务的整合优化图书馆业务流程，利用可获取的图书馆内部与外部信息资源拓展图书馆服务范围，符合 SaaS 的特质，具体体现包括：①支持对图书馆纸质资源、数字资源的统一管理；②在平衡开放共享与本地需求的同时，将高质量的开放获取元数据引入 Alma 的资源管理环境，实现对元数据的管理；③利用标准流程与分析能力精简与优化服务流程，使服务易于被用户所接受；④通过提供使用情况信息、使用所需成本、其他图书馆馆藏情况信息，帮助图书馆完成采选、购买、评价等工作，以最大限度地利用图书馆用于扩充馆藏的预算；⑤通过基于网络的开放接口，Alma 可与其他外部的高校管理系统进行无缝衔接，作为客户的图书馆亦可开发插件等应用程序以满足其特殊需求。

3.2.5　Innovative Sierra

（一）基本概况

Innovative Interfaces 公司基于以前的 Millennium 自动化管理系统和电子资源管理产品，开发了新的产品 Sierra。它运行在开源数据库 PostgreSQL 上，采用面向服务的架构，添加新的 API 并开放现有的 API，更新界面并使用全新的基于 Web 的统一客户端，于 2011 年正式发布。它可以采用软件即服务（SaaS）方式部署，也可以进行本地安装。

Sierra 还提供了优秀的报表工具，包括一个新的"Reporter"模块，允许客户选择字段，从而很容易地生成复杂报表。另一个新工具是"决策中心"，它是一个供图书馆员使用的工具，主要用来生成预定义报表，也可以动态运行，以便即时使用和分析。这些报表工具还可以实现跨图书馆或联盟的聚合分析，但要求上传数据到 Innovative 的"数据中心"并在那里生成报表。

Sierra 基于现有产品进行开发，提供的功能比较完善。对于重点考虑满足最终客户需求，并希望延迟重构后台业务流程的图书馆来说，Sierra 是一个完全可用的方案。想要迁移到托管环境中的图书馆也可以采用它。这个产品提供了全部的图书馆功能，但是其工作流程不像其竞争对手的产品那样可自定义配置。[①]

（二）功能模块

Sierra 服务平台提供了成熟的图书馆工作流程，以及完善的、开放式系统架构的资源管理功能，其主要功能包括成熟的纸本资源和电子资源管理与实现功能集成的数字资产管理功能、附有 Sierra DNA Documentation 的 SQL 数据库、提供用于与其他应用程序集成的 API、提供分面浏览以丰富图书馆员的使用体验、为平板电脑优化移动工作界面、提供完整的图书馆业务界面与管理仪表、提供对员工友好和功能强大的管理和报告功能、支持云架构和托管选项。

---

① Innovative Interface, Inc. Sierra [EB/OL]. (2016-07-18). https：//www.iii.com/products/sierra.

此外，Sierra 提供了一系列的自助服务工具以提高用户体验，包括：①快速通道，通过自助服务和实时记录实现可靠的自动流通和账户管理；②电子商务，允许客户通过在线目录或在快速通道中支付费用和罚款，自动清除罚款，发送电子收据给客户，并记录相应的数据；③程序注册，可以方便地访问图书馆日历，允许客户自行注册，通过 Encore 发现应用，客户能够直接使用在线目录搜索引擎检索图书馆计划。

（三）服务定位

该产品适用于图书馆管理其馆藏纸质资源与数字资源，实现图书馆读者用户自助借还、自助结算欠款等功能，并支持与图书馆外部系统相集成，完成馆内或馆际的统计分析工作。

（四）产品的云特质

根据上述分析，云服务产品 Innovative Sierra 是在线的图书馆集成系统，具备较强的可扩展性、直观的操作界面与灵活的部署模式，支持移动访问，支持内部或外部的数据统计，符合 SaaS 的特质。其云特质的具体体现包括：①可扩展性——标准 SQL 访问和扩展 API，提供各层级上本地开发和外部系统的互操作性；②简化工作流程——通过一个统一的、革命性的、面向角色设计的员工应用程序，Sierra 使传统的图书馆工作流程变得现代化；③直观的界面——Sierra 使用网络风格导航、分面浏览等贯穿工作人员的整个工作流程，提高了产品的易用性，减少了图书馆员的培训时间；④支持数字图书资源——Sierra 为数字图书资源的集中处理提供了全面的支持，包括客户体验、流通、全部数字图书供应商的统计跟踪；⑤稳健的统计——对内部和外部操作进行统计汇总，包括数字图书和其他类型的数字资源；⑥部署灵活性——Sierra 提供了本地部署与云端部署两种部署模式以供客户选择；⑦移动的工作流——适用于多种设备，通过浏览器即可访问，且对网速没有过多要求。

3.2.6 LibLime Koha（2000）

（一）基本概况

目前，市面上名为 Koha 的图书馆产品与服务包括 LibLime 的 Koha 图书馆集成系统与 Koha Library Software Community 的 Koha 图书馆管理系统。本节所论述的 Koha 均为 LibLime 的图书馆集成系统。

Koha 为 LibLime 提供的一款云服务产品，以面向图书馆提供开源的图书馆集成系统为服务内容。有关 Koha 的开发项目始于 1999 年；2000 年 7 月 21 日，Koha 1.00 版本正式开放下载；此后，全球范围内越来越多的图书馆采用其作为图书馆集成系统，它所提供的功能也日渐丰富。Koha 与作为赞助方的图书馆密切合作，按照这些图书馆的业务功能需求开发产品的新特性，且一经这些图书馆检验可行，Koha 将即刻发布产品的新功能特性与漏洞补丁。[①]

（二）功能模块

Koha 提供的主要功能包括：①易用的流通政策、强大的用户管理、直观的导航功能，以及具有高权限的图书馆员账号；②记录客户间的亲子关系，并支持使用复制功能快速添加家庭客户；③社团服务功能，允许图书馆员管理阅读小组、图书俱乐部，以及其他社区阅读推广活动；④全面支撑读者管理，包括对读者账户进行"冻结"和"重新激活"等功能；⑤为 001 字段与 035 字段提供增强版匹配规则，以允许图书馆更新其原有记录至新版本；⑥图书馆可一键撤销对目录的导入操作，而无须逐条删除记录；⑦为包括 ITG、3M、EnvisionWare、Talking Tech、OverDrive、TechLogic、Librarica 在内的诸多供应商提供 SIP2，并与 EZproxy 合作，以为远程数据库访问提供双重认证；⑧作为完全基于网络的解决方案，Koha 的 OPAC、图书馆员、管理功能与自检接口等基于 XHTML、CSS、JavaScript 等标准 WWW 技术。

（三）服务定位

该产品适用于图书馆更新其集成系统，可帮助图书馆员完成文献服务、信息服务等业务。

（四）产品的云特质

根据上述分析，云服务产品 LibLime Koha 符合 SaaS 的特质，其完全基于网络，由 LibLime 负责有关服务器的维护与软件的更新工作。因此，作为客户

---

① LibLime. LibLime Koha [EB/OL]. (2016－07－17). http：//www.koha.org/.

的图书馆无须为其部署或维护服务器，亦无须在其计算机安装客户端应用程序，仅通过浏览器即可访问 Koha 的全部功能与服务，如书目采购、期刊管理等。Koha 亦支持第三方所提供的欠费收缴、电话提醒等功能，支持 Z39.50、SRU、SIP2 等标准，支持带有 XML 标记的 MARC 记录存储，以帮助图书馆快速查找与访问馆藏资源。此外，由于 LibLime 的 IT 专家承担了 Koha 有关的更新、备份与系统维护工作，因此图书馆的技术馆员可将更多的精力投入其他业务工作中去。

3.2.7　OCLC WorldShare Management Services（WMS）

（一）基本概况

WorldShare Management Services（WMS）是一款由联机计算机图书馆中心提供的云服务产品。作为基于云的图书馆管理系统，WMS 可以代替传统的图书馆集成系统，同时简化图书馆编目、采购、流通和许可管理等流程。WMS 和 WorldCat® Local 共同运作，其中 WorldCat® Local 负责提供类似于谷歌的检索功能、创建和共享书目列表功能、创建标签功能以及浏览类似 Amazon 网站的功能。同时，WMS 也是一款发现工具，不仅适用于图书馆的电子资源，还可以和 WorldCat® Local、WorldCat 知识数据库、本地的馆藏数据、供应商和出版商信息和权威记录等相连接。

WMS 的服务和应用都建立在 OCLC 的 WorldShare 平台上。这是一个全球性的、相互连接的网络架构，可提供灵活开放的 WorldCat 数据。WMS 统一的业务功能和网络服务，将帮助图书馆、开发者和合作伙伴不断优化图书馆业务流程，共享应用程序。WMS 的全部操作都在浏览器上进行，是真正的云计算解决方案。该服务不支持本地安装，从而降低了维护成本。为了支持云计算的部署模式，OCLC 在美国建立了两个数据中心，在澳大利亚、加拿大和欧洲分别建立了各自的数据中心。[①]

（二）功能模块

WMS 是一个基于网络的统一的系统，其功能模块覆盖了全部图书馆工作

---

① OCLC, Inc. WorldShare Management Services［EB/OL］.（2016 – 07 – 18）. http：//www. oclc. org/worldshare – management – services. en. html.

流程。具体包括：①采购功能（Acquisitions）——提供所有纸质与数字资源统一选择和采购管理功能；②流通功能（Circulation）——为流通业务全过程提供支持，适用于任何笔记本电脑、平板电脑或网络浏览器设备；③元数据功能（Metadata Services）——提供完整的元数据解决方案，提高图书馆员的工作效率，使图书馆馆藏资源易于被读者用户所发现；④馆际互借功能（Interlibrary Loan）——为纸质与数字资源的发现与传递提供综合性的、唯一的入口；⑤馆藏评估功能（Collection Evaluation）——帮助图书馆快速、高效地获取当前其他个体、行业与图书馆团体对其馆藏资源的评价信息；⑥许可证管理器（License Manager）——提供用于存储、共享和管理有关许可材料信息的中央系统。

（三）服务定位

该产品给图书馆提供了一整套的管理系统，是一个集成的图书馆网络系统。

（四）产品的云特质

根据上述分析，云服务产品 WMS 符合 SaaS 的特质。作为统一的图书馆管理系统，其完全部署于网络，而无须安装到本地计算机；提供功能强大的发现工具，将图书馆馆藏数据与图书馆外部的数据库、出版商等相连接；简化图书馆业务流程，将部分图书馆员从大量的简单重复劳动中解放出来。WMS 的云特质具体表现如下。

第一，简化工作流程。它以 WorldCat® 的数据为基础，借鉴 WMS 的经验改进图书馆工作流程，大幅度减少执行日常任务的时间。图书馆可重新分配专职人员以完成新的工作，如特色馆藏编目、为客户创造 LibGuides 以及重新设计图书馆网站等。

第二，显著节约成本。传统的 ILS 系统往往需要维护服务器和软件的成本，而基于云的 WMS 节省了这些成本。此外，WMS 不额外收取期刊管理、课程储备、OpenURL 解析器和收藏列表服务的费用，所有的这些都包含在 WMS 的订购费用之内。

第三，有效管理数字资源。WMS 集成了客户所有的数字和纸质资源管理的工作流程，包括选择、采购与维护，且均使用基于网络的、统一的 WorldShare 界面。这有助于简化和自动化数字馆藏的管理工作，并且可以将电子资源更快地传递到客户手中。

第四，帮助客户探索图书馆，提高图书馆的访问量。客户的 WMS 订购包括远程数据库查询、自定义报告及其他功能。WorldCat Discovery 向客户提供一个单一的搜索框，可以检索本地的纸质资源、数字资源以及全球数以千计图书馆所拥有的资源。此外，WMS 可通过 OCLC 的联合投资伙伴，通过与领先的搜索引擎和其他流行网站的合作，给客户的图书馆网站带来更多的访问量。

第五，获得关于客户系统的更多信息。WMS 可为客户提供一系列的基于其本地数据的报告，报告内容涵盖图书馆采购、流通、编目等业务内容，亦涉及馆藏纸质资源与数字资源情况。这些报告可帮助图书馆员更好地了解图书馆运作情况，并关注关键指标随时间的变化情况。WorldShare Report Designer 可充分利用 WMS 的数据，满足客户创建报告、图表、可视化呈现数据等需求。Collection Evaluation 支持提供基于 OCLC 合作数据的、用户指定的同行比较结果。

3.2.8　ProQuest Intota™ Assessment

（一）基本概况

Intota™ 由 ProQuest 公司开发，是一款新型的云计算产品，也是一款网络级数据库管理方案，为图书馆资源管理的生命周期提供完整支持。它集成了四款服务：The Summon® Service、Intota™ Assessment、360 Link 和 360 Resource Manager。Intota™ 提供了同时适合于纸质与数据资源环境的工作流程，将纸制资源与数字资源紧密地结合起来。Intota™ 提供了强大的分析和评估功能，帮助图书馆使用数据更详细地理解客户，更加精确地预测客户何时需要哪些类型的服务和内容，并提供准确的事实依据来帮助图书馆员决定是否要更新、购买或者剔除一些馆藏资源，有关决策仅通过 Intota™ 即可完成，而无须对图书馆库存进行清点。

Intota™ Assessment 是 Intota™ 的重要组成部分，是一款专门为资源评估而设计的分析工具，提供了期刊和书籍的分析服务。它提供一个完整的视图来揭示图书馆资源，帮助图书馆基于大量事实数据做出准确的决策。Intota™ Assessment 为客户提供关于整个馆藏的资产、用量和重复情况的分析图表，包括专著和期刊、纸本和电子资源。客户可以使用 Intota™ Assessment 完成定量和定性分析。它由 Print® Resources for College Libraries™、Ulrich's™ 以及 ProQuest 知识库的权威书籍提供支持，并自动载入图书馆数据。该产品的强大商业智能工具套件，可以帮助客户做出关于馆藏发展、创新观点和馆藏指标的明智决定，使图书馆工作人员专注于向顾客提供更高价值的服务。①②

（二）功能模块

Intota™ Assessment 是一项数据库分析服务，它创建了一个完整的视图来揭示图书馆资源，帮助图书馆基于大量的数据做出准确的决策。Intota™ Assessment 是一款专门为评估资源而设计的分析工具，它提供一个综合性的视角以揭示纸质或数字图书和期刊。Intota™ Assessment 建议报告（the recommendation report）允许分析图书馆的纸质馆藏资源和电子馆藏资源，并与 Resources for College Library™ 的核心资源按学科领域进行比较。Intota™ Assessment 的主要功能包括计算投资的回报、简化图书馆资源的维护、方便地展示图书馆的价值、生成资源分析报告、支持多源数据报表、使用情况、核心清单等。

（三）服务定位

该产品适用于对图书馆的馆藏情况进行综合分析和资源揭示，可以生成分析报告，对图书馆的资源进行评估。

（四）产品的云特质

根据上述分析，云服务产品 ProQuest Intota™ Assessment 符合 SaaS 的特质，它提供在线的数据库分析和管理软件，将图书馆的数据自动载入在线软件中进行定性或定量的分析，从而帮助图书馆分析其馆藏资源。ProQuest Intota™ Assessment 的其他功能特质如下。

第一，简化馆藏资源维护工作。整合来自权威行业源的资源数据，帮助图书馆根据使用情况最大限度地利用新的采购预算，以实证为基础智能筛选适合提出的书目信息。

---

① ProQuest. Intota™ Assessment［EB/OL］.（2016 - 07 - 14）. http：//www. proquest. com/products - services/intota - assessment. html.

② ProQuest. Intota™［EB/OL］.（2016 - 07 - 14）. http：//www. proquest. com/products - services/intota. html.

第二，计算图书馆投资回报率。支持对纸质资源与数字资源进行复合分析，支持根据实证获取、更新或取消建议，支持通过联盟馆藏建设与同行分析工具简化馆际合作。

第三，帮助图书馆展现其价值。支持通过单一界面访问图书馆馆藏资源与服务，提供涵盖图书馆各类型馆藏资源的报告文档，支持与认证机构间的互操作，帮助提取有助于学生汇报成果的关键指标。

第四，简化馆藏数据迁移流程。帮助图书馆在迁移馆藏数据至新系统前对馆藏资源进行评估，以重点关注那些实际所用的资源。通过剔除无须迁移的数据，帮助图书馆减少馆藏数据迁移所需的资金与时间。

3.2.9 ProQuest The Summon® Service

（一）基本概况

The Summon® Service 由 ProQuest 公司开发，是一款网络级发现服务产品。产品提供单一的检索入口，为图书检索海量学术资源提供支持，从而解决读者与图书馆间的重要阻碍。The Summon® Service 不仅适用于高校图书馆，亦可服务于政府、企业和公众等的信息检索需求。

The Summon® Service 可作为图书馆的门户，以增强读者对图书馆资源的发现。它并非简单的检索入口，而是通过最新技术与设计的结合，帮助图书馆把握读者不断变化的信息需求，并为其提供更好的检索结果。The Summon® Service 的用户界面可以适应不同的访问设备，无论用户使用计算机、平板电脑，还是移动设备，均可无缝地获取相同的检索体验，而不会有任何功能损失。使用 the Summon® Service，读者可以获取与网络检索相类似的检索体验，而无须安装特定应用程序。①

（二）功能模块

The Summon® Service 的主要功能如下。

第一，提供统一的资源索引。The Summon® Service 是一款基于统一索引

---

① ProQuest. The Summon® Service [EB/OL].（2016 – 07 – 14）. http：//www. proquest. com/products – services/The – Summon – Service. html.

的资源发现服务。它与 9000 余家出版社合作，收录了十多万种杂志和期刊，该统一索引基于十多亿条数据记录，包括了 90 多种资源类型，涉及纸本和电子期刊、纸本和电子书籍、报纸、期刊文章、报纸文章、书籍章节、论文、书评、简讯、商业出版物文章、网络资源、政府文献、会议录、档案资料、报告、图像、照片、音乐、录音、剧本、抄本（Transcript）、设计图、存档文件、手稿、专利、地图、乐谱、诗歌、视频、演示文稿、海报、绘画、明信片、教学课件、标准等，基本包括了图书馆所需要的所有资源类型。

第二，支持网络级发现服务。The Summon® Service 是一个多层面的系统，可以更深入地发现馆藏资源的内容（silos of content）。在同一时间内，所有的资源都是可搜索的，并且，该服务提供了相当快的反应速度和很高的可信度。The Summon® Service 不依赖于如联合检索等旧的技术。

第三，提供相关性高的检索结果，可以对检索结果进一步精确。集成的结果集合为馆藏资源提供了快速的检索集合、优越的导航和分类，以及高相关性。通过过滤、分面以及排序，检索集合可以很容易地进行导航和缩小检索范围。图书馆也可以突出显示某些内容和图片，且不限于图书馆的馆藏资源。

第四，用户可以保存和导出检索结果。客户可以轻而易举地导出检索结果的条目，并且可以选择发送到邮件或者打印；导出引文数据到书目管理软件，或者快速方便地剪切和粘贴格式化的引文。

第五，提供客户社区与支持功能。The Summon® Service 拥有强大的客户社区功能，作为图书馆的用户可以加入 listservs，查看 Summon wiki，或者参与一个实时的客户群来优化图书馆的检索体验，分享想法并提供反馈。这些面向客户的活动，是由 ProQuest 来进行培训和支持的。

第六，支持强大的可定制功能。The Summon® Service 是高度可定制的。通过"out of box"SaaS 版本，客户可以把其组织的品牌和导航嵌入该发现系统环境中，也可以修改文本、按钮和标签。客户可以利用 API 接口来实现这个完全可定制的体验。

第七，提供高级搜索。客户可以在一个基本的搜索框中去搜索，也可以利用一个高级的搜索框去执行一个查询。除了这些，The Summon® Service 为客户提供了自动查询扩展功能以提高检索的精度，并且该服务提供了文本框的自动填充功能和结果的后处理功能。

第八，支持自动化的上下文语境协助。图书馆员可以通过本地化推荐来改善和提高整体客户体验，自动化的搜索指导和现场参考咨询有助于与该发现服务的无缝集成，该服务也允许在搜索结果中嵌入自动化的主题优化建议。

第九，提供使用情况的统计信息。为了帮助了解发现服务是如何被使用的，管理员客户端管理工具提供了访问使用情况报告，该报告包括热门搜索查询等。

（三）服务定位

该产品适用于给图书馆客户提供网络级的发现服务，提供全面的检索服务和资源索引服务。

（四）产品的云特质

根据上述分析，云服务产品 ProQuest The Summon® Service 符合 SaaS 的特质，它通过提供统一的网络级发现服务，帮助图书馆读者用户通过统一的在线检索入口检索并发现图书馆文献资源及其他可获取的网络资源，支持高级检索与在检索结果中进行二次检索，支持检索结果的保存与导出，并提供用户社区功能。作为云服务产品，The Summon® Service 的特点如下。

第一，提供全面的馆藏覆盖范围。The Summon® Service 与众多出版商建立了联系，涵盖了一般云服务产品所不具有的诸多信息资源类型，以向客户提供尽可能全面的信息检索范围。通过 The Summon® Service 提供的统一检索目录，读者用户可跨越图书馆馆藏资源局限，检索更多的公开信息。

第二，使内容更易于发现与使用。借助于统一目录，The Summon® Service 致力于为读者提供良好的检索体验。它在单一的检索结果中汇集不同来源的全文与元数据，帮助读者发现信息，借以优化图书馆的信息发现服务。

第三，无偏见地呈现相关结果。The Summon® Service 向图书馆读者用户提供高度相关与公平公正的检索结果。检索结果对来自不同供应商与出版商的记录进行匹配与合并，检索结果相关性高，且不倾向于任意供应商或出版商。

第四，使客户提高信息素养，并与图书管理员直接联系。The Summon® Service 不仅提供搜索结果，还可以培养和提高用户的信息素养与信息技能。图书馆员通过它可以向读者用户推荐资源，读者用户也可以通过它向图书馆推荐学科专家或直接与图书馆联系。

第五，提高图书馆资源的使用率和图书馆客户的数量。The Summon® Service 成功地实现将研究人员带回图书馆的最初使命。该服务与其他服务不同，成功地增加了期刊的使用率——通过针对 24 个图书馆、涵盖 9000 种期刊的调研发现，通过 The Summon® Service，期刊的使用率可达到 40%。

3.2.10　SirsiDynix Symphony

（一）基本概况

SirsiDynix Symphony 是由 SirsiDynix 公司开发的一款云服务产品，它为新一代图书馆技术提供了名为"BLUECloud LSP"的核心。采用 BLUECloud LSP 核心的基于浏览器的应用程序可为运作现代图书馆提供最新的工具。同时，Symphony 的桌面客户端与 WorkFlows 可确保从流通管理到图书上架的无缝衔接。[①]

Symphony 是一个开放、灵活、可扩展的图书馆管理系统解决方案，它提供了完整的图书馆集成管理系统功能，包括流通、编目、采购、查询等模块。每个模块都是相互独立的，同时又能与 Symphony 系统相整合。因此，向 Symphony 增加新功能模块无须对 Symphony 进行重新设计，通过它所提供的 Web Service 与 API 即可完成。[②]

（二）功能模块

Symphony 的主要模块包括 Enterprise、PortFolio、BookMyne、MobileCirc、Resource Centra 等。图书馆可将其所选用的各模块托管至 SirsiDynix 的服务器。

Enterprise 模块是 Symphony 的探索发现模块，可将图书馆几乎全部资源直接呈现给图书馆用户。通过该模块，读者可实现对资源作者、格式、类型、日期等的检索，并可以登录读者个人账户以完成查看个人账户信息、预约图书资源、缴纳违规罚款等操作。此外，Enterprise 模块还支持与社交网络相整合，因此，图书馆可以利用其拓展自己的服务范围，如将 Enterprise 检索作为插件嵌入图书馆主页，或将社交网站有关服务嵌入图书馆已有服务，为读者提供便捷服务等。Portfolio 模块可将 Enterprise 模块的检索功能与数字资源管理紧密结合，帮助图书馆展示自有的独特数字化资源。其特点包括：①通过全文检索等

---

① Sirsi Corporation. SirsiDynix Symphony［EB/OL］.（2016 - 07 - 13）. http：//www. sirsidynix. com/products/sirsidynix - symphony.

② 史红娟. 新一代图书馆集成管理系统的功能特点与实践［J］. 科技情报开发与经济，2015（6）：118 - 120.

方式提供更为全面的检索结构；②通过图书馆数字内容分享提升图书馆的信息影响能力；③无须区分图书馆馆藏数字资源与纸质资源，即可实现对图书馆馆藏资源的集中管理；④可用于创建融合文本、数字、音视频等多种资源格式的多媒体资源库；⑤可用于控制与管理不同资源的访问权限。BookMyne 模块可帮助用户通过移动设备访问图书馆资源，并获取与通过安装在计算机的浏览器可获取的相同的读者服务。此外，BookMyne 模块支持条码扫描和社群推荐功能。MobileCirc 模块可帮助图书馆员通过移动设备实现图书馆日常管理与维护工作，包括借阅、归还、续借、预约管理、馆藏清点、馆藏剔除、读者管理等。Resource Centra 模块可帮助图书馆完成从采购到传递的电子文献管理工作，它可以从图书馆文献资源供应商处自动下载元数据，并对馆藏目录进行更新。[①]

Symphony 的功能包括：编目和授权控制、流通、采购和资金记账、期刊管理、图书馆分析、扩展服务、学术资源、短信通知、馆藏互换。Symphony 提供每个图书馆都需要的工具，包括：①编目、流通、期刊、采购、学术储备、材料预订、馆藏交流；②附加功能，如图书馆员和志愿者可以方便地访问和使用基于网络的 SirsiDynix StaffWeb ® 客户端接口，为移动处理图书、扩大服务范围、减轻盘查负担而设计的 PocketCirc ® 移动流通工具；③超过 600 个内置的 API 可以进行趋势分析、使用跟踪和预测。

（三）服务定位

该产品适用于托管图书馆的核心管理系统，可以为图书馆客户提供跨平台的统一资源发现服务。

（四）产品的云特质

根据上述分析，云服务产品 SirsiDynix Symphony 符合 DaaS 与 SaaS 的特质。Symphony 通过 Resource Centra 等模块帮助图书馆完成文献著录信息的采集、加工、处理等工作，通过 MobileCirc 等模块帮助图书馆完成文献信息资源的清点、维护工作，作为客户的图书馆通过将其文献信息资源部署于 Symphony 的服务器，即可节省购置存储设备的费用，节约维护文献信息资源的人力，这符

---

① 史红娟. 新一代图书馆集成管理系统的功能特点与实践［J］. 科技情报开发与经济，2015（6）：118－120.

合 DaaS 的特质。Symphony 的主要功能由各模块所承担，而各模块由 SirsiDynix 托管运行，作为客户的图书馆通过对承担不同功能的模块进行选择与托管，规避了在本地安装应用程序所带来的应用程序与操作系统更新、维护等问题，仅通过统一的入口，即可通过计算机和移动设备等访问图书馆资源、获取图书馆服务，这符合 SaaS 的特质。

3.3　图书馆可利用的云服务产品的特点剖析

通过上述分析可见，适用于图书馆的通用性云服务产品涉及 IaaS、DaaS、SaaS 等多种云特质，而专用性云服务产品则更多地倾向于 SaaS 云特质，部分产品也涉及 DaaS 的云特质。

3.3.1　通用性云服务产品的云特质及其可应用于图书馆的业务领域

通用性云服务产品的目标客户并非仅限于图书馆，它所提供的服务功能亦未具体至某类组织的某一种或多种业务，而产品的开发方多为具有较高开发能力与市场地位的知名企业，如 Amazon、Google 等。通用性云服务产品的云特质及其可应用于图书馆的业务领域见表 3-3。

表 3-3　通用性云服务产品的云特质及其可应用于图书馆的业务领域

公司名	云产品名称	功能定位	适用的图书馆业务类型
Amazon	Amazon Elastic Compute Cloud（Amazon EC2）	IaaS	适用于图书馆较短时间内规模较大、较为临时的计算任务，也适用于图书馆较长时间内相对稳定的计算工作，可为图书馆业务高峰时段提供额外的计算能力
	Amazon Simple Storage Service（Amazon S3）	DaaS	适用于图书馆存储一般性数据资源，通过网络实现对数据资源的访问。该产品亦适用于图书馆存储需要长期保存而不频繁访问的数据资源，帮助图书馆完成馆藏数据资源的备份工作
DuraSpace	DuraCloud	DaaS	适用于图书馆保存单一或多个馆藏信息资源副本，并可对其他个人或组织访问与共享图书馆全部或部分资源的权限进行管理，适合图书馆云端存储及图书馆用户在线访问音、视频流

公司名	云产品名称	功能定位	适用的图书馆业务类型
Google	Google Apps	SaaS（DaaS）	适用于辅助图书馆常规性业务的开展，帮助图书馆员规避因不同厂商、不同版本办公软件，以及因工作文档存储、传输等所产生的问题。此外，Google 环聊所提供视频会议功能与 Gmail 所提供电子邮件功能亦可辅助图书馆员之间的交流

3.3.2 专用性云服务产品的云特质及其可应用于图书馆的业务领域

专用性云服务产品的目标客户以图书馆为主，部分产品则进一步细分为以公共图书馆为目标客户、以高校图书馆为目标客户，或以中小型图书馆为目标客户等。产品所提供的服务功能与图书馆业务流程紧密相关，涉及图书馆的馆藏管理、读者管理、信息发现等，也涉及对图书馆不同业务流程的集成与重组以及对图书馆外部信息、资源、服务等的发现与引入。产品的开发方多与图书馆存在密切联系，但一般不具有与通用性云服务产品开发方相近的开发能力与市场地位。专用性云服务产品的云特质及其可用于图书馆的业务领域见表3-4。

表3-4 专用性云服务产品的云特质及其可应用于图书馆的业务领域

公司名	云产品名称	功能定位	适用的图书馆业务类型
Biblionix	Apollo	DaaS + SaaS	适用于中、小型公共图书馆托管其核心管理系统，管理其馆藏文献信息与读者用户信息，可帮助图书馆减轻文献信息服务业务等的负担
Capita	Chorus	SaaS	适用于图书馆更新其管理系统，从而减少图书馆购买与维护本地管理系统的成本
	Soprano	SaaS	适用于帮助图书馆员打破传统的工作空间限制，引入移动式办公新理念，从而帮助图书馆优化馆藏管理等工作的实施流程，借以节约时间、节省成本

公司名	云产品名称	功能定位	适用的图书馆业务类型
Ex Libris	Alma	SaaS	适用于图书馆托管其馆藏资源管理系统，并与其他系统相集成。产品可帮助图书馆员实现对馆藏文献资源与数字资源的集成管理，共享元数据以实现快速联合编目，并对馆藏资源进行统计分析
Innovative	Sierra	SaaS	适用于图书馆管理其馆藏纸质资源与数字资源，实现图书馆读者用户完成自助借还、自助结算欠款等操作，并支持与图书馆外部系统相集成，完成馆内或馆际的统计分析工作
LibLime	Koha	SaaS	适用于图书馆更新其集成系统，可帮助图书馆员完成文献服务、信息服务等业务
OCLC	OCLC WorldShare Management Services（WMS）	SaaS	适用于图书馆馆藏资源的采访、流通、评估、发现、馆际互借等，并为图书馆提供元数据支持
ProQuest	Intota^{TM} Assessment	SaaS	适用于对图书馆的馆藏情况进行综合分析和资源揭示。可生成分析报告，对图书馆资源进行评估
	The Summon ® Service	SaaS	适用于给图书馆客户提供网络级的发现服务，提供全面的检索服务和资源索引服务
SirsiDynix	Symphony	DaaS + SaaS	适用于图书馆完成文献著录信息的采集、加工、处理等工作，完成文献信息资源的清点、维护工作，帮助图书馆员管理馆藏文献资源、图书馆自建特色数字资源等，帮助读者用户发现图书馆馆藏资源

第4章 主要国家图书馆界 应用云计算的总体概况

依据当前的调研报告和实践发展，可以看出，云计算已在包括图书馆领域在内的各行各业得到了广泛发展。云计算与云服务在各国的进一步推进，离不开当地的网络基础设施和适用于云计算安全管理的政策法律的支持。在图书馆领域，以美国、英国等发达国家为代表，针对本书第1章提及的三种主要云服务——IaaS、DaaS和SaaS，其图书馆界已进行了有力的探索。虽然我国图书馆界目前对云计算的应用热情要低于在理论研究上的关注度，但是，已有包括国家图书馆等在内的若干家图书馆，在云计算的引入方面迈出了第一步。

4.1 云计算在图书馆中的总体应用概况

云计算的普及给图书馆的发展带来了新的机遇，为了提升图书馆的信息服务能力，越来越多的图书馆已经或开始考虑将云计算应用于图书馆服务。随着云计算技术的发展，国内外图书馆界对云计算的研究不仅仅是停留在理论探讨阶段，而且已经开始了各种应用尝试。

（一）图书馆界对应用云计算的认知

马修·戈德纳（Matthew Goldner）是美国肯塔基州立大学的图书馆学理科硕士，于2004年加入联机计算机图书馆中心（OCLC），现在是图书馆联盟的技术与服务倡导者。安德鲁·佩斯（Andrew Pace）是OCLC一位网络图书馆服务方面的执行主管，目前负责一项将图书馆管理移到网络层面的计划，在加入OCLC之前，他曾是美国北卡罗来纳州立大学图书馆的信息技术带头人。这两位学者作为OCLC的发言人，在2011年3月进行了一项调查，他们向2700

家图书馆投去问卷，涵盖了学术、公共、政府和企业等各类型图书馆。[①] 他们的目的是了解图书馆对云计算的认识程度，与此同时，他们也进行了对云服务用户的数据采集。调查围绕着云计算的类型，向用户提出了一系列关于云基础设施、云应用程序以及在云环境中开发和利用应用程序的问题。

　　调查的结果主要有以下几点：①只有 5% 的被调查者已经开始使用基于云的基础设施，如亚马逊 EC2、VMWare vCloud Express；②13% 的被调查者使用 Dropbox、Barracuda 或 MS Windows Azure 等基于云的存储或备份服务；③55% 的被调查者使用过云应用程序，主要包括 Google Docs、Google Calendar 和 Gmail；④66% 的被调查者使用过基于云的应用程序，主要有 Facebook、Twitter、Flicker 和 YouTube；⑤19% 的被调查者（57 人）回复说他们使用基于云的服务创建了与图书馆相连的应用程序，但是只有 5 人曾经使用过这些应用程序——把它们放到苹果或安卓的网上商店，其他人则称其放在了自己的 Facebook 主页或者图书馆的网站上。由于问题没有继续深入调查，在 Facebook 平台上的这些应用程序是不是真的应用程序还不得而知；⑥70% 的人称他们使用过至少一种类型的云服务，关于使用这些服务的原因，21% 的人因为云服务可以提高效率，16% 的人看中了合作的机会，9% 的人因为对内部技术的需求减少，7% 的人因为云服务可以节省开销，5% 的人因为云服务可以使他们更及时地接触到最新的 IT 功能；⑦在调查中，他们向所有被试者询问了对于使用基于云的服务的顾虑，结果有以下几个方面：35% 的人担心数据安全问题，31% 的人关心服务提供者的长期稳定性，13% 的人担心个人隐私问题，7% 的人关心的是数据的归属问题。

　　由调查结果可以看出，首先，云计算服务对图书馆的主要用处就是免费使用各种可利用的应用程序来满足图书馆内部用途或一定范围的团体社交网络的需要，他们还并没有利用云计算在网络上构建一个力量庞大的图书馆共同体的意向；其次，图书馆员已经从效率与合作方面开始考虑云计算的优势，但是从他们现在使用的服务可以看出，他们着眼的目标只是小范围内，并没有利用云计算在图书馆团体之间建立系统广泛的合作；最后，图书馆员也表达了与其他行业相同的疑虑，即对数据安全和服务提供者的长期稳定性的担忧，这也是目

---

① MATTHEW GOLDNER, ANDREW PACE. Libraries and Cloud Computing ［EB/OL］. (2011 - 10 - 16). http：//www. sla. org/PDFs/2011ContribPaperGoldnerPace.

前对云计算最广泛的担忧。

（二）图书馆界应用云计算的总体概况

为全面反映世界主要国家图书馆云服务的应用概况，Primary Research Group 对美国、英国、澳大利亚、加拿大四个国家的 76 家高校图书馆、公共图书馆及专业图书馆进行了调查。[①] 其调查样本的分布情况为：①按图书馆所属的国家划分，69.01%的图书馆为美国图书馆，30.99%的图书馆为美国之外的其他国家的图书馆，如加拿大、英国等；②按图书馆的类型划分，25.35%为公共图书馆，57.75%为高校图书馆，16.90%为专业图书馆；③按图书馆的年度预算划分，少于25万美元预算的图书馆占样本图书馆的22.54%，年度预算为25万~75万美元的图书馆占28.17%，年度预算在75万~500万美元的图书馆占总样本的25.35%，年度预算高于500万美元的图书馆占总样本的23.94%。样本图书馆对 IaaS、PaaS、SaaS（免费）、SaaS（付费）的使用比例见表4-1。

表4-1　样本图书馆对 IaaS、PaaS、SaaS（免费）、SaaS（付费）的使用比例（%）

国外图书馆		IaaS		PaaS		SaaS（免费）		SaaS（付费）	
		Yes	No	Yes	No	Yes	No	Yes	No
调查样本		4.23	95.77	2.82	97.18	61.97	38.03	22.54	77.46
国家	美国	6.12	93.88	4.08	95.92	65.31	34.69	26.53	73.47
	其他国家	0.00	100.00	0.00	100.00	54.55	45.45	13.64	86.36
类型	公共图书馆	5.56	94.44	5.56	94.44	55.56	44.44	16.67	83.33
	高校图书馆	4.88	95.12	2.44	97.56	70.73	29.27	2195	78.05
	专业图书馆	0.00	100.00	0.00	100.00	41.67	58.33	33.33	66.67
年度预算	少于25万美元	0.00	100.00	0.00	100.00	68.75	31.25	25.00	75.00
	25万~75万美元	5.00	95.00	0.00	100.00	65.00	35.00	20.00	80.00
	75万~500万美元	0.00	100.00	0.00	100.00	44.44	55.56	16.67	83.33
	多于500万美元	11.76	88.24	11.76	88.24	70.59	29.41	29.41	70.59

由表4-1可知，占调查样本4.23%的图书馆使用了 IaaS，6.12%的美国

---

① Research And Markets. Survey of library use of cloud computing [EB/OL]. (2015 - 06 - 27). http：//www.researchandmarkets.com/reports/1957704/survey_of_library_use_of_cloud_computing.

图书馆使用该服务，而其他国家的图书馆中没有使用该服务；按类型划分，4.88% 高校图书馆和 5.56% 公共图书馆使用了该服务，而专业图书馆没有使用；按年度预算划分，年度预算少于 25 万美元及年度预算为 75 万~500 万美元的图书馆没有使用该服务，5% 年度预算为 25 万~75 万美元的图书馆使用了 IaaS 服务，年度预算超过 500 万美元的图书馆使用 IaaS 的比例最高，占到了 11.76%。对于 PaaS 服务，占调查样本 2.82% 使用了该服务。按国家划分，4.08% 美国图书馆使用了该服务，其他国家没有使用；按类型划分，公共图书馆使用 PaaS 和 IaaS 的比例相同，都为 5.56%，而高校图书馆使用 PaaS 的比例要比 IaaS 低，专业图书馆没有使用 PaaS；按年度预算划分，年度预算低于 500 万美元的图书馆均没有使用该服务，年度预算高于 500 万美元的图书馆使用 PaaS 和 IaaS 的比例相同，为 11.76%。样本图书馆中使用 SaaS 服务的较多，尤其是 SaaS（免费）服务，各类型图书馆的 50% 左右使用了该服务，即便是付费的 SaaS 服务，其使用比例也都高于 IaaS 和 PaaS。

Primary Research Group 的调查结果显示，国外图书馆目前主要使用的云存储产品为 Rackspace、Amazon Simple Storage Service、Animoto、DuraCloud、Dropbox 等。占被调查总数 66.67% 的图书馆认为，尽管云服务可能会导致数据和文件丢失，但其优势更为显著；63.04% 的图书馆将谷歌的云服务列为可信任名单；目前已有不少图书馆支付高额费用购买订阅云服务等。这一调查结果很大程度地表明，云计算已被应用于图书馆业务中。

4.2　主要国家图书馆界应用云计算的概况

世界各国的图书馆界已将云计算引入其实践领域。鉴于资料的可获得性等因素，本书将具体对国内、美国、印度、新加坡和土耳其等国家的图书馆应用云计算的总体情况进行调研分析。

4.2.1　国内

2009 年 9 月，中国图书馆学会学术委员会举办的"云计算与图书馆"专题研讨会在上海召开，标志着我国图书馆界正式涉足云计算领域。随着图书馆事业的发展，越来越多的学者开始关注将云计算的理念植入图书馆、数字图书馆业务中。我国虽然是较早研究将云计算应用于图书馆的国家之一，但大多数研究集中于云平台架构设计、信息安全问题、国外云计算应用案例、云计算的应用优势等理论问题，而云计算的具体应用还不太普及。目前，国内应用云计算或云服务的主体主要是图书馆联盟和个别高校图书馆，如福州大学和华南理工大学图书馆。

（一）图书馆联盟应用云服务

图书馆在云服务应用方面有实质进展的是 CALIS，CALIS 本着"为全国近2000 个高校成员馆提供标准化、低成本、自适应、可扩展的高校数字图书馆云服务平台"为目标，从 2008 年起，陆续推出了 SaaS 服务模式馆际互借与文献传递系统共享版、PaaS 服务模式 CALIS 数字图书馆云平台（CALIS Easy-Cloud Platform）以及其他一系列云应用系统；在 2010 年 9 月正式向全国高校图书馆推出了基于云计算技术的两级云数字图书馆共享服务平台——国家级云服务中心和省级云服务中心，致力于为 1800 所高校图书馆提供普遍的云服务。到目前为止，CALIS 云服务平台已推广到 30 个省级共享区域中心，越来越多的高校图书馆开始整合和使用 CALIS 两级云服务。[1]

此外，吉林省图书馆联盟基于云计算的技术与理念构建了一个综合性的图书馆联盟云服务平台，整合了全省 40 余家公共、高校、科研系统图书馆的资源，实现了数字图书馆的集约化管理。截至 2011 年年末，吉林省图书馆联盟云服务平台所采用的核心系统 Primo Central 中整合的外文电子图书、期刊和报纸元数据超过了 2.5 亿条。[2]

（二）单家图书馆应用云服务

国家图书馆在开发云服务产品方面也做出了表率。[3] 2011 年，国家图书馆牵头与众多公共图书馆共同创建了中国政府公开信息整合服务平台，采用分层建设、共建共享模式，共同开展政府信息服务。该项目基于云服务理念，由国

---

① "2011 全国高校图书馆云计算技术与应用研讨会"在西安交大隆重举行 ［EB/OL］. (2013 – 11 – 12). http：//calis. lib. xjtu. edu. cn/calisportal/news. htm? event = single&id = 1660.

② 邵燕，温泉. 数字图书馆的云计算应用及信息资源安全问题 ［J］. 图书馆研究，2014 (03)：39 – 42.

③ 王文清. 云服务进入 CALIS 数字图书馆迎来云时代 ［EB/OL］. (2010 – 11 – 10) ［2013 – 04 – 01］. http：//www. sal. edu. cn/information – Info. asp? id = 480.

家图书馆进行软硬件环境搭建与维护，各成员馆可以共享项目的软硬件设备，并负责整合本地区的政府信息资源；在资源保存上，采用统一存储、集中管理的方式，由国家图书馆负责资源的长期保存与管理，各个分站按需调用。随着"数字图书馆推广工程"建设的开展，该平台在公共图书馆界得到了广泛推广。截至 2012 年年底，已覆盖 20 家省级图书馆和 2 家副省级图书馆，各级政府公开信息已达 150 万余条；已建政府公报 1 万余期；政府机构栏目收录了国务院各部委及全国各省、自治区、直辖市政府机构约 3000 个，并按地域提供分类导航；特色资源库栏目集中展示了各分站自建的政府信息数据库。平台用户使用率迅速增加，页面年浏览量达 1.6 亿多次，月均浏览量为 1344 万次，访问用户涉及美国、韩国、日本、澳大利亚等 50 多个国家。

安徽省高等学校文献信息保障系统项目（ALISA）计划建设数字图书馆云服务平台，主要采取云计算的三种主要服务方式，整合安徽省高校及第三方的资源与服务，完成本地云平台、公共云平台、混合云平台的互操作。本地云平台既可以安装在本地 IaaS/PaaS 上，也可以部分安装在读秀远程 IaaS/PaaS 上，以获取公共云服务提供的多种服务。公共云平台利用读秀公司 PaaS 和 SaaS 平台，将各馆开放资源与公共资源进行有效的整合，面向分馆和成员馆提供统一认证、资源整合与调度、资源存储与下载、服务计费等服务。混合云平台通过Open API 提供馆际互借、文献传递、学位论文管理、教参资源管理等应用服务。[①]

东莞市图书馆于 2010 年年底建立了市域公共电子阅览室的云服务管理中心，这种新型电子阅览室的管理不依赖电子阅览室管理人员，能够实现电子阅览室的快速部署和管理，建立有线和无线的立体网络服务，可实现绿色上网、资源服务、云计算管理和监控、自动数据统计和分析、无线 WiFi 等多种功能。[②] 虽然国内图书馆界使用的云服务产品类型还比较单一，使用范围还需进一步扩大，但相信图书馆的云时代已经开启，图书馆使用云服务是一个必然趋势。

福州大学图书馆采用 VMware 虚拟化作为其数字化应用架构。在"211 工

①　赵红，徐华洋. ALISA 数字图书馆云服务平台建设［J］. 图书情报知识，2011（5）：53 – 56.
②　全市将普及新型公共电子阅览室［EB/OL］.（2011 – 08 – 04）［2013 – 11 – 12］. http：//epa-per. nfdaily. cn/html/2011 – 08/24/content_7001552. htm.

程"建设项目中，该馆购置了一批高性能服务器，并对这些服务器进行了虚拟化部署，构建了多台虚拟应用服务器和数据库服务器集群，将所有的数字化资源服务都存放在虚拟服务器中。以前，该馆的应用系统经常出现故障，经过虚拟化整合后，该馆的服务器平均使用率从6%～7%提高到了60%左右，峰值使用率也从40%左右提高到了85%左右。另外，虚拟化平台支持多种操作系统，正好切合了数字图书馆应用的多样化需求；虚拟网络之间的 NAT 转换端口映射减少了入侵途径，利用虚拟机快照、SAN 快照等功能对关键数据进行容灾备份，有效保障了整个数字图书馆的安全。①

此外，超星公司推出的"百链云图书馆"与"读秀"结合使用可完成图书馆学术资源的一站式检索及图书馆学术资源门户建设，更可以实现区域性的多个图书馆联合服务，为图书馆间搭建共建共享技术服务平台。目前已经有634家高校及公共图书馆加入了"百链云图书馆"，有264个中外文数据库的资源可以在"百链云图书馆"中查询和传递，中文资源的传递满足率可以达到96%，外文资源的传递满足率可以达到81%。②

4.2.2 美国

云计算在美国图书馆中的应用最广泛。众所周知，美国是科技强国。在图书馆应用云计算技术方面，美国也处于全球领先水平和实践前列。已有学者采用网上发放调查问卷的形式对美国图书馆的参考咨询馆员进行了问卷调查③，试图了解其对于云服务的使用情况，最终共收集了62位参考咨询馆员的答案。概括起来，美国图书馆对云计算的应用体现在四个方面：SaaS、IaaS、DaaS 和 PaaS。

（一）SaaS 应用于图书馆

针对软件即服务的调研，其问题主要涵盖美国图书馆参考咨询馆员对于基

---

① 熊文龙，张彧，潘秋蓉. 图书馆云计算信息安全风险与对策研究［J］. 图书馆研究，2013（06）：45－48.

② 百链云图书馆试用通知［EB/OL］.（2011－11－03）［2013－11－12］. http：//www. ie. ac. cn/shye/tzgg/201111/t20111103_3390000. html.

③ LILI LUO. Reference librarians' adoption of cloud computing technologies：An exploratory study［J］. Internet Reference Services Quarterly，2012，17（3）：147－166.

于云的视频服务、基于云的文件分享服务、基于云的信息收集服务、基于云的社交网站、基于云的日历服务、基于云的论坛以及其他类型 SaaS 服务的使用情况共七个部分。

基于云的视频服务在参考咨询馆员中接受度高。其中，接近 71% 的参考咨询馆员曾经使用过 YouTube、Vimeo、ScreenCast、Jing、Picasa、Flickr 或是 TimeGlider 来提供服务。这些视频包括两种类型：图书馆教学视频和图书馆宣传视频。其中，在使用图书馆教学视频的参考咨询馆员中，有 5.9% 来自两年制大学，94.1% 来自原四年制大学。在使用图书馆教学视频的参考咨询馆员中，3.9% 的图书馆员工作时间不超过一年；33.3% 工作时间为 1～5 年；62.8% 的工作时间超过 5 年。普遍来讲，受访图书馆员对于基于云的视频服务持肯定态度，认为其具有使用简单、可获得性强的特点。但是，并非所有事物都适合用视频方式呈现。此外，视频周围的广告还会给用户带来负面影响。

在使用在线软件方面，东肯塔基大学图书馆[①]利用 Google Docs 来收集对网页表单的回复，利用 Google Calendar 来安排会议，利用 Google Analytics 来收集关于网站、目录和博客的统计数据。

在基于云的文件分享服务方面，在受调查的 62 位参考咨询馆员中，仅有 38.3% 的图书馆员曾经使用过文件分享服务，其余的 61.7% 则从未使用过该服务。使用该服务的图书馆员的主要目的包括存储信息并随时取用、教会学生如何使用基于云存储的分享服务，以及促进其与馆员的合作。

在基于云的信息收集服务方面，在 62 位被调查图书馆员中，有 59.7% 的图书馆员曾经使用过基于云的新型收集服务，而 40.3% 的图书馆员则从未使用过该服务。使用该服务的图书馆员主要秉持两个目的：收集与信息素养教育有关的多方面信息，如对反馈的评价，以及收集与参考咨询服务有关的信息、统计资料及其他相关内容。

在基于云的社交网站方面，在 62 位被调查图书馆员中，没有图书馆员曾经使用过基于云的社交网站。

在基于云的日历服务方面，在 62 位被调查图书馆员中，有 57.9% 的参考

---

① ELLYSSA KROSKI. Library Cloud Atlas：A guide to cloud computing and storage ［EB/OL］. （2016 – 10 – 11）. http：//lj. libraryjournal. com/2009/09/technology/library – cloud – atlas – a – guide – to – cloud – computing – and – storage – stacking – the – tech/.

咨询馆员表示曾经使用过基于云的日历服务，主要使用对象为谷歌日历，图书馆员认为其优点是能够将它嵌入网页中供人们浏览。

在基于云的论坛方面，在 62 位被调查图书馆员中，只有 3.5% 的参考咨询馆员曾经使用过基于云的论坛，其目的是鼓励学生参与信息素养的学习。

除上述提及的 SaaS 服务之外，受访馆员还提供了其使用的其他 SaaS 服务，包括以下类型：①WordPress 和 TypePad 等博客工具，用以创建图书馆博客，解答参考咨询方面的问题，支持信息教学；②Google Sites 等社会书签工具，用来为无法提供 LibGuide 的图书馆提供研究导航；③SlideRocket、Prezi、SpicyNodes 等在线展示工具，用以创建并分享图书馆的教学；④Google Drive 等存储服务，用以创建并分享部门内的文件以实现部门的协同工作；⑤Twitter 等微博工具，用以分享并强调图书馆资源及服务的更新，解答用户的疑问；⑥QR Stuff 等 QR 代码生成器，用以实现教学工具、联系方式和图书馆网页位置的链接。

（二）IaaS 应用于图书馆

调查结果发现，哥伦比亚特区公共图书馆①使用亚马逊的 EC2 服务来托管它们的网站，EC2 的灵活性和扩展性受到了图书馆工作人员的一致认可，如果亚马逊数据中心出现问题，其镜像版本的网站在 30 分钟之内就可以继续运行。与此同时，俄亥俄图书馆联盟②使用亚马逊的网络服务来托管其大量的数字资源共享机构库（Digital Resource Commons Repository Instances），如肯特州的百年收藏。不仅如此，俄亥俄图书馆联盟也在云中测试服务器管理和 DSpace 软件库的限额。

（三）DaaS 应用于图书馆

在数据即服务方面，哥伦比亚特区公共图书馆③利用亚马逊 S3 服务来备份 ILS 和使用 Flickr 的数字机构库。同时，国会图书馆④选择和 DuraCloud 进行

①②③　ELLYSSA KROSKI. Library Cloud Atlas：A guide to cloud computing and storage［EB/OL］.（2016 – 10 – 11）. http：//lj. libraryjournal. com/2009/09/technology/library – cloud – atlas – a – guide – to – cloud – computing – and – storage – stacking – the – tech/.

④　DAVE ROSENBERG. Library of Congress test drives cloud storage［EB/OL］.（2016 – 10 – 11）. https：//www. cnet. com/news/library – of – congress – test – drives – cloud – storage/.

了为期一年的合作来测试云存储的能力。

（四）PaaS 应用于图书馆

在平台即服务方面，甘尼森和科罗拉多州的西部州立学院①利用 Google's App Engine 来管理 eLibrary，并将用于连续出版物流通和政府出版物管理的微软 Access 数据库迁移到 Google's App Engine。

4.2.3　印度

印度因其自身发展程度的制约，目前图书馆对云计算的应用还处于比较初级的水平。但是，根据学者 M. Yuvaraj 的调研②，图书馆员对于将云计算技术应用于图书馆表现出相当浓厚的兴趣。

（一）云计算在图书馆中的应用概况

应用概况是指图书馆应用云计算的总体情况，学者 M. Yuvaraj 对印度 29 所图书馆的 407 位图书馆员调研发现：有 135 位图书馆员表示其所在图书馆已经考虑使用云服务并就其开展了探讨；89 位图书馆员表示其所在图书馆针对云服务开展了试点研究；77 位图书馆员表示其所在图书馆已经采用了云服务；51 位图书馆员表示其所在图书馆正在实施图书馆云服务建设；18 位图书馆员表示其所在图书馆并不打算采用云服务。

（二）图书馆应用云服务的基础设施

图书馆应用云服务的基础设施主要分为图书馆采用的云服务设备和云服务工具。在云服务设备方面，M. Yuvaraj 调研发现，绝大部分图书馆员表示其所在图书馆所采用的云服务设备仍为计算机（如个人计算机、笔记本电脑）；除此以外还会使用智能手机、移动手机以及平板电脑等。云服务工具方面，受访

———————————

①　ELLYSSA KROSKI. Library Cloud Atlas：A guide to cloud computing and storage ［EB/OL］. （2016 - 10 - 11）. http：//lj. libraryjournal. com/2009/09/technology/library - cloud - atlas - a - guide - to - cloud - computing - and - storage - stacking - the - tech/.

②　YUVARAJ M. Cloud computing applications in Indian Central University libraries：A study of librarians use ［EB/OL］. ［2015 - 06 - 25］. http：//scholar. google. com. hk/scholar? as_q = Cloud + Computi ng + Applications + in + Indian + Central&as_epq = &as_oq = &as_eq = &as_occt = title&as_sauthors = &as_publication = &as_ylo = &as_yhi = &btnG = &hl = zh - CN&as_sdt = 0%2C5.

图书馆员表示其使用的云服务主要为基于云的办公应用、基于云的邮件服务、基于云的存储服务、基于云的软件和应用、基于云的视频和演示服务、基于云的文件共享服务、基于云的信息收集服务、基于云的日程表服务、基于云的社交网络服务、基于云的论坛服务及基于云的操作系统服务 11 个方面。其他一些云服务工具包括：①社会书签工具，如 Diigo、Delicious、Zotero 和 BundleNut 的社会书签工具用于组织、管理和分享信息素养课程中的信息资源（如网站和书目）；②网站建设工具，如 Google Sites 的网站建设工具用于创建 LibGuides 无法支持的图书馆科研指导；③联机演示文稿工具（Online presentation tools），如 SlideRocket、Prezi、SpicyNodes 和 Google Presentation 用于创建和分享在信息素养课程中的演示文稿；④在线文档（Online documents），如利用 Google Drive 服务来创建和分享文档，用于支持参考咨询部门的协同工作；⑤微博工具（Microblogging tools），如 Twitter 的微博工具来发布图书馆资源更新的通知，强调突出图书馆资源和服务、回答图书馆用户的问题；⑥快速响应（QR）代码生成器，如 QR Stuff 被用于去链接帮助工具和图书馆网站上的联系信息。

（三）图书馆应用云服务的类型和模型

图书馆应用的云服务的类型和模型都是多种多样的。M. Yuvaraj 调研发现，印度高校图书馆使用的图书馆云服务主要包括 OCLC Webscale、KB +、Tali Prism、Serials Solutions Summon、3M、WorldCat、Ex – Libris Cloud、DuraSpace 等。其中，使用最广泛的云服务为 WorldCat，其次为 OCLC Webscale。印度高校图书馆的云服务部署模型主要包括四种：混合云、公有云、社区云以及私有云。其中，私有云所占的比例最大，其次为社区云。

4.2.4　新加坡

新加坡国家图书馆管理局（The National Library Board of Singapore，NLB）①是新加坡的一个法定董事会，负责监管新加坡国家图书馆、公共图书馆以及国家档案馆等共计 31 家图书馆和档案馆。NLB 的主要任务是为上述图书馆和档案馆提供可信任、高获取度、全球互联的图书馆及信息服务。自建立以来，

---

① LEE KEE SIANG, NARAYANAN RAMACHANDRAN, et al. The NLB cloud service implementations: Balancing security, agility and efficiency ［EB/OL］. (2016 – 10 – 11). http：//library. ifla. org/971/.

NLB 一直致力于为图书馆提供最新的 IT 技术，传递最新的图书馆服务模式。因此，鉴于云计算的兴起及其为图书馆带来的便利与机遇，以及作为政府机构对信息安全的高度要求，NLB 开始开发并使用自己的服务。

NLB 从 2008 年就开始其虚拟化建设（虚拟化是云计算中 IaaS 的一种应用），并且已经将 340 台服务器整合为 29 台虚拟服务器。服务器的虚拟化为 NLB 节省了多项开支，包括减少服务器数量所带来的投资节省、电费的节省、局域网链接和存储区域网络链接费用的节省等。并且，NLB 通过虚拟化建设，使得其 IT 设施能够以更加灵活高效的方式进行资源配置与利用。与此同时，这也使得 NLB 的服务能够在其虚拟的私有云中得以创新。

（一）私有云服务

以私有云为基础，NLB 建立了一个稳健的、包含一套综合的可重用组件的服务平台。这些组件协同工作，可以在任何时间或地点为 NLB 的读者发现并利用 NLB 的资源提供保障。服务平台由数字接触（Digital Engagement）、富媒体内容发现以及多渠道内容传递三个模块组成。数字接触模块主要负责接收并处理用户的信息查询需求，进行员工、新媒体、社区及会员的管理，负责信息的发布。富媒体内容发现模块的任务分为两个部分：富媒体内容管理以及内容搜索与发现。其中，富媒体内容管理部分主要负责资源内容的管理、转换，多媒体数据的管理、资源分类以及资源的保存；内容搜索与发现部分主要负责系统可检索性的提升、内容的检索以及对内容的监护。多渠道内容传递模块主要负责内容的传递、权限管理、电子资源的订阅以及开放数据和网络。

在虚拟的云环境中，硬件管理和资源配置变得更为高效，并且诸如故障转移配置和负载平衡等需要高度人力及密集时间投入的任务也能以自动化的方式完成。这大大地降低了 NLB 的运行与维护费用，节省了 50% 以上的投入。总体来讲，在运行成本方面，NLB 每年可以节省 67.5 万美元。

（二）公有云服务

除此之外，NLB 还开展了基于公有云的 WAS（Web Archive Singapore）项目，试图建立一个网站，以保存与新加坡生活、遗产等各个方面有关的网站，其覆盖领域涵盖建筑、艺术、商业、自然、历史等多个方面。NLB 以公有云为基础，将收集到的网页内容存储在云端，供用户访问并获取内容。

（三）混合云项目

NLB 还开展了基于混合云的 EMS（Enquiry Management System）项目。鉴于 NLB 经常会接收到许多咨询业务，NLB 试图提供 EMS 服务，以集中式平台和流线式工作流程的方式对这些咨询业务加以管理。EMS 以混合云为基础，其中的敏感性数据将由内部处理，而非敏感性数据将保存在云端。这一系统便于日志记录和跟踪审计，可以提高查询处理和管理过程，还能跟踪和管理用户的意见与反馈。

4.2.5 土耳其

随着云计算的不断发展，土耳其也开始在图书馆中引入云计算，目前土耳其图书馆应用的云计算类型主要为 SaaS。C. Tavluoğlu 等对土耳其安卡拉地区大学图书馆的参考咨询馆员调研发现[①]，图书馆员在日常工作中主要会用到下列五种 SaaS 服务：①基于云的视频服务，如 YouTube、Teacher Tube、Vimeo，有 34.5% 的馆员使用过基于云的视频服务；②基于云的信息收集服务，如 Google Forms、Survey Monkeys，有 24.1% 的馆员曾经使用过此服务；③基于云的文件分享服务，如 Google Drive、Dropbox，有 66% 的馆员曾经使用过文件分享服务，44% 的馆员利用其进行文件的存储与共享；④基于云的日历服务，如 Google Calendar，27.6% 的馆员曾使用过日历服务；⑤基于云的博客服务，如 WordPress、Blogger，有 24.1% 的受访馆员曾经在参考咨询服务中使用过博客。

4.2.6 其他

2011 年，Research And Markets 以美国、英国、澳大利亚和加拿大四个国家的 76 家图书馆为采访对象[②]，研究了高校图书馆、公共图书馆和专业图书馆应用云计算服务的现状。涉及的云服务提供商包括 Amazon、Google、Rackspace、DuraCloud，DropBox 等。主要问题包括云计算的安全问题、总体成本、对 IT 员工的影响、数据可靠性等。在被调查的图书馆样本中，有 22.54% 的图

---

① TAVLUOĞLU C, KORKMAZ A. Cloud computing for libraries [J]. BOBCATSSS 2014 Proceedings, 2014, 1 (1)：154 –160.

② Research And Markets. Survey of library use of cloud computing [EB/OL]. (2015 – 06 – 27). http：//www. researchandmarkets. com/reports/1957704/survey_of_library_use_of_cloud_computing.

书馆使用付费订阅的云服务，其中有 13.64% 为非美国的图书馆；有 2.82% 的图书馆使用云服务以托管或分配特殊馆藏（special collections）；63.04% 的被调查图书馆将谷歌的云服务列入可信任名单，8.7% 为高度信任。剩余 28.26% 的被调查图书馆认为谷歌通常都是被信任的，没有任何图书馆不信任谷歌。66.67% 的被调查图书馆认为，尽管云服务可能导致数据和文件丢失，但是这些丢失相比于传统存储系统仍有优势。仅有低于 3% 的被调查图书馆采用 PaaS 服务。2.82% 的被调查图书馆正在考虑使用 Rackspace，其中 5.56% 为公共图书馆，2.44% 为高校图书馆。15.38% 的被调查图书馆使用 75 万～500 万美元来租用云服务。16.9% 的被调查图书馆已经采用 Google 的 App 作为其文字处理的默认方式。

4.3　国内外图书馆应用云计算的总体概况对比

通过对主要国家图书馆对云计算服务使用情况的分析可以看出，国内图书馆对云计算服务的应用，无论是使用云服务的图书馆数量、类型，还是云服务模式方面，都与国外有一定的差距。

（1）使用云服务的图书馆数量方面。从国内外图书馆对云计算服务使用情况的分析中可以看出，国外已经有很多图书馆投入使用云计算服务，国内虽然已有一定数量的图书馆使用云计算服务，但多数使用了 CALIS 推出的云服务。

（2）使用云服务的图书馆类型方面。国外高校图书馆、公共图书馆和专业图书馆都已使用云计算服务，但专业图书馆的使用相对较少。国内对于云服务的使用主要集中于高校图书馆，本研究认为这主要是因为当前国内图书馆主要使用的云服务为 CALIS 推出的云服务，而 CALIS 致力于打造高校数字图书馆云平台，以更好地满足高校图书馆的内部管理和用户服务的需求。

（3）使用云服务模式方面。国外图书馆使用的云计算服务模式主要为 IaaS、PaaS、SaaS、DaaS，且 SaaS 服务的使用比例要高于 PaaS、IaaS。国内图书馆使用较多的也为 SaaS 服务，如新一代的馆际互借与文献传递系统共享版；其次是 PaaS 和 IaaS；对于 DaaS，国内图书馆使用较典型的是 CALIS 推出的云盘系统共享版。

第5章 图书馆应用云服务的发展现状与特点剖析

要考察云计算环境下图书馆信息资源的主要内容和在此基础上设计出来的图书馆各类信息服务，以及可能涉及的信息安全问题，就需要系统调研图书馆当前对云服务应用涉及的产品类型与业务领域。可应用于图书馆的云服务，既有适用于其他行业的、通用的云服务，也有结合图书馆业务特质而专门适用于图书馆的专用性云服务。而图书馆在应用这些云服务时，究竟是出于何种馆情，目标定位是什么，应用流程是什么，取得了哪些收益，有没有应用过程中的障碍，则需要我们更进一步地全面进行分析。

5.1 通用性云服务在图书馆的应用

通用性云服务是面向各个行业的需求而设计的标准化云服务产品，其出现时间早于图书馆专用性云服务。图书馆使用通用性云服务主要是为了获取计算能力和存储空间。市面上较为流行的通用性云服务主要有 Amazon 公司的 Amazon Web Services、非营利组织 DuraSpace 的 DuraCloud 和 Google 公司的 Google Apps 等。Amazon Web Services 可以为图书馆提供核心云服务基础设施，主要包括计算能力、存储空间、数据库和联网服务。DuraCloud 可以为图书馆提供云存储服务，解决图书馆本地存储空间不足的问题。Google Apps 主要是提供在线办公软件，可以协助图书馆员进行新生教育。

目前，应用通用性云服务的图书馆有：得克萨斯州数字图书馆、沃克森林大学的 Z. 史密斯雷诺兹图书馆、中央康涅狄格州立大学伯里特图书馆以及特洛伊蒙哥马利校区图书馆。其中，得克萨斯州数字图书馆是由该州的高等教育机构联盟资助而建立的，其主要目的是为该州的科研与教育提供支持。下面将从应用云服务的背景、流程、收益与效果、阻碍与担心以及应用中体现的云特质这五个方面对每个案例展开分析。

5.1.1　得克萨斯州数字图书馆

（一）应用云服务的背景

得克萨斯州数字图书馆（Texas Digital Library，TDL）应用了 Amazon 公司设计的云服务产品——Amazon EC2 Cloud。该馆应用云服务产品的主要原因有以下三点。[①]

首先，实现图书馆数字资源和服务的云备份。2011 年，得克萨斯州数字图书馆的新数据中心建立完成。为了避免硬件设备在迁移至新馆的过程中产生数据损坏和服务终止，得克萨斯州数字图书馆的工作人员设计并实施了灾难恢复计划（Disaster Recovery Plan，DRP），该计划的核心就是将图书馆本地硬件设备承担的数据与服务转移到 Amazon EC2 Cloud，利用其提供的虚拟主机来实现搬迁时图书馆的正常运行。

其次，节省费用。Amazon EC2 Cloud 提供的云计算服务（包括计算和存储）的弹性性质允许用户只需为自己的有效操作付费，而如果用户使用硬件设备完成相同操作，则不管效用如何皆需付费。

最后，节省人力成本。未利用云服务的图书馆需招聘一批具备网络体系结构专业知识等能力的人员来负责硬件设备，现图书馆可以将这部分工作通过云服务外包出去。

（二）应用云服务的流程

TDL 应用 Amazon EC2 Cloud 的具体流程可以分为三个阶段：搬迁数据中心阶段、搬迁后的初步发展阶段和稳定发展阶段。下面分别介绍每个阶段。

第一，搬迁数据中心阶段。TDL 首先将面向客户的服务复制到云端。在复制前，技术人员根据对第三方软件的依赖程度将面向用户的服务进行分类，并对每一类软件的复制过程进行代码编写，以便在数据中心搬迁过程中出现问题

---

① NUERNBERG P, LEGGETT J, MCFARLAND M. Cloud as infrastructure at the Texas Digital Library [J]. Journal of Digital Information, 2012, 13 (1).

时可以尽快恢复数据。但在实际操作中，该馆实现了将大部分面向客户的服务（具体包括所有机构服务的产品实例，以及大部分的教职工通信服务实例）成功复制到 EC2 中，而未能将所有基础设施的服务复制到云端。在将面向客户的服务成功复制到云端之后，TDL 立即运行了 38 个 EC2 虚拟机，而其余未复制的服务在该馆的 5 台计算服务器（1 台 Sunfire 240，3 台 Sunfire 490s，1 台 T5220）、4 台存储服务器（3 台 NetApp Filer 3020s，1 台 Sun StorageTek 6140）上运行。上述的服务器大部分支持联网工作，只有两台 Cisco Catalyst 3750s 不支持。

第二，搬迁后的初步发展阶段。TDL 在搬迁中调用灾难恢复计划时遇到了困难，其余未复制到云端的服务在向新数据中心的本地基础设施转移时出现了问题。最初馆员试图借助 Amazon Web Services，但是一部分服务在本地服务器中，另一部分在云端，会带来更多潜在的问题。于是馆员们做出了两个决定：一是将该馆的全部服务套件复制到 EC2；二是更好地记录服务之间的相互依赖关系。基于上述两个决定，TDL 的馆员设计了两条途径拆分其系统管理承担的服务。首先，致力于解决数据中心迁移过程中遇到的困难，即恢复该馆硬件设施上服务的主要副本。其次，尽力将丢失的服务重新复制到云端，以确保复制的服务副本功能齐全。同时，在完成第二项工作时，顺带完成了上文提到的服务之间相互依赖性的文件记录。大约一周后，TDL 完成了恢复存在本地硬件上服务副本的工作。将未复制的服务迁移到云端后，通过将之前的主要的服务副本合并到几个本地服务器中，该馆立即减少了硬件设施（服务器）的数量。与此同时，TDL 继续运行其 38 台 EC2 虚拟机作为备份。

第三，稳定发展阶段。在完成了上述工作，新的数据中心进入稳定运行阶段后，TDL 继续将剩余的服务复制到 EC2，并新增了 10 台 EC2 虚拟机，由于这些云端的服务副本与存储在本地服务器上的服务副本运行得一样稳健，所以该馆开始陆续关闭本地服务的服务器，仅运行 EC2 上的服务副本。TDL 最终在搬迁数据中心的六个月后关闭了最后一台硬件设施。之后，该馆的开发团队开始使用基于云的服务器进行开发工作，包括用于编译的 Elastic Bamboo（Atlassian 2011）和用于开发与分期部署的 Elastic Beanstalk（Amazon 2011a），TDL 在 48 台 EC2 虚拟机上运行其所有的服务副本，提供各种服务。

综上所述，TDL 主要通过将服务复制到 EC2 上实现了数据中心的迁移，迁移成功后，TDL 仅运行 EC2 上的服务副本来为用户提供各种服务。不仅如此，该馆的开发团队开始使用基于云的服务器进行开发工作，包括用于编译的 Elastic Bamboo（Atlassian 2011）和用于开发与分期部署的 Elastic Beanstalk（Amazon 2011a）。

（三）应用云服务的收益与效果

TDL 实现了数据中心的迁移，相较于之前在本地硬件运行服务，将服务迁移到云端为图书馆带了以下两方面的收益与效果。

首先，显著降低了成本。其表现在两个方面：一是 Amazon EC2 Cloud 提供的云计算服务（包括计算和存储）具有灵活的付费机制，用户只需为自己的有效操作付费，避免了因用户突发性增加计算和存储需求而购买新硬件、设置调试新硬件而增加额外的费用；二是降低了人力成本，由于将全部的服务都部署在云端，因此可以减少维护本地服务器的技术工作人员，进而节省在雇用技术人员方面的经费。

其次，储存空间具有可定制性。TDL 的云副本还具备可灵活定制性，使其能根据所需提供存储空间。相比之下，该馆硬件上的服务套件有时处于空闲状态，但具备固定的储存摊销成本。并且，本地硬件上的图书馆服务副本不能及时响应额外的大量存储请求。购买新硬件、设置新硬件以及使用新硬件工作往往需要花费数月时间。然而，TDL 可以即时获取大量的 Amazon S3 存储空间。

（四）应用云服务的阻碍与担心

虽然 TDL 应用云服务不仅降低了成本，还利用了云服务灵活的存储空间，但目前对云服务依然存在一些阻碍与担心，主要表现在是否能真正节省人力成本、以云计算技术为核心的灾难恢复计划是否完美、如何准确地进行经费预算。

首先，使用云服务是否可以节省人员成本这一问题并无定论。关于节省人员成本的问题，TDL 目前并无定论。该馆与亚马逊网络服务（AWS）正在对此问题进行研究。此外，运行两个副本（同时在其本地硬件和 AWS）的全部服务使该馆的系统管理和生产团队担负了更多的短期工作量。据现有经验，TDL 认为这并不是一个明显的优势。TDL 正试图向资源管理系统分配比使用本地服务器备份服务时更少的人力资源，但由于引进了云计算这一新技术，TDL 在减少传统技术人员的同时又需要招募具备应用云服务相关经验的系统管理员。但这并不是常态，当系统服务进入稳定运行后，可能会相继辞退部分具有云计算技术的系统管理员。由于正在探索，所以使用云服务是否可以节省人员成本对于当前的 TDL 还是一个未知数。

其次，利用云计算完成灾难恢复计划的方案有待于改进和完善。在制订灾难恢复计划时，TDL 低估了将服务复制到云端的工作量。其主要因为之前 TDL 未能考虑到服务之间相互依赖关系的复杂性，以及无文件记录的问题。这对 TDL 顺利实施灾难恢复计划是个不小的挑战，但通过更实际地评估和改进该计划，该馆相信云计算能够为寻求灾难恢复计划的数字图书馆提供一个很好的解决方案。

最后，经费预算问题。由于云服务的弹性性质，因此对其进行经费预算十分困难。具体来说，虽然 Amazon EC2 Cloud 具有灵活的付费机制，用户只需要为自己有效的服务进行付费，而在进行预算时，往往并不能准确地对此进行预算。因此，TDL 必须为其用户努力寻觅比亚马逊提供的"随用随付"模式更可预见的预算（如额外的存储要求）规划模式，以解决此问题。

（五）小结

得克萨斯州数字图书馆将其现有的管理系统复制到云端，利用云服务产品 Amazon EC2 提供多样的、灵活的计算能力，解决其面临的硬件设施带来的存储空间不足、高峰时期计算能力不足等问题。这种利用方式属于云服务中的基础设施即服务。具体来说，TDL 使用 Amazon 公司提供的 Amazon EC2 云服务产品，逐步实现将服务复制迁移到 48 台 EC2 虚拟主机上。之后，关闭本地服务器，仅运行 EC2 上的服务副本来为用户提供服务。不仅如此，该馆的开发团队开始使用基于云的服务器进行开发工作，包括用于编译的 Elastic Bamboo（Atlassian 2011）以及用于开发和分期部署的 Elastic Beanstalk（Amazon 2011a）。使用 IaaS，为 TDL 带来节约成本、避免服务器闲置、提高服务器使用率等优势，但是否能真正节省人力成本、以云计算技术为核心的灾难恢复计划是否完美、如何准确地进行经费预算等问题需要进一步考虑。

5.1.2　Z. 史密斯雷诺兹图书馆

（一）应用云服务的背景

美国维克森林大学（Wake Forest University）的 Z. 史密斯雷诺兹图书馆

（http：//zsr. wfu. edu）一直专注于将核心的 IT 服务迁移到基于云的环境。2008 年，该馆决定将图书馆集成系统（ILS）转型为传统 ILS 供应商开发的云服务产品进行托管；同时，将其余的核心 IT 服务（图书馆网站、数字图书馆系统、机构知识库发现层、ILS 发现层）迁移到 Amazon 公司开发的 Amazon EC2。其主要原因是，虽然拥有可覆盖整个维克森林大学的良好的基础设施，但该馆却越来越难以运行和管理上述专门的应用程序。因此，该馆决定考虑应用云计算，研究其能否托管图书馆的核心应用程序。①

（二）应用云服务的流程

Z. 史密斯雷诺兹图书馆应用云服务产品的流程可以分为四个阶段：测试阶段、选择阶段、稳定运行阶段和风险防控阶段。下面分别对每个阶段进行具体介绍。

第一，测试阶段。2008 年年底，该馆设计了一个基于 PaaS 的测试方案。首先选择了某家行业领先的托管公司的虚拟专用服务器作为测试平台。该服务器仅拥有 20 GB 的存储空间和 512 MB 的专用内存，但使用起来非常灵活，其控制面板的易用性很高。经过一年的运行，该馆利用该平台试验了远程接口和应用管理。2009 年，作为程序测试，图书馆在该系统上运行了档案工具包（the Archivists' Toolkit），除档案管理员报告系统的响应时间比预期慢以外，该工具包基本运行良好。此外，该服务器无法通过简单操作来扩大硬盘空间以满足图书馆存储更多数据的需求。经过测试，图书馆决定寻求合适的云服务提供商来对其应用程序进行托管。

第二，选择阶段。2009 年年初，该馆开始选择托管其 ILS 的方案。图书馆经过考查，最后决定与熟悉 ILS 系统和服务等级协议的传统 ILS 供应商合作。2009 年夏，该馆将 ILS 迁移到云托管的环境中，并开始为其他应用程序寻找托管商，如网站、发现服务和数字图书馆服务。对一系列可选的云服务供应商进行调查之后，该馆选择以亚马逊的 EC2 服务为主。经初步调查，Amazon EC2 虽然基础设施十分稳健，但管理实例的命令行工具不便于操作，并且当停止运行后，服务器和存储在主分区中的数据都将消失。随着该馆的深入调查，这些

---

① MITCHELL E. Using cloud services for library IT infrastructure［EB/OL］.（2016 - 01 - 12）. http：//journal. code4lib. org/articles/2510.

问题有了较好的解决方案。图书馆决定在 2009 年秋启用其第一台 Amazon EC2 服务器。

第三，稳定运行阶段。事实证明，Amazon EC2 是一个不错的选择。它向图书馆提供了可升级的服务器解决方案和易于使用的管理控制台。例如，基本的服务器映像可以与开放源码、专有平台等协同工作。此外，亚马逊弹性块存储（Amazon Elastic Block Store，Amazon EBS）可在 AWS 云中提供用于 Amazon EC2 实例的持久性数据块级存储卷。通过该功能，图书馆可以轻松地安装大量磁盘空间，实现了海量数据的服务。最后，Amazon 的管理控制台保证了图书馆能轻松地启动、停止和管理服务器。

第四，风险防控阶段。EBS 服务最新提供的块级存储卷，使图书馆在停止实例时避免数据丢失。EBS 的快照工具可用来创建服务器映像，这简化了服务器映像的创建过程。并且每个 Amazon EBS 卷在其可用区内自动复制，以保护图书馆免受组件故障的威胁；同时提供高可用性和持久性，使图书馆无须在单独的 EBS 卷上存储服务器日志，防止了实例的意外停止。此外，Amazon 也提供长期的功能，如在 EC2 服务层设置防火墙，在服务器上可以进行 IP 地址交换。这些功能简化了用户的执行程序，并且可以方便地切换开发环境和生产环境。除了这些功能，Amazon 提供了其他选择，包括自动负载平衡、通过虚拟私有云连接校园网、以拍卖的形式出售服务器的使用时间等。

（三）应用云服务的收益与效果

为了衡量 Z. 史密斯雷诺兹图书馆迁移到亚马逊 EC2 服务的计划是否成功，图书馆员评估了两个主要方面：①服务的质量；②对图书馆服务的影响。

首先，服务质量。经过初步评估，该馆对 EC2 的服务质量表示认可。亚马逊的法律协议和服务等级协议充分解决了人们对数据安全和运行时间的忧虑。随着图书馆服务日益依赖互联网，该馆发现使用云服务非常方便省力。因此，毋庸置疑，应该将该馆的核心应用基础设施移动到校园网之外的云端。此外，Amazon EC2 官方网站的文档提供了一些常见问题的解决方法，如服务器配置、备份和归档等。

其次，对图书馆服务的影响。图书馆应用基于 SaaS 和 PaaS 的解决方案的障碍之一，是其核心应用程序常常需要专门软件进行局部或专用的配置。而图书馆使用一种基础设施级别的服务，无须考虑底层技术版本是否正确，就可以将图书馆应用程序放在网络上。同时，图书馆还可以快速嵌入新的应用程序，而无须鉴定服务器空间是否可用。这意味着，与使用本地的硬件相比，图书馆员可以更快地提供技术相关的图书馆服务，分离了机器映像与硬件上正确运行的数据，在硬件设备出现故障时最大限度减少了解决危机的时间。此外，该馆的主要应用基础设施移出校园网，这意味着在网络连接出现问题期间，将不能使用图书馆的主要服务（如网站、图书馆集成系统、发现平台等）。为解决这一问题，该馆正在配置一个本地机器，可以运行该馆网站按比例缩小的版本，以及本地安装其发现平台上运行的图书馆编目快照。

（四）应用云服务的阻碍与担心

虽然该馆将核心服务迁移到云端的举措是成功的，但仍面临着不同的挑战。第一，对馆员有更高的要求。为了与 EC2 协同工作，图书馆员需要进行一些额外培训。虽然亚马逊提供了详细的说明文档，但员工需要认真地了解云环境下系统的结构，学会处理安全问题。第二，图书馆需要不断进步。虽然该馆在应用云服务之初，亚马逊是市场中最成熟的服务，但市场在迅速改变，图书馆也需要不断改变，才能适用最新的解决方案。例如，图书馆需建立持久的服务器映像以便更轻松地向 EC2 过渡。第三，虽然通过 EC2 服务，图书馆可以快速增加或配置服务器，但图书馆需将 EC2 与校园 IT 服务合作，将服务器放在网络上，才能与用户体验无缝的衔接。

此外，成本并没有缩减。该馆的成本效益分析表明，应用 EC2 的成本与以前的方案相近。该馆目前需要更换其两台服务器和大型磁盘阵列，并比较了五年里规划的硬件成本与五年里 EC2 和 EBS 数据存储卷的成本，结果证明，成本是近似的。通过在一个小型实例服务器上运行发现平台的经验，图书馆员认为实际成本大约为每月 100 美元，包括 CPU 使用时间、数据存储和 I/O 费用。分析了该馆服务器的实际使用容量后，人们发现可以使用两个 Amazon EC2 的小型服务器（1 个 CPU，1.7 GB 的内存）运行图书馆的大部分应用程序。如果向系统中添加数字对象，数据存储和备份的费用将不断增长。

（五）小结

美国维克森林大学的 Z. 史密斯雷诺兹图书馆将 ILS 迁移到熟悉图书馆集成系统和服务等级协议（Service – Level Agreement，SLA）的传统图书馆系统供应商开发的云服务产品上；与此同时，将其余的核心 IT 服务，包括图书馆网站、数字图书馆系统、机构知识库发现层、ILS 发现层，迁移到 Amazon EC2。Amazon EC2 的 Web 服务接口非常简单，客户可以轻松获取、配置其所需的计算容量，并且 Amazon EC2 启动新实例的时间只需几分钟，在使用高峰期用户可以迅速扩展其计算容量。该馆租用 Amazon EC2 的虚拟服务器，使用其提供的可扩展的计算容量运行图书馆网站、数字图书馆系统、机构知识库发现层等核心系统，避免了因本地硬件设施故障或使用高峰期因计算容量不够而产生系统崩溃的情况。此外，EBS 可为 Amazon EC2 提供持久性数据块级存储卷，该馆利用此功能安装了大量磁盘空间，可实现海量数据的服务。Amazon EC2 向用户提供了易于使用的管理控制台，保证了图书馆能自由地启动、停止和管理服务器。

5.1.3 伯里特图书馆

（一）应用云服务的背景

随着电子资源的增加和数字化项目的开展，中央康涅狄格州立大学的伯里特图书馆越来越意识到需要一个外部的硬盘来进行备份。2009 年年初，未压缩的 TIFF 文件就已经占满了其磁盘共享空间，因此寻找一个新的系统来满足存储的需求已迫在眉睫。经过考察，伯里特图书馆决定使用 Amazon 公司开发的 Simple Storage Service（Amazon S3）来解决存储空间紧缺的问题。①

（二）应用云服务的流程

该图书馆考虑的第一个系统是 OCLC's Digital Archive。OCLC 系统的优点是其开发设计的目的是配合 CONTENTdm 工作，而该馆之前一直使用的是 CONTENTdm 系统来保存数字资源。但是对于该馆而言，其存储的成本较高，而且不包含在 CONTENTdm 中的数字对象的保存也是该图书馆考虑的因素。

该馆考虑的第二个解决方案是 LOCKSS，一个分布式的数字保存系统。其

---

① IGLESIAS E，MEESANGNIL W. Using Amazon S3 in digital preservation in a mid sized academic library：A case study of CCSU ERIS digital archive system［J］. Code4Lib Journal，2010（12）.

最初是在出版商同意的情况下，用于保存图书馆购买的电子期刊，同时也可以保存其他类型的规模较小的数字对象。私有的 LOCKSS 网络是一个不错的选择，六个机构就可以建立自己的私有 LOCKSS 网络以保存各种类型的数字对象，而且启动和维护的成本都较低。但遗憾的是，该图书馆无法说服联盟中的其他成员共同加入，因此最终放弃选择该解决方案。

基于上述两个系统的考虑，该图书馆意识到需要实施某种内部的解决方案。首先要解决的问题是存储。虽然在数字对象的传统存档方面（如磁带备份、保存 DVD 光盘和 RAID 的硬盘驱动器等）具有一定的经验，但是目前需要解决的问题是在至少两个不同的地点保存两份。实际上，上述的两种方案都可以解决这个问题，其中 OCLC's Digital Archive 的解决方案为：该馆将数据以 DVD 或者硬盘的形式邮寄给 OCLC's Digital Archive，然后这些数据在其数据仓库中进行处理。

此外，当时并没有一个可供参考的使用 Amazon S3 的先例。因此，该馆必须在经费和人员紧张的状况下，依靠其自己的能力来设计该数字对象存储系统。该系统的主要功能是数据完整性（Data Integrity）、网络文件传输验证（Network File Transfer Verification）、管理。其中在网络文件传输验证功能中体现了 Amazon 的功能。使用 Amazon S3 进行归档存储，需要考虑的主要问题是如何确保数据在上传至云端时不丢失信息或出现错误。Amazon S3 提供了一种检测传输数据是否丢失信息或损坏的机制，该机制主要是通过指定一个 MD5 校验对传输数据进行检测。Amazon S3 将传输数据与 MD5 值进行比较。如果不匹配，S3 将会向图书馆返回一个错误报告以提醒重新传输。该系统在运行过程中，数字对象及其元数据、系统处理数字对象时形成的文件以及最后形成的存档目录都会备份到 Amazon S3。

（三）应用云服务的收益与效果

Amazon S3 在该馆设计的数字资源保存系统中起到的积极作用是：存储空间大，存储成本低，并且运行状况良好，曾在一年内没有出现过停机状况。

（四）小结

美国中央康涅狄格州立大学的伯里特图书馆使用云产品——Amazon S3 主要解决了数字对象保存问题。虽然在数字对象的传统存档方面（如磁带备份、保存 DVD 光盘和 RAID 的硬盘驱动器等）具有一定的经验，但是目前需要解决的问题是在至少两个不同的地点保存两份。经过考察，该馆最终选择 Amazon S3 为其备份资源保存方案。首先，Amazon S3 可将该馆的数据重复存储于不同的物理存储位置，以保障该馆信息的安全性、完整性。其次，在伯里特图书馆设计的新的数字资源保存系统中，Amazon S3 通过提供 MD5 来检测向云端传输的数据是否丢失信息或损坏，并向用户返回传输报告。同时，该系统在运行过程中，会将数字对象及其元数据、系统处理数字对象时形成的文件以及最后形成的存档目录都备份到 Amazon S3。

5.1.4　特洛伊大学蒙哥马利校区图书馆

（一）应用云服务的背景

在特洛伊大学，所有学生必须修一门 1 学分的新生指导课程（TROY 1101）。此课程旨在帮助学生更好地适应大学生活，其内容涵盖了以下方面：如何学习、如何做笔记、如何有效管理时间、如何管理财务、如何选择专业、如何规划职业以及如何利用图书馆提供的服务。在特洛伊大学蒙哥马利校区，由图书馆员负责讲授这门课程。

2008 年秋季学期，特洛伊大学蒙哥马利校区的图书馆员决定，在这一期的新生指导课程中向大一新生介绍云计算概念及 Google Apps。Google Apps 是一个基于网络的办公应用程序套件，包括 Google Gmail、Google Galendar、Google Talk、Google Docs、Google Video、Google Sites 等。由于它是基于网络的，因此用户不用在本地安装软件或者配置硬件。通过学习该应用程序，学生们将在其大学学习中，运用云计算技术的知识，与其他同学或指导老师就其课堂展示、学术论文和其他作业进行沟通与合作。[①]

（二）应用云服务的流程

特洛伊大学蒙哥马利校区图书馆在其承担的新生教育课程中应用了 Google

---

① MARTIN A, SNOWDEN K, WEST D. Are you ready for "The Cloud"? Implications and uses of cloud computing for libraries [C] //URY C J, BAUDINO F, PARK S G, et al. Brick and Click Libraries: Proceedings of an Academic Library Symposium. Maryville, Missouri: Northwest Missouri State University, 2009: 64 - 72.

Apps，具体的流程如下。

　　首先，设计课程。在课程设计阶段，特洛伊大学蒙哥马利校区图书馆员学会了如何使用 Google Apps 设计图书馆课程。使用 Google Slide，馆员合作制作了图书馆展示报告；使用 Google Gmail 向教学者发送图书馆课程日程表、课件及作业；使用 Google Calendar 来创建、同步图书馆课程日程表；通过 Google Docs，图书馆员将图书馆课程指南发布到网上，供学生和教学者查看；通过 Google Web Forms，图书管理员创建了在线的 TROY 1101 图书馆课程调查表。

　　其次，讲授课程。在课程讲授阶段，图书馆员通过教学视频将 Google Apps 引入课堂活动中。指导学生观摩 YouTube 网站上讲解 Google Apps 的视频——"为什么在教学中应用 Google Apps"以及"团体版 Google Apps 概览"和"Google Docs 简介"的视频。观摩视频后，图书馆员向学生展示如何通过其大学邮箱账户登录 Google Apps。他们也演示了如何在研究项目合作中使用 Google Apps，包括 Google Gmail、Google Calendar、Google Docs。具体来说，学生可以利用互联网的连通性，随时随地在同一个文件（报告/电子表格）上进行头脑风暴、信息分享及相互合作。学生小组可以在不同地方同时或各自创建、共享并修改报告。学生可以对比修改的部分，查看一个文件的历史记录，阅读插入的评论并反馈，以及直接将最终的文件（报告/电子表格）发布到网络上。此外，学生可以合作完成其研究作业，并且他们在图书馆所做的全部研究将会自动储存在各自的账号中，且可以通过任何一台计算机访问。学生可以使用 Google Docs 创建笔记、上传笔记，然后撰写或修改研究论文和报告。定稿前，学生还可以邀请其指导老师和其他学生浏览并发表评论。Google Apps 具备实时修改和聊天的功能，学生可以与其他用户进行即时在线合作，基本上能同步查看他们文件（报告/电子表格）的即时版本或修改之处。课后，图书馆员给学生布置了了解 Google Docs 各种功能的作业。例如，学生必须登录 Google Docs，浏览图书馆通过 Google Docs 创建的课件，并体验课堂中讲解的 Google Apps 各种不同功能。同时，需要利用 Google Apps 帮助他们完成一个课堂上的在线图书馆课程作业。

　　最后，评估课程。除了设计和讲授课程，图书馆员还使用 Google Apps 对课程进行评估。图书馆员使用 Google Docs 创建图书馆课程内容指南，追踪授课进程并收集最新的评价信息。同时，使用 Google Web Forms 创建的在线表格来追踪课程的统计信息，如哪位图书馆员讲授了哪一节课、参加的学生数量、课程的主要问题等。此外，课程结束后，学生会收到一封要求其在线填写图书馆调查问卷的邮件。该调查问卷主要调查学生对图书馆演示报告和活动的看法。学生填写完毕后，调查表将自动发送到 Google Web Forms，图书馆员可以立即收到调查的反馈。

(三) 应用云服务的收益与效果

该馆使用 Google Apps 获得的收益有：对馆员而言，通过在线即时沟通、多人同时修改文档等功能，节约了馆员日常工作的工作时间，提高了工作效率，同时加强了馆员之间的沟通和合作；对学生而言，通过新生指导课，在馆员的帮助下，学会了如何使用 Google Apps，为其今后的合作学习和研究提供了有力支持。

(四) 应用云服务的阻碍与担心

对 Google Apps 最常见的担忧包括隐私安全和容量限制。

首先，隐私和安全问题，尤其是私人记录或者敏感数据的安全，不仅对于 Google Apps，而且对于其他任何云计算服务都是一个隐患。Google 称数据将不会被共享，用户想保存多久就保存多久，并且将允许用户移除和转存其数据。尽管如此，图书馆依旧表示了对隐私和安全问题的担忧。

其次，使用 Google Apps 会带来容量限制、界面过于简洁以及技术故障。Google Apps 限制了用户保存其数据的容量大小。比如，用户可能需要精简一个包含大量图片的报告，才能将其上传到 Google Apps。另外，相比其他可选的网络服务和软件，Google Apps 界面过于简洁，缺少美化（如精美的图像等）。但是，尽管出现问题时用户可以求助于 Google Help，然而 Google Apps 对某些文件类型（如 .docx 文件）还存在一些技术错误，会给图书馆带来不便。

(五) 小结

Google Apps 是 Google 提供的一款云服务产品，通过网络为客户在线办公提供支持，而无须客户安装复杂的本地应用程序，用于组织内部信息传输、协作和安全。特洛伊大学蒙哥马利校区图书馆使用 Google Apps 的目的是加强馆员之间的合作，通过在线协同工作提高工作效率。该馆馆员在新生指导课程中，使用该软件进行课程设计、课程讲授及在线课程评估。在上述过程中，实现了馆员间的即时沟通、合作、共享，节约了时间，提高了工作效率。此外，学生通过图书馆开设的新生指导课，掌握了 Google Apps 的使用技巧，在其今后的学习中，学生可以借助互联网的连通性，使用 Google Apps，随时随地在同一个文件上进行修改、评论等，并且可以保存其记录；学生可以通过该软件进行聊天交流，与老师、同学进行即时在线合作。

5.1.5　美国国会图书馆

（一）应用云服务的背景

2009—2010 年，美国国会图书馆和 DuraCloud 一起合作开展了为期一年的试点项目，该项目使用云计算技术来测试数字内容的长期访问，是国家数字信息基础设施和保存项目（National Digital Information Infrastructure and Preservation Program，NDIIPP）的一部分，NDIIPP 的任务是从国家层面制定收集、保存和长期访问的策略。[①]

该试点项目关注基于云的服务，主要是由 DuraSpace 组织负责开发和托管。其合作成员除了国会图书馆还包括纽约公共图书馆和生物多样性历史文献图书馆（the Biodiversity Heritage Library）。

（二）应用云服务的流程

DuraCloud 试点项目要将纽约公共图书馆中大量的数字图像馆藏复制到DuraCloud 中。因此，纽约公共图书馆计划将图像从 TIFF 格式转换为JPEG2000 格式，从而可以利用 DuraCloud 强大的 JPEG2000 图像搜索引擎服务。

生物多样性历史文献图书馆与全球的合作伙伴分享历史悠久的生物期刊文献，合作伙伴包括史密森学会、密苏里植物园和伍兹霍尔海洋生物实验室等。该图书馆的 DuraCloud 试点项目同样侧重于数字内容的复制，并将为美国和欧洲的合作伙伴演示内容的双向复制。该图书馆使用 DuraCloud 提供的云计

---

① The Library of Congress. DuraCloud［EB/OL］.（2016 – 04 – 19）. http：//www. digitalpreservation. gov/partners/duracloud. html.

算能力，分析生物多样性相关文本，提取关键信息，如物种有关的词汇等。该馆还通过 DuraCloud 部署一个 JPEG2000 图像引擎来处理和检索数字图像。

（三）应用云服务的收益与效果

云技术利用远程计算机通过互联网提供本地服务。DuraCloud 使得机构在不需要维护其专用技术基础设施的情况下，提供数据存储和访问的服务。NDIIPP 关注包括地理、视听、图像和文字等在内的各种类型的数字内容。NDIIPP 成员关注数字资源的访问服务，希望可以更加容易便捷地共享重要的文化、历史和科学资料。为了确保长期访问，有价值的数字资源必须以可持续的方式进行存储。DuraCloud 将同时提供存储和访问服务，包括内容的复制以及检测涉及多个云存储服务商的服务情况等。

5.2 专用性云服务在图书馆的应用概貌

图书馆专用性云服务是面向图书馆业务需求而设计云服务产品，其主要的功能包括托管图书馆管理系统、发现服务、在线数据库和统计分析工具。图书馆专用性云服务多来自传统的图书馆服务供应商，它将传统的图书馆服务系统与云计算技术相结合，旨在改善和提升图书馆服务系统的功能。目前，常见的专用图书馆云服务供应商有 OCLC、Ex Libris、Innovative Interfaces、Biblionix 等。

与通用性云服务产品相比，图书馆专用性云服务在图书馆的应用更为广泛。根据表 5 - 1，应用图书馆专用云产品的高校图书馆共有 15 个，其中有超过 50% 的高校馆属于美国。应用图书馆专用云产品的公共图书馆共有 6 个，包括：①市立图书馆，如加拿大温哥华图书馆、英国的阿伯丁市政厅图书馆、利兹市政厅图书馆；②郡县图书馆，如费城 - 尼舒巴郡图书馆、美国宾夕法尼亚州伯威克镇的麦克布莱德纪念图书馆；③乡村图书馆，如得克萨斯州的萨拉多公共图书馆。

表 5 - 1　应用专用性云服务的图书馆汇总

国家	类型	图书馆名称	云产品名称
美国	高校图书馆	斯普林希尔学院伯克图书馆	WorldShare Management Services（WMS）
		科文纳特学院图书馆	WorldShare Management Services（WMS）
		维泰博大学图书馆	WorldShare Management Services（WMS）
		巴克内尔大学的图书馆	WorldShare Management Services（WMS）
		佩伯代因大学图书馆	WorldShare Management Services（WMS）
		玛利斯特学院图书馆	ProQuest Intota Assessment
		达特茅斯大学图书馆	ProQuest The Summon® Service
		西密歇根大学图书馆	ProQuest The Summon® service
		亚利桑那州立大学图书馆	ProQuest The Summon® service
		加州大学东海岸分校图书馆	Sierra
	公共图书馆	麦克布莱德纪念图书馆	Biblionix Apollo
		费城 - 尼舒巴郡图书馆	Biblionix Apollo
		萨拉多公共图书馆	Biblionix Apollo
英国	高校图书馆	伍尔弗汉普顿大学图书馆	Capita Chorus
		布鲁内尔大学图书馆	SirsiDynix Symphony
		东伦敦大学图书馆	Ex Libris Alma
		南威尔士大学图书馆	Capita Soprano
	公共图书馆	利兹市政厅图书馆	Elastic Compute Cloud（Amazon EC2）
		阿伯丁市政厅图书馆	Capita Soprano
加拿大	公共图书馆	温哥华公共图书馆	LibGuides、BiblioCommons
澳大利亚	高校图书馆	澳大利亚国立大学图书馆	Sierra

5.2.1　美国主要图书馆应用专用性云服务的现状分析

（一）斯普林希尔学院伯克图书馆

（1）应用云服务的背景

斯普林希尔学院伯克图书馆在 2010 年 12 月采用 OCLC 的 WorldShare™ Management Services（WMS），希望通过该系统提升用户体验的水平，简化内部的工作流程。①

该馆从 1995 年就开始使用 SirsiDynix 产品，2005 年迁移到 SirsiDynix 进行托管。2007 年，SirsiDynix Symphony 系统正式在该馆实施。然而对伯克图书馆来说，不包括员工工资，这个系统占预算的 20%，而且使用成本在逐年增长。不仅费用高，图书馆员对这个系统的功能也感到很不满意，包括该系统缺乏用户服务反馈、缺乏报表（报告）功能、工作流程不顺畅、缺乏位置嵌入的功能等。而该馆需要一个集成的单一的系统接口来访问各种资源，包括传统的图书、电子图书、电子期刊、订购的数据库和其他收藏品等，并且这个系统需要有强大的索引和元数据。此外，该馆列出的需求清单表明该馆需要外包电子资源（如电子图书、全文本期刊、数据库）、精简采购和订购流程、生成报告、合作对象必须是有良好声誉的公司、成本低、最大化利用电子资源。基于 SirsiDynix Symphony 系统出现的问题和该馆提出的需求，经过该馆内部讨论、参加 OCLC 研讨会、与 OCLC 员工单独讨论、与其他早期采用 OCLC 产品的图书馆讨论等之后，该馆决定采用 WorldShare Management Services（WMS）来代替原来的图书馆管理系统。

（2）应用云服务的流程

为了成功地将系统由 SirsiDynix 升级为 WMS，伯克图书馆将其实施过程分为四个阶段，分别是准备阶段、数据迁移阶段、配置 WMS 阶段、用户教育阶段。

第一，准备阶段。2011 年 2 月，OCLC 组织召开了个为期三个月的研讨会以指导 8 个早期采用 WMS 的图书馆。本次研讨会的主题包括系统测试、系统实施、服务配置、数据迁移、馆员培训和用户支持。伯克图书馆作为 8 个早期采用 WMS 的图书馆之一参与了本次研讨会。尽管本次研讨会在某些方面达成了一致，但由于每家图书馆原有的管理系统不同（如 Ex Libris Voyager、SirsiDynix Horizon、SirsiDynix Symphony），导致了迁移过程不尽相同。由于时间紧迫和缺少基本的项目管理工具，因此伯克图书馆自行设计迁移流程。此外，数据所有权和开发过程中与 SirsiDynix 的沟通还存在一些争议和问题。

---

① HOLBERT G. OCLC's WorldShare Management：Early adopter experience at a small liberal arts institution on the Web ［EB/OL］. （2016 - 01 - 12）. http：//www. niso. org/apps/group＿public/download. php/9924/IP＿Holbert＿OCLC＿WSM＿isqv24no4. pdf.

SirsiDynix 认为在合同终止日期之后该图书馆还可以拥有对存储在 SirsiDynix 中数据的访问权，即使如此，他们也希望图书馆为其提供的 "exit services" 升级支付费用，而且并不承诺按照图书馆所期望的方式提供数据。最终，SirsiDynix 在没有收取费用的前提下给了 OCLC 一个原始的 dmp 文件，OCLC 通过扩展访问 SirsiDynix 的主机站点，抽取了其数据迁移问卷和数据转换表中要求迁移的自己拥有的文件。

第二，数据迁移阶段。需要迁移的数据包括书目数据、期刊数据和用户数据。2011 年 3 月，伯克图书馆从原来的图书馆管理系统中将书目数据输出。但在此过程中，出现了一些小问题。该馆在开发馆藏的 WMS 转换表时没有考虑到如果书目数据的位置不被迁移，那么将会丢失数据项。相比书目数据的迁移，期刊数据在迁移过程中出现了下列问题：其一，期刊数据未完全迁移，一本期刊包括超过 40 个数据项，但在迁移之后只剩余 3 个数据项；其二，馆员接收到错误报告后，却找不到丢失数据项的原因。OCLC 建议该馆从原来的系统中重新下载期刊数据。最后迁移的是用户数据，该馆利用 Excel 表单和馆员手工来实现其转移。

第三，配置 WMS 阶段。在配置流通规则到 WMS 服务器的过程中，由于其原有的系统同时应用于 Burke Library 与 Teacher Education Library，且这两家图书馆对用户规则的设置亦不相同，故图书馆经过数次尝试，以更新原有的规则，使之适应 WMS 所采用的 MARC 著录格式。此外，由于原有的规则较为烦琐，所以图书馆员需要与 WMS 的员工进行多次交流，以完成对用户规则的理解与转换。

第四，用户教育阶段。2011 年秋季学期，该馆对馆员进行了培训，指导馆员使用新的图书馆系统。

（3）应用云服务的收益与效果

WMS 系统具有该馆原有系统所不具备的优势。WMS 系统具有资源整合功能、一站式检索、简化采访、订购的流程和支持报表功能等优势。该图书馆希望和有过合作的公司再次合作，同时希望花费的成本不要太高。此外，图书馆员希望提高订购资源的利用率，特别是电子资源。该图书馆每年购买电子资源的预算大概占到了全部预算的 51%，而且新的馆藏发展政策更加重视电子资源的购买和选择，但是 SirsiDynix 目录并没有使得用户能够更加有效地利用这些资源。

（4）应用云服务的阻碍与担心

对于该图书馆和 WMS 来说，合作面临的最大问题是时间。该图书馆希望在 SirsiDynix 终止合同前，即 2011 年 4 月之前完成系统替换，但是和 OCLC 签订合同是在 2010 年 12 月，因此时间是很大的挑战。这意味着四个月内要完成迁移到新系统的工作。实施新系统面临的问题还包括要明确清除的数据、明确输入的哪种数据可以等待（what data input can wait）。因为一旦新的运作过程开始，就意味着清理数据和处理新的资料需要时间（等待），不过因为当时该图书馆正面临着预算削减的情况，所以实际上并没有多少新的资料需要处理。此外，该图书馆应用云服务存在迁移的问题。2011 年 3 月，开始导出书目数据，其间进行得比较顺利，但依然存在问题，如在 OCLC 开发 WMS 针对馆藏的转换表格（translation table）时并没有意识到如果不迁移位置，就会导致丢失部分款目信息。此外，在迁移时期刊数据被存放到一个单独的文件中，在这个过程中同样存在没有预见到的问题，如：和每个标题相关的信息至少有 40 个款目，但是迁移后发现只剩下三条；在迁移的过程中出现了信息不完整的情况，但并没有找到确切的原因和有效的解决办法。而对读者数据来说，由于无法从 SirsiDynix 迁移出来，因此只能依靠 Excel 和人力完成这些数据的保存和转换。

（5）小结

基于该馆精简工作流程、外包部分业务、提升检索系统、提高资源利用率的需求，斯普林希尔学院伯克图书馆选择使用云服务产品——OCLC WMS。而 WMS 是一个基于网络的统一的系统，该系统在图书馆业内有较高的声誉。WMS 可以代替传统的 ILS，同时会简化编目、采购、流通和许可管理等流程。WMS 和 WorldCat® Local 共同运作，其中 WorldCat® Local 负责提供类似于谷歌的检索功能、创建和共享书目列表功能、创建标签功能以及浏览类似亚马逊网站的功能。同时，WMS 也是一个发现工具，不仅适用于图书馆的电子资源，还与 WorldCat® Local、WorldCat 知识数据库、本地的馆藏数据、供应商和出版商信息和权威记录等相连接。OCLC WMS 有效地解决了该馆上述的问题。

（二）科文纳特学院图书馆

（1）应用云服务的背景

科文纳特学院图书馆原有的馆藏资源组织和访问方法已经给用户的有效学

习造成了一定的负面影响，因此在决定迁移到新的集成图书馆系统时考虑的因素不仅仅是技术层面，而更关注找到一个能够给用户带来良好的学习体验的集成系统。在 2010 年年初，该图书馆已经意识到信息管理的重要性，同时考虑到学校的信息技术部门没有精力对技术独立的图书馆给予专门的支持。因此，该图书馆急需摆脱传统的基于服务器的图书馆系统涉及的硬件和软件维护问题。通过几个月的调研，科文纳特学院图书馆最终选择 OCLC 的 World-Share Management Services（WMS）。①

（2）应用云服务的流程

2010 年 9 月，科文纳特学院图书馆决定采用 WMS。为了更充分地利用 WMS，该图书馆与同样使用 WMS 且与具有类似规模和特点的图书馆进行了广泛的交流，分享了彼此的经验。OCLC 每周也会提供相应的培训，培训期间，OCLC 会了解已经使用 WMS 的图书馆，关于 WMS 对其内部的工作流程、外部的合作、工作效率等方面的影响，通过反馈情况提供针对性的解决措施。2011 年 4 月 27 日，该图书馆正式应用了 WMS 和 WorldCat® Local。迁移过程出乎意料地简单。由于事先完成了书目数据库的分批加载工作，因此在安装 WorldCat® Local 时，节省了大约三周的时间。但也出现了一些问题，作为一个早期采用该系统的图书馆，馆员在使用该系统时遇到了许多不可预知的问题，这为图书馆的工作带来了麻烦。

（3）应用云服务的收益与效果

在使用了 WMS 6 个月之后，应用云服务的效果已经十分显著。就编目来说，解决了传统的副本编目问题，编目员的工作产出相对于 2010 年同期增加了 44%。因为减少了副本编目的工作时间，所以编目员就可以完成更多原始编目的工作，也可以在本地数字馆藏的组织和描述工作方面投入更多的精力。此外，通过 WorldCat® Local，该馆的馆际互借量相对于 2010 年同期增加了 54%。总之，WMS 和 WorldCat® Local 使得该图书馆节约了成本，通过更加新颖的方式管理信息，并且获得了更多的资源分享机会，使其可以在资源有限的情况下为用户提供更好的服务。

---

① OCLC. Covenant College embraces OCLC WorldShare Management Services as its partner for the 21st century［EB/OL］.（2016 – 01 – 12）. http：//milibrosdescargar. es/document/pdf/f4t3sv/Covenant + College + embraces + OCLC + WorldShare + Management.

（4）小结

科文纳特学院图书馆使用 OCLC WorldShare Management Services 改善的图书馆业务，包括图书馆集成系统的维护、编目业务以及馆际互借服务等方面。就图书馆集成系统的维护而言，WMS 的全部操作都在浏览器上进行，不需要在本地的服务器上进行安装，因此为该馆解决了传统基于服务器的图书馆集成系统涉及的硬件和软件维护问题。就编目业务而言，该馆使用 WorldCat，简化了馆员进行副本编目的流程，使馆员有更多的时间进行原始编目工作，编目员的工作产出相对于 2010 年同期增加了 44%。就馆际互借服务而言，该系统实现了综合的电子化、唯一接口的数字和纸质材料的传递与发现，可以帮助该馆及时发现合作馆的资源，同时使该馆的资源也能被合作馆用户发现，提升了该馆资源的使用率。通过 WorldCat ® Local，该馆的馆际互借量相对于 2010 年同期增加了 54%。此外，由于改善了图书馆的工作流程，馆员的工作效率得到了提升，因此有更多的精力进行用户服务。

（三）维泰博大学图书馆

（1）应用云服务的背景

美国维泰博大学图书馆的工作人员对所有的馆藏、提供的服务、工作的流程进行评估，在此基础上，创建了第一个战略计划，其核心是简化工作流程、增强对资源的组织和发现能力。为了推进该计划的实施，2011 年，该馆决定采用 OCLC 开发的云服务产品——WorldShare Management Service（WMS）。该馆选择 WMS 主要是看重其较高的工作效率。由于工作人员少而需承担的工作量大，在现有的系统下，该馆已经堆积了相当于一个编目人员两年的编目工作量，而使用 WorldCat（WMS 的一个功能模块）进行采访、订购、接受、编目等一系列工作只需工作人员点击三四下鼠标即可，可将部分图书馆员从大量的简单重复劳动中解放出来。此外，WMS 完全部署于网络，无须安装到本地计算机；提供了功能强大的发现工具，将图书馆馆藏数据与图书馆外部的数据库、出版商等相联结。①

---

① OCLC. Viterbo University reduces clicks in new workflow with OCLC WorldShare Management Services ［EB/OL］．（2016 - 04 - 19）．http：//www. wils. org/wils - partner - oclc/oclc - worldcat - management - services/.

（2）应用云服务的流程

和其他图书馆系统相比，WMS 在工作效率、费用以及具备的功能方面都略胜一筹。美国维泰博大学图书馆应用 WMS 的具体流程包括数据处理和采用新的工作流两个阶段。

数据处理是该馆应用 WMS 面临的最大障碍。整个数据的迁移从 2011 年 5 月中旬进行到 2011 年 10 月 1 日。对维泰博大学图书馆来说，有三个系统中的数据很有价值，但从来没有得到系统的处理。通过 WMS，可以准确了解到数据的内容，而且在迁移的时候这些数据会被清除干净。

除数据处理之外，选择 WMS，其最基本的改变在于要采用新的工作流程。在数据处理阶段结束后，该馆进入改变传统工作流程的阶段。在传统工作流程下，由于没有足够的人力资源去处理那些已经购买的或者接受捐赠的资源，因此已经积压了数以千计的资源，而 WorldShare 的工作流程可以极大地提高对已经积压的资源进行编目的工作速度。

（3）应用云服务的收益与效果

使用 WMS，维泰博大学图书馆获得的最大好处在于：在人员有限的情况下，极大地节省了图书馆员的时间和精力，从而使得图书馆员可以通过完成其他更多的工作为用户提供更加丰富的服务。

首先，简化了采选流程。相较于以前的工作流程，现在进行添加馆藏记录的步骤减少了四五步。通过 WMS，图书馆的资源采选工作不再依赖工作人员统计电子表格、备忘录以及电子邮件等的结果，而是依靠 WorldCat 完成。这不仅减轻了图书馆员的负担，而且确保了订购资源的名称、格式以及价钱的准确性。

其次，节省了编目时间。通过 WMS，将图书馆馆藏数据与图书馆外部的数据库、出版商等相联结，使得编目人员进行编目的时间减少了四分之一，极大地提高了其工作效率。

再次，更好地提供了用户服务。简化了工作流程后，负责编目和采访的图书馆员有了更多的时间为用户服务，借助其丰富经验、对馆藏内容和馆藏组织的深入了解，为用户进行更高水平的解惑答疑。

最后，用户界面优化。采用 WMS 之后，图书馆改善了用户服务，使用户体验了一站式检索，即终端用户发现界面——WorldCat ® Local，用户可以通过一个入口检索到印刷资源、文章数据库和电子馆藏等所有的内容。基于此，该图书馆在咨询台对用户进行培训，帮助其判断检索结果的价值，提高检索的效率。

（4）应用云服务的阻碍与担心

实际上，图书馆提供的服务不应该再受限于现有系统的功能，而是应该根据实际的需求来选择适用的新的系统，甚至是定制属于自己的个性化系统。

（5）小结

美国维泰博大学图书馆使用 OCLC WorldShare Management Services 改善了图书馆业务，包括采访业务、编目业务、用户服务等。就采访业务而言，WMS 提供了统一选择和采购管理所有纸质和电子资源的功能。该馆的资源采选工作不再依赖工作人员统计电子表格、备忘录以及电子邮件等，而是使用 WMS 系统中的采访模块，进行基于网络的一体化采访。就编目业务而言，通过 WMS 将图书馆馆藏数据与图书馆外部的数据库、出版商等相联结，减少了馆员进行编目的时间和流程，提高了编目效率。就用户服务而言，简化了工作流程后，负责编目和采访的图书馆员有了更多的时间为用户服务，为用户进行更高水平的咨询服务。同时，图书馆使用 WorldCat，用户可以通过一个入口检索到印刷资源、文章数据库和电子馆藏等所有的内容，提升了用户体验。

（四）巴克内尔大学的图书馆

（1）应用云服务的背景

巴克内尔大学位于宾夕法尼亚州刘易斯堡，是美国最大的文科大学，有3400 名本科生和 150 名硕士生。合并后，图书馆的 IT 部门有 80 名工作人员，其中 25 人是专门的图书馆员。近年来，巴克内尔大学的图书馆员注意到，通过标准化的采购流程购买资料只需要花费 20% 的时间，但是基于老师和学生的需求进行资料购买则需要花费 80% 甚至更多的时间。为了解决这一问题，该图书馆的馆员意识到需要一个新的图书馆管理系统来简化资料发现到传递（discovery – to – delivery）的过程，从而可以更好地满足本校师生对于图书馆提出的需求。因此，2011 年 6 月，巴克内尔大学的图书馆决定使用 OCLC 开发的产品 WorldShare Management Services（WMS）来解决上述问题。①

---

① OCLC. Bucknell University：Increase usage with demand – driven acquisition ［EB/OL］. （2016 – 04 – 19）. https：//www. oclc. org/en – US/member – stories/bucknell. html.

（2）应用云服务的流程

OCLC 的 WorldShare 管理服务能够将借阅和采购整合成一个单独的数据流。WorldCat、ILLiad 和 WorldShare Acquisitions 三者的配合，使得图书馆可以形成一个需求导向的采购模式。巴克内尔大学选择的服务模块有 WorldShare Management Services、WorldShare Interlibrary Loan、WorldShare Metadata、WorldCat Local、WorldCat Discovery Services、ILLiad 等。

（3）应用云服务的收益与效果

对巴克内尔大学图书馆而言，使用 WMS 主要是给图书馆的幕后工作带来下列好处：在 WMS 的帮助下，图书馆的工作人员可以重新分配时间和资源；不仅如此，选择使用 WMS，该馆不再需要采取措施应对出现的新技术或者新标准，如 OCLC 会帮助实施 RDA，而不需要图书馆再付出附加的努力；此外，该图书馆不再需要维护本地硬件，也不再需要完成在单独系统中加载、维护和删除本地工作的记录。

WMS 为该馆节省了费用和时间。利用 WMS 为其节省的费用，该馆购买了新的机构库知识库系统；利用 WMS 为其节省的时间，该馆重新安排了工作任务，如将该大学教师最新的出版物添加到知识机构库中、完成图书馆的宣传推广工作等。

（4）小结

巴克内尔大学图书馆使用基于 SaaS 的云服务产品——OCLC WorldShare Management Services 改善了该馆的业务，具体如下：①OCLC WMS 集成了图书馆工作流程且均使用基于网络的统一的 WorldShare 界面。该馆通过统一的 WorldShare 界面使用 WorldCat、ILLiad 和 WorldShare Acquisitions 等多个工作模块，使得从资源发现到传递的工作流程得到精简，同时使得图书馆形成了一个需求导向的采购模式（Demand – Driven Acquisition，DDA）；②WMS 作为集成的图书馆管理系统，其完全部署于网络，而无须安装到本地计算机，正是由于该系统完全部署在云端，因此当业内出现新技术时，该馆可免于更新系统以适应新技术，同时也可以免于本地硬件设施的维护；③WMS 是一个网络级协作型图书馆管理服务，其目标是将图书馆的核心业务（如流通、采访、编目、发现）转移到云端。通过它，图书馆员可以分享硬件、服务和数据，应用该系统后，该馆为满足本馆用户的需求而在本地进行编目、更新书目记录时，可以使世界上共同使用该系统的图书馆受益。

（五）佩伯代因大学图书馆

（1）应用云服务的背景

佩伯代因大学共有6个图书馆分馆，以及若干个小型图书馆。这些图书馆最开始是采用 Ex Libris 的 Voyager 系统作为其图书馆整合系统（ILS），工作人员对使用该系统已经十分熟悉。但是每一次系统在假期中的升级都会为图书馆员们带来不便：系统升级将导致系统停机好几天，每个分支图书馆的计算机都需要重新安装新的软件客户端、发现界面需要重新相互连接等。因此，佩伯代因大学图书馆开始考虑采用其他的系统，最后选择成为 OCLC 的 WorldShare Management Services 服务的试点单位，以实现将流通、查询、编目及发现等图书馆主要服务转移到云端，使图书馆之间能够共享硬件、服务以及数据。该馆于2013年开始使用 WMS 系统。[①]

（2）应用云服务的流程

首先，佩伯代因大学图书馆员们举行了讨论会，以确定其应该做出哪些转变，并且应该怎样做出这些改变。由于其已经应用了 WorldCat Local，因而一些数据准备工作已经完成。佩伯代因大学与 OCLC 一同开展了数据回收计划，以确保所有的记录都能够在 WorldCat 中呈现，同时确保所包含的 OCLC 序列号正确。

接下来，佩伯代因大学图书馆决定，通过迁移其全部历史流通数据的方式以达到减少数据迁移过程中发生问题的目的。佩伯代因大学首先迁移了其数据样本，包括书目记录、持有记录、馆藏记录、用户记录以及流通交易记录，但是并没有迁移其查询记录。OCLC 可以从迁移的数据中抽取其所需数据建立本地持有记录（Local Holdings Records, LHRs）。同时，OCLC 也可以针对这些 LHRs 创建一个新的 WorldCat Local。这使得佩伯代因大学图书馆能够利用自己的数据对 WMS 进行测试。佩伯代因大学图书馆员与 OCLC 保持每周1个小时的电话会议，寻求当下面临问题的解决方案。

（3）应用云服务的收益与效果

佩伯代因大学图书馆的用户界面得以改进，技术服务工作人员的工作流程

---

① DULA M, JACOBSEN L, FERGUSON T, et al. Implementing a new cloud computing library management service: A symbiotic approach [J]. Computers in Libraries, 2012, 32 (1): 6 – 11, 37 – 40.

变得更高效。将旧系统升级成 WMS 节省了大量成本，馆员也不必担心在系统升级期间寻求临时服务器。与此同时，用户体验也变得更好，如以前所有模块的功能都需要登录，现在只需登录一次就可以使用所有功能。

以电子书采购的工作流程为例。在应用 WMS 系统之前，采访馆员的工作流程为：打包购买；从供应商处下载电子书编目数据；全面地编辑书目记录来添加身份证明、URL 以及藏书信息；上传书目数据到本地系统；批量更新到 OCLC 系统中。使用 WMS 之后，其工作流程简化为：打包或者单独购买；使用知识库创建购买清单；一键标记计划购买的成套或单独条目；同时购买的馆藏信息获得了自动维护。

（4）应用云服务的阻碍与担心

许多历史数据无法实现完美迁移，因此需要更好的系统，以便能更有效地改正不完美的数据。

（5）小结

美国佩伯代因大学图书馆使用基于 SaaS 的云服务产品——OCLC World-Share Management Services，以解决由于系统升级带来不便的问题。该产品提供网络级协作型图书馆管理服务，目标是将图书馆的核心业务（如流通、采访、编目和发现）转移到云端，使得图书馆员可以分享硬件、服务和数据。佩伯代因大学图书馆已经使用了 CONTENTdm 托管数字馆藏管理系统、ILLiad 托管馆际互借系统以及 WorldCat Local 托管图书馆的资源发现系统。通过将系统托管和技术外包，使得图书馆员有更多的时间和精力关注信息管理和用户服务。WMS 建立在一个共同的、开放的、可扩展的软件平台上，使得图书馆员和第三方供应商可以将其本地化开发，以更好地适应其需求。它提供了大量的集成数据，并可以与该馆的其他系统进行互操作。通过应用 WMS，佩伯代因大学图书馆的用户界面得以改进，技术服务工作人员的工作流程变得更高效了，馆员不必担心在系统升级期间寻求临时的服务器来代替即将停止运转的 Sun System 的问题，同时用户体验也变得更好。例如，以前每个模块的功能都需要登录，现在只需登录一次就可以使用所有功能。

（六）玛利斯特学院图书馆

（1）应用云服务的背景

对于玛利斯特学院图书馆的工作人员来说，在现有的系统下管理数字资源已经成为一项艰难的工作。馆员意识到，当电子资源的预算只是总预算的一小部分时，通过维护电子报表（spreadsheets）和清单的方式进行管理是合适的；但现在，80%的采购资源是电子资源，通过电子报表和清单的方式来采购电子资源，馆员仅能看到分散的电子报表，无法把所有的报表进行综合并呈现到一个界面上显示。

玛利斯特学院审视了图书馆当前数字资源管理的工作流程和 ProQuest 公司的 Intota 产品，发现 Intota Assessment 生成的报告与玛利斯特学院已经存在的管理馆藏资源的工作流相吻合，可以与当前工作流无缝对接，因此决定改变他们管理数字馆藏资源的方式。2013 年，该馆开始使用 ProQuest 公司的 Intota 产品，利用该产品进行数字资源分析评估、管理、发现、搜索及数据库分析等。[①]

（2）应用云服务的流程

首先，玛利斯特学院图书馆应用了图书馆馆藏资源分析服务 Intota Assessment，以改变原有分散表单式的评估方法。Intota Assessment 提供在线的数据库分析和管理软件，将图书馆的数据自动载入在线软件中进行定性或定量的分析。该服务使图书馆员可以去评估电子资源和纸质资源的价值和使用情况，提供了一个集成的系统来跟踪图书馆馆藏的任何类型的数据。该服务可以简化馆藏资源的维护，计算投资的回报并且可以凸显图书馆的价值。Intota Assessment 生成的数据，可以驱动馆藏资源决策。

其次，玛利斯特学院图书馆使用 Intota Assessment，基于其馆藏资源进行数据驱动决策，展示了他们是如何使用 Intota Assessment 的，从而更高效地使用图书馆预算。数字资源服务部门的图书馆员 Kathryn Silberger 一直在推动发展基于云计算的图书馆服务平台（Library Services Platform，LSP）并且热衷于分享如何应用 Intota Assessment 的新功能来进行图书馆的数据驱动决策、馆藏资源的发展和减少冗余的工作流，使图书馆员可以有更多的时间去服务读者。

再次，简化馆藏资源的管理。对于玛利斯特学院图书馆的工作人员来说，管理他们的数据资源已经成为一项艰难的工作。他们创建自己的工作流程来跟踪新的采购（tracking new purchases）、发现内容的变化和开放获取内容的选

---

① SILBERGER K. Case Study：Data – Driven Decisions With Intota™ Assessment ［EB/OL］. (2016 – 01 – 12). http：//www. proquest. com/documents/Case – Study – Intota – Assessment – at – Marist – College. html.

取。玛利斯特学院审视了图书馆当前的数字资源管理的工作流程，最终决定改变他们管理数字馆藏资源的方式。Kathryn 指出，"当电子资源的预算只是总预算的一小部分时，维护我们的电子报表和清单是合适的；但现在，80% 的采购是电子资源，当我们回顾以前的采购行为时，我们意识到，我们图书馆采购电子资源时太过于非正式了。最初，管理数字资源的内容只是一项技术要求相对不高的工作，但是，随着电子馆藏资源的增长，管理这些数据成为一项书目管理控制的活动（bibliographic control activity），把管理数字资源的责任转移到编目馆员的身上是合理的。"在传统的数字馆藏资源管理方式下，玛利斯特学院能够看到分散的电子报表，但是无法把所有的报表进行综合并呈现到一个界面上显示。Intota Assessment 可以集成资源管理的过程，去除冗余的工作，使图书馆员从资源管理中解放出来。Intota Assessment 生成的报告与玛利斯特学院已经存在的管理馆藏资源的工作流相吻合，与当前工作流无缝对接。Kathryn 指出："我们已经分析馆藏资源的使用率来进行决策许多年了，但是报告制作需要大量的手工，费时费力，Intota Assessment 大大简化了处理过程，以前用几个小时才能完成，现在只需要 15 到 20 分钟。"

最后，基于事实的决策。图书馆馆藏资源的评估是非常重要的，Intota Assessment 可以提供准确的数据帮助图书馆决定是否要更新、购买或者去除一些馆藏资源，用一种动态的方式来监测纸质馆藏资源使用状态，根据馆藏资源是如何被使用的和哪些资源可以被去除，大多数的决策是可以在办公桌上来制定的，而不是在书库。Intota Assessment 生成的建议报告是基于 Resources for College Libraries™（RCL）的权威数据。RCL 是一个权威的文献信息资源库，其内容是由领域的专家来编辑的，相对可信。Intota Assessment 允许分析图书馆的纸质资源与电子资源，并与 RCL 的主标题进行比较。以这种方式对馆藏资源审查使我们能更加智能地对图书馆资源进行删减，并为图书馆资源的删减做出可信的决策提供事实的依据。

（3）应用云服务的收益与效果

一个清晰简洁的馆藏资源视图使玛利斯特学院能更加合理地分配他们的预算。基于对资源投资回报的计算与对资源的智能删减，玛利斯特学院可以把没有使用的资源的投资转移到其他领域或者新的资源上。Intota Assessment 可以更好地协助图书馆掌握对电子资源数据库集合的投资与回报，图书馆数据库集合的综合评估可以减少图书馆烦冗的人工工作。通过自动分析和报告工具，可以轻松简化工作流程，从而为图书馆用户提供更有意义的服务。Intota Assessment 集合了来自 Books in Print、Resources for College Libraries、Ulrich's 以及 Serials Solutions' knowledgebase 的权威数据，可为图书馆数据库集合在使用和组合上提供更广泛的视角，同时简化了数据库集合的维护工作，实现了多源清理，凭借对图书馆馆藏资源的全面把握，以及使用报告的累计和重叠分析，为图书馆提供对数据库集合的全方位把握。

（4）小结

玛利斯特学院图书馆使用 ProQuest 公司的云服务产品——Intota Assessment，以解决电子资源管理中遇到的问题。Intota Assessment 提供在线的数据库分析和管理软件，将图书馆的数据自动载入在线软件中进行定性或定量的分析，从而帮助图书馆分析其馆藏资源。玛利斯特学院图书馆改变原有分散表单式的评估方法，利用该产品分析和评估电子资源和纸质资源的价值和使用情况，从而更好地协助图书馆掌握电子资源数据库集合的投资与回报，减少图书馆烦冗的工作。Intota Assessment 提供的自动分析和报告工具，还帮助该馆简化了工作流程与馆藏维护流程，实现了数据驱动的馆藏决策。

（七）达特茅斯大学图书馆

（1）应用云服务的背景

2009 年，达特茅斯大学图书馆大胆采用 ProQuest 公司旗下 Serials Solutions 的创新性云服务产品 The Summon® Service，以为图书馆用户提供信息发现服务。此前，用户在访问图书馆日益增多的纸质资源与数字资源时，通常需要在众多复杂的指标、目录、服务与网站中寻找其所需要的信息。达特茅斯大学图书馆信息管理副馆长 David Season 表示："面对诸多并未整合的信息检索入口，用户常感到无所适从而放弃使用，转而使用 Google、Wikipedia、YouTube、Amazon 等，因而常常错过未被这些网站所收录的学术论文。"

如何有效地对这些信息进行整序，不仅是达特茅斯大学图书馆所面临的问题，也是众多图书馆所面临的共同问题。研究表明，随着用户逐渐习惯于更为直观的、更为简便的网络导航，那些不那么令人印象深刻的内容更易于使其满足。而图书馆众多资源的诸多访问入口，则成为科研人员在研究过程中所面临的重大阻碍。为解决这一问题，达特茅斯大学图书馆决定在 The Summon® Service 正式上市的前一个月，采用该款云服务产品，以为全校师生提供面向图书馆馆藏各类型纸质资源与电子资源的统一的发现服务。①

（2）应用云服务的流程

首先，The Summon ® Service 将达特茅斯大学全校师生所需访问的数据与元数据存储至其服务器。这不仅包括达特茅斯大学图书馆馆藏数据与元数据，还包括达特茅斯大学图书馆从供应商与出版商购买的数据，包括全文数据、目录数据与元数据等。除此以外，还包括 The Summon ® Service 采集的开放获取的文献资源。

其次，The Summon ® Service 对这些数据进行加工，以识别内容相同的重复资源，并对图书、期刊、报纸等馆藏资源进行索引。

最后，The Summon ® Service 利用其所存储资源的元数据创建了单一检索入口的、便捷的、可靠的、高效率的发现系统。②

（3）应用云服务的收益与效果

简单地说，The Summon ® Service 对于图书馆的作用相当于 Google 对于互联网的作用。虽然 The Summon ® Service 只是一个单一的搜索框（可以添加图书馆名称和标志），但用户可以通过其访问图书馆所有格式的资源——纸质资源、电子资源和可以精确至文章级别的期刊资源，提升用户的检索体验。

该图书馆的副馆长 Cyndy Pawlek 说："这个新的发现平台以拥有像 Google 一样的便捷和速度为目标，并且以类似于 Google 的方式去实现它，所有的数据和元数据被集中存储到一个中央服务器中，数据经过去重、标准化和索引，返回给用户。"该馆长进一步强调指出，与 Google 一样，一旦找到资源，The Summon ® Service 会把用户引导到本地图书馆目录中该条目所在的位置。例如，使用 OpenURL 解析器可以把用户直接引导到出版商站点的该杂志期刊中。

（4）小结

达特茅斯大学图书馆使用 ProQuest 公司云服务产品——The Summon ® Service，以改善该馆的信息发现服务。The Summon ® Service 是一个网络级发现服务，图书馆用户所要访问的数据不需要存放在图书馆服务器上，而是存储在 The

---

① ProQuest. Dartmouth College Library brings easy discovery to the full scope of its collections［EB/OL］．（2016 - 01 - 12）．http：//media2. proquest. com/documents/Case - Study - Dartmouth - Summon. pdf.

② ProQuest. Dartmouth College Library launches open beta for the Summon ® Service［EB/OL］．（2016 - 07 - 21）．http：//www. proquest. com/about/news/2009/dartmouth - college - library - launches - open - beta - for - the - summon - service. html.

Summon® Service 的服务器。达特茅斯大学图书馆将馆藏数据与元数据、其从供应商与出版商购买的数据（包括全文数据、目录数据与元数据）全部存放于 The Summon® Service 的服务器。除此以外，The Summon® Service 服务器上还包括 The Summon® Service 采集的开放获取的文献资源。The Summon® Service 对上述数据进行加工，为图书馆创建了单一检索入口的、便捷的、可靠的、高效率的发现系统，从而解决了该馆面临的如何有效地整合不同资源类型检索入口的问题。该馆使用 The Summon® Service，无须依靠本馆的技术力量对馆藏资源进行加工就能为用户提供集成的、方便的、可靠的检索入口，同时该馆用户可以对检索结果进行多样化处理，如轻而易举地导出检索结果的条目、选择发送到邮件或者打印、导出引文数据到书目管理软件，或者快速方便地剪切和粘贴格式化的引文。

（八）西密歇根大学图书馆

（1）应用云服务的背景

自进入 21 世纪以来，西密歇根大学图书馆（Western Michigan University Libraries）所使用的目录系统已逐渐无法满足读者的需求，不断增长的图书馆馆藏资源使得其难以被图书馆目录系统准确解释与方便检索。想要准确定位至期望的文献资源需要复杂的检索操作，而这常常使学生因检索失败而望之却步。对于这一问题，其他图书馆多采用集成检索的解决方案，但西密歇根大学图书馆认为这对其而言并不适用，尤其是考虑到其馆藏资源由数以百计的数据库所共同组成。公共服务与技术副院长 Scoot Garrison 表示："我们并未采用集成检索的解决方案，因为我们认为它并不能很好地解决我校图书馆的问题，但就在我们未采用集成检索的解决方案的这段时间里，图书馆现有的目录系统变得愈发陈旧了。"为解决上述问题，该馆先后于 2009 年和 2014 年使用了 ProQuest 公司的 The Summon® Service 和 Ex Libris 公司的 Alma 图书馆管理服务与 Primo 发现和交付解决方案。[1]

（2）应用云服务的流程

2009 年，作为云服务产品 The Summon® Service 正式发布前的合作测试

----

① ProQuest. Western Michigan University brings the future forward ［EB/OL］.（2016 − 01 − 12）. http：//media2. proquest. com/documents/Case − Study − WesternMich − Summon. pdf.

单位，西密歇根大学图书馆采用该产品以向读者提供信息发现服务。读者通过 The Summon® Service 所提供的单一的检索入口，即可检索西密歇根大学图书馆全部馆藏资源，且无论符合检索条件的馆藏资源格式如何，全部检索结果均以单一列表的方式呈现。在此之前，为更新图书馆 OPAC，并为 The Summon® Service 的正常运行做准备，西密歇根大学图书馆采用了可以无缝接入 The Summon® Service 的 VuFind 目录。但 Scoot Garrison 表示，尽管其非常欣赏 VuFind 的开源基础、分面检索，以及专为图书馆所设计的特点，但由于并未采用集成检索，图书馆的发现系统并不能视为真正的发现系统，且仍存在可能无法准确发现信息的隐患。

2014 年 6 月，西密歇根大学图书馆选用 Ex Libris 公司的 Alma 图书馆管理服务与 Primo 发现和交付解决方案，以提供统一的资源管理与发现服务。Alma 与 Primo 将替代西密歇根大学图书馆的多个自主开发系统与商业系统，包括 ProQuest 的 The Summon® Service。Alma 支持西密歇根大学图书馆全部信息资源的管理与提供，而不受信息资源格式等因素的影响。Primo 可帮助西密歇根大学图书馆全体用户轻松地发现并无缝地访问这些信息资源，而无须对信息源或信息如何提供给用户有所了解。

（3）应用云服务的收益与效果

通过采用云服务产品 Alma 与 Primo，西密歇根大学图书馆实行简化的工作流程，并为不同类型的用户提供不同的信息发现方式：对于本科生等在校学生，为其提供一站式检索的信息发现方式；而对于科研人员，为其提供更为复杂的高级检索方式。此外，Alma 的图书馆资源管理服务与 Primo 的图书馆资源发现服务帮助西密歇根大学图书馆的图书馆员从过去的对图书馆服务器的即时性维护工作中解放出来，并帮助图书馆对资源管理与用户服务进行了更简单的整合，为图书馆提供了更加深入、详细的报告，以及更多更好的教育工具，并支持与西密歇根大学的其他系统进行整合。

（4）小结

西密歇根大学图书馆为了解决其面临的资源集成检索难题，相继使用了云服务产品——ProQuest 公司的 The Summon® Service 和 Ex Libris 公司的 Alma 与 Primo。The Summon® Service 是一个网络级发现服务，图书馆用户所要访问的数据不需要存放在图书馆服务器上，而只是存储在 The Summon® Service 的服务器。西密歇根大学图书馆采用 VuFind 目录，将本馆的馆藏资源无缝接入 The Summon ® Service 系统。该馆的读者通过 The Summon ® Service 提供的集成的、单一的检索入口可检索该馆全部的、任何格式的馆藏资源，且全部检索结果均以单一列表的方式呈现。

Alma 是一个基于云的图书馆管理系统。Alma 支持西密歇根大学图书馆全部信息资源的管理与提供，而不受信息资源格式等因素的影响。Primo 可帮助西密歇根大学图书馆全体用户轻松地发现并无缝地访问这些信息资源，而无须对信息源或信息如何提供给用户有所了解。

（九）亚利桑那州立大学图书馆

（1）应用云服务的背景

亚利桑那州立大学图书馆服务于亚利桑那州首府凤凰城四个校区的超过 6.5 万名在校学生，以及更多通过网络学习的学生。图书馆曾面向学生、教师与其他员工开展一项调查，查明他们想要从图书馆获得什么服务。该调查结果表明，该馆的用户迫切想要减少其与图书馆数据之间的壁垒，希望图书馆为其提供更有效的发现服务。为此，亚利桑那州立大学于 2009 年秋季选用了 ProQuest 的云服务产品 The Summon ® Service 为读者提供更优质的发现服务。[①]

（2）应用云服务的流程

2009 年秋季，The Summon ® Service 被引入亚利桑那州立大学。2010 年 1 月 5 日，The Summon ® Service 在亚利桑那州立大学正式全面启用。为向在校师生推广 The Summon ® Service，帮助用户打破与图书馆数据之间的阻碍，以发现并获取信息资源，亚利桑那州立大学图书馆成立了专门的团队，以开展有关宣传与推广工作。团队经过调研与讨论，为 The Summon ® Service 的检索入口设计了全新的标志"Library One Search"，标识在颜色与字体的选用上均体现出了亚利桑那州立大学的特色。此外，亚利桑那州立大学图书馆将 The Summon ® Service 与学校的其他系统进行集成。除将附有"Library One Search"标志的 The Summon ® Service 检索入口放置于图书馆首页外，图书馆还将其放置于亚利桑那州立大学学生与学校的主要交流渠道"My ASU"上，并通过线上、线下的渠道对"Library One Search"进行宣传。仅一个学期之后，The Summon ®

---

① ProQuest. Arizona State University Modernizes Students' Research Experiences with Library One Search [EB/OL]. (2016 – 01 – 12). http：//media2. proquest. com/documents/Case – Study – ASU – Summon. pdf.

Service 即在亚利桑那州立大学全面推广，融入了图书馆用户的检索实践之中。

（3）应用云服务的收益与效果

The Summon® Service 已成为亚利桑那州立大学全体师生检索图书馆信息资源的起点，改善了师生的信息发现体验。亚利桑那州立大学图书馆营销与推广馆员（Marketing and Outreach Officer）Jennifer Duvernay 表示，The Summon® Service 改变了科研人员的科研工作，这使得科研人员非常兴奋。一位研究生反馈说："The Summon® Service 是我在课题研究中一直期待的产品，在很多数据库中都能检索到有关饮用水的主题的 The Summon® Service 是非常高效的检索渠道。"

（4）小结

亚利桑那州立大学图书馆采用 ProQuest 所提供的云服务产品 The Summon® Services 为其读者提供一站式的图书馆馆藏文献资源检索服务与网络开放获取资源发现服务。利用 The Summon® Service，亚利桑那州立大学图书馆可帮助其读者通过单一的检索入口检索图书馆馆藏目录，包括图书馆馆藏纸质与数字图书、期刊、报纸资源等。同时，亚利桑那州立大学图书馆也可在读者用户的检索结果中集成检索自网络的开放获取资源，包括图书、期刊、电子书、学术期刊文章、学位论文、书评、多媒体资源、报纸文章等多种类型。全部检索结果不受文献类型与载体形态影响，并支持读者对检索结果进行筛选。此外，亚利桑那州立大学图书馆亦利用 The Summon® Service 所提供的 API 将该云服务产品与本校的"My ASU"系统相集成，以在学生群体中快速推广图书馆文献信息检索业务，也取得了良好的效果。作为一款具有 SaaS 特质的云服务产品，The Summon® Service 应用于亚利桑那州立大学的文献资源与网络资源检索业务，帮助图书馆为其读者用户以更为经济的方式提供更为高效的服务。

（十）加州大学东海岸分校图书馆

（1）应用云服务的背景

在迁移计划实施以前，支持加州大学东海岸分校图书馆主要 IT 服务的服务器，包括 ILS（Integrated Library System）服务器、ILL（Inter-Library Loan）服务器、网络服务器和 Proxy 服务器，都安放在 IT 服务器机房里。图书馆的 IT 团队是学校 IT 团队的一个分支机构，其工作人员不仅需要定期对服务器进行维修管理，还要及时更新服务器博客平台（WordPress）上的网页内容。但上述工作模式已经不能满足目前图书馆的需求，因此该馆决定将系统迁移到云端，使用 Innovative Interfaces 公司的云服务产品——Sierra。① 做出迁移决定的原因如下。

首先，近年来，加州大学东海岸分校预算削减，这促使加州大学东海岸分校的 IT 团队重组设立集中计算模型。其中，对大学图书馆最直接的影响是图书馆中的 IT 团队成员需要在承担图书馆技术业务之外承担更多关于学校的技术业务。尽管图书馆工作人员可以继续根据需求联系服务台，以此请求 IT 服务，并且图书馆 IT 员工仍可以帮忙完成一些常规计算任务，但集中的校园 IT 团队提供的服务已经无法很好地满足图书馆的 IT 需求。

其次，集中计算模型的形成也带来了很多问题。其中，最主要的问题是服务器的维护和管理。最初，因为图书馆对本地服务器上的各个系统具有最高控制权，所以其愿意管理本地所有的服务器。然而，在形成校园集中模型后，部分服务器的维护和管理工作就无专人负责了。除 Windows 操作系统更新和数据备份功能仍能正常运行，其他工作都无法正常完成，如服务器的升级和修补程序的安装。因此，图书馆考虑将其 IT 服务从本地管理模式迁移到云服务。

再次，整合校园 IT 团队后，虽然图书馆仍有工作人员和学生助手监测所有服务器上的数据自动备份程序，但其无法解决在数据备份过程中或是完成后出现的故障。另外，在工作人员休假时，图书馆必须有能力自行解决一些问题，如一卷录音带被错误地使用，或者一个 UPS 需要更换。

最后，另一个需要考虑的问题是服务器机房的环境状况。该图书馆的机房是 20 世纪 60 年代建造的，缺乏灭火系统。这样的机房已不能满足其必要的标准要求。机房应配置有高性能的风扇，用于在房间温度上升时降低服务器和计算机的温度，从而保证服务器的正常运转。

（2）应用云服务的流程

加州大学东海岸分校图书馆在 2010—2011 年完成了将主要的基础设施（infrastructure）从本地迁移到云端的项目，项目包括 ILS（Integrated Library System）、ILL（Inter-Library Loan）系统、Web 系统和 EZproxy 系统。

首先是 ILS 服务器。迁移前，加州大学东海岸分校图书馆使用 Millennium 服务器（Innovative Interfaces 软件公司的产品）作为 ILS，这个专有服务器由

---

① WANG J. From the ground to the cloud: A practice at California State University, East Bay [J]. CALA Occasional Paper Series, 2012（10）: 1-8.

供应商提供，运行系统是 Solaris 9 Operating System，CPU 型号是 Sunfire V240，内存是 2GB。但 Millennium 服务器不仅在系统的备份方面有缺陷，而且还存在信息安全问题。加州大学东海岸分校图书馆将 ILS 从基于本地管理模式迁移到基于供应商管理模式的想法产生于校园 IT 合并后，并在 2011 Innovative 用户年会（Innovative Users Group Annual Conference）后做出了最终决定。在供应商提供的三个选择中，加州大学东海岸分校图书馆采用了 first hosting the server at Innovative 的方案，并允许供应商工作人员操作平台的迁移任务。之后，技术图书馆员与 Innovative Interfaces 软件公司针对新系统平台 Sierra 进行了讨论，内容涉及适应 Sierra 的软硬件环境、实施时间表和费用等。技术馆员在迁移前向所有馆员发送了两封邮件，发送时间分别是开始迁移的两周前和一天前，以确保所有部门都做好备份工作。整个迁移过程经历了四个小时，总体顺利，但也出现了几个问题：网络打印问题，FTP 和 Z39.50 的链接问题，LINK + 服务故障和书籍、文章搜索问题，安全证书和网页管理报告错误等，但最终都得以解决。

其次是 ILL 服务器。图书馆 ILL 系统原来由图书馆 IT 团队中的技术专家建立，系统运行在 Windows Server 2003 操作系统上。ILL 系统的迁移分为两个阶段：第一阶段迁移，由图书馆本地服务器迁移到校园 IT 项目的虚拟服务器平台中，随后第二阶段又被移动到由 OCLC 托管的远程服务器中。2010 年秋季校园 IT 团队建立了虚拟服务器，该虚拟服务可用于托管 ILL。2011 年春季，在按计划在图书馆本地服务上安装 Windows 系统的更新版本时，硬件发生故障，这使得本地服务器崩溃。鉴于此，ILL 系统需要迁移。很明显，将系统数据移动到已经存在的服务器环境中，和购买新系统并重新建立系统数据相比，前者会更省时省力。ILL 迁移比其他迁移项目更具挑战，其在 Illiad 用户管理系统（Illiad Customization Manager）和 SQL Alias 管理系统（SQL Alias Manager）中涉及许多配置更改，这对系统图书馆员而言都是全新的工作。另外，由于管理这一系统的员工已离职，所以校园 IT 成员无法解决这个问题。在自定义管理器中进行设置，会出现一些问题，包括 PDF 文档丢失、打印问题、邮件问题以及用户家庭地址错误。工作人员虽然可以通过简单地改变链接或是改变自定义管理器模块中的文件路径来解决大多数问题，但由于其不熟悉 Illiad 用户管理系统，这些任务仍具挑战性。项目实施的时候，会影响用户使用 SQL Alias 管理系统和 BDE 接口（BDE interfaces），并为用户带来数据库链接错误的信息。解决这个问题的办法是创建一个 .dbc 文件。基于校园的虚拟 IIL 环境解决了系统可靠性问题，Illiad 用户管理系统的协调员不必再担忧系统崩溃。然而，系统的维护问题没有得到解决。因为系统的配置特色，在校园 IT 团队中，没有人愿意承担系统升级、数据备份、新实例安装以及其他维护要求的责任。因此，系统图书馆员决定让 OCLC 托管 IIL 系统。在向 IIL 迁移当天，系统图书馆员关闭了本地服务器上的 Illiad 服务，并将具体数据集中转移到 OCLC。校园 IT 安全分析师测试服务器连接后，于 2011 年 8 月迁移成功。系统图书馆员更新了 SQL Alias Manager 的服务器 IP 地址以及数据库名称，图书馆 Illiad 协调员更新了外部链接。ILL 服务器迁移后，对 Illiad 协调员而言，唯一的不同是 PDF 文件的位置从本地网络移至了 OCLC 的主机服务器。Illiad 协调员对改变表示满意，因为这并不影响其使用 FTP 客户端定位 PDF 文档的位置。随后，系统馆员将 Illiad 客户端从 7.4 版本升级到了 8.1 版本。

再次是 Web 服务器。加州大学东海岸分校图书馆使用 WordPress 作为网页内容管理系统，其租用 Apache 网页服务器和 MySQL 数据库管理系统。该系统运行在 Windows Server 2003 操作系统上。本地网页服务器于 2006 年建立，因为缺乏系统人员，所以从建立到迁移前，它几乎从未被维护过。2011 年夏，校园 IT 团队收到几份报告，这些报告指出病毒在全校园里传播。经调查，IT 团队发现这些病毒产生于图书馆的网页服务器。加州大学东海岸分校图书馆意识到本地服务器存在安全隐患，所以决定将图书馆网页系统迁移到虚拟环境中。虽然将网页系统迁移到校园的虚拟服务器会缩减图书馆的控制范围，但会使图书馆管理网页内容的能力提高，馆员也可以不通过大学的内容管理系统进行管理。图书馆的网页内容存放至虚拟服务器后，图书馆在系统维护方面的工作量大大减少，并且网络的安全等级也得以提升。然而，图书馆在某种程度上失去了对网络的管理权。例如，所有的系统修补程序和更新都由中央 IT 来负责，图书馆不能决定何时更新或安装 WordPress 插件。

最后是 EZproxy 服务器。图书馆 EZproxy 服务器于 2007 年在服务器机房创建，其功能可代替 Innovative Interfaces 公司的网页访问服务（WAM）。它在 Windows Server 2003 操作系统上运行。引入云服务后，网页和 EZproxy 系统都从本地迁移到虚拟环境中，且都由校园 IT 团队提供创建和支持服务。此迁移过程顺利且容易，主要有以下两个原因：其一，适应于该系统的虚拟服务器已经建成，并已经完成大部分适用于此系统的配置；其二，管理 EZproxy 系统较管理其他图书馆系统更为容易。该系统在虚拟服务器上投入使用之前，技术馆员与校园 IT 专家进行了讨论。该讨论围绕系统维护工作、书目控制工作及电子资源管理工作进行。系统所做的一系列改变，包括新 IP 地址和服务器主机名称等，都需要提交到校长办公室系统部。与 IIL 迁移相比，该迁移项目启动前系统馆员只发布了一次通知，告知所有馆员图书馆将运行新的系统。

（3）应用云服务的收益与效果

首先，ILS 服务器解决了备份问题和信息安全问题；ILL 服务器解决了信息可靠性问题和系统维护问题；Web 服务器的安全等级得到了提升，且维护系统的工作量得以减少，但其失去了对网址的管理权。

其次，由于将系统迁移至虚拟服务器上，因此该馆不用担心原有的服务器机房存在的问题，如缺乏灭火系统、高温可能引发服务器故障等。

最后，节省了成本。托管费用比雇用员工从事服务器维护工作的费用少；因为由专业商业团队和校园 IT 接手托管工作，所以馆员在排除系统故障问题上花费的时间和精力会有所减少。

（4）应用云服务的阻碍与担心

该图书馆应用云计算服务的主要担心有以下三点。

首先，屏幕冻结问题。在 2011 年 9 月后，图书馆虽然没有再经历屏幕冻结问题，但并不确定这个问题是否会再次发生。

其次，图书馆对网站的控制等级。从图书馆的网页内容从本地迁移到校园虚拟环境上的那一天起，这就是工作人员一直讨论的问题。

再次，安全证书错误和网页管理报告错误。安全证书错误的情况是：用户通过登录界面续借书籍时，界面会提示用户安全证书不会被发送给新的网页，因此提醒用户不要继续使用该界面续借书籍。虽然用户可以选择继续该操作，但当许多用户反映这个问题时，这个问题就变得很严重了。导致该错误的原因是：工作人员之间缺乏交流，系统图书馆员不知道 Innovative Interfaces 会将新的证书发送给他们并打算购买一个新证书。解决方式为：Innovative Interfaces 公司激活了新的安全证书并安装在了主机系统上。

最后，网页管理报告错误。在迁移完成的一个半月后，当访问服务区的工作人员试图提取每个月的统计数据时，他们发现网页管理报告页面丢失了，直到打开一个服务票据后，数据才恢复。

（5）小结

为了解决加州大学东海岸分校集中计算模式带来的图书馆技术人员流失、减少数据备份出错的可能以及解决机房服务器环境差的问题，加州大学东海岸分校图书馆决定将其图书馆集成系统（ILS）服务器、馆际互借系统（ILL）服务器、网络服务器（Web Server）和 EZproxy 服务器从本地迁移到云端。ILS 系统将由 Innovative Interfaces 公司以前的 Millennium 系统更新至 Sierra 系统，并将其托管至 Sierra 开发商的服务器上，这解决了加州大学东海岸分校图书馆的数据备份和数据安全问题。ILL 经历了两次迁移，第一次迁移至校园虚拟服务器上，第二次迁移至 OCLC 的远程服务器上，并使用其 WMS 系统。这将使系统维护的责任彻底从图书馆技术人员的手中转移到 OCLC 的工作人员手中。此外，图书馆关闭本地的网络服务器和 EZproxy 服务器，并将运行在这些服务器上面的系统迁移至校园的虚拟服务器上，解决了网页服务器和 EZproxy 服务器的维护问题。

（十一）麦克布莱德纪念图书馆

（1）应用云服务的背景

麦克布莱德纪念图书馆是美国宾夕法尼亚州伯威克镇的第一个公共图书馆，在伯威克公共图书馆协会的号召下，于 1916 年 7 月建立。在选择使用 Apollo 系统之前，该馆使用的基于服务器的系统无论在页面设计还是功能上都已经过时。图书馆馆长通过 Marshall Breeding 的网站（librarytechnology.org）了解到了 Apollo，发现其连续四年都获得了最高的排名。此外，Apollo 系统专门针对公共图书馆的特点以及由 Biblionix 远程控制的特点都很符合该图书馆的需求。2013 年，该图书馆正式开始使用 Biblionix 公司的 Apollo 产品。①

（2）应用云服务的流程

在麦克布莱德纪念图书馆进行的迁移到 Apollo 的工作也十分顺利。Biblionix 公司的员工总是十分耐心地对该馆馆员进行指导。

（3）应用云服务的收益与效果

在使用 Apollo 的第一年，该图书馆获得了下列收益：①预约和目录检索量

---

① Biblionix. Joining the Apollo Family: The McBride Memorial Library – Berwick, Pennsylvania［EB/OL］.（2016 - 01 - 12）. https: //www. biblionix. com/case – study – the – mcbride – library/.

急剧增加，这反映出 Apollo 具有强大的功能和友好的用户界面；②全新的网站设计和良好的目录整合，使该图书馆的使用率和用户大量增长；③和第三方软件如 OverDrive 和 CASSIE 配合使用 Apollo 的效果更加显著；④Apollo 给该图书馆带来的最大好处不仅在于提供了多功能的、现代的、低成本的在线系统，而且不再需要昂贵的现场（on - site）服务器和较多的 IT 人员来进行维护和操作。

（4）小结

麦克布莱德纪念图书馆是美国宾夕法尼亚州伯威克镇的图书馆。作为公共图书馆，该馆使用 Biblionix 公司开发的云服务产品 Apollo ILS（Intergrated Library System）。该产品是仅面向中小型公共图书馆的可托管图书馆集成管理系统。麦克布莱德纪念图书馆无须在其馆舍内部署服务器，亦无须安装客户端软件，仅通过 IE Explorer 10 或 FireFox 30 及以上版本的浏览器即可访问并获取 Apollo 的全部功能，这使得该馆无须昂贵的本地服务器和较多的 IT 人员来进行维护和操作。此外，对于流通业务而言，Apollo 具有高度精简的接入接口，电话、短信及电子邮件提醒功能，公共目录与虚拟联盟功能，无须硬件设施即可实现的图书逾期或在馆的自动提醒功能，PC 自助结算功能等，使得麦克布莱德纪念图书馆的预约和目录检索量快速增加。

（十二）　费城 - 尼舒巴郡图书馆

（1）应用云服务的背景

费城 - 尼舒巴郡图书馆坐落在密西西比河的尼舒巴郡，随着岁月的变迁已经发生了巨大的变化。该馆在 1929 年建立，经历了多次迁址，终于在 1976 年确定了现在的馆址。在最近几年，该图书馆经过了多次整修，并且在不断改善服务质量。如今，费城 - 尼舒巴郡图书馆的用户多达 1.5 万人，超过了该郡一半的人数。馆藏文献资料大约 3 万册，数量还在继续增长。新馆长在 2013 年 8 月上任，决定在 2015 年 2 月从 Auto - Graphics' VERSO 系统迁移到 Apollo。该图书馆决定选择 Apollo 的一个很大原因是该系统是专门适用公共图书馆的。①

---

① Biblionix. The Philadelphia - Neshoba County Library［EB/OL］.（2016 - 01 - 12）. https：// www. biblionix. com/the - philadelphia - neshoba - county - library/.

（2）应用云服务的流程

该图书馆相关系统无缝迁移到云服务，基本未出现问题。

相比之前系统的安装，Apollo 系统的安装特别顺利。虽然出现了一个小的问题，但 Biblionix 很快就解决了，基本没有产生任何障碍。系统的顺利安装，使得图书馆的工作得以正常进行，用户服务也没有受到影响。

（3）应用云服务的收益与效果

应用 Apollo 后，该馆获得了以下收益。

首先，降低了成本。相对于 Auto-Graphics 系统要求三个站点服务器以及五位数的安装费用，Apollo 不需要站点服务器，而且只需要三位数的安装费用，极大地降低了成本。

其次，带来了良好的用户体验。Apollo 简单友好、方便易用，受到了用户的认可和青睐。Apollo 与密西西比的馆际互借系统、全州虚拟联合目录实现了无缝整合。费城-尼舒巴郡图书馆的用户十分青睐 Apollo 短信和邮件自动提醒预约和截止日期的服务，而且发现通过该系统的目录更容易找到需要的资料。旧的系统在更新方面做得不是很到位，一些图书馆已经不再拥有的馆藏依然会出现在在线目录中，给用户带来很多困扰和不便。Apollo 则有效地避免了这些问题。

最后，为图书馆工作人员带来良好的体验。对费城-尼舒巴郡图书馆的工作人员来说，Apollo 带来的最大好处是其目录的简单易用，而且比旧系统的工作效率高。就编目而言，费城-尼舒巴郡图书馆是一家中小型的图书馆，没有独立的编目部门，因此编目工作进行得十分缓慢，极大地影响了用户的使用。然而，Apollo 系统的编目能力使得编目工作能够快速进行，在不到一个小时之内就可以完成一整个书架的图书编目工作，相当于节省了一个劳动力，节省的时间使得图书馆员可以将更多的时间和精力分配到其他的工作上。此外，图书馆工作人员还可以利用该系统管理流通业务，基于报告（reporting）生成功能进行决策。

（4）小结

费城-尼舒巴郡图书馆使用专门针对中小型公共图书馆设计的基于云的图书馆集成系统——Apollo ILS（Intergrated Library System），对其下列业务进行了改善。对技术部门而言，Apollo ILS 作为一个基于 SaaS 的云服务系统，无须在图书馆馆舍内部署服务器，也无须安装客户端软件，仅通过 IE Explorer 10

或 Firefox 30 及以上版本的浏览器即可访问并获取 Apollo 的全部功能。这减轻了技术部维护本地服务器的负担，同时相比之前使用的系统需要五位数的安装费用，Apollo ILS 只需要三位数的安装费用。对于流通部门而言，Apollo ILS 的流通功能包括：高度精简的接入接口，电话、短信及电子邮件提醒功能，公共目录与虚拟联盟功能，无须硬件设施即可实现的图书逾期或在馆的自动提醒功能，PC 自助结算功能。费城 - 尼舒巴郡图书馆的用户十分青睐 Apollo 的短信和邮件自动提醒预约和截止日期的服务，而且发现通过该系统的目录更加容易找到需要的资料。对于编目部门而言，Apollo 具有简单易用的编目系统，具有文献采购功能、书目删除功能、权限控制功能。这使得编目工作能够快速进行，极大地提高了编目部门的工作效率。

（十三）萨拉多公共图书馆

（1）应用云服务的背景

萨拉多公共图书馆位于得克萨斯州的萨拉多，在 1986 年 11 月 7 日建立，工作人员都是志愿者。1995 年雇用了第一个付费的兼职图书馆员。该图书馆所有的运行费用都是通过捐赠、礼品、纪念品和筹款活动获得。1998 年 5 月，萨拉多公共图书馆（Salado Public Library）通过投票的方式产生，成为得克萨斯州的第二个图书馆。目前，该图书馆的用户超过了 9000 人，拥有馆藏文献资料 16500 册。

1993 年，图书馆实现了自动化。由于使用的系统是针对学校图书馆的，很难满足萨拉多公共图书馆这种小型图书馆的需求，因此为用户提供的服务极其有限。2006 年，该图书馆的馆长看到了 Apollo 托管的自动化系统，发现该系统具备的功能基本完全满足图书馆的需求。经过考察，2007 年 1 月该馆开始使用 Apollo。[①]

（2）应用云服务的流程

该馆引用 Apollo 的过程十分顺利。该图书馆将 MARC、用户数据和其他数据上传到 Biblionix 之后，Biblionix 将这些数据导入其在 Apollo 的账号中，然后提供给图书馆 URL 和登录信息。这样一来，图书馆就可以将 Apollo 当作实际

---

① Texas [EB/OL]. (2016 - 01 - 12). https：//www. biblionix. com/wp - content/uploads/2015/02/salado_case. pdf.

的自动化系统一样来使用。

在接下来的两个多月里，该图书馆的馆长和其他工作人员利用自己的资料和图书证进行尝试，而图书馆继续在现有的自动化系统上正常运行。图书馆工作人员查看了许多报告，并测试了流通过程以及读者续约等环节。

经过一段时间的测试，图书馆的工作人员对 Apollo 的功能和运行情况十分认可和肯定。该图书馆上传了最新的图书馆数据，Biblionix 对这些数据进行了处理，包括纠正 MARC 记录中不一致的地方。迁移工作也进行得十分顺利，而且没有支付任何费用，不需要服务器，也无须安装任何软件。

（3）应用云服务的收益与效果

该馆获得的收益包括：编目流程简化，提高了编目馆员的工作效率；只要有网络，读者便可以随时随地通过账号登录该馆系统，进行查询、预订或者缴纳费用。

（4）小结

萨拉多公共图书馆将 MARC、用户数据和其他数据上传到 Biblionix 提供的服务器上，Biblionix 将这些数据导入该馆在 Apollo 的账号中，三天内完成上传数据在其服务器的部署工作，并在部署工作结束后通知图书馆，由图书馆检查上传数据是否被完整、准确地部署。之后，Apollo 会向图书馆提供 URL 和登录信息。这样一来，该馆无须在本地安装服务器，也无须安装软件，仅通过浏览器使用账号信息登录该系统即可。这大大缓解了该图书馆技术部门馆员的压力。此外，Apollo 系统的编目功能简单易用，使图书馆编目人员的工作流程得到了简化，提高了该馆的编目效率。Apollo 还提供了在线支付罚款等功能，只要有网络，该馆的用户即可通过账号登录该系统进行缴费。

5.2.2 英国主要图书馆应用专用性云服务的现状分析

（一）伍尔弗汉普顿大学图书馆

（1）应用云服务的背景

伍尔弗汉普顿大学学习与信息服务中心（Learning and Information Services, LIS）的图书馆管理系统是 Capita 公司的 Alto 系统（以前叫作 Talis）。长久以来，Alto 系统采用一种本地安装服务器的传统模式，由一个专门的团队进行运行支持。随着部门重组，LIS 决定将 Alto 的日常经营活动外包，随后实施将完整的技术基础设施迁移到一个基于云的解决方案。2011 年夏天，LIS 完成了一次重大的重组。该部门重组为新的团队，聚焦用户服务、联络与技能、内容管理与商务发展。LIS 原来也设想增加一个信息系统小组，承担图书馆管理系统（LMS）维护及其他职责。然而，很明显，这个小组在内部招募阶段将不会全部招满，这提出了一个重要的短期挑战——由谁对 LMS 进行维护。这既是一个挑战，也是一个机会。LIS 重新审视图书馆管理系统，认为在新兴技术发展的背景下图书管理系统不仅仅是一套管理工具或一个平台，而是可以将虚拟学习环境、发现工具、知识库、在线聊天等多种功能集成在一起的集成平台。基于此，该图书馆决定开始改变现状，并于 2012 年决定采用 Capita 的 Chorus产品。①

（2）应用云服务的流程

该图书馆应用云服务产品的流程包括三个阶段，具体如下。

首先，托管服务（Managed Service）的实施阶段。该阶段并没有真正云服务，只是将该馆的软件服务进行外包。但其取得的成功，为下一阶段——云服务的应用提供了信心。在本阶段，该馆的信息资源开发团队负责购买和管理所有信息资源、机构知识库、LIS 网站和发现工具。在该阶段，实施信息资源开发的工作组从系统部借调了一位技术人员，提供技术支持。该馆选择信息资源开发团队负责 LMS（Library Managed Service，图书馆托管服务）的原因是：相对于其他团队，该团队都是 LMS 模块的主要使用者；此外，该团队拥有与管理供应商谈判的经验。而 Managed Service 的应用意味着该图书馆将需要与LMS 供应商加强联系。确定信息资源开发团队后，该团队与 Capita 开会决定合作的工作细节。例如，决定由谁运行本地安装的 LMS 的技术审核、审阅服务器上运行的脚本程序和本地系统文件。这个过程中产生了许多提议，如如何对系统安装进行规范，以及哪一环节不能支持本地定制化服务。这些建议被转化为一个服务水平协议（SLA），用于服务性能管理。Managed Service 于 2011 年10 月正式启用。

其次，技术基础设施的外包阶段。2012 年，随着上述软件服务的成功外

---

① DOWD J, MACHELL F. Cloud Atlas University of Wolverhampton's journey into the Library Management System cloud ［EB/OL］. （2016 - 04 - 19）. http：//www. sconul. ac. uk/sites/default/files/documents/14_12. pdf.

包，该图书馆开始调查技术基础设施的外包。当时，由 Capita 负责远程维护的 Alto 软件运行在该馆的两个日益老化的 LIS 服务器上，随着服务器的老化，该馆必须做出决定，是否要购买新服务器或者关闭本地服务器而使用云服务。随着时间流逝，分离硬件支持与软件应用带来了很大问题，因为发生故障时很难区分两者并诊断故障。该图书馆通过本校 IT 服务部门来帮助其运行服务器，图书馆员既不具备内部维护的技能，也不愿意维护服务器，因此图书馆决定选择 Chorus——Capita 公司新推出的云解决方案产品。该图书馆使用的 Alto 版 LMS 将被托管到 Capita 的服务器上。

最后，Chorus 的实施阶段。该馆与 Capita 职员一起召开项目启动会议之后，决定项目的早期阶段依赖 Capita 公司，由其启动 Chorus 服务器并与 IT 服务人员合作，启动安全的 VPN（虚拟私有网络）连接。在该馆将 LMS 系统托管至 Chorus 服务器之前，Chorus 需要接受两个测试：用户验收测试和灾难恢复测试。用户验收测试所用时间比原先预计的两周时间更长。所有现有的测试文档都关注传统 LMS 的迁移和系统功能，而该馆需要测试的主要领域是在速度和稳定性方面的表现，所以需要做出一些改变，如协调大群体工作以模拟系统的重负载。该馆已经从托管服务中了解到云服务协议的重要性，其可以明确双方的责任，特别是在系统的利用率和定制需求方面，避免出现模棱两可的责任。因此，在此阶段该馆花费了很多时间对 SLA 进行修改和商讨。Chorus 上线后，继续进行系统性能测试和故障排除测试，主要是针对更复杂的集成系统的迁移，如网上支付系统、临时限制拖欠学费的学生的借阅权限等。

（3）应用云服务的收益与效果

采用基于云的 Chorus 系统，该图书馆获得下列收益：结合 Chorus 和 Managed Service，提供一个集成的图书馆管理系统；进一步缩小因未设置信息系统小组而导致的技术鸿沟；减少该图书馆对校园 IT 服务部门的依赖性；LMS 将架设在一个共享的、托管的系统上，满足"绿色倡议"的要求；Chorus 的启动将重组和优化该馆的人员结构，如启用 Chorus 后，空闲的信息系统小组的岗位被重新定位，对系统的职责也被永久迁移到被重命名为"内容和数字图书馆发展小组"的团队。

（4）应用云服务的阻碍与担心

在该图书馆分阶段地从本地化 LMS 迁移到完全外包的 LMS 的过程中，该馆遇到的阻碍可以分为以下几点。

一是工作重心的改变。其中不仅仅是系统的变化，同时也带来了工作文化的改变。这需要花费时间和反复强调，使员工改变从机构内部系统获取知识的固有想法。处于供应商—客户这一关系下的双方，都有各自的角色定位。图书馆要求员工做 LMS 的"专家用户"，其工作重心转变为撰写错误报告和调用日志。

二是需要维持与供应商的良好关系。该图书馆与 Capita 发展和保持一个有效的日常关系是十分重要的。作为早期的 Managed Service 与 Chorus 的用户，该图书馆有意识地统一其期望，明确双方责任的边界，并促进双方日常通过电话会议和面谈会议进行联系。

三是需要学习新的技术。最艰难的任务之一，是区分哪些技术是该馆仍需学习和承担的。虽然外包方式的吸引力是图书馆不再需要看到 LMS 的底层架构，但在实际应用中，LMS 是一个复杂的可与其他非 Capita 系统进行交互的系统，如学生和教工的档案系统。虽然该馆无论是实践应用，还是起草服务水平协议，都拥有不断发展的学校 IT 服务部门的支持，但其仍然清楚，LMS 与外部系统的交互存在一些模块不在 Capita 的覆盖范围内。无论是图书馆员还是学校的 IT 服务部门，都有责任学习该如何清楚定义对上述方面的支持。

（5）小结

伍尔弗汉普顿大学图书馆在软件外包取得成功和本地运行图书馆管理系统的服务器老化后，决定不再购买新的服务器，而使用 Capita 公司开发的新一代的图书馆管理系统——基于云计算技术的 Chorus。Capita Chorus 为伍尔弗汉普顿大学图书馆提供了硬件支持，该馆无须在馆舍内部署硬件设施，而是将图书馆管理系统部署并托管在 Capita Chorus 的服务器，利用其为图书馆管理系统的日常运行提供支持，从而重组和优化该馆的人员结构，如对图书馆管理系统的职责由技术维护转移为利用并提供使用报告，因此该职责被迁移到重命名为"内容和数字图书馆发展小组"的团队。同时，由于与 Chorus 的技术人员建立了良好的关系，因此图书馆管理系统得到了更加专业的技术人员的管理和维护，从而减少了图书馆技术部门对学校技术部门的依赖。

（二）布鲁内尔大学图书馆

（1）应用云服务的背景

布鲁内尔大学图书馆从 1996 年就和 SirsiDynix 建立了密切的合作关系。但随着云计算技术在图书馆的应用，为了和学校的新政策保持一致，更为了降低维护基础设施的成本，布鲁内尔大学图书馆在 2011 年选择将相关系统或数据迁移到虚拟服务器——SirsiDynix 公司 Symphony 系统。[1]

具体来说，布鲁内尔大学图书馆将数据迁移到虚拟服务器的原因包括下列两方面：一是财政预算减少；二是为了可持续发展。图书馆应用云服务的流程迁移工作进行得十分顺利，整个过程持续了两天，其中包括备份的完成。

（2）应用云服务的收益与效果

通过和 SirsiDynix 的合作，布鲁内尔大学图书馆实现了学生通过系统自主服务和系统数据定制，整体上提升了图书馆服务的水平和质量。

首先，帮助学生自助服务。SirsiDynix Symphony ® ILS 提供的用户界面、电子图书馆等功能，可以让布鲁内尔大学图书馆的用户（主要是布鲁内尔大学的师生）能够根据感兴趣的主题去访问资源和获取信息。除了传统的馆藏目录，还增加了用户评论和评分等功能，为用户带来极大的便利。比如，使用电子图书馆的列表（list）功能，用户可以保存喜欢的链接，并为其添加书签。但该图书馆在此基础上还扩展了列表功能和信息箱功能（info boxes），支持快速链接到用户喜欢的网址，并建立了图书馆的 Facebook 和 YouTube 播放列表，用来呈现常见问题的解答，如如何进行续借、如何进行网上支付、如何访问电子资源等。在首页还提供标签云功能，增加了检索入口。这种自助服务的模式已经延伸到图书馆的其他领域，如 RFID 的自助监测站整合。SirsiDynix Symphony ILS 实现了所有交互的无缝更新，该服务模式也受到了学生的一致好评。

其次，提供定制服务。布鲁内尔大学图书馆通过使用 SirsiDynix Symphony 的 API 将 Symphony ILS 与各种其他的软件解决方案，如学生管理系统和第三方短信解决方案整合在一起，实现了大学内部的无缝融合。从学生的角度考虑，学生管理系统拥有所有学生的信息，利用该系统可以更新读者的信息，并且都是自动完成；而利用短信服务，可以帮助实现给读者发送通知（如催还书的时间）的功能。从员工的角度考虑，系统的员工定制特征广受欢迎，因为该功能方便用户进行决策。SirsiDynix Symphony ILS 允许每一个员工访问流

---

[1] SirsiDynix. Brunel University［EB/OL］.（2016 – 01 – 12）. http：//www. sirsidynix. com/files/cas-estudies/CaseStudy_Brunel. pdf.

程、报表（报告）和工作流功能，但是需要遵守关于未授权数据的安全要求。Symphony ILS 可以完成所有的升级、维护、查询以及与其他系统连接的工作，尽最大可能满足用户需求。

（3）小结

布鲁内尔大学为了降低维护基础设施的费用，将该馆的图书馆集成系统升级为基于云的 SirsiDynix Symphony 图书馆集成系统。使用 Symphony，该馆将无须在本地部署服务器，只需通过统一的入口，即可通过计算机及移动设备等访问图书馆资源、获取图书馆服务，从而规避了维护本地服务带来的人力和时间成本。Enterprise 模块是 Symphony 的探索发现模块，它提供的用户界面、电子图书馆等功能，可以使布鲁内尔大学图书馆的用户（主要是布鲁内尔大学的师生）能够根据感兴趣的主题去访问资源和获取信息。除了传统的馆藏目录，还增加了用户评论和评分等功能，通过使用电子图书馆的列表功能，用户可以保存喜欢的链接，并为其添加书签。此外，该图书馆在此基础上还扩展了列表功能和信息箱功能，支持快速链接到用户喜欢的网址，并建立了图书馆的Facebook 和 YouTube 播放列表。SirsiDynix Symphony 提供 API 功能，可以调用第三方软件的数据，将其与 Symphony 进行整合，实现数据定制服务。布鲁内尔大学图书馆通过使用 SirsiDynix Symphony 的 API 将 Symphony ILS 与学生管理系统、第三方短信通知系统等集成在一起，实现了大学内部的无缝融合。

（三）东伦敦大学图书馆

（1）应用云服务的背景

东伦敦大学图书馆系统的基础设施建设非常零散，图书馆系统集成能力较低，需要多个分散的系统来对图书馆资源进行管理，导致了图书馆工作流程混乱、资源利用率低、资源维护困难的问题。该馆希望有一个资源发现和传送服务的整合系统，并且由一个统一的界面来进行信息资源和电子资源的管理。因此，东伦敦大学需要新的系统来改善上述问题。2012 年 8 月，该图书馆开始使用 Ex Libris 公司的 Alma 产品。①

---

① CHAD K. Library services platforms：Alma case study［EB/OL］.（2016 - 01 - 12）. http：//www. kenchadconsulting. com/wp - content/uploads/2013/01/Alma_UEL_case_study_Dec2012_Final. pdf.

（2）应用云服务的流程

虽然东伦敦大学图书馆集成系统的迁移得到了 Ex Libris 公司在迁移的战略计划上和迁移实践中的帮助，但从旧系统迁移到 Alma 系统的过程并不是十分顺利。迁移过程中 Ex Libris 的工作人员从以色列赶来，与该馆负责系统的馆员对出现的问题进行了讨论。主要问题有：在 fulfilment module 中用户的 ID 出现了问题，导致馆员处理业务的速度变慢。Ex Libris 的开发人员观察了该图书馆工作人员使用系统的过程，了解了出现该问题的原因，并及时向 Ex Libris 的经理做了汇报，经理迅速采取行动解决了该问题。

（3）应用云服务的收益与效果

该图书馆应用云服务的收益主要包括节省了图书馆的开支、图书馆工作流的优化、支持数据的分析、提升了图书馆的用户服务质量。

首先，在实施云计算三年之前，东伦敦大学图书馆使用的系统由 Talis 迁移到 Alma 系统。东伦敦大学图书馆的系统迁移大大节约了在系统方面的成本。供应商提供的迁移服务也使系统的迁移变得更快捷和高效。即使把系统迁移的成本也考虑在内，在使用 Alma 之后的三年里，图书馆也大大减少了在基础设施（服务器）上的投入。

其次，优化了图书馆的工作流。对图书馆工作流的优化是应用 Alma 系统后最大的好处。Alma 使纸质资源与电子资源的管理业务流程更好地集成起来，效果好于以前应用的 Aleph 与 Verde 系统。此外，Alma 的数据授权认证服务（licensing data）也明显优于 Verde。

再次，强大的数据分析能力。Alma 是一个基于强大分析能力的系统，其 Analytics 服务是一个工作智能解决方案，可以以不同的方式提供报告。图书馆对于商业问题的决策越来越依赖于事实数据，如对电子书资源的读者决策采购（Patron Driven Acquisition，PDA），就是以用户为主导，赋予用户决策权的文献资源建设和馆藏服务工作模式。该模式将读者纳入选书过程中，图书馆根据读者的实际需求和使用情况，将其量化成一定的指标，作为图书馆文献采购和馆藏资源建设的决策依据。以往，把需要的数据集成到一起进行分析是很困难的，Alma 使其变得很简单，如可以呈现并分析图书馆订阅数据的使用情况。对这些数据的分析能够更好地帮助图书馆对资源进行分配与决策，这也能最大化图书馆的投资回报率。

最后，改善馆员的服务态度。东伦敦大学图书馆发现，应用 Alma 系统可以使图书馆员节省大量的精力，使他们的服务态度更加积极。Alma 是对现有工作实践的一种挑战，这使图书馆员能在挑战中充分意识到自身的价值，激励图书馆员用新的方式来提供图书馆服务。

（4）应用云服务的阻碍与担心

东伦敦大学图书馆对云服务有一些担心，主要问题如下。

第一，自助流通服务与馆际互借服务。与英国的许多大学图书馆一样，东伦敦大学图书馆开展了广泛且复杂的自助流通服务，而 Ex Libris 的 Alma 系统目前提供的自助流通服务很难达到该馆以前自助流通服务的水平。Ex Libris 还需继续发展——支持英国国内的馆际互借服务，特别是要发挥它最大的用户——大英图书馆在馆际互借服务中的核心作用。因此该系统还需改进的这两项服务，对于目前已经使用该系统的东伦敦大学而言是一个较大的问题。

第二，与非图书馆系统的集成。使用 Alma 系统后，该图书馆面临着与校园其他系统（如学生档案系统、财务系统等）进行整合的难题。

第三，Ex Libris 的所有权改变。Ex Libris 于 2012 年被金门资本（Golden Gate Capital）收购，Alma 系统的所有权发生了变化，这对东伦敦大学来说也是一个担忧。

第四，数据安全问题。东伦敦大学的技术部门负责人担心没有有效的政策来保护其数据安全。Ex Libris 回应其已经开始着手制定和完善政策规则，并且已经在鹿特丹建立了一个数据中心。

第五，技术人员的权限受到限制。基于本地服务器的图书馆管理系统，管理人员可以完全地控制系统，工作人员可以对其技术问题作出迅速的反应，可以修改图书馆应用的配置；而基于云计算技术，该馆技术人员的处理权限就将被限制。

（5）小结

东伦敦大学图书馆使用 Ex Libris 公司开发的云服务产品 Alma 为其馆员提供一个统一的界面来进行信息资源和电子资源的管理。Alma 为纸质资源、数字资源等不同类型文献资源的一体化管理问题提供了解决方案。东伦敦大学使用 Alma，实现了纸质资源与电子资源通过一个统一的界面进行管理，避免了因系统相互分离而造成的工作和数据重复，优化了资源建设部馆员的工作流程。此外，各类型资源一体化管理的实现，使得该系统具有对整体馆藏进行综合分析的能力。综合分析产生的分析报告对采购部门的决策提供了有力的支持，能够更好地帮助图书馆进行资源的分配与决策，使图书馆的投资回报率实现最大化。

（四）南威尔士大学图书馆

（1）应用云服务的背景

南威尔士大学致力于提供优质的学生体验，这也延伸到其图书馆服务之中。该馆被分隔成两个部分，图书馆的学习区在楼下，书籍在楼上。这意味着，当工作人员在楼上帮助学生时，便不能接入图书馆管理系统（LMS）。工作人员需要不断地上下奔波来检索其所需要的信息。因此，该馆意识到一个基于网络的系统对其的重要性。学习资源助理 Hazel Seymour 认为，Soprano 将有助于提升其提供服务的质量和速度。该馆于 2013 年开始使用 Capita 公司的 Soprano 产品。[①]

（2）应用云服务的收益与效果

南威尔士大学图书馆员使用 Soprano 可以自由地访问其图书馆管理系统。当图书馆用户需要时，图书馆员可以随时随地通过平板电脑、手机等智能移动设备登录 Soprano，以满足用户需求。如图书馆员可以使用 Soprano 远程核对借阅用户的权限，或在户外通过智能移动设备立即连接到图书馆的数据库，以进行管理员操作，即时为读者提供服务。

（3）小结

南威尔士大学图书馆使用基于 SaaS 的云服务产品——Soprano 来为其异地服务提供支撑。Soprano 是基于云的网络应用程序集合（Cloud – based Web Applications），可安装于笔记本电脑、平板电脑与智能手机等移动设备中，可以帮助图书馆员通过移动设备的浏览器在任何时间、任何地点访问图书馆管理系统，以完成日常工作。南威尔士大学图书馆使用该系统后，图书馆员无论是在图书馆内还是在移动图书馆使用场景中，无论是在楼上的办公区，还是在楼下的学生学习区，都可以及时连接到图书馆的数据库，进行书籍借还、用户权

---

① Capita. Case study：Bringing knowledge to librarians' fingertips with Soprano ［EB/OL］. （2016 – 04 – 19）. http：//storage. capita – software. co. uk/cmsstorage/capita/files/b5/b5c9e7e2 – 2128 – 4937 – 949f – 9f9077f18f11. pdf.

限管理、新用户注册、馆藏目录检索、实时库存盘点等工作。

（五）利兹市政厅图书馆

（1）应用云服务的背景

利兹市政厅图书馆规模非常大，有 36 个实体图书馆、8 个移动图书馆和 1 个学校图书馆服务中心，拥有近 9 万名活跃用户。该馆使用的图书馆管理系统（LMS）不仅要帮助其用户发现成千上万的纸质文献、电子书和其他内容，也要帮助其记录一年超过 300 万次的流通量。

由于原先支撑着整个 LMS 的硬件日益老化，图书馆服务部门面临以下选择：或者更换服务器硬件，或者选择可托管的基于云的解决方案。该图书馆选择了后者。其原因是基于云的解决方案可以降低其成本、减少管理时间。此外，利兹市政厅图书馆调查了可用的基于云的产品，最后选择了 Capita 公司的可以完全托管的、基于云服务的 LMS——Chorus。[①] 该图书馆认为 Chorus 能提供值得信赖的服务，带来他们期望的收益。

（2）应用云服务的流程

利兹市政厅图书馆决定将 LMS 迁移到 Chorus 上后，Capita 公司派来工作人员进行协助，并为该项目的每个阶段配备了专门人员。与其他图书馆一样，迁移系统需要详细的计划，经过双方人员协商，制定了将 LMS 迁移到 Chorus 的计划，并且会在利兹市政厅图书馆进行一个复杂的网络设置。此外，自助服务机与市政厅其他合作系统如财务系统，需要与 Chorus 进行整合。在这个过程中，Capita 公司积极参与，双方的工作人员合作完成了系统迁移工作。

（3）应用云服务的收益与效果

该图书馆应用 Chrous 系统的收益主要是提升了用户体验，提高了图书馆员工作效率，系统运行速度更快，提高了系统的安全性，满足了需求高峰，性能报告完成得更快，比预期更节省能源和时间，显著降低图书馆的开销，保障了客户服务不中断。

利兹市政厅图书馆使用 Chorus 系统，意味着其工作人员不需要在本地维

---

① Capita. Case study：Silver Linings：how Leeds City Council moved library management into the cloud ［EB/OL］.（2016 - 01 - 12）. http：//storage. capita - software. co. uk/cmsstorage/capita/files/a9/a9174f54 - e507 - 4aab - bfe3 - 636c838a0e6f. pdf.

护任何硬件、其 IT 部门不需要对服务器进行监控。同时，这也意味着利兹市政厅图书馆不需要担心应对日益增加的需求导致系统在高峰时间变慢的问题。使用 Chorus 后，现在的 LMS 比过去响应速度快多了。负责该图书馆性能指标的团队也反馈说，现在性能报告完成得更快，所以 Chorus 在很多方面为利兹市政厅图书馆节约了时间。

除此之外，网络安全措施比以前更严密。该图书馆简化了网络，这有助于集成其使用的第三方系统，同时，这也减少了潜在的故障点。一旦发生事故，该馆工作人员可以从更少的潜在故障点中进行排查，也可以直接与 Capita 公司进行联系。

最后，该馆的 IT 员工不再需要完成烦琐的日常工作，如例行检查设备、备份服务器或者为操作系统升级安全补丁，从而节约了技术馆员的大量时间。

（4）小结

利兹市政厅图书馆使用云服务产品 Chorus，目的是解决图书馆服务器老化问题，同时降低日常维护成本。Chorus 是 Capita 公司开发的基于云的图书馆管理系统，适用于解决利兹市政厅图书馆服务器老化的问题。具体来说，利兹市政厅图书馆将馆藏信息资源、流通数据等上传至 Capita Chorus 的服务器，通过网络实现对其上传信息的访问和管理，而上传信息的存储及用于存储的服务器一并交由 Capita Chorus 的工作人员完成。利兹市政厅图书馆无须在本馆安装用于图书馆管理系统运行的服务器，更无须担心服务器维护、老化及高峰故障的问题。此外，将图书馆管理系统托管给 Chorus 系统开发人员进行管理、维护和升级等，相比之前由图书馆技术人员进行系统维护，既保证了系统的安全，也减少了系统维护、更新以及更换应用程序与操作系统的技术成本和时间成本。Chorus 系统 API 允许 LMS 与多种商业系统进行整合，包括财务系统、客户管理系统（CRM）、体育中心系统、电子支付提供商、民办门户网站等。作为公共图书馆的利兹市政厅图书馆将其 LMS 与自助服务机和财务系统等其他市政服务系统进行了整合，以更好地为其用户提供附加服务。

（六）阿伯丁市政厅图书馆

（1）应用云服务的背景

阿伯丁市政厅图书馆的服务辐射范围广泛，每年约有 25 万市民对其 35 个分馆和 4 个流动图书馆进行访问，其访问量约 100 万次。Soprano 是一款基于云的可支持流动图书馆的图书馆管理系统。使用该系统是阿伯丁市政厅图书馆的战略举措，其目的是规避常见的图书馆使用量下降的风险。此外，该系统简单易用，无须复杂的培训，也是该馆使用它的一个原因。①

（2）应用云服务的流程

阿伯丁市政厅图书馆的系统支持人员参加了 Soprano 的研讨会，之后评估了 Soprano 能为该馆带来的好处，最后将应用 Soprano 图书馆管理系统列为该馆的战略举措。

在正式使用前，先在其流动图书馆试用了 Soprano 系统，收到了积极的反馈。因此，该馆于 2013 年正式应用 Soprano 系统。

（3）应用云服务的收益与效果

Soprano 使图书馆员可以自由地访问其图书馆管理系统。图书馆员无论从图书馆内部或外部，无论通过任何类型的移动设备，无论何时何地，都能在用户需要时提供服务。Soprano 使图书馆员可以远程核对借阅用户的权限，或在户外的流动图书馆通过 iPad 立即连接到图书馆的数据库。

（4）小结

阿伯丁市政厅图书馆使用云服务产品 Capita Soprano，目的是为规避常见的图书馆使用量下降的风险。Soprano 是一款基于云的可支持移动图书馆的图书馆管理系统。阿伯丁市政厅图书馆员只需通过可以连接到互联网的移动设备上的浏览器即可访问该馆的 LMS，对读者的书目预约、在架查询等需求及时进行处理，不受设备（包括笔记本电脑、平板电脑、智能手机等）和时空（馆内、馆外；上班时间、下班时间）限制。此外，Soprano 具有馆藏管理模块（Stock Management Module），可以辅助图书馆员在馆外完成对书目状态信息的即时更新，满足了阿伯丁市政厅图书馆 4 个流动图书馆的需求。Soprano 可以记录读者的借阅和查询历史，该馆的馆员可以据此采购图书以满足用户需求。

5.2.3　其他国家主要图书馆应用专用性云服务的现状分析

除美国和英国外，加拿大和澳大利亚的图书馆也逐渐开始应用云服务产品来改善图书馆的管理系统和服务系统。下文以加拿大温哥华公共图书馆和澳大

---

① MITCHELL E. Using cloud services for library IT infrastructure［EB/OL］.（2016 - 01 - 12）. https：//cssmarketing. blob. core. windows. net/cmsstorage/capita/media/case_studies/case - study_soprano. pdf.

利亚国立大学图书馆为例进行介绍。

（一）温哥华公共图书馆

（1）应用云服务的背景

温哥华公共图书馆是加拿大的第三大图书馆系统，提供超过300万种的可免费获取的纸质和电子资源。据统计，2015年有超过500万用户访问了温哥华公共图书馆的网站。

在2010年，温哥华公共图书馆制订了一个战略计划，它聚焦在四个领域：社会包容与创新、环境责任、终身学习、强大的组织。该战略计划的关键目标是：加强图书馆在线服务和托管服务，使图书馆能够为顾客提供更好的服务。

当与图书馆用户进行在线互动时，由于图书馆需要提供高水平的专家意见，温哥华公共图书馆倾向于应用基于云的服务来增强图书馆目录、改善图书馆的在线研究指南。各个工作组开展了功能需求描述、产品调研评估，并为这些新工具的使用制定以内容创新为核心向导的工作。最终，温哥华公共图书馆选择了BiblioCommons作为其目录发现层，并选择LibGuides来增强其研究指南，于2010年开始应用上述云服务产品。

（2）应用云服务的流程

该图书馆应用云服务的过程可以分为两个子项目来进行阐述。

第一个项目：Bibliocommons - vpl. bibliocommons. com。图书馆首先启动了一个应用BiblioCommons的项目，参与人员来自编目、系统以及在线信息和新闻部门，三个部门的人员分别承担不同的工作：①编目部门的图书馆员与BiblioCommons公司紧密合作，保证该图书馆的编目数据可以被正确地映射和显示；②系统部门是技术支持的联系点，与开发团队紧密合作，发现并解决任何技术问题；③在线信息和新闻部门的图书馆员主导了用户测试，帮助该图书馆进行员工培训。该项目是一个具有挑战性且漫长的项目，花费了六个月的时间来完成。然而，在项目进行过程中，三个部门交流不顺畅，没有一个明确的时间表，这对项目的实施产生了影响。BiblioCommons是一个集成的发现层服务，可以增强该图书馆现有的图书馆目录功能。BiblioCommons给图书馆书目数据添加了用户评论、注释、打分等功能，还允许图书馆用户创建和共享收藏列表。BiblioCommons减少了对图书馆目录的培训和支持文档的需求，深受图书馆用户的喜爱。

第二个项目：LibGuides - guides. vpl. ca。温哥华公共图书馆陆续开展了一个应用 LibGuides 的项目。LibGuides 是一个内容管理系统，主要用于生成研究指南。这些指南实际上为图书馆广阔无边的馆藏提供了一个入口，图书馆员常常利用 LibGuides 来生成 LibGuides 使用指南、电子书和有声读物馆藏的向导。该项目由信息和新闻部的网络团队领导。网络服务的图书馆员与跨组织的图书馆工作人员一起，制订了一系列的布局和内容指导，以确保在所有的研究指南中有统一的外观和体验。从开始到结束，LibGuides 项目既快速又简单，并在四个月内完成实施。这使图书馆可以把资源投入其他更复杂和资源密集的项目中。LibGuides 使温哥华公共图书馆很容易地为其研究指南添加简单交互和多媒体工具。这是图书馆在线内容管理系统难以部署的功能。员工可以很容易地将其他研究指南的内容转载到自己发布的信息和向导中，大大减少了图书馆工作人员在开发研究指南上花费的时间，而且其内置的统计数据很容易让网站管理者保持对内容性能的跟踪。

（3）应用云服务的收益与效果

应用云服务产品为该馆带来的收益与效果如下。

首先，提升用户界面设计。对于公共图书馆而言，建立和运行一个大型网站可以说是一项挑战。尤其是面临预算削减和人员短缺的问题，温哥华公共图书馆仅依靠本馆的内部资源，无法建设那种图书馆用户熟悉的、界面和外观非常精美的网站。所以该图书馆选择云托管产品，可以依靠云服务供应商的技术力量来实现用户界面的优化、系统功能的改善以及移动界面的实现。

其次，减轻系统部门的工作压力。通过选择第三方云托管的产品，温哥华公共图书馆能够让该馆的公共服务团队更多地控制和管理在线网络产品，而不是控制和管理图书馆的系统部门。第三方云托管的解决方案使图书馆能够为图书馆用户部署增强型的产品，而无须承担风险。

（4）应用云服务的阻碍与担心

图书馆应用 BiblioCommons 后，认为其存在以下缺点：图书馆不能控制时间，系统缺乏定制性，失去了自主编目的权利，沟通问题数量加剧，硬性成本增加，隐私权得不到保障。应用 LibGuides 后，图书馆认为其存在以下缺点：限制了外观的形式，搜索整合问题导致流量减少，要面对更复杂的信息架构。

（5）小结

温哥华公共图书馆应用云服务产品 LibGuides 和 BiblioCommons，目的是改善图书馆的在线研究向导和增强图书馆目录功能。LibGuides 是一个内容管理与发布系统，主要用于创建向导，这些向导揭示了图书馆馆藏资源，为用户查找所需信息提供了一个入口。温哥华公共图书馆的馆员利用该系统为电子书和有声读物资源创建向导，为研究向导添加简单交互和多媒体工具，并将其他研究向导的内容转载到自己创建的向导中，大大减少了图书馆工作人员在开展研究向导上花费的时间，提高了工作效率。另外，LibGuides 具备统计报告的功能，其内置的统计数据很容易让网站管理者保持对内容性能的跟踪。BiblioCommons 是一套可托管的软件即服务的解决方案，提供集成的发现层服务，可以增强图书馆现有的目录功能。它由若干细分模块组成，如 BiblioCore、BiblioMobile、BiblioProgramSites、BiblioSchools、BiblioWeb、BiblioDigital 等，不同的模块承担着图书馆的不同业务。其核心产品 BiblioCore 可以代替图书馆传统联机公共检索目录中的所有搜索和账户管理功能，是目前最出色的在线目录。温哥华公共图书馆的馆员利用 BiblioCommons 为图书馆书目数据添加用户评论、注释、打分等功能，并允许图书馆用户创建和共享收藏列表，深受用户喜爱。第三方云托管的 LibGuides 和 BiblioCommons 产品的应用，使得温哥华公共图书馆无须承担风险就能够为图书馆用户部署增强型的产品，依靠云服务供应商的技术力量实现用户界面的优化、系统功能的改善及移动界面实现。另外，免于维护本地基础设施也在一定程度上减轻了系统部门的工作压力。

（二）澳大利亚国立大学图书馆

（1）应用云服务的背景

澳大利亚国立大学图书馆（ANU）为澳大利亚国立大学这所领先的研究型大学提供服务，同时也是研究型大学国际联盟的成员之一。其实体馆藏文献资料超过 250 万册，可访问的电子资源包括全文期刊已经超过 6300 万种。这些馆藏分布于五个分馆和一个外部的机构库，可以通过馆藏目录、电子期刊和电子资源数据库对其进行访问。

澳大利亚国立大学图书馆在 1993 年就已经开始和 Innovative 进行合作，在 2003 年安装了 Millennium ILS。尽管 Millennium 提供了较好的服务，但是随着图书馆的发展，依然需要一个更加开放、灵活的系统来满足用户不断增长的需求，同时可以实现和校园的其他系统，如人力资源系统和财务系统等的互操作。

Innovative 的 Sierra 具备的开放的数据架构和优化的工作流程，使其成为一个不错的选择。2013 年，澳大利亚国立大学图书馆开始使用 Sierra。①

（2）应用云服务的流程

该馆具体的系统迁移工作在 2013 年 7 月 31 日进行，整个过程进行得十分顺利。系统一开始就运行良好，图书馆的用户几乎没有受到负面的影响。当然，无法避免不出现任何问题，除上线时间有一定的推迟之外，对用户有直接影响的就是关键词索引出现了不完全索引的情况，不过问题很快得到了妥善的解决。由于该馆是继续和 Innovative 合作，因此迁移到 Sierra，并不需要再对图书馆的工作人员进行培训，也不会影响正常的工作效率。在使用过程中遇到的小问题，包括如何更改个人账户的设置等，通过其咨询台就可以得到很好的解决。

（3）图书馆应用云服务的收益与效果

总的来说，新的 Sierra 系统按照预期运行得十分顺利，获得了图书馆工作人员的认可和肯定。

（4）小结

澳大利亚国立大学图书馆采用 Innovative Interfaces 所提供的云服务产品 Sierra，以辅助其馆藏纸质资源与数字资源的管理业务开展，并将移动办公的理念引入其馆藏纸质资源的清点与统计业务中。同时，澳大利亚国立大学图书馆使用 Sierra 提供的 API，有效增强了图书馆管理系统与校内其他管理系统之间的互操作性，如人力资源管理系统、财务管理系统等，促进了校内信息的统一管理与流通。此外，Sierra 所提供的云服务功能操作简便，易于图书馆员学习与理解。澳大利亚国立大学图书馆采用该款云服务产品，完成了图书馆管理系统从 Millennium 到 Sierra 的更新，极大地节约了图书馆员系统使用的培训时间成本。

5.3　图书馆应用云服务的管理主体与服务对象

本节将从图书馆应用云服务的管理主体和服务对象的角度，剖析当前图书馆应用云服务的基本特点。

---

① Innovative Interfaces. Migrating from Millennium to Sierra at the Australian National University Library [EB/OL]. (2016 - 04 - 19). http：//www. iii. com/sites/default/files/CaseStudy - ANU - 0814_0. pdf.

5.3.1　图书馆应用云计算的管理主体

（一）图书馆员

图书馆员可以使用云计算完成他们的内部工作。很多云产品也旨在提高图书馆员的工作效率、简化工作流程。比如，英国阿伯丁市政厅的图书馆服务非常广泛，在广阔的地理区域中，每年市民对其 35 个图书馆和 4 个流动图书馆产生了约 100 万次访问量。然而近年来，图书馆的借阅量逐年下滑，为了应对这一危机，该馆采用了 Capita 公司的 Soprano。通过该产品，图书馆员使用平板电脑或计算机上的浏览器即可自由地访问该图书馆的 LMS 系统，无论是在图书馆内外都可以使用图书馆服务。并且，Soprano 可以使图书馆员远程核对借阅用户的权限，或在户外的流动图书馆上通过 iPad 立即连接到图书馆的数据库。在没有互联网连接时，Soprano 还提供脱机模式。因此，图书馆员得以提供更高质量、更快捷的服务。该馆使用了 Soprano 产品后认为，Soprano 帮助其提供了更好的服务，并吸引读者使用图书馆。

（二）云服务供应商

云服务供应商是图书馆应用云计算的另一个管理主体。下文以 Amazon 为例对云服务供应商在图书馆云应用中的管理方式作简要介绍。

Amazon 是非常成熟的云服务供应商，产品深受各领域用户的欢迎。其 Amazon EC2 在图书馆云应用中的管理方式如下。

Amazon EC2 向用户提供了完全虚拟的计算环境，其向图书馆提供了可升级的服务器解决方案和易于操作的管理控制台。用户可以使用 Web 服务接口启动多种操作系统的实例、通过自定义应用环境加载实例，管理网络访问权限，并根据需要的系统数量来运行用户的映像。此外，通过 EC2 的 EBS 服务，图书馆可以轻松地获取大量磁盘空间，实现海量数据的存储服务。Amazon EC2 的管理控制台保证了图书馆能轻松地启动、停止和管理服务器。EBS 服务最新提供的块级存储卷，使用户在停止实例时免于数据丢失。EBS 的快照工具可用来创建服务器映像，这简化了服务器映像，使图书馆无须在单独的 EBS 卷上存储服务器日志，防止了实例的意外停止。Amazon EC2 也提供长期的功能，如在 EC2 服务层设置防火墙，在服务器上方便地交换 IP 地址。这些功能简化了用户的执行程序，并可以方便地切换开发环境和生产环境。

Amazon EC2 为用户提供了三种购买模式，以便客户灵活地优化成本。第一，按需支付。允许用户按小时支付固定费用，即用即付；该方式适合想要享受低成本服务但无法支付预付款或签署长期合同的用户，以及具有短期高负载或难预测工作负载的客户。第二，订购支付。为用户提供容量订购，然后在容量内的费用享有大幅折扣；该方式适合工作负载稳定或可预测的用户，以及希望通过预付款进一步减少成本的客户。第三，竞价支付。用户能够针对某一具体的容量任意出价，通过竞价支付，用户设定愿意支付的每小时的最高单价，即可使用计算容量；但容量的实际价格会随着供需关系而浮动。如果实际价格超过用户愿意支付的最高单价，Amazon EC2 将关闭该用户的实例。这种模式在用户灵活使用应用程序时较为经济，也可以在出现紧急计算需求时为用户提供附加的计算资源。

5.3.2　图书馆应用云计算的服务对象

（一）图书馆用户

对图书馆用户来讲，其使用最多的基于云计算的服务可能集中在发现服务。通过基于云的发现服务，用户可以在一个统一的检索入口里获取来自多个图书馆和平台的元数据和馆藏信息，极大地拓展了信息检索的全面性和丰富性，降低了跨平台操作的复杂性，减少了检索时间，提高了用户查找信息的效率。图书馆使用的发现服务往往以联机编目为基础，如 OCLC 提供了基于云的发现服务 WMS，不仅适用于图书馆的电子资源，还和 WorldCat® Local、WorldCat 知识数据库、本地的馆藏数据、供应商和出版商信息和权威记录等相连接。ProQuest 公司的 The Summon® Service 产品也是一款网络级发现服务。除此之外，还有图书馆信息共享组织发起的云计算项目，集成其成员馆的数据并进行共享。为了使个人用户和第三方机构可以共享数据资源，图书馆信息共享组织往往开发基于云计算的应用软件，供个人用户使用。

（二）图书馆员

与图书馆用户一样，图书馆员也是图书馆云计算的服务对象之一。具体而言，图书馆使用云服务产品可以改善图书馆员的服务水平，提高其工作效率。比如，Z. 史密斯雷诺兹图书馆将核心 IT 服务迁移到 Amazon 公司开发的 Amazon EC2。该馆使用一种基础设施级别的云服务，与使用本地的硬件相比，图书馆员可以更快地提供技术相关的图书馆服务。特洛伊大学蒙哥马利校区图书馆员使用基于网络的 Google Apps，与传统应用相比，Google Apps 不需要在本地安装软件或者硬件。馆员可以通过 Google Apps 进行在线即时沟通、多人同时修改文档等，节约了馆员日常工作的工作时间，提高了工作效率；同时也加强了馆员之间的沟通和合作。科文纳特学院图书馆选择了 OCLC 的 WorldShare Management Services，对编目馆员而言，解决了传统的副本编目问题，减少了副本编目的工作时间，可以完成更多原始编目的工作。由此可见，图书馆员也是图书馆应用云服务的受益者之一。

第6章　图书馆提供云服务的
发展现状与特点剖析

本书所指的"图书馆提供云服务"中的"图书馆"的范畴既包括实体图书馆，也包括依托实体图书馆构建的图书馆联盟，或以图书馆作为主要承担机构的图书馆项目或工程。目前，国内外图书馆都已经较为广泛地应用云计算技术来提高图书馆的服务水平。图书馆不仅可以作为云服务的使用方，也可以作为云服务的提供方。本章通过分析国外与图书馆相关的机构或组织提供云服务的现状，将促进我国图书馆参与提供云服务、共享图书馆资源，也有助于业界更加全面地审视云计算技术与图书馆的关系。与图书馆相关的机构或组织提供的云服务可以共享图书馆的资源，避免重复建设和成本浪费，是图书馆资源展示的新途径，能够提高图书馆的资源利用率和开放性。

6.1　概况

图书馆通过应用云计算技术，探索其与图书馆业务的融合，提高了图书馆的业务水平。随着图书馆应用云计算技术的不断发展，与图书馆相关的机构或组织开始试图向广大图书馆或公众提供云服务。图书馆应用云服务的主要目的是为本馆读者和馆员服务，而图书馆提供云服务的主要目的是向外界共享其资源，打破信息的孤岛效应，促进数据资源的整合。

从总体上看，由图书馆以及与图书馆相关的机构或组织提供的云服务产品或项目为数不多。较有代表性的产品或项目有：①Europeana Cloud。它是欧盟CIP ICT – PSP 计划下的云服务项目，由欧盟出资建设，面向欧盟各成员国的图书馆提供服务；②LoCloud。它是欧盟 CIP ICT – PSP 计划下的云服务项目，由欧盟出资建设，面向欧洲的中小型图书馆提供服务，旨在帮助 Europeana 内容的建设，促进本地文化遗产保护；③Knowledge Base +。它是 JISC Collections 项目中的一项新服务，由英国的非营利性组织 JISC 资助，提供一个在线的软件系统，收集和存储英国图书馆的电子资源信息，并进行统一的整理、发布等工作；④LibGuides。它是一个内容管理与发布系统，主要用于创建图书馆的使用向导；⑤LibAnswers。它是一个终端对终端的在线参考咨询平台；⑥Biblio-Commons。它由较多模块构成，不同的模块承担着图书馆的不同业务，核心产品是 BiblioCore。

6.2　代表性产品

6.2.1　Europeana Cloud

（一）基本概况

Europeana Cloud 是欧盟 CIP ICT – PSP 计划下的云服务项目，由欧盟出资建设，面向欧盟各成员国的图书馆提供服务。该项目的建设时间从 2013 年 2 月 1 日到 2016 年 1 月 31 日，经费数额达 474.9582 万欧元，其中欧盟提供了 379.9641 万欧元。其定位是向欧洲文化机构提供一个共享的、基于云计算的基础设施，以整合欧洲图书馆、档案馆和博物馆的文化遗产元数据和内容。目前，该项目的资源已涵盖 240 万条新增的元数据记录和 500 万个数字对象。①

（二）图书馆提供云服务的服务定位

Europeana 是一个合作项目，整合了欧洲的博物馆、图书馆与档案馆的文化遗产数据，已获得来自超过 2300 个机构的 3000 多万个数字化对象。Europeana 目前正由一个信息发现门户逐渐转型成为一个服务平台，并允许第三方利用其汇集的数据开发工具和服务，因此诞生了 Europeana Cloud。该项目有三个主要目标：①基础设施方面，建立一个持续的云基础设施，可以更高效地对数字文化遗产数据进行存储、共享和访问等操作，并具备这些资源获取和再利用的法

---

① Europeana Professional. Europeana Cloud［EB/OL］.（2016 – 07 – 11）. http：//pro. europeana. eu/get – involved/projects/project – list/europeana – cloud.

律框架；②信息资源方面，采集、准备和添加新的数据（包括 500 万个数字对象和 240 万条元数据记录以及来自 Europeana、欧洲图书馆和波兰数字图书馆联盟的现有数据）；③使用方面，促使创新人员和开发人员构建第三方服务和工具，使用户（人文社会科学研究者）可以通过 Europeana Research 这样的平台访问、研究和共享其内容。

建设 Europeana Cloud 的目的是为欧盟提供一个数据生态系统，通过一个新的基础设施来共享、访问和使用图书馆、档案馆和博物馆的元数据和数据对象。目前，元数据的单一流动方向是从数据提供商到 Europeana。Europeana Cloud 基础设施将会改变这一模式，允许元数据在数据提供商与 Europeana 之间进行双向的交流，并支持存储数字对象实验的开展。

（三）图书馆提供云服务的产品形式和功能构成

首先，产品形式。提供了可供人文社会科学研究人员利用 Europeana Cloud 中集成的元数据和数字对象的软件 Europeana Research。

其次，功能构成。根据元数据整合者收集的用户案例，Europeana Cloud 的最初目标设定如下：①为不同来源的文化遗产数据记录提供全球唯一标识符；②提供文化遗产数据记录的存储和访问功能，包括不同格式和版本的数据和元数据流；③提供文化遗产数据记录的注释功能；④提供文化遗产数据记录的更改追踪功能；⑤提供灵活、可扩展和可定制的文化数据处理功能。这些功能的实现都应该基于一个安全、可靠和可扩展的方式，使 Europeana Cloud 系统成为文化应用和信息系统的底层基础设施，即文化遗产数据数字生态系统的"脊梁"。

目前，Europeana Cloud 提供的服务包括：①唯一标识符提供服务——提供了本地标识符（由数据提供方创建，如图书馆）和 Europeana Cloud 系统创建的全球标识符之间的映射机制；②元数据和内容服务——提供了不同版本和格式的文化数据记录的创建/读取/更新/删除的操作；③数据查询服务——可查询存储在元数据和内容服务中的数据记录的元数据；④通知服务——提供了内部服务和外部客户之间的通信机制，以向外部客户通知 Europeana Cloud 系统里的数据变化；⑤数据注释服务——允许存储和访问相关数据记录或它的子条目（如版本）的任何附加信息（注释）；⑥数据处理服务——提供了处理数据的三阶段工作流程：从 Europeana Cloud 的系统提取要处理的数据、处理数据和向指定的输出位置加载处理结果。除了上述功能服务，Europeana Cloud 还包括三个后台系统服务：认证/授权服务、日志服务和异步消息传递服务。

（四）图书馆提供云服务的目标用户

Europeana Cloud 的目标用户是欧洲文化机构及人文社会科学领域的研究人员：为欧洲文化机构提供了一个共享的、基于云计算的基础设施，以便整合交流欧洲图书馆、档案馆和博物馆的文化遗产元数据和内容；为研究者提供了新的内容、新的元数据、新的联网存储系统、新工具和服务，以及最重要的新平台——Europeana Research。另外，促使创新人员和开发人员构建第三方服务和工具，使用户可以通过 Europeana Research 这样的平台访问、研究以及共享 Europeana Cloud 的内容。

（五）图书馆提供云服务的云特质

根据上述分析，云服务产品 Europeana Cloud 符合 DaaS 和 SaaS 的特质。它采集来自图书馆、档案馆、博物馆的数字数据与元数据，支持用户将数字数据与元数据上传至服务器，并通过上传的数据与 Europeana Cloud 服务器数据之间的比较对用户上传的数据资源进行识别，以发现并整合相同内容的数据集。此外，Europeana Cloud 对用户上传数据的格式亦无限制。这些均符合 DaaS 的云特质。同时，Europeana Cloud 支持用户对上传数据添加多种类的描述信息，包括数据的元数据、数据唯一标识符、数据的版本信息、注释信息等，并支持对元数据等信息进行检索操作。Europeana Cloud 还为作为用户的科研人员提供 Europeana Research 等工具与服务支持，以帮助其发现可利用的数据资源，并实现对数据的再利用。Europeana Cloud 还提供通知服务功能，在其服务器内数据发生修改时向客户发送通知消息，以提醒用户查看数据变化。这符合 SaaS 的云特质。

6.2.2　LoCloud

（一）基本概况

LoCloud 是欧盟 CIP ICT – PSP 计划下的云服务项目，由欧盟出资建设，面向欧洲的中小型图书馆提供服务。该项目的建设时间从 2013 年 3 月 1 日到 2016 年 3 月 1 日。其总体目标是通过欧洲文化机构向 Europeana 项目中添加超过 400 万条数字资源，基于云计算技术对欧洲的文化遗产进行数字化集成。目前该项目的资源已涵盖超过 4 亿个数字化对象。①

（二）图书馆提供云服务的服务定位

Locloud 旨在帮助 Europeana 进行内容的建设，促进本地文化遗产保护。帮助较小的文化事业机构贡献其所拥有的丰富多样的内容，包括纪念碑、历史建筑、地图、图片、当地的历史档案、博物馆馆藏、本地代表性文件等。

Locloud 包含两个主要的工作目标：①探索云计算技术辅助 Europeana 项目的潜力，致力于建设云基础设施（IaaS）和开发云应用软件（SaaS），造福内容提供方和用户；②聚焦于中小规模文化机构，尤其是那些数字馆藏尚未被Europeana 项目收集的机构。

（三）图书馆提供云服务的产品形式和功能构成

首先，产品形式。为了促进与 Europeana 项目的合作，促进文化遗产的传承和推广，与文化机构有多年合作经验的 LoCloud 项目团队开发了满足文化机构需求的专业技术解决方案，即提供了 SaaS 服务软件——LoCloud Collections。该软件允许那些较小的文化机构在互联网上发布它们的馆藏内容，允许用户快速和方便地创建自己的数字图书馆、博物馆和档案馆，并支持将数据上传到Europeana 中，用户通过该软件可以访问 LoCloud 项目所集成的大量文化遗产数据。这项服务以软件即服务的形式提供，这意味着机构不需要具备自己的IT 基础设施，就可以访问在线服务。

其次，功能构成。LoCloud 旨在提供以下功能帮助中小型文化机构：①支持中小型文化机构将其内容和元数据提供给 Europeana 项目，利用云计算提供的服务和工具，有助于减少技术、语义和技能的障碍；②开发可用的基于云的软件服务，使中小型文化机构的内容更易于被发现，并提高其互操作性；③使那些较小的文化机构，如房屋博物馆也可以向 Europeana 项目贡献其收藏的内容；④结合地理位置信息，探索云计算在聚集、丰富、重用（数据）等方面的潜力；⑤探索和试验一个基于云的、作为可扩展平台的架构，在降低维护成本的同时，使 Europeana 更高效地聚集和收割元数据；⑥提供指南、培训和支持工

---

① European Commission. LoCloud〔EB/OL〕. (2016 - 07 - 12). http：//www. locloud. eu/.

具，以满足内容提供方的需求。

（四）图书馆提供云服务的目标用户

LoCloud 的目标用户是欧盟的中小型文化机构、第三方机构或个人。该项目并没有把目标用户局限于图书馆领域，这样一来，潜在使用者的范围可以进一步拓展到图书情报领域之外的文化机构，形成一种更大的社会影响力，反过来影响其他正在对使用云计算持观望态度的图书馆，在后续发展中将云计算纳入应用的范畴。

（五）图书馆提供云服务的云特质

根据上述分析，云服务产品 LoCloud 符合 SaaS 和 DaaS 的特质。图书馆不需要购买昂贵的服务器、聘用 IT 技术人员进行维护，通过 LoCloud Collections 软件就可以在线发布馆藏内容，创建自己的数字图书馆、博物馆和档案馆，访问 LoCloud 项目所集成的大量文化遗产数据，使中小型图书馆的馆员从图书馆日常管理与维护工作中解放出来，聚焦于核心业务，这符合 SaaS 的云特质。同时 LoCloud 云服务也体现了 DaaS 的特质，LoCloud Collections 的存储对象主要是中小型文化机构的丰富收藏，包括地图、图片、历史档案、本地代表性文件及博物馆馆藏等；其支持上传文本、图像、音频和视频等格式的内容；LoCloud Collections 还支持根据客户的实际使用需求进行收费，用户可根据支付能力选择所需的存储空间；对于所存储数据的访问和共享，LoCloud Collections 使得谷歌和其他流行的搜索引擎可以检索到图书馆的馆藏资源，能够保证可在线访问的时间超过99%，并提供已发布对象使用情况的精确信息；对于所存储数据的安全性和可靠性，LoCloud Collections 可通过在不同云存储服务供应商处对同一信息建立副本的方式对数据加以保护。

6.2.3　Knowledge Base +

（一）基本概况

Knowledge Base +（简称 KB +）是 JISC Collections 项目中的一项新服务，由英国的非营利性组织 JISC 资助，面向英国图书馆提供服务。该项目的建设时间从2011年到2013年。其定位是通过提供准确的出版、订阅、授权和管理信息，帮助英国图书馆更有效地管理电子资源，确保图书馆供应链中的每部分用户在需要的时候都可以访问到所需的信息。目前该项目的资源已涵盖超过 1624 个数据包、32290 个数据项、60 个机构、15464 条订阅信息及 8446 个许可证。①

（二）图书馆提供云服务的服务定位

KB + 提供准确的出版、订阅、授权和管理的信息，以及供机构使用这些信息的工具，只要通过账号登录即可。它避免重复劳动，是管理电子信息资源的一站式商店。其提供的信息具有易于访问、内容一致和准确的特点，具体表现在以下方面：①图书馆员可以一目了然地获取订阅信息、许可证、许可证续期信息，使得图书馆员能够向学生和研究人员提供更好、更可信的服务；②图书馆馆长能够节约大量的工作时间，减少错误记录，减少与出版商和代理商关于数据错误的分歧；③出版商、代理商和系统供应商将拥有及时、准确的订阅信息，减少关于许可证更新的谈判；④学生和研究人员能够获取更多、更可信的电子资源，包括图书馆不再订阅的过刊信息。

（三）图书馆提供云服务的产品形式和功能构成

首先，产品形式。KB + 提供一个在线的软件系统，收集和存储英国图书馆的电子资源信息，并进行统一的整理、发布等工作，它以高校图书馆界和其他利益相关者的合作关系为基础。KB + 的成员图书馆登录该系统以后可以使用集成的数据和管理工具。KB + 的用户分为两种：只能浏览的用户和可以编辑的用户。

其次，功能构成。KB + 是 JISC 提供的核心服务的一部分，具有下列功能：①提供一个集中维护和管理的知识库 JISC Collections，用于收藏、整理、验证和更新知识库的数据，以避免图书馆做重复工作，减少浪费。JISC Collections 也使得当地机构将信息资源上传到 KB + 。②提供经过验证的、准确的和每天更新的电子期刊协议出版信息，包括横跨英国的国家和地区联盟协议等。用户仅仅需要一个开放的许可证就能够访问这些数据，并可以在整个图书馆供应链中传播数据。因此，图书馆可以在需要的时候得到其所需的数据。③提供订阅信息

---

① JISC Collections. Welcome to Knowledge Base + ［EB/OL］. (2016 – 07 – 12). http：//www. jisc – collections. ac. uk/KnowledgeBasePlus/.

和管理工具。通过 JUSP 能够帮助机构跟踪授权信息和杂志报道、管理更新、比较不同期刊和查看产品用量统计的细节，并供链接解析器使用，从而导出格式化信息。④覆盖了预约用户，并发出访问和取消访问的许可证信息。机构可以利用 JISC Collections 或它们自己的模板创建个性化的许可证信息。⑤提供联络和协作支持。可以在系统、公告、讨论区或待开展的活动列表里增改数据，向订阅信息和许可证信息添加注释。

（四）图书馆提供云服务的目标用户

KB + 的目标用户主要为图书馆、图书馆系统供应商和图书馆供应链中的其他成员，包括英国学术界和非英国学术界的出版商、图书馆电子资源管理系统供应商、订阅代理商和标准制定机构。学生和研究人员也是其目标用户，这个项目将确保图书馆给研究人员和学生提供高质量的数据服务。

（五）图书馆提供云服务的云特质

根据上述分析，云服务产品 KB + 符合 SaaS 与 DaaS 的特质。图书馆不用在本地部署服务器和基础设施，只需要通过账号密码即可登录 KB + 系统，使用其提供的出版、订阅、授权和管理方面的集成信息和管理工具，简化对电子资源的管理流程。如仅仅需要一个开放的许可证就可以访问系统提供的大量电子期刊协议出版信息，并能够在整个图书馆供应链中传播数据、订阅信息和管理工具 JUSP，能够帮助图书馆跟踪授权信息、管理更新、查看用户统计的细节等，这符合 SaaS 的云特质。另外，KB + 系统提供了一个集中维护和管理的知识库，并允许图书馆上传其馆藏信息资源，由 JISC Collections 负责收藏、整理、验证和更新知识库的数据，通过网络实现对上传数据的访问。其对上传数据的规模和格式没有限制，在一定程度上符合 DaaS 的云特质。

6.2.4　LibGuides

（一）基本情况

LibGuides 是由美国 Springshare 公司融合 Web2. 0 技术开发的基于 Web 的内容管理与发布系统，面向世界各种类型的图书馆提供服务。其建设时间从 2007 年到 2013 年。该系统可创建图书馆一般向导、学科向导、课程向导、研究向导、信息门户等，旨在帮助用户高效地利用各学科信息资源，提升科学研究能力。①

（二）图书馆提供云服务的服务定位

LibGuides 是一个内容管理与发布系统，主要用于创建向导，这些向导揭示了图书馆馆藏资源，能够帮助用户获取所需信息。同时，图书馆员也可以利用该系统为电子书和有声读物资源创建向导。LibGuides 是最受欢迎的图书馆网络出版平台。该系统的主要服务定位如下。

（1）增加、重用、分享图书馆的馆藏内容。在图书馆员的指导下，LibGuides 可以借助用户向导在本地分享馆藏内容，也可以在 LibGuides 社区全球化地分享馆藏内容。图书馆使用 LibGuides，能够节省图书馆员的大量时间和精力。

（2）通过 LibGuides 推广图书馆资源。LibGuides 是图书馆员对图书馆资源和服务进行市场推广的理想工具，其先进的 SEO 技术可以使谷歌和其他流行的搜索引擎检索到图书馆的馆藏资源。

（3）通过 LibGuides 社区给用户提供帮助。LibGuides 社区拥有超过 6 万名经验丰富的图书馆员和大量在 Springshare 公司受过良好训练的专业图书馆员，他们为用户提供免费培训，帮助用户学会使用 LibGuides。另外，用户可以从超过 40 万个 LibGuides 中汲取灵感。Springshare 公司通过帮助文档和用户虚拟会议为用户使用 LibGuides 提供支持。

（三）图书馆提供云服务的产品形式和功能构成

首先，产品形式。LibGuides 是一个易用的内容管理系统，图书馆员可以通过 LibGuides 创建关于任何主题、学科、课程等的在线向导，用以传播和分享信息。目前已有遍布全球的数以千计的图书馆员使用该系统。LibGuides 的产品形式包括下列内容。

（1）可定制的外观。通过自定义样式表，用户可以完全控制系统的外观，根据自己的喜好进行操作。

（2）提供移动和智能手机版本。当图书馆用户在移动设备上访问 LibGuides

---

① Springshare. LibGuides overview［EB/OL］.（2016 – 07 – 13）. http：//www. springshare. com/lib-guides/.

系统时，系统会自动检测并切换为服务向导的移动版，使用户可以随时随地访问其所需要的资源。

（3）Post To LibGuides 的浏览器按钮。用户可以在网络的任何地方对其向导添加内容，然后点击浏览器上的"Post To LibGuides"按钮，所选择的链接就会出现在向导中。

（4）电子邮箱提醒和 RSS 更新。用户可以使用电子邮件提醒或 RSS 更新的方式来订阅系统的内容更新，订阅的方式包括内容领域、作者、标签或关键词等。

（5）易嵌入多媒体。LibGuides 可以毫不费力地在用户的向导里嵌入多媒体（视频、RSS、播客等），还可以方便地为用户的向导添加多媒体，这不仅增加了趣味，也使向导变得更有用、更具吸引力。

（6）内置链接检查器。LibGuides 系统使得用户不必再担忧链接失效的问题，系统将每月定期自动检查链接，每位用户都会接收到一个可操作的失效链接报告。

（7）收藏列表集成。Serials Solutions 的用户能将新近收藏自动导入他们的收藏列表数据库。其他用户可以通过 Excel 表格导入其收藏列表。

（8）将更新发送到 Twitter 和 Facebook。用户可以将向导的新闻或更新发送到 Twitter，也可以使用 Facebook 应用来增加用户的 LibGuides 内容的访问量。在流行的社交网络站点上增加用户图书馆的曝光率，能够提高图书馆内容和服务的知名度。

（9）实时消息、聊天。用户在向导中可以嵌入任何网络聊天或实时消息客户端（LibraryH3lp、Meebo 等），这样在其搜索过程中可以随时向图书馆员寻求帮助。

（10）社会分享和书签。用户可以在任何社交网站分享自己喜欢的 LibGuides，他们还可以通过电子邮件链接到向导。在管理方面，图书馆员可以很容易地在向导中嵌入他们的标签云。

（11）嵌入式部件。LibGuides 部件保证用户能够将其 LibGuides 内容嵌入任何网页、博客、课件页面等之中。用户可以选择想要的向导，将其添加到部件的功能中，向导在出现新内容时会自动更新。

（12）视觉 API 功能。通过使用强大和直观的 API，用户可以将其 LibGuides 内容传播到各种其他网站（如课件网页、博客、校园门户网站等）。

其次，功能构成。LibGuides 具有很多专为图书馆设计的独特功能，可以作为用户的图书馆网站，存储用户的收藏列表；不仅为图书馆用户提供服务，还可以为图书馆内部工作人员服务，图书馆员可以创建内部工作流或程序的指南文档、管理工作人员的概览页面。这些功能分开设置在不同的类别中，并通过有益社区和顶尖服务给予支持。LibGuides 支持多种语言和移动客户端。LibGuides 的其他功能大致分为两部分：分享重用和统计报告。

分享重用是指利用其丰富的内嵌工具包，帮助用户分享、重用其制作的LibGuides。LibGuides 提供强大的内容管理和内容重用功能，通过简化管理过程保证用户可以快速地创建有质量的内容。其提供的标准功能，如链接检查和收藏夹，集成简化了重用和管理内容的流程。分享重用又可以细分为模板和内容重用、链接和模块重用：①模板和内容重用是指当创建新的向导时，用户可以使用系统里已有的向导作为模板，此模板的内容将预填充到用户的新向导中。另外，用户还可以使用自己或其他机构的向导作为模板来创建新向导。②链接和模块重用是指只要某一用户通过 LibGuides 创建了内容（无论是链接、模块还是自定义搜索工具），图书馆的其他用户就可以在网络中链接并重用这些内容。当这些链接的内容更新后，用户网站上的内容也会关联更新。

统计报告是指为用户提供产品使用情况的统计信息。LibGuides 提供关于统计报告的全套功能，通过统计报告，用户可以了解其向导是如何被使用的。LibGuides 可以跨越机构，目前已获得每月 500 万的页面浏览量，对用户来说非常实用，深受用户喜爱。LibGuides 提供不同格式的多种统计报告，如系统摘要报告提供了用户系统里各类型内容的概览（如有多少图书馆正在使用RSS 订阅）。通过统计报告，用户可以看到其系统被访问了多少次，拥有多少内容或向导、向导的受欢迎程度如何等。此外，LibGuides 里所有的统计报告都可以通过 Excel 格式下载。LibGuides 还提供个别指导使用报告，用户通过查看个别指导报告可以看到其向导的每月访问量，甚至每一页的访问次数，用户能够在向导中跟踪单个链接的使用情况。用户仅需要将其 Google Analytics 嵌入 LibGuides 中就可以获取更多更详细的统计数据。

（四）图书馆提供云服务的目标用户

LibGuides 的目标用户是图书馆员和图书馆用户。LibGuides 具有易用性的特点，用户通过 LibGuides 可以重用内容、轻松查找和替换链接，并且可以毫不费力地将该产品嵌入多媒体。因此，越来越多的图书馆使用 LibGuides 来建设自己的网站，并能自动获得一个移动版的网站。图书馆用户可以随时随地通过互联网或移动智能终端获取所需的服务。另外，可托管的系统使得图书馆员不必担心任何 IT 问题，供应商将帮助其处理所有可能遇到的问题。

（五）图书馆提供云服务的云特质

根据上述分析，云服务产品 LibGuides 符合软件即服务（SaaS）的特质。LibGuides 页面的内容被托管并备份到服务器上，Springshare 公司提供完全的后台支持，图书馆无须购买软硬件、建设机房、聘用技术人员，仅仅需要账号密码登录，即可创建或添加向导内容。系统完全可定制，提供帮助用户创建和访问图书馆向导的工具，并且具有在线创建文档、分享重用和统计报告等功能。在线创建文档方面，图书馆员通过在线创建内部工作流程或工作人员概览的指南文档，节省时间和精力；分享重用方面，系统利用丰富的内嵌工具包，帮助用户分享重用其创建的向导，包括模板和内容重用以及链接和模块重用；统计报告方面，系统提供实时的使用统计，每个向导、每个标签页甚至每个链接的点击量都被嵌入页面中，用户可以看到其系统被访问了多少次、拥有多少内容或向导的受欢迎程度如何等。

6.2.5　LibAnswers

（一）基本概况

LibAnswers 是由美国 Springshare 公司开发建设的一个终端对终端的在线参考咨询平台，面向世界各种类型的图书馆提供服务。其建设时间是从 2007 年到 2013 年。它通过电子邮件、实时聊天、短信或者 Twitter 等方式连接图书馆员和用户，保证用户能快速从图书馆员处获得准确的问题答案，实现无处不在的参考咨询。目前已被世界上超过 1200 家图书馆使用。[①]

（二）图书馆提供云服务的服务定位

LibAnswers 作为终端对终端的在线参考咨询平台，能够保证图书馆用户从

---

① Springshare. LibAnswers［EB/OL］.（2016 – 07 – 15）. http：//www. springshare. com/libanswers/.

图书馆员处获得快速而准确的问题答案，让参考咨询无处不在。基于这种 SaaS 的模式，图书馆用户只需要在图书馆网站上注册使用该软件的账号，无须在本地安装软件，通过登录账号的方式即可向图书馆员提出咨询的问题。

（三）图书馆提供云服务的产品形式和功能构成

首先，产品形式。LibAnswers 是一个单一的在线平台，通过电子邮件、实时聊天、短信或者 Twitter 的方式连接图书馆员和用户，使二者随时随地都可以沟通，能够满足图书馆用户的在线参考咨询需求。LibAnswers 具备可搜索的公共知识库，可以创建无限制的常见问题列表。它提供的实时在线聊天软件 LibChat 是可定制的，并整合了 LibAnswers 与 FAQ 知识库，即使在管理员离线的情况下用户也能够通过 LibChat 找到答案。LibChat 还能够被嵌入用户的网站、发现工具、馆藏目录等任何地方，其独特的组件生成器可以为用户创建适用于不同场景的不同组件。该产品还兼容移动端和平板电脑。

其次，功能构成。LibAnswers 的功能主要包括提供可定制的智能组件、支持自定义的提问形式、支持回答手机短信及 Twitter 的问题、内置电子邮件功能以及常见问题/知识库生成器等。

（1）提供可定制的智能组件。LibAnswers 具备可定制的组件，可以将知识库搜索、实时聊天和问题提交表单集合到一个简单的组件里，并嵌入 LibGuides、用户发现层或图书馆网站里。

（2）支持自定义的提问形式。LibAnswers 可以完全定制，在提交问题之前能够对用户要求的信息进行自定义。当实时聊天不可用时，问题提交表单可以按照默认情况显示，也可以按照次数显示，非常灵活。

（3）支持回答手机短信及 Twitter 的问题。LibAnswers 账户和 Twitter 账户能够连接图书馆员和用户，图书馆员可以直接从 LibAnswers 面板接收和回应用户通过短信文字或 Twitter 所咨询的问题。

（4）内置电子邮件功能。LibAnswers 会为图书馆员分配任意数量的电子邮箱地址（如 reference@yourschool.edu，questions@yourlibrary.org 等），通过 LibAnswers 接口可以自动收集详细的统计资料。当有异常情况时，系统会及时通知图书馆员。

（5）常见问题/知识库生成器。常见问题/知识库生成器允许用户对包含参考信息和指导信息的知识库进行组织，使其嵌入用户的网站、OPAC、发现层等任何地方。用户可以根据需要分组创建尽可能多的、可供搜索的常见问题集，可以将问题手动添加到 FAQ 知识库，还可以添加文件、图片、视频或多媒体到常见问题集中，FAQ 搜索小工具可以被嵌入任何地方。

（四）图书馆提供云服务的目标用户

LibAnswers 的目标用户是图书馆员和图书馆用户。该云服务提供了电子邮件、实时聊天、短信和 Twitter 的交流方式，具有可检索的公共知识库并可以无限制地创建常见问题列表。

（五）图书馆提供云服务的云特质

根据上述分析，云服务产品 LibAnswers 具备定制性、实时性和易用性的特点，符合 SaaS 的特质。定制性方面，LibAnswers 的外观可以完全定制，从颜色、横幅到整个模板，用户可以根据自己的喜好设计符合机构网站的整体风格。实时性方面，它提供的实时在线聊天软件 LibChat，方便用户和图书馆员的即时沟通，该软件能够嵌入用户的网站、发现工具、馆藏目录等任何地方。图书馆员还可以直接从 LibAnswers 面板接收和回应用户通过短信文字或 Twitter 所咨询的问题。QuerySpy 可以实时监控知识库搜索活动，系统会显示每次搜索行为的时间、用户 IP 地址、检索式及检索结果。易用性方面，LibAnswers 平台采用了 Bootstrap 响应网络架构，使得系统在台式电脑、超级本、平板电脑或智能手机等设备上都具有良好的界面，用户不需要开展额外的工作或购买额外的工具来确保参考咨询服务的移动兼容性。另外，平台中的一切操作都是鼠标点选式，简单便捷，用户不需要花费时间学习一个新的图书馆系统。如果使用出现问题，供应商的技术人员会随时提供帮助。

6.2.6　BiblioCommons

（一）基本概况

BiblioCommons 是由加拿大 BiblioCommons 公司建设的云服务项目，2009年开始正式运营。它面向公共图书馆提供服务，已经在加拿大、美国、澳大利亚和新西兰等地的 200 个大大小小的公共图书馆运行。其定位是提供可托管的发现层服务，取代图书馆现有的联机公共目录。①

（二）图书馆提供云服务的服务定位

BiblioCommons 公司的目标是基于丰富的馆藏资源，帮助公共图书馆在线提供线下分馆之间的发现服务和社区连接体验服务。该公司提供的 BiblioCommons 是一套可托管的软件即服务的解决方案，核心产品是 BiblioCore，它可以代替图书馆传统联机公共检索目录中的所有搜索和账户管理功能，是目前最出色的在线目录。

（三）图书馆提供云服务的产品形式和功能构成

首先，产品形式。BiblioCommons 是具有重要意义的社会发现系统，由很多模块构成，不同的模块承担着图书馆的不同业务。

其次，功能构成。BiblioCommons 系统包括了若干细分的模块，有 Biblio-Core、BiblioMobile、BiblioProgramSites、BiblioSchools、BiblioWeb、BiblioDigital、BiblioEvents、BiblioSuggestForPurchase、BiblioAugmentedContent 和 BiblioFines。详细的功能如下所述。

BiblioCore 兼具传统和"下一代"图书馆的功能，能够取代所有传统图书馆联机目录的功能，并无缝集成了网络上的图书馆用户的日常发现和互动体验，易于配置和维护；作为 iOS、Android 等移动浏览器的简化应用程序套件，BiblioMobile 更易于用户寻找、发现、浏览和跟踪信息，为所有平台上的用户提供丰富的用户体验；BiblioProgramSites 是一个与 BiblioCore 目录完全集成的在线平台，通过丰富的功能设置和定制选项，方便用户创建满足所属图书馆需求的项目网站，可以分别为儿童、青少年和成人设置单独的网站，管理他们不同的阅读计划；BiblioSchools 使得教师和学生可以通过学校图书馆目录访问公共图书馆的资源，能够扩大其可访问的资源范围；BiblioWeb 让图书馆的员工专注于核心业务，而不是网站的开发与维护管理工作；BiblioDigital 是电子书采购、发现和借阅的集成平台，允许图书馆在熟悉的、以图书馆为中心的环境中传递电子书，它不仅与图书馆目录完全集成，而且能够与任何电子书供应商

---

① BiblioCommons. A better online catalog is just the beginning ［EB/OL］. （2016 – 07 – 15）. http：//www. bibliocommons. com/about/about – us.

合作，为用户提供完全集成的电子书阅读体验，还能为图书馆的电子书长远战略计划提供预测和支持；BiblioEvents 是一个方便用户查找相关活动信息的模块，它与图书馆目录完全集成，在目录搜索结果旁边会设置活动和项目信息，这样用户能够根据自己的兴趣轻松发现活动；BiblioSuggestForPurchase 为图书馆管理用户建议方面所面临的共同挑战提供解决方案，该软件的目的是通过有效、公平和良好的用户体验丰富社区参与和馆藏发展。通过自动化流程、消除冗余请求以及与读者便捷及时沟通等方式，可以节省员工时间，提高效率，所有的用户每个月都可以提交相同数据的请求，他们也总能收到关于建议的回复。BiblioAugmentedContent 是 BiblioCommons 提供的增强内容选项，允许用户向目录中添加新内容，提供了强大而全面的推荐服务。BiblioFines 是一个集成的超期归还支付模块，图书馆用户可以直接通过馆藏书目信息中的账户缴纳他们的罚款。

（四）图书馆提供云服务的目标用户

BiblioCommons 的目标用户是公共图书馆。2014 年 4 月的数据表明，它已经在加拿大、美国、澳大利亚和新西兰等地的 200 个大大小小的公共图书馆中运行，拥有超过 500 万注册用户。

（五）图书馆提供云服务的云特质

根据上述分析，BiblioCommons 是一套可托管的 SaaS 解决方案。该系统包含了若干细分模块，包括 BiblioCore、BiblioSchools、BiblioWeb、BiblioDigital、BiblioEvents、BiblioSuggestForPurchase、BiblioAugmentedContent 和 BiblioFines。这些不同模块所具备的功能涵盖了图书馆日常运行的很多业务，作为客户的图书馆通过对承担不同功能的模块进行选择与托管，可以规避本地安装应用程序所带来的应用程序与操作系统的更新、维护等问题。

6.3　与图书馆相关的机构或组织提供云服务的服务定位和服务特点

6.3.1　云服务的服务定位

图书馆通过应用云计算技术，探索其与图书馆业务的融合，提高了图书馆的业务水平。随着图书馆应用云计算技术的不断发展，与图书馆相关的机构或组织开始试图向广大图书馆或公众提供云服务。图书馆应用云服务的主要目的是为本馆读者和馆员服务，而图书馆提供云服务的主要目的是向外界共享其资源，打破信息的孤岛效应，促进数据资源的整合。图书馆的资源不仅包括馆藏的纸本和电子图书，还包括图书馆员提供的参考咨询服务和研究向导服务等。

（一）共享数据资源

共享的数据资源的第一个来源是图书馆馆藏资源，如馆藏的书目信息和数字对象。多个图书馆将其数据资源上传到云服务器，形成了统一的数据集合，再共享给其他图书馆，使图书馆的数据得到更多的访问机会和利用率。Europeana Cloud 的建设目的是提供一个欧盟的生态系统，通过一个新的基础设施来共享、访问和使用图书馆、档案馆和博物馆的元数据和数据对象。LoCloud 基于云服务对欧洲的文化遗产进行数字化集成工作，主要目标是从欧洲文化机构中获取超过 400 万个数字化资源添加到 Europeana 项目。LoCloud 旨在促进 Europeana 项目内容的建设，促进本地文化遗产的保护，帮助较小的文化事业机构贡献其所拥有的丰富多样的内容，包括纪念碑的描述、历史建筑、地图、图片、当地的历史档案、博物馆馆藏、本地代表性文件等。BiblioCommons 旨在帮助公共图书馆在线提供与其本地服务同样丰富的发现服务和社会链接体验。全部建设围绕着图书馆的核心——馆藏资源。

共享数据资源的另一个来源是图书馆员创建的馆藏内容向导。LibGuides 是一个内容管理系统，主要是用于生成研究向导。这些向导展示了图书馆馆藏，图书馆员也可用其为 BiblioCommons、电子书和有声读物收藏制作向导。LibGuides 是最受欢迎的图书馆网络出版平台，是帮助其图书馆对资源和服务进行市场推广的理想工具。LibGuides 先进的 SEO 技术可以使 Google 和其他搜索引擎将用户的 LibGuides 内容编入索引。

（二）优化数据资源

不同图书馆上传的数据资源往往具有不同的格式和属性，为了更好地管理数据和重用数据，与图书馆相关的机构或组织提供的云服务产品往往支持将数据资源转换为统一的格式，并对重复数据进行清理。在此基础上开放数据共享，允许用户对数据进行一定的操作，如注释或加标签。

优化数据资源的一个途径是建立统一的数字资源体系。Europeana Cloud 提供唯一标识符服务——提供了本地标识符（由数据提供方创建，如图书馆和 Europeana Cloud 系统创建的全球标识符之间的映射机制）、元数据和内容服务——提供了不同版本和格式的文化数据记录的创建/读取/更新/删除操作，以及数据注释服务、数据处理服务。KB + 收集和存储英国图书馆的电子资源信息，并进行统一的整理和发布等。

优化数据资源的另一个途径是将图书馆资源与其他信息相结合，进行二次加工。LoCloud 结合地理位置信息，探索云计算在聚集、丰富、重用（数据）等方面的潜力。LibGuides 产品可以借助客户的机构和向导在本地分享内容，或者通过重用 LibGuides 社区的向导在全球分享内容，为客户节约了费用和人力。

（三）节省图书馆成本和时间

将图书馆的数据聚集在一起，进行统一管理，不仅减少了各个图书馆数据的重复建设，也将数据整理和维护、优化的工作任务交给了项目组负责，使各个图书馆的馆员减轻了工作量，也给图书馆节约了成本和时间。LoCloud 探索和试验一个基于云的、作为可扩展平台的架构，其目的是使 Europeana 元数据的聚集和收割更高效，且降低维护成本。KB + 是一个共享的服务，旨在帮助英国图书馆更高效地管理它们的电子资源。LibGuides 通过分享和重用内容，使客户的工作更轻松。LibGuides 的任何一块内容都可以分享和重用，如链接、文件、模块、页面或向导。因此客户可以创建可重用的 LibGuides 模板；创建可分享的内容页面，如一个编目搜索模块或一个数据库链接列表；轻松管理客户的全部资源；将原始链接的更新实时推送到其被重用的各处页面；使用 LibGuides 部件和 API 来分享和重用内容。甚至在 LibGuides 系统之外，客户也可以分享和重用 LibGuides 社区的内容，访问超过 40 万条由全球各地的图书馆员创建的内容向导，并且能将其作为模板或灵感来源。LibAnswers 被全球超过 1200 名图书馆员使用。这是一个终端对终端的在线参考咨询平台。LibAnswers 保证了图书馆用户能快速从图书馆员处获得准确的问题答案，让参考咨询无处不在。

（四）数据对象云端存储

与图书馆相关的机构或组织提供云服务产品的第一步是将数据对象存储到云端，即通过网络将数据上传到云服务产品的云服务器中。这样方便项目组对数据进行统一的管理和处置，也使数据的安全性得到了提高，抵御数据丢失风险的能力增强。Europeana Cloud 提供文化数据记录的存储和访问功能，包括不同格式和版本的数据和元数据流。

（五）数据对象云端管理

图书馆将数据传输到云服务器后，由项目组或云服务商负责管理数据。不同格式、不同来源的数据在云端进行统一的格式转换，并对资源数据和用户数据进行统计分析，生成分析报告。统一的数据对象管理可以对数据进行重复清理，并快速地完成更新，避免了信息传递迟缓以及图书馆之间的信息垄断。

Europeana Cloud 提供文化数据记录的注释功能，文化数据记录更改的追踪功能，灵活、可扩展和可定制的文化数据处理功能，为不同来源的文化数据记录提供全球唯一标识符。KB + 项目提供的数据包括图书馆馆藏书目信息、出版信息、订阅管理、组织、许可和统计数据（使用数据、财务数据等）。LibGuides 提供了一个统计报告的全套功能。客户可以借此了解其向导是如何被使用的以及将被如何使用。LibGuides 跨域了所有机构，获得了每月 500 万页面的浏览量。这证明客户非常喜爱 LibGuides，并认为其非常实用。

（六）云软件服务工具

与图书馆相关的机构或组织提供的基于云的应用程序，是通往海量信息资源的钥匙。此产品可以帮助用户更好地使用图书馆提供的各类数据，包括书目数据、电子资源以及参考咨询数据等。用户可以访问数据、收藏数据，并对数据进行一定的分析、讨论、注解或贴标签等。Europeana Cloud 提供一个新平台——Europeana Research，为研究者提供新的工具和服务。LoCloud 开发了基于云的软件服务，使中小型文化机构的内容更易于发现，并提高其互操作性。LibGuides 提供了丰富的内置工具，供用户分享和重用内容。LibAnswers 通过提供针对用户需求的智能组件、可自定义的提问形式，支持回答手机短信以及Twitter 的问题，内置电子邮件参考功能，具备常见问题/知识库生成器，以帮助解决用户的咨询问题。BiblioCommons 取代了图书馆现有的联机公共检索目录（OPAC），作为一个软件即服务的模式提供可托管的发现层服务。

6.3.2 云服务的主要形式

与图书馆相关的机构或组织主要采用了以下三种服务形式提供云服务：提供基础设施、分享数据资源、提供云应用程序。

（一）提供基础设施

数据资源聚合在云端，可以向其他图书馆提供一个云基础设施。云服务项目组不仅提供了大规模的数据存储服务，而且通过一个统一的元数据模型，帮助数据资源进行优化和重用，使数据资源可以被共享、访问和操作。这种基于云计算的基础设施可以长期运作，保证图书馆的数据资源得到充分的利用。比如，Europeana Cloud 提供云基础设施。目的是建设一个可持续发展的云基础架构，可以更高效地对数字文化遗产进行存储、共享和访问等操作，并具备合法的文献获取和再利用的框架。同样，LoCloud 项目也包含类似的建设目标。其包含了两个主要的工作目标：①探索云计算技术辅助 Europeana 项目的潜力，致力于建设云基础设施、开发云应用软件，造福内容提供方和用户；②聚焦中小规模的文化机构，尤其是那些数字馆藏尚未被 Europeana 项目收集的机构。

（二）分享数据资源

图书馆将数据资源聚集在一起，形成了巨大的云端数据资源。这些数据资源不仅在图书馆之间共享，还可以提供给第三方机构和个人，增加数据资源的利用率和访问量，促进了数据资源的整合分享。Europeana Cloud 将来自图书馆的新数据添加到 Europeana Cloud 之中，包括 500 万条图书目录和其他 240 万条元数据记录，以及来自 Europeana、欧洲图书馆和波兰数字图书馆联盟的现有数据。LoCloud 支持中小型文化机构将其内容和元数据提供给 Europeana 项目，利用云计算提供服务，有助于减少技术、语义和技能的障碍。KB + 提供一个集中维护和管理的知识库以及验证过的、准确的和每天更新的电子期刊协议出版信息、订阅信息和管理工具。

（三）提供云应用程序

为了利用图书馆集合的数据资源，云服务项目组或服务商往往会提供第三方应用程序，帮助用户访问和发现数据，尤其为科研人员提供了便利的途径。用户仅通过浏览器就可以登录相关的系统，对数据进行访问、操作和收藏等。不同用户以不同的权限进行区分。

云服务开发人员提供了在线应用程序，使用户可以访问集合的数据。例如，人文社会科学的研究人员通过 Europeana Research 这个平台访问、研究以及共享 Europeana Cloud 的内容。同样，LoCloud 也提供 SaaS——LoCloud Collections。用户通过该软件访问 LoCloud 项目所集合的大量文化遗产数据。同时，KB＋成员图书馆登录该系统以后可以使用集合的数据和管理工具。用户分为两种：只能浏览的用户和可以编辑的用户。再如，LibGuides 是一个易用的内容管理系统，数以千计遍布全球的图书馆员正在使用该系统。图书馆员利用其创建在线向导，以创建知识、分享信息。向导可以与任何主题、学科、课程、过程或任何事物有关。BiblioCommons 开发了一套可托管的"软件作为服务"的解决方案，给公共图书馆的网上用户提供一个集成的"社会发现"的体验。该公司所提供服务的核心是 BiblioCore，该服务代替了图书馆传统的联机公共检索目录的所有搜索和账户管理功能，是目前最出色的在线目录。

6.3.3　云服务的目标用户

与图书馆相关的机构或组织提供云服务的主要目标用户是图书馆、图书馆用户与第三方机构和用户。通过将图书馆、出版商等机构所拥有的资源进行整合共享，可以使更多的读者、科研人员和图书馆员获得更多、更好的资源服务。

（一）图书馆

图书馆提供云服务的主要目的是将图书馆资源进行整合，优势互补。因此共享的数据主要提供给图书馆，潜在地增加了图书馆所拥有的数据资源的数量，提升了数据资源的质量。Europeana Cloud 整合了欧洲图书馆、档案馆和博物馆的文化遗产元数据和内容，将会给图书馆提供新的内容和元数据。越来越多的图书馆使用 LibGuides 来建立自己的网站，因为它易于使用，客户可以重用内容、轻松查找和替换链接，并毫不费力地嵌入多媒体。LibGuides 也支持移动服务，使用 LibGuides 建设图书馆的网站，将自动获得一个移动版的可托管的系统，这意味着客户不必担心任何 IT 问题，供应商将为客户处理所有的情况。2014 年 4 月，BiblioCommons 已经被来自澳大利亚、加拿大、新西兰以及美国等地的超过 200 个图书馆采用，拥有超过 500 万的注册用户。

（二）图书馆用户

图书馆为图书馆用户提供的服务包含了各种信息资源。图书馆用户使用云端的数据资源，不仅可以获得高质量的信息，也可以了解信息之间的关联，从科研的角度进行全方位的研究和探索。KB + 项目的管理方认为学生和研究人员是该项目的目标用户。这个项目将确保图书馆给研究人员和学生提供高质量的数据。通过 LibAnswers，图书馆用户可以获得来自多个图书馆员的参考咨询服务。

（三）第三方机构或用户

将整合的信息资源提供给第三方机构或用户，可以使数据得到重用。例如，文化遗产数据，可以与旅游行业结合，形成新的旅游创意服务，帮助游客深入了解名胜古迹背后的故事，获得更好的旅行体验。Europeana Cloud 为创新人员和开发人员设计了第三方服务和工具——Europeana Research。欧盟的中小型文化机构与第三方机构或个人都可以访问这些文化资源。

与图书馆相关的机构或组织提供云服务的主要目的是共享图书馆的资源，避免重复建设和成本浪费。图书馆提供的云服务也使其自身获益匪浅。这是图书馆资源管理的新途径，有助于增加图书馆的资源利用率和开放性，用户的满意度也大幅提升。通过提供云服务，图书馆以及与图书馆相关的机构或组织整合了各种信息资源，打通了产业链的上下游，使图书馆的资源获得了更好的流通，也使用户获得了更好的信息资源服务。图书馆数据还会参与到各个文化活动中，为文化产业的发展提供极大的支持。

6.3.4　云服务的特点

（一）可随时随地访问

图书馆提供的云服务通过浏览器即可访问。数据和程序存储在云服务器中，由专人管理。用户只需通过浏览器登录系统即可，不受时间和地点的限制。例如，人文社会科学的研究人员可以通过 Europeana Research 这样的平台访问、研究以及共享 Europeana Cloud 的内容。KB + 成员图书馆馆员登录该系统以后可以使用集合的数据。当图书馆用户在移动设备上访问图书馆的LibGuides 系统时，系统会自动检测到手机浏览器，并切换为服务向导的移动版，使图书馆用户可以在路途中访问所需的研究内容。LibAnswers 通过电子邮件、聊天、短信或者 Twitter 渠道、可搜索的公共知识库等提供嵌入式答案和无处不在的聊天，并兼容移动端和平板电脑。BiblioCommons 取代了图书馆现有的联机公共检索目录（OPAC），以软件即服务（SaaS）的模式提供可托管的发现层服务。

（二）资源整合发布

云服务将图书馆的资源存储在云服务器中，使数据变得开放和易于访问。并且数据将获得专人管理和优化，去除重复数据，保证数据的质量，从而促进图书馆资源的共享和利用。目前，Europeana 已获得来自超过 2300 个机构的超过3000 万的数字化对象，并对其使用统一的元数据模型进行整理和去重，再重新发布。LoCloud 支持中小型文化机构将其所拥有的内容和元数据提供给 Europeana项目，聚集内容和元数据，使中小型图书馆、博物馆、档案馆等文化机构所拥有的资源得以被公众获取和重用。

（三）可嵌入第三方服务

与图书馆相关的机构或组织提供云服务，除了允许用户直接访问其资源，还可以为第三方组织服务，为其提供内容支撑。如与旅游局合作，将图书馆馆藏的历史资料作为旅游资源，可以使旅行者在游览过程中随时随地查阅当前景点的历史信息，获得更加丰富的旅行体验。比如，LibAnswers 可以通过可搜索的公共知识库或图书馆主页提供嵌入式的咨询服务，高度嵌入用户的主页，提供无缝的良好体验。LibGuides 也提供嵌入式部件，该部件可帮助用户将其LibGuides 的向导内容嵌入任何网页、博客、课件页面等。用户可以选择喜好的向导，将其添加到相应的部件中，此外，向导内容会随着新信息的加入而自动更新。

第7章　云计算环境下图书馆
信息资源的安全需求

依据本书第 5 章和第 6 章的分析可知，当前图书馆界不仅已在应用各种云服务，而且在一定程度上也开始作为云服务提供者向有关图书馆提供云服务。作为云服务消费者，图书馆需要确保在应用云服务过程中自身的信息资源安全；而作为云服务提供者，图书馆需要确保其服务对象的信息资源安全。不过，从更为严谨的角度来看，纯粹以传统图书馆或依托传统图书馆所构建的数字图书馆作为云服务提供主体的情形，目前在世界范围内仍然极为少见。因此，云计算环境下图书馆面临的信息资源安全问题，更多是站在图书馆作为云服务消费者的角度予以考虑的。

7.1　图书馆应用云计算涉及的业务类型

7.1.1　图书馆主要应用的三种云服务

（一）DaaS 在图书馆的应用

图书馆对 DaaS（即云存储）的应用可以减轻本地的存储压力，借助提供 DaaS 服务的运营者的实力，确保数据存储的高效性。显然，云存储为图书馆产生和拥有的海量数据的保存带来了极大的便利。

首先，随着网络内容、许可资源、原生数字文档、数字化的资料、书目数据以及数据库内容的快速增长，在本地服务器找到足够的存储空间成为图书馆的管理部门急需解决的问题。而云存储是有效解决各种数字资源存储问题的方法之一。云存储通过网络为图书馆的数字资源提供离线和远程存储服务，其非常重要的一个特征就是可以降低成本，图书馆仅需要支付数据存储所用的实际空间费用，而无须预先支付存储成本，更无须在文件存储设备、服务器设置和维护、工作人员的时间、用电量以及备份等方面花费成本。

其次，由于云计算的可扩展性和灵活性，云存储能够满足图书馆不断变化的存储需求。

最后，云存储还可以有效解决数字资源长期保存的问题。云存储系统在多个地理位置有数据中心，一旦发生自然灾害等意外情况，其备份依旧可以保证数据的可用性。这无疑为技术资源有限但又想要开展大型数字化项目的图书馆创造了条件。比如，第 5 章剖析的美国国会图书馆牵头和 DuraCloud 合作的试点项目，实际就为纽约公共图书馆、生物多样性遗产图书馆解决了本地存储的问题。

根据调查，图书馆资源建设越来越倾向于电子资源，目前许多图书馆每年采购的电子资源超过每年采购总资源的 50%，有一些图书馆甚至为 60% ~ 80%。随着图书馆电子资源的不断增长，很多图书馆面临数据存储空间不足和数据管理困难的问题。将数据保存在云存储系统中是一个很好的解决方案，不仅解决了存储空间和资源管理的问题，还在一定程度上增加了数据的安全性和稳定性，使其不会在一次意外灾难中全部丢失。如本书 5.1 节介绍的美国中央康涅狄格州立大学伯里特图书馆意识到需要一个外部的硬盘来进行数据备份，早在 2009 年，未压缩的 TIFF 文件就已经占满了其网络共享空间，因此寻找一个新的系统来满足存储的需求已经成为一件亟待解决的事情。考虑比较了 OCLC's Digital Archive、LOCKSS 等云服务，伯里特图书馆最后使用了 Amazon S3 服务，因为该服务不仅费用低廉，还可以实时访问所存储的数据。对于玛利斯特学院图书馆的工作人员来说，管理他们的数据资源已经成为一份艰难的工作。他们创建自己的工作流程来跟踪采购结果、监控数据变化和选取开放获取内容。最初，管理数字资源的内容只是一个小的技术导向工作，但是，随着电子馆藏资源的增长，管理这些数据已经成为一项技术要求相对较高的工作。玛利斯特学院全面调研了图书馆当前数字资源管理的工作流程，最终决定改变管理数字馆藏资源的方式。该图书馆选择使用 Intota Assessment 的服务，该系统可以集成资源管理的过程，去除冗余的工作，将图书馆员从资源管理中解放出来。Intota Assessment 生成的报告与玛利斯特学院之前的管理馆藏资源的工作程序相吻合，使其可以与当前工作程序无缝对接。

（二）SaaS 在图书馆的应用

使用软件即服务的云服务，使图书馆员不再需要本地安装软件。图书馆应用 SaaS 服务，不管是图书馆员还是用户，都可以极大降低将软件安装在本地的资源投入。一方面，不需要为安装这些软件而到处寻找安装包；另一方面，由于软件不在本地运行，大大地减少了本地的内存、硬盘、CPU 压力，提升了本地操作系统的运行性能。无论在图书馆内或外，只要有可以上网的移动设备，如手机或平板电脑，图书馆员和用户即可通过浏览器登录基于 Web 的软件系统，获得图书馆的服务。在第 5 章介绍的案例中，特洛伊大学蒙哥马利校区的图书馆员应用 Google Apps 设计图书馆课程、合作制作了图书馆展示报告、设计图书馆作业或测验、建立新的在线表格（如学生调查表和图书馆教学日程表），以及使用电子邮件向教学者发送图书馆课程日程表、课件及作业。图书馆员使用 Google Calendar 来创建、同步图书馆课程日程表。通过 Google Docs，图书馆员将图书馆课程日程表和课件发布到网上，供学生和教学者查看。通过 Google Web Forms，图书管理员创建了在线的 TROY 1101 图书馆课程调查和在线的图书馆课程的测验及作业。

事实上，在图书馆应用云计算的早期，主要是应用基于云的小型应用程序。如 2012 年，一项针对美国参考咨询图书馆员的调查显示，当时图书馆员所使用的云服务包括以下几类：基于云视频服务，如 YouTube；基于云的文件共享服务，如 Dropbox；基于云的信息收集服务，如 Google Forms；基于云的日程表（calendar）服务，如 Google Calendar；基于云的顾客社交网络服务，如 Ning；基于云的论坛（forums）服务，如 VoiceThread；基于云的博客服务，如 WordPress、Blogger。

根据调查，使用这些基于云的小型应用，图书馆员的感受分别是：易于获取（42%）、便于使用（37%）、具有存储能力（34.5%）、费用低廉（24.1%）、具有灵活性（13.8%）。图书馆员使用小型云应用程序可用于制作图书馆使用指导视频或图书馆的宣传短片、存储信息素养教育相关的课堂学习资源、收集参考咨询数据和其他与参考咨询服务相关的数据、日常工作任务的调度与分配、发布关于图书馆资源和服务的通知和新闻、发布宣传活动的通知等。

（三）IaaS 在图书馆的应用

IaaS 在图书馆的应用并没有完全固定的模式，就将服务器迁移到云中来说，主要分为两种模式：一种是将图书馆的基础性运行系统完整部署到 IaaS 上，另一种是将面向特定业务的图书馆系统部署在 IaaS 上。无论采用哪种模式将图书馆运行系统部署到云服务中，图书馆都无须购买服务器硬件、维护和管理系统，节约了人力资源和经费成本。

（1）将图书馆的基础性运行系统完整部署到 IaaS 上。将图书馆的基础性运行系统完整地迁移到 IaaS 的流程，一般分为以下几个步骤，包括将图书馆系统迁移到云端、对服务进行云端备份、关闭本地硬件设施等。比如，本书 5.1 节介绍的得克萨斯州数字图书馆，就是将全部系统搬迁到 IaaS 中。[①] 其基本步骤包括：将图书馆系统迁移到云端；对全部服务进行云端备份；关闭本地硬件设施。得克萨斯州数字图书馆为了应对其数据中心搬迁过程中的意外，选择将图书馆系统迁移到 Amazon EC2 服务中。为了保证在数据中心搬迁过程中出现问题时可以尽快恢复数据，该馆第一步将面向用户的服务（如教职工通信服务）复制到 EC2 中，第二步将其他所有的基础设施服务复制到 EC2 云端，然后将该馆的全部服务系统复制到 EC2 中。该馆在观察到云端的服务系统具备稳健性后，陆续关闭其本地服务。最终，得克萨斯州数字图书馆在数据中心迁移的六个月后，停止运行其最后一台硬件设备。之后，该馆的所有服务系统在 EC2 的 48 台虚拟机上运行。

（2）将面向特定业务的图书馆系统部署在 IaaS 上。针对图书馆的具体系统来说，可以分为 ILS（Integrated Library System，图书馆集成系统）、ILL（Inter‐Library Loan System，图书馆借还系统）、网站管理系统等。其中 ILS 为图书馆提供核心服务，包括 OPAC、编目、流通、采集、控制和报表等模块。目前无论是商业的 ILS（如 Voyager、Millennium 和 Sirsi）还是开源的 ILS（如 Evergreen and Koha）在信息发现、发布和系统管理等方面都面临着一定的挑战，如缺乏联合检索的能力，导致用户需要在多个数据库中进行多次检索。然而，由于图书馆的规模、用户数、资金预算、数据安全政策等各有不同，迁移

---

① NUERNBERG P, LEGGETT J, MCFARLAND M. Cloud as infrastructure at the Texas Digital Library [J]. Journal of Digital Information, 2012, 13（1）.

的基础设施也会不同，因此加州大学图书馆分阶段将其不同的系统迁移到 IaaS 提供商的平台上①，并且为这些系统选择了不同的云服务提供商，其做法具有代表性。比如本书 5.2 节介绍的加州大学东海岸分校图书馆。该图书馆在 2010—2011 年完成了将其主要的基础设施从本地迁移到云端的项目，迁移的系统包括 ILS、ILL、网站管理系统、校外访问代理系统。迁移前，加州大学东海岸分校图书馆使用 Millennium 服务器（Innovative Interfaces 软件公司的产品）作为 ILS，但该服务器不仅在系统的备份方面存在缺陷，而且还存在信息安全问题。为了解决上述问题，加州大学东海岸分校图书馆决定将本地的 ILS 迁移到 Sierra 云中。原来的 ILL 系统由该馆的 IT 团队开发，在 Windows Server 2003 操作系统上运行，然而，在 2011 年春季 Windows 系统更新时，出现硬件故障的问题，本地服务器崩溃。为了尽快解决问题，也为了降低成本，该馆最终选择了由 OCLC 进行托管。其网站管理系统使用的是 WordPress，为解决无人维护和病毒肆虐的问题，该图书馆决定将其网站管理系统迁移到校园私有云服务中，校外访问代理系统也从学校机房的服务器迁移到校园私有云服务中。

7.1.2　图书馆应用云服务涉及的业务类型

（一）资源建设

图书馆应用云计算用于其馆藏资源的建设，主要表现在将其馆藏数据库托管到云平台，以及采用基于云的具备编目、采购、流通等功能的产品管理其馆藏资源。可用于资源建设的常见云服务产品包括 OCLC's Digital Archive、LOCKSS、Amazon S3、DuraCloud 等。图书馆在资源建设方面应用的云计算，主要考虑的因素有：数据的完整性、数据的未来可访问性、数据的管理能否定位数据。比如，巴克内尔大学的图书馆员注意到，通过标准化的采购流程购买资料只需要花费 20% 的工作时间，但是基于教师和学生的需求进行资料的购买则需要花费 80% 甚至更多的工作时间。为了解决这一问题，该图书馆的馆员意识到需要引入一个新的图书馆管理系统来简化发现到交付（discovery - to -

---

① WANG J. From the ground to the cloud: A practice at California State University, East Bay [J]. CALA Occasional Paper Series, 2012 (10): 1 - 8.

delivery）的过程，从而可以更好地满足本校师生对图书馆提出的资源需求。OCLC 的 WorldShare ® 管理服务（WorldShare ® Management Services，WMS）能够将借阅和采购整合到一个单独的数据流中。WorldCat ® 、ILLiad ® 和 WorldShare Acquisitions 三者的配合，使得图书馆可以形成一个需求导向的采购模式，因此该图书馆采用了 WMS 服务。美国国会图书馆和 DuraCloud 公司曾一起合作开展为期一年的试点项目，要将纽约公共图书馆中大量的数字图像馆藏复制到 DuraCloud 中。主要理由是，DuraCloud 使得机构在不需要维护其专用技术基础设施的情况下，提供数据存储和访问的服务。

（二）内部管理

图书馆应用云计算的另一个方面是内部管理，即将图书馆内部工作流程的管理系统模块全部托管到云端，如托管其 ILS（图书馆集成系统），或选择基于云的 LMS。比如，2012 年，英国伍尔弗汉普顿大学学习与信息服务中心的图书馆完成了一次重大的重组。该部门重组为新的团队，聚焦在用户服务、联络与技能、内容管理与商务发展等方面的工作。由于无法提供一支专门的队伍管理图书馆的 LMS，该图书馆选择使用 Capita 公司提供的 Chorus 产品。Chorus 是 Capita 公司完全托管的下一代图书馆管理系统，可以与第三方系统进行无缝的互操作，包括但不限于：图书供应商、自助服务亭提供者、自动电话系统、企业网站、库存管理分析工具和 PC 预订提供商等。同时，图书馆所有的系统和信息将被安全地托管在 Capita 公司的数据中心，确保系统始终可用，减少外界恶意攻击 LMS 的威胁。为了紧随时代的潮流，也为了和学校的新政策保持一致，更是为了降低维护基础设施的成本，布鲁内尔大学图书馆在 2011 年选择将图书馆系统迁移到虚拟服务器。该馆选择了 SirsiDynix 公司的 ILS 系统 Symphony。Symphony 通过使用 SirsiDynix Symphony 的 API，将 Symphony ILS 与各种其他的软件解决方案如学生管理系统和第三方短信解决方案整合在一起，实现大学内部的无缝融合。Symphony 提供了下一代图书馆技术的核心——the BLUECloud Suite（BCS），BCS 是 SirsiDynix 公司在图书馆自动化领域的下一代平台。它提供了一个完整的管理、采访和发现系统，在充分利用云计算技术的同时，还保持了原来 Horizon 和 Symphony 系统的可靠性。通过和 SirsiDynix 的合作，布鲁内尔大学图书馆有效地节约了资源、简化了流程，实现了系统数据定制，增强了互动性，整体上提升了服务的水平和质量。

（三）发现服务

图书馆为了更好地服务用户，采用了基于云的发现服务。此处的发现服务包括了图书馆的网站、OPAC 系统及其发现服务入口。发现服务提供了一个集成的用户检索入口，使用户可以跨系统检索，被称为下一代的终端用户图书馆界面，将取代目前的 OPAC 系统。目前，发现服务逐渐与图书馆内的自动化系统分离，代表着与终端用户互动的软件系统逐步脱离了图书馆的内部管理系统，自成一体，并且可以通过网络得到更广泛的搜索结果。为了使杂乱无章的服务、指标、目标站点和目录更加有序化，美国达特茅斯大学图书馆采用了ProQuest 公司 The Summon ® Service 产品。The Summon ® Service 是一款网络级发现服务，拥有统一全面的索引，具备精确检索结果的功能。这款服务提供了一个简洁、明显的、为大量学术资源服务的检索入口，解决了用户与图书馆之间关键的障碍。该检索入口是一个单一的检索框，该检索框可以触发对全局馆藏资源的即时检索，检索范围从书籍视频到论文级别的电子资源，囊括了6800 个内容供应商的 94000 种期刊。该馆对应用的效果非常满意，他们认为：The Summon ® Service 不仅将图书馆的馆藏资源和元数据收集到一个数据库中，也提供了一个便捷、高效、统一的检索入口，极大地提高了用户的使用效率，扩展了用户获得的信息。

7.2 云计算环境下图书馆信息资源的内容体系

在云计算被应用于图书馆之前，图书馆通过综合应用各种信息技术，构建了可以随时随地向读者提供服务的数字图书馆。在数字图书馆环境下，图书馆的信息资源体系因为各类电子资源、原生数字资源的加入而得到极大的丰富和扩展。而云计算环境下，图书馆拥有和管理的信息资源，不仅仍然包含了各类通过商业采购、网络采集、自愿捐赠和本馆数字化的数字信息资源，还包含了图书馆在日常管理和读者交互过程中涉及的图书馆读者身份信息、读者借阅日志、图书馆行政管理数据、图书馆馆内安保信息等，也包含了图书馆员使用SaaS 这一云服务模式而产生的操作日志，以及上传到云端软件中运行和处理的各类原始数据、过程数据和结果数据。

目前，图书馆界已应用 IaaS。作为云计算的核心产品与代表性服务模式，

IaaS 在图书馆应用的直接效果是图书馆可以免于在本地部署硬件设备，借助云计算的核心技术——虚拟化技术，通过在线管理信息系统，调用云服务提供商提供的各类在线的、虚拟化的计算资源。在合同有效期内，这些计算资源实际也成为图书馆本馆自用甚至是可以向读者提供使用的"资源"。由于这类计算资源具有数字化形式、可在线调用等特质，因此，被人们称为图书馆在云计算下的一种新型信息资源。此外，国外已有图书馆开展面向个人数字信息存档的新型服务。随着这类服务的深入，图书馆可以处理的个人数据，就将不再局限于读者在图书馆的注册信息、读者在图书馆的借阅日志等基本信息，还包括更为多样化、隐私程度高的个人数据。与可以被广泛使用的各类科技信息资源、虚拟化计算资源相比，个人数据即便由图书馆来保存，也需要图书馆在保密措施上给予高度的投入。从这一点上看，在云计算环境下，图书馆的信息资源体系的基本构成，不仅包括传统的数字信息资源，也包括个人数据、虚拟化的计算资源等。

7.2.1　传统的信息资源

图书馆的信息资源包括所有数字形式的信息资源、纸版馆藏的数字化资源、各种电子出版物、购买的各种商业数据库，以及自建的特色、专题数据库网络信息资源等。为了清楚梳理图书馆的信息资源内容体系，可以从以下角度划分图书馆的各类信息资源①：①根据资源的存储位置分为现实资源和虚拟资源。现实资源指本馆所拥有的各类文献信息资源，包括数字化资源和非数字化资源，是置放于本地的信息资源；虚拟资源是指通过网络才能获取的置放于异地的信息资源。②根据信息源本身形式分为数据库、电子图书、电子期刊、电子报纸、联机馆藏目录库、网络资源、音像资料、动态的信息和通告等。③根据资源的格式分为文本、音频、视频、三维虚拟影像等。④根据信息资源的来源分为：一是图书馆自建的信息资源，包括印刷型文献信息资源的数字化和图书馆自己开发的数据库或光盘；二是购买、租用或交换、接受捐赠的信息资源；三是从因特网上下载或链接的信息资源。⑤根据资源的应用形式可分为万维网（WWW）信息资源、电子邮件信息资源、FTP 信息资源、Telnet 信息资源，其他如 Gopher、WAIS 等信息资源。⑥根据资源的时效性分为电子报纸、

---

① 胡渊. 数字图书馆信息资源建设研究 [D]. 西安：陕西师范大学，2006：56 - 70.

动态信息（如政府机构发布的政策法规、会议消息、研究成果、项目进展报告、产品目录等）、全文期刊、题录数据库等。⑦根据资源的出版形式可分为非正式出版信息、半正式出版信息和正式出版信息。非正式出版信息是指流动性、随意性较强的，信息质量难以保证的动态信息，如电子邮件、论坛、电子布告板、新闻等；半正式出版信息指受一定产权保护但没有纳入正式出版的信息，如各种学术团体和教育机构、企业部门、国际组织和政府机构等对自己的介绍或产品的宣传信息等；正式出版信息是指受到一定的产权保护、信息质量可靠、利用率较高的知识性、分析性信息。⑧按网络信息资源内容表现形式分为：全文型，如各种报纸、期刊、政府出版物、专利、标准的全文等；事实型，如城市介绍、工程实况、企事业机构名录、百科全书、参考工具等；数据型，如一些统计数据、产品或商品的规格及价格等；实时活动型，如各种投资行情和分析、娱乐、聊天、讨论组、网上购物等；其他类型，如图形、音乐、影视、广告等各种媒体。⑨按用途分为文献型资源和非文献型资源。前者指学术资源、教育资源、文化资源等。后者主要指个人数据、机构信息、商业信息、新闻信息等。

作为云服务消费者，图书馆在开展资源建设工作时，可以购买或租用企业或其他图书馆的云服务产品，进行资源采集、加工、组织和存储。① PRG 公司的一份调研报告显示，其所调研世界范围内的 70 家图书馆中，有 14.08% 的图书馆使用了云计算服务来进行资源建设。如上文所述，OCLC 作为云服务提供者，为图书馆界提供了 WorldCat，如今，全球已有超过 25900 家 OCLC 会员图书馆、档案馆和博物馆从通过共同创新所带来的无数网络成果中受益。这些图书馆贡献馆藏并参与 WorldCat 数字图书馆的建设，使 WorldCat 的馆藏记录数量不断高速地增加，成为一个能充分整合全球图书馆信息资源的高效平台。各成员馆可以通过 WorldCat 访问世界图书馆馆藏中的超过 11.03 亿条信息，包含7.88 亿多篇全文文章、0.36 亿多条数字馆藏、0.14 亿多本电子书等。英国的联合信息系统委员会（JISC）于 2012 年 8 月正式完成了一个云服务项目"Shared Academic Knowledge Base plus"，简称"KB +"。该项目可以帮助英国图书馆更加有效地管理它们的电子资源。该项目构建了一个云数据库，涵盖了

---

① 李晓明，姜晓曦. 云计算对图书馆基本业务框架的影响研究［J］. 图书馆建设，2013（10）：56 – 60.

所有英国大学订阅的资源，包括出版信息、馆藏和权限、订阅管理、组织机构，以及所有英国高校图书馆的在线目录和用户使用统计等。加入该项目的英国高校图书馆用户可以通过云数据库检索各类不断更新的信息资源，并可以通过不同系统进行远程共享信息；帮助图书馆减少了电子资源建设和管理系统的投入。当然，图书馆藏书目数据库和特色文献数据库资源都可以选择存储在云中。图书馆根据本馆需要向云服务提供商租用相应的存储空间，并可以随时按照需要增加或减少空间的大小。数字资源存储在"云"中，就如同存储在本地一样，可以随时调用数据，并且省去了管理存储空间的麻烦。

7.2.2　个人数据

云计算技术的引入，对图书馆的资源建设、服务提供和业务管理都将产生直接的影响。如上文所述，云计算环境下图书馆的信息资源体系至少包含了图书馆传统的信息资源、个人数据和由云服务提供商提供的各种虚拟化计算资源。依据欧盟《数据保护指令》（Directive 95/46/EC）的规定，个人数据是指与一个身份已被识别或是身份可以被识别的自然人相关的任何信息。身份可识别的人是指其身份可以直接或者间接，特别是通过身份证件号码或是一个或多个与其身体、生理、精神、经济、文化或社会身份有关的特殊因素来确定的人。德国《联邦数据保护法案》（2015 年修订）将个人数据定义为，任何与可确定身份的自然人（数据主体）的个人或物理环境相关联的信息都可以被看成是个人数据。而于 2017 年 6 月 1 日实施的《中华人民共和国网络安全法》则将个人数据表达为个人信息，其对个人信息的定义界定为：个人信息是指以电子或者其他方式记录的能够单独或者与其他信息结合识别自然人个人身份的各种信息，包括但不限于自然人的姓名、出生日期、身份证件号码、个人生物识别信息、住址、电话号码等。有鉴于此，本书并未将两者明确区分。

在图书馆为个人数据提供存储服务之前，图书馆涉及的个人数据主要有读者的注册信息、使用日志信息；而在图书馆提供个人数据存储服务之后，尤其是在 DaaS 这种云服务形式的支撑下，存储硬件等基础设施的配备不再成为图书馆扩大自身信息资源体系的瓶颈。在此情况下，图书馆可处理和保存的个人数据，其内容体系也将发生质的变化。

（一）图书馆借助云存储服务开展个人数据存储与管理服务

随着个人数字数据存档的重要意义的日益凸显，为向更多读者用户宣传重视个人数字数据的潜在价值，引导广大读者用户进行个人数字数据的管理与存储，满足其对个人数字数据进行存档的现实需求，国外已有相关图书馆在个人数字数据存档方面进行了积极的实践探索。其中，较具代表性的图书馆包括美国国会图书馆、坎贝尔郡公共图书馆（Campbell County Public Library）、斯坦福大学图书馆、英国大不列颠图书馆，以及加拿大国家图书馆与档案馆（Library and Archives Canada）等。美国国会图书馆认为[①]，图书馆在机构数字数据存档领域具有丰富的经验，而个人数字数据存档与机构数字数据存档间存在诸多相似之处[②]：首先，机构数字数据存档与个人数字数据存档所利用的工具相似，包括管理工具、存储工具等；其次，二者的关注点相同，即解决数字数据丢失等关键问题；再次，二者均对数字数据进行有效组织，以方便后续的检索与利用；最后，二者均需要对数字数据进行长期的保存。此外，美国国会图书馆意识到高速增长的个人数字数据规模与个人数字数据保护情况以及民众对个人数字数据保护的认知水平之间存在的矛盾，于是开展了个人数字数据存档探索实践，以宣传个人数字数据存档的意义，提供个人数字数据存档技巧。受美国国会图书馆探索实践的影响，以美国坎贝尔郡公共图书馆为代表的部分公共图书馆也开展了个人数字数据存档项目。[③]

与美国国会图书馆涉及多种个人数字数据类型的数字数据存档服务探索实践所不同，英国大不列颠图书馆面向个人数字数据存档的探索实践更多地集中于网页数据资源。英国大不列颠图书馆认为，由英国各机构所创建的网页是英国数字记录的重要组成部分，但网页时常在不经意间消失，因而保存网页数据并提供永久访问成为国家层面的重要战略。与英国大不列颠图书馆的举措相比，加拿大国家图书馆与档案馆面向个人数字数据存档的探索实践更多地集中

---

① Library of Congress. Shared Digital Heritage［EB/OL］.（2015 - 08 - 11）. http：//digitalpreservation. gov/about/presentation. html.

② Library of Congress. Personal archiving［EB/OL］.（2015 - 07 - 29）. http：//www. digitalpreservation. gov/documents/lc - digital - preservation. pdf.

③ Library of Congress. Personal archiving［EB/OL］.（2015 - 07 - 29）. http：//blogs. loc. gov/digitalpreservation/2014/05/digital - archiving - making - it - personal - at - the - public - library/.

于电子邮件资源。据加拿大有关机构调查，其政府工作人员工作日日均收发电子邮件50封以上。依此计算，如果每年有200个工作日，每位工作人员将累计收发1万封电子邮件；如果某机构有工作人员100人，则该机构内部每年收发邮件量将达到100万封。① 这些电子邮件的正文与附件的数据规模巨大，其所蕴含的历史价值与文化价值也尤为重要，虽然较多的电子邮件通过机构电邮地址收发，但仍存在部分电子邮件通过个人电邮地址收发的情况。如何存档这些涉及社会公共事务但因个人电邮地址限制访问的电子邮件，使其不因个人删除行为、个人错误操作、存储空间限制等原因而无法访问，则显得尤为重要。目前，国外图书馆在个人数字数据存档服务的探索，主要采取下列措施。

（1）开展个人数字数据分类管理

个人数字数据分类管理，指按照不同的个人数字数据类型，相应地采用不同的选择、组织、存储与维护方式。对个人数字数据进行分类管理，既是满足不同类型个人数字数据的存档对管理技术、管理设备的需求，也是适应管理政策、管理成本对不同类型个人数字数据的存储要求。事实上，个人数字数据分类管理与图书馆馆藏数字资源分类管理间存有诸多相似之处。因此，美国国会图书馆面向公众建议的个人数字数据分类管理方法实质上是图书馆馆藏数字资源分类管理方法的"一个缩影"。其在个人数字数据的选择、组织、存储与维护方面给出建议如下。

首先，个人数字数据的选择。选择个人数字数据是个人数字数据分类管理的第一步，也是重要一步。个人只有对其所有的数字数据进行选择，确认将要分类管理的数字数据范围，才能确保后续工作的顺利开展。个人数字数据的选择过程为：①集中存储，即将全部个人数字数据，包括存储于磁盘、光盘等本地存储介质的数字数据与存储于电子邮箱、社交网站等网络存储空间的数字数据，复制或者下载至单一存储空间；②选择数据，即综合考虑数据质量、内容价值等影响因素，剔除低价值的冗余数据，保留高价值的个人数据，以减少个人数字数据存档所需的存储空间。

其次，个人数字数据的组织。对个人数字数据进行有效组织，可确保日后

---

① Library and Archives Canada. Email management guidelines roadmap [EB/OL]. (2015 – 08 – 14). http：//www. bac – lac. gc. ca/eng/services/government – information – resources/guidelines/email – management/Pages/roadmap. aspx#appb.

在需要时可以快速、准确地查找与访问个人数字数据存档，具有"信息整序"的作用。个人数字数据的命名、分类等组织行为并没有固定的模式，可完全按照个人习惯与喜好进行，仅需遵循易查性与易用性原则。一般而言，较为常用的个人数字数据组织方法为先按照数据类型分类数据，再按照数据主题、创建时间或者最后修改时间等分类数据。在实际操作中，可采用一些技巧，如按照"YYYYMMDD"格式命名数据，管理系统即可自动按照时间顺序排序数据。

最后，个人数字数据的存储与维护。个人数字数据的存储与维护指采取一系列措施以确保个人数字数据的安全性、完整性与可用性，具体包括：①定期更新存储介质，一般而言，该时间范围为5~7年，否则过时的存储介质将使得数据难以被读取；②制订数据维护计划，将数据的存储位置、访问渠道、账号密码等告知值得信赖的亲人或者好友，以确保数据的可继承性。对于不同类型的个人数字数据，其选择、组织、存储与维护方法大致相同，主要不同在于选择数据的输出。当数据量较少时，美国国会图书馆建议直接输出数据；而当数据量较大时，则建议使用自动输出工具，输出选择数据与元数据。不同类型的个人数字数据，其输出元数据亦不相同，如电子邮件数据，输出元数据包括邮件主题、发件人、收件人与时间等；网站内容数据，输出元数据包括网站名称、创建日期等。美国国会图书馆的个人数字数据分类管理方法建议详见表7-1。①

表7-1　美国国会图书馆的个人数字数据分类管理方法建议

数据类型	管理方法		
	选择	组织	维护
照片	整合	JPEG格式、命名、添加标签、创建文件夹的目录结构并进行简单的描述	更新设备和制订计划
音、视频	整合、输出	命名、添加标签、创建文件夹的目录结构并进行简单的描述	更新设备和制订计划

---

① Library of Congress. Preserving your digital memories [EB/OL]. (2015 - 07 - 29). http://www. digitalpreservation. gov/personalarchiving/documents/PA_All_brochure. pdf.

续表

数据类型	管理方法		
	选择	组织	维护
电子邮件	整合所有个人电子邮件账户中的邮件，将邮件信息和附件一同保存，输出	对邮件和附件命名、创建目录/文件夹结构并进行简要的说明	更新设备和制订计划
文档	将存储的个人文档进行整合，可以保存最终编辑好的版本，也可以保存草稿和修改版本	命名、添加标签、创建文件夹的目录结构并进行简单的描述	更新设备和制订计划
网站内容	将存储在个人网站、社交网站上的内容进行整合，输出	命名、添加标签、创建文件夹的目录结构并进行简单的描述	更新设备和制订计划

与美国国会图书馆的个人数字数据分类管理方法所不同，斯坦福大学图书馆认为，可参照有关组织在个人数字数据存储服务中的做法，将个人数字数据分类为低度风险数据、中度风险数据与高度风险数据。[①] 其中，低度风险数据适合在内部网或者互联网公开，若其私密性、完整性与可用性受到损害，将不会影响数据拥有者的人身、财产或者名誉安全，如个人已经发表的科研成果；中度风险数据适合在内部网公开，若其私密性、完整性与可用性受到损害，将在一定程度上影响数据拥有者的人身、财产或者名誉安全，如尚未发表的科研成果、重要原始科学数据、工作日志、合同文本等；高度风险数据仅适合数据拥有者个人访问与利用，若其私密性、完整性与可用性受到损害，将在极大程度上影响数据拥有者的人身、财产或者名誉安全，如个人的健康信息、个人的财务信息、个人的情感日志、个人的私密照片等。

（2）利用多种数字数据存储空间

数字数据存储空间，既包括磁盘、光盘等本地存储介质，也包括提供数据存储服务的网络存储空间。探索利用多种数字数据存储空间存储个人数字数

---

① Stanford University. Data classifications ［EB/OL］.（2015 - 08 - 11）. http：//library. stanford. edu/research/data - management - services/storage - and - backup/sensitive - data.

据，可满足民众的差异化数据存储需求，在数据存储的安全稳定与经济实惠间寻求平衡。

美国国会图书馆认为，利用不同的存储介质存储个人数字数据可有效避免因数据格式等造成的数据无法读取，在不同的物理位置存储个人数字数据可有效避免因自然灾害等造成的数据丢失或者损坏。一般而言，数据存储可遵循 3 - 2 - 1 原则，即复制 3 份数据副本，存储于 2 种不同类型的存储介质，其中 1 份数据副本存储在不同于个人居住地的物理位置。

斯坦福大学图书馆指出，个人数字数据存档须综合考虑所需存储空间、资金预算、管理平台与可能面临的数据安全风险，并根据个人身份、存档数据与存档目的，提供 6 种可用于个人数字数据存档的解决方案，包括[①]：

①基于 AFS（Andrew File System）的存档。利用该存储服务，进入斯坦福大学的任意个人均可自动访问 AFS，并可根据需要申请额外的存储空间。

②基于个人或者组织的文件存档。利用该存储服务，斯坦福大学的教职员工、学生、院系及相关团体，可通过校园网与互联网存储与共享个人或者组织的数字数据，并设置访问授权许可，定制存储空间大小，但不能通过 Linux 系统访问。

③可定制的存档服务（主要面向科学数据存档）。该存储服务需要用户支付使用费用，以获取定制化数据存档服务，提高了数据存储的灵活性与针对性。

④基于 Google Drive 的存档。该存储服务面向斯坦福大学全体在职员工与在校师生免费提供，可同步个人计算机与网络服务器间的数据存档，并支持对数据存档进行在线实时编辑。

⑤基于 Box 的存档。该存储服务与基于 Google Drive 的存档较为相似，区别在于[②]：①基于 Box 的存档不支持实时编辑与协同编辑；②基于 Box 的存档支持预览多种文件格式；③基于 Box 的存档的数据所有权为文件夹的所有者所有，而基于 Google Drive 的存档的数据所有权为文件的创建者所有；④基于 Box 的存档支持个人用户或者群组用户拥有文件夹，而基于 Google Drive 的存档仅支持个人用户拥有文件夹。

---

① Stanford University. Storage solution［EB/OL］.（2015 - 08 - 11）. http：//library. stanford. edu/research/data - management - services/storage - and - backup/storage - solutions.

② Stanford University. Google drive and box comparison［EB/OL］.（2014 - 08 - 07）［2015 - 08 - 01］. https：//itservices. stanford. edu/service/googleapps/drive/comparison.

⑥基于 Amazon S3 的存档。该存储服务提供最大为 5TB 的存储空间、最大为 5GB 的免费存储空间，支持多种计费方式。对于同时使用 Amazon 云服务开展数据分析的用户而言，该存储服务较有帮助。但值得说明的是，用户下载已上传数字数据需支付费用，且费用高于上传或者存储数字数据所需支付的费用。因此，基于 Amazon S3 的存档并不适用于那些经常需要下载数据的个人。

此外，为推动个人数字数据存档发展，提高个人数字数据存档效率，斯坦福大学图书馆提供个人数字数据存档实例，涵盖数据留存①、文件格式②、文件夹③与文件夹命名④、表格数据存储⑤、个人数字数据的基本元数据⑥与高级元数据⑦、数字数据存档与备份⑧的全过程。该馆通过总结实践经验，认为要实现低风险的个人数字数据存档，需要⑨：①创建描述性的、可提供有用信息的文件名⑩；②选择可确保长期访问的文件格式；③记录文件的版本更新信息；④为每次实验或者分析创建相应的元数据；⑤为数据分析选择实用工具；⑥以适当的方式处理敏感数据。英国经济与社会研究委员会（Economic and

①　Stanford University. Case study：Data persistence ［EB/OL］. （2015 - 08 - 11）. http：// library. stanford. edu/research/data - management - services/case - studies/case - study - data - persistence.

②　Stanford University. Case study：File formats ［EB/OL］. （2015 - 08 - 11）. http：// library. stanford. edu/research/data - management - services/case - studies/case - study - file - formats.

③　Stanford University. Case study：File naming ［EB/OL］. （2015 - 08 - 11）. http：// library. stanford. edu/research/data - management - services/case - studies/case - study - file - naming.

④　Stanford University. Case study：File naming done well ［EB/OL］. （2015 - 08 - 11）. https：//library. stanford. edu/research/data - management - services/case - studies/case - study - file - naming - done - well.

⑤　Stanford University. Case study：Spreadsheets ［EB/OL］. （2015 - 08 - 11）. http：//library. stanford. edu/research/data - management - services/case - studies/case - study - spreadsheets.

⑥　Stanford University. Case study：Basic metadata ［EB/OL］. （2015 - 08 - 11）. http：//library. stanford. edu/research/data - management - services/case - studies/case - study - basic - metadata.

⑦　Stanford University. Case study：Advanced metadata ［EB/OL］. （2015 - 08 - 11）. http：// library. stanford. edu/research/data - management - services/data - best - practices/metadata/case - study - advanced - metadata.

⑧　Stanford University. Case study：Data storage and backup ［EB/OL］. （2015 - 08 - 11）. http：//library. stanford. edu/research/data - management - services/case - studies/case - study - data - storage - and - backup.

⑨　Stanford University. Data best practices ［EB/OL］. （2015 - 08 - 11）. http：//library. stanford. edu/research/data - management - services/data - best - practices.

⑩　Dataone. All Best Practices ［EB/OL］. （2015 - 08 - 11）. https：//www. dataone. org/all - best - practices.

Social Research Council，ESRC）资助建立"英国数据存档中心"①，存储与管理社会、经济与人口等领域的数据与元数据，以确保其长期可被理解与利用。英国自然环境研究委员会（Natural Environment Research Council，NERC）、英国科学与技术设施委员会（Science and Technology Facilities Council，STFC）等也建立数据中心，存储与管理数字数据。虽然这些数据中心并不以个人数字数据存档为其核心业务，但其建设、管理与发展模式为图书馆等开展个人数字数据存档服务提供了强有力的参考。

（3）进行个人数字数据存档宣传

个人数字数据存档宣传的目标受众为对个人数字数据价值，及其丢失或者损害所造成危害缺乏认识的普通民众。图书馆进行个人数字数据存档宣传，不仅是行使宣传教育职能，帮助民众提升数据安全意识，也是行使文化传承职能，满足个人数字数据存档服务的需要。美国国会图书馆进行个人数字数据存档宣传的内容包括个人数字数据存档的基础知识与操作技巧等，方式包括②：①通过官方网站宣传。其于官方网站设置数字数据存档页面，向民众提供教学视频、指导手册与专题网页；②通过社交网站宣传。其在 Facebook、Twitter 与博客等的公众账号发布数字数据存档相关信息，并在 iTunes 与 YouTube 的订阅频道发布视频资源；③通过线下活动宣传。其每年在美国图书馆协会开展 Preservation Week 活动期间举办图书馆个人存档日（Personal Archiving Day at the Library）活动，免费向民众开放个人存档咨询服务。在宣传实践探索中，美国国会图书馆认为，仅通过线上渠道宣传并不能确保民众获取并理解相关信息，通过线下渠道宣传，面对面地解答民众提问、开展宣传教育仍是最为有效的宣传方式。除面向民众宣传个人数字数据存档外，部分图书馆也开展专题会议研究讨论个人数字数据存档的相关问题，在图书馆界进行个人数字数据存档宣传。③

---

① UK data – archive. About the archive ［EB/OL］. （2015 – 08 – 11）. http：//data – archive. ac. uk/about/archive.

② Library of Congress. Personal archiving ［EB/OL］. （2015 – 07 – 29）. http：//www. digitalpreservation. gov/documents/lc – digital – preservation. pdf.

③ British library. Archives into the future ［EB/OL］. （2015 – 01 – 05）［2015 – 08 – 11］. http：//www. bl. uk/events/archives – into – the – future.

（4）开展个人数字数据存档指导

尽管部分民众已经认识到个人数字数据存档的重要意义，并采取了一定措施，将部分或者全部个人数字数据存储至本地存储介质或者网络存储空间，但受个人数据安全素养与数据存档技能水平的限制，其数字数据存档仍面临丢失或者损坏风险。图书馆开展个人数字数据存档指导，可帮助民众认识与接受个人数字数据存档服务，避免数据存档丢失或者损坏。美国坎贝尔郡公共图书馆的个人数字数据存档指导包括数字文件管理指导与存档设备操作指导。数字文件管理指导以课程的形式，指导读者管理存储于计算机的数字文件。存档设备操作指导由图书馆员面向读者直接开展，并为读者留出独立操作时间，在读者需要时提供指导帮助。在为期6周的测试阶段，约有15位读者接受了个人数字数据存档指导，超过半数的读者到馆接受指导4次以上。尽管因预算不足，坎贝尔郡公共图书馆所提供存档设备需要读者投入较多的时间去掌握使用方法，但读者仍表示其效果优于自行购置存档设备进行个人数字数据存档。[①]

加拿大国家图书馆与档案馆针对电子邮件资源发布"电子邮件管理指南路线图"，以面向组织机构内管理人员、行政人员、信息管理专员、信息技术专员与其他电子邮件的使用者提供管理与存储指导。路线图内容涵盖[②]：电子邮件管理指南的制定背景与适用场景，电子邮件管理计划的制定原则与内容，机构需要收集和保存所有有关业务往来的电子邮件，如何根据机构的业务范围进行电子邮件的描述与组织，如何确保电子邮件的使用和保存与机构的愿景和目标一致，如何采用合适的保存策略对电子邮件记录进行维护、保护与保存，如何确保对所保存的电子邮件进行公开与访问不违反相关政策法律的规定，需要定期审视电子邮件管理的相关政策和实践的执行效果并作合理调整以提高电子邮件存储和管理效率，在联邦政府机构工作的所有人都应当意识到自身在电子邮件保存和管理方面的职责。在此基础上，加拿大国家图书馆与档案馆启动"电子邮件管理指南的遵守与执行计划"。该计划从电子邮件保存的外部环境、面临的主要障碍、保存成本、适用范围、所遵循的法律政策，以及期望效果等

---

① Library of Congress. Personal archiving ［EB/OL］. （2015 - 07 - 29）. http：//blogs. loc. gov/digitalpreservation/2014/05/digital - archiving - making - it - personal - at - the - public - library/.

② Library and Archives Canada. Email management guidelines roadmap ［EB/OL］. （2015 - 08 - 14）. http：//www. bac - lac. gc. ca/eng/services/government - information - resources/guidelines/email - management/Pages/roadmap. aspx#appb.

进行全面部署。同时，针对特定格式附件，如音频与视频等的保存方式做出了明确规定。对已保存电子邮件的使用者和利益相关者、不确定因素、管理工作小组的建立与职责划分等，该计划也做出了系统布局。

（二）图书馆开展个人数据存储与管理服务

目前，虽然图书馆面向个人数据的存储与管理服务仍未大范围开展，但随着实践的进一步发展，图书馆需要处理的个人数据类型将更加多样化。考虑到云计算、移动网络环境下个人数据的复杂性，在划分个人数据的类型时，既要从个人数据自身的内容属性考虑，更要从数据主体的社会属性加以切入，要考虑个人数据的完成程度、所处的技术时代等。在确定一级类目下，对个人数据作子类型划分，构成一个立体的个人数据类型体系，以更为清晰地展现当前社会与技术背景下个人数据的范畴体系。基于这些思考，本书将个人数据划分为14种基本类型，在每种类型下再作细分（见图7-1），以此全面探讨图书馆可能涉及的个人数据类型，并进一步研究其安全问题。

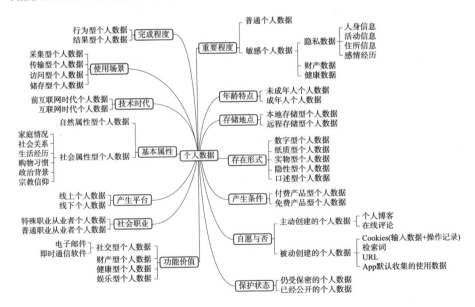

图7-1 图书馆涉及的个人数据类型

（1）完成程度。所谓完成程度，是指个人数据是对个人的行为状态的描述还是对其行为结果的描述。据此理解，可将个人数据分为行为型个人数据和结果型个人数据。行为型个人数据是行为发生过程中产生的各种数据，如个人使用某款软件、利用某个搜索引擎、输入哪些检索词，这些都是行为数据；结果型个人数据即为个人经过一系列行为后所形成的、能体现个人智力或体力特点的结果，如个人发表的观点、创作的作品、体能测试结果等。目前，相关政策法律更侧重于对结果型个人数据提供保护，如受著作权法保护的个人作品，而对行为型个人数据的保护和重视还不够。在移动互联网普及之前，由于成本和技术所限，往往难以收集到普通人在现实生活中的各种行为数据，但在移动互联网广泛普及的情况下，几乎所有的手机用户均会使用互联网接入服务、使用基于 LBS（Location – based Service，基于位置的服务）的服务，在此过程中，其位置信息、消费信息、聊天信息、浏览信息等行为型个人数据都可以被方便地记录、汇总，并与数据主体建立关联，从而给个人隐私保护带来更多的安全隐患。因此，需要对行为型个人数据给予足够的重视。

（2）使用场景。所谓使用场景，指在面向个人提供信息服务的过程中，服务提供者按照个人数据的管理生命周期，包括采集（或安装）、传输、访问和存储等环节，对个人数据进行分析与处理所涉及的内容。以手机 App 涉及的个人数据的使用场景为例，其在采集（或安装）环节收集的个人数据主要包括设备的国际移动设备身份码（IMEI）、权限管理信息、手机号码等；在传输环节，涉及对用户与该 App 服务交互过程中产生的明码内容或加密内容；在访问环节，涉及用户使用该 App 的访问时间、访问地点、访问内容、访问频率；在存储环节，涉及该款 App 服务提供商为改进产品服务质量或提升用户访问的响应速度而储存的有关个人用户在使用过程中产生的关键词、浏览记录以及其他需求偏好。不同场景涉及的个人数据对个人的重要程度各有不同。此外，单一场景的数据有时虽然难以形成对数据主体全面的、精准的识别，但其作为分析的重要片段，一旦被有针对性地加以聚合、关联，从而可以识别或定位到数据主体，则会产生不良后果。因此，不同场景的个人数据都很重要，但由于其产生场景不同，对其施加保护时也应采取不同的手段和方式。

（3）技术时代。所谓技术时代，是指产生个人数据的技术背景，以互联网技术产生前后划分，可将个人数据分为前互联网时代的个人数据和互联网时代的个人数据。互联网技术的出现给数据的产生方式带来了巨大变革。目前，绝大多数的数据皆产生自互联网平台，这些数据在当今信息大爆炸的社会具有无可估量的价值。基于这样的考虑，本书把互联网技术出现前产生的个人数据称为前互联网时代个人数据，如邮寄的信件、电报等；把互联网技术出现后产生的数据称作互联网时代个人数据，如网页浏览记录、微信聊天数据等。在前互联网时代，个人数据的产生比较分散，需要通过手工进行收集、加工、整理。在互联网时代，个人数据的形成、产生、处理都可以借助计算机技术进行实时、批量、智能处理。如此一来，个人数据泄露渠道增多，个人数据的保护难度加大。从立法保护角度看，两者产生的背景、处理方式存在不同，立法保护的侧重点和保护手段也应据此量体裁衣。

（4）基本属性。所谓基本属性，是指事物之间相互区别的基本特征。而人的基本属性，则是指人区别于其他一切物质形态包括动物而为人所特有的、也是一切人所普遍具有的各种属性的总和。① 人的基本属性可分为自然属性和社会属性，据此，可将个人数据划分为自然属性型个人数据和社会属性型个人数据。自然属性型个人数据主要指人的生理和生物方面的属性数据，是人自身固有的性质，如人的外貌信息、身高信息、体重信息、心理健康信息等；社会属性型个人数据就是人的社会关系，以及表现着人的社会关系、社会意识和社会活动的属性数据②，如家庭情况、社会关系、生活经历、购物习惯、政治背景、宗教信仰等。自然属性型个人数据和社会属性型个人数据是每个人最基本的数据，两种数据同等重要，只不过其产生情景、应用场景有所不同。

（5）产生平台。所谓产生平台，是指个人数据的产生所依赖的媒介。根据产生个人数据的媒介与互联网的关系可将其分为线上个人数据和线下个人数据。线上活动主要指代利用互联网等虚拟媒介而实现的一系列没有发生面对面交谈交互的情况与动作，在线上平台产生的个人数据即为线上个人数据，如网上购物记录、网络聊天信息等；线下平台产生的个人数据，主要指基于非互联网平台而产生的数据，包括面对面交流而产生的个人数据，通过电话、电报、传真等产生的个人数据等。当前移动互联网环境下，每个人都会在线上和线下同时产生和创造多种类型的个人数据，但由于产生平台不同，其带来的安全隐患也会有所不同。

（6）社会职业。所谓社会职业，体现的是社会成员在社会环境中的不同社会分工。根据个人数据所涉及的数据主体的社会职业、工作岗位对社会产生

---

① 王孝哲. 论人的基本属性［J］. 泉州师范学院学报，2008（5）：16－19.

② 刘亚政. 人是自然属性和社会属性的统一［J］. 实事求是，1990（2）：22－24.

的影响程度，可将个人数据划分为特殊职业从业者的个人数据和普通职业从业者的个人数据。这里的特殊职业从业者个人数据指可以对社会产生重大影响的职业人员的个人数据，如国家涉密部门的从业者、现役军人、国家特种行业从业者的个人数据，甚至包括党政机关高级领导的个人数据；而普通职业从业者个人数据，则是指不同于上述列举的职业且不会对社会产生重大影响的职业从业者的个人数据。由于特殊职业从业者的个人数据往往难以与数据主体涉及的行业秘密、岗位任务、地理信息等完全分隔开，比起从事普通职业的从业者，其个人数据更为重要。比如，某现役士官使用智能手机通过某在线网站订购了一份外卖，即刻就泄露了其所在部队的准确驻地信息。事实上对于从事普通职业的人员来说，个人网上订餐行为所产生的位置信息、浏览记录和订单数据，均属于较为常见的、不太有价值的个人数据，而对于现役军人（或者是需要对外保密地理位置的考卷设计者）来说，其通过智能手机产生的个人数据，往往能跟其本人、本人所在部队（或机构）的位置信息关联到一起。一旦泄露，可能会危害到众人、行业乃至国家利益。因此，对于从事特殊职业的从业人员来说，其位置信息、在微信朋友圈发布的照片或文字、驾车的轨迹等，由于能够与其职业活动建立关联，在对待这类人员的个人数据时，显然需要加以区别对待。不仅当事人要树立更高的个人数据保护意识，所适用的相关政策法律也应有所不同。

（7）功能价值。所谓功能价值，是指对人而言可以发挥有利作用、产生价值的属性。按功能价值，可将个人数据分为社交型个人数据、财产型个人数据、健康型个人数据和娱乐型个人数据。社交型个人数据提供了有关社会交往、人际关系的信息，如电子邮件内容和即时通信软件中的聊天记录等。财产型个人数据指个人拥有的财富数据，包括物质财富（金钱、物资、房屋、土地等现实财产和网络虚拟财产）和精神财富（专利、商标、著作权等）。[①] 健康型个人数据是与人的身体健康、心理健康、行为健康密切相关的各种数据的集合，包含个人的健康信息、就诊数据等。[②] 娱乐型个人数据指使人快乐、得到放松消遣而涉及的各类数据，如观看表演等相关的数据。不同功能价值的个人数据，对人们

[①] 江蓝生，谭景春，程荣. 现代汉语词典［M］. 6 版. 北京：商务印书馆，2012.
[②] 侯丽，李亚子，李姣. 国内健康数据标准 ICD 应用现状及对策探析［J］. 中华医学图书情报杂志，2014（9）：12–16.

的重要程度是不同的。比如，财产型个人数据是大众普遍视为最重要的个人数据，随着社会的发展，健康型个人数据也日益受到人们的重视。

（8）重要程度。重要程度反映了个人数据对个人的影响效果和个人对其的重视程度。在实际生活中，人们往往会依据个人数据的重要程度探讨是否给予其法律保护和是否对其公开等问题。因此，可将个人数据分为敏感个人数据和普通个人数据。英国1998年颁布的《数据保护法》定义敏感数据为私人私密数据，如种族和家族信息、政治观点、宗教信仰、身体和精神状况、性生活、犯罪史等。① 一般地，敏感个人数据可分为隐私个人数据（如感情经历）、财产个人数据和健康个人数据。此类数据的公开和泄露容易带来对个人的歧视和对个人隐私的侵犯等问题，因此，敏感个人数据一般是受法律保护的。普通个人数据即为非敏感的个人数据，人们即使在公开场合讨论也不会带来不良影响，一般此类数据不受相关法律保护，如公开发表的言论等。相较于普通个人数据，敏感个人数据是个人更为在意、更不愿为他人所知晓的一部分数据。在社会生活中，相关机构或个人若因行业、职务、业务所需而能够接触到此类个人数据，更需要在收集、保存、传输和利用过程中，对其予以区别对待。

（9）年龄特点。所谓年龄特点，即个人数据涉及的数据主体的自然年龄属性。可将个人数据分为未成年人个人数据和成年人个人数据。对于未成年人和成年人的定义，国内外的法律规定稍有差异，在具体考虑权利、义务、责任等问题时以各国的法律规定为准。以我国为例，未成年人在法律上指未达到成年年龄的人，即18周岁以下的人，因此未成年人个人数据即指未满18周岁公民的个人数据，包括其肖像、健康、教育数据等。《中华人民共和国民法典》（2020）规定："18周岁以上的自然人为成年人。不满18周岁的自然人为未成年人。"凡是满18周岁的公民，不论其性别、精神健康状况如何，均视为成年人。② 成年人个人数据即为年满18周岁公民的数据，如个人工资、奖惩数据等。由于数据主体的自我保护意识、社会适应能力存在差异，相对于成年人，未成年人在个人数据的主动保护意识和能力方面均较弱，个人数据泄露后的应对能力也不强，因此，对于未成年人的个人数据，无论是在立法层面，还是在

---

① The National Archives. Data Protection Act 1998 [EB/OL]. (2016 – 10 – 08). http://www.legislation.gov.uk/ukpga/1998/29/section/2.

② 百度百科. 成年人 [EB/OL]. (2016 – 10 – 08). http://baike.baidu.com/view/257461.htm.

经济活动实践中，特别是网络内容与服务提供商，均应考虑其特殊性。

（10）存储地点。所谓存储地点，是指保存个人数据的空间位置，具体可分为本地存储型个人数据和远程存储型个人数据。本地存储型个人数据是指将个人数据保存在用户可以直接接触的本地系统中，用户无须通过网络或关掉网络后仍可访问该数据，且该数据不会随网络的更新而变化。比如，个人在本人计算机中保存的个人照片、日记文档等均为本地存储型个人数据。远程存储型个人数据则与之相对，该数据的访问与处理均依赖网络，一旦断网，则无法实现数据的存储与访问，如云盘中存储的各种个人照片、家庭视频，通过软件即服务将个人数据上传到远程软件处理而产生的初始个人数据、过程个人数据和结果个人数据等。远程存储相对于本地存储而言具有较为明显的优势，其不仅可以打破数据获取的地域限制，有助于减轻海量信息存储在本地带来的存储压力，并且由于可以由专业队伍进行维护，其安全性和可靠性较高。但是，任何事物都是一分为二的，一旦个人数据上传到远程服务器，就有可能面临如下问题：数据主体已删除的个人数据未必在远程服务器也做了彻底删除、黑客入侵或管理不当而导致这些个人数据泄露、多地备份或跨境传输过程中出现个人数据泄露等。比如，最近就有某在线商城的网络管理员窃取用户个人数据并加以贩卖的案件发生。需要明确的是，如果云存储运营商对个人数据的存储涉及跨国传输，而一旦出现问题，往往会受到多国法律的约束，需要考虑的情形也将更为复杂。

（11）存在形式。所谓存在形式，是指个人数据的载体形式。大致可划分为 5 种：数字型个人数据、纸质型个人数据、实物型个人数据、隐性型个人数据、口述型个人数据。数字型个人数据指通过各种技术和特定的机器语言系统，表示其他数据形式的个人数据[①]，即电子化的个人数据，如电子表格里的数据。纸质型个人数据指以纸质信息媒体（如图书、期刊、报纸等）作为载体形式存在的个人数据，如个人出版的书籍。实物型个人数据指以实际的、具体的事物为载体的个人数据，如使用过的水杯数量与品牌、活动场所的位置。隐性型个人数据指没有具体的载体形式体现或推测出来的个人数据，如消费需求、购物偏好等。口述型个人数据即人们口头表达出来的数据，如演讲、辩论

---

① Techopedia. Digital data ［EB/OL］. （2016 - 10 - 08）. https：//www. techopedia. com/definition/24872/digital - data.

等。不同载体形式的个人数据，其产生背景、传输方式、保护手段、重要程度等各有不同，从立法保护角度看，不同存在形式的个人数据应被区别对待。

（12）产生条件。所谓产生条件，是指个人数据是否在某种影响因素的限制下产生，这里的影响因素跟个人数据的产生成本有关。即以产生个人数据时数据主体是否需要付费为依据，将个人数据分为付费产品型个人数据和免费产品型个人数据。个人如果通过使用付费产品（如收费数据库、移动网络访问流量）产生的个人数据则为付费产品型个人数据，如通过登记手机号并要付费的各类服务，如在线预订飞机票、成为某视频网站的 VIP 会员。个人如果通过使用免费产品（如免费软件）产生的个人数据即为免费产品型个人数据，如微信聊天记录。然而，通过产生条件划分的个人数据并不是绝对的，其会随着场合和情景的转变发生改变，如微信聊天记录如果是通过支付数据流量产生的，那么此时的微信聊天记录就变成了付费产品型个人数据。一般而言，人们使用付费产品时需提供更多、更真实的个人数据，毕竟服务提供者也希望通过获取更多的信息来确定客户的真实身份。而这些在付费环境下产生的个人数据一旦泄露，将会导致数据主体被更快捷地、精准地识别并为其带来难以控制的影响。鉴于此，对移动网络环境下付费型产品的运营商予以更多的约束和管制是十分必要的。

（13）自愿与否。所谓自愿与否，是指个人数据是否在个人知情同意且不受外力推动下创建的。据此，可将个人数据划分为主动创建的个人数据和被动创建的个人数据。用户自愿地、主动地提供和建立的一系列个人数据称为主动创建的个人数据，如发表在个人博客里的言论和照片、在线评论等。用户非自愿或是无意识情况下被动产生的个人数据则为被动创建的个人数据，如各种手机 App 默认收集的数据、Cookie 数据、检索词、URL 等。目前，许多互联网产品都会在用户毫不知情的情况下收集个人数据，一旦收集主体的收集行为带有恶意，则会引发个人数据的安全问题。由此可见，被动创建的个人数据存在更大的安全隐患，人们在日常生活中应对在非自愿情况下个人数据被创建或收集的情形提高警惕，尽量避免在不知情的情况下个人数据被恶意使用，进而产生不必要的麻烦。

（14）保护状态。所谓保护状态，是指个人数据是否得到合理的保护，即个人数据是受人为保护且不为外人所知，还是不受人为保护且已被公众所知晓。据此，可将个人数据划分为仍受保密的个人数据和已经公开的个人数据。

仍受保密的个人数据是指数据拥有者不愿公开让别人知道的数据。已经公开的个人数据指大多数人可以直接或间接获取到的数据，一般不受法律保护，如公开演讲的内容。已经公开的个人数据可以是从始至终都公开的个人数据；也可以是曾经保密随后公开的个人数据，如已故名人的手稿、日记、电邮内容等。不同保护状态的个人数据会使运营商等面临不同的保护责任和管理方式。对于仍受保密的个人数据，运营商等应该慎重对待，负有保护其不被泄露的重大责任，而一旦保护不当则可能会面临法律问责。

7.2.3　虚拟化的计算资源

虚拟化技术作为云计算中最关键、最核心的技术原动力之一，对云计算技术的发展和进步至关重要。按照被虚拟资源的类型分类，虚拟化技术总的来说可以分为基础设施虚拟化、系统虚拟化和软件虚拟化等类型，目前常见的虚拟化技术有服务器虚拟化、网络虚拟化、存储虚拟化、桌面虚拟化和应用虚拟化等。在云计算环境下，图书馆通过应用 IaaS，实际是将虚拟化图书馆的硬件与软件资源使用、各类信息资源的处理等，实施全面的数字化、虚拟化和远程化。目前，图书馆可以应用的虚拟化类型主要包括以下 5 种类型。

（一）服务器虚拟化

服务器虚拟化是图书馆在应用 IaaS 时，将虚拟化技术应用于云服务提供商的服务器上，将一个服务器虚拟成若干个服务器使用。图书馆在采用 IaaS 进行服务器虚拟化之前，只能将三种不同的应用分别运行于本馆馆舍内的三个独立的物理服务器上；而在借助 IaaS，采用服务器虚拟化之后，图书馆若要运行这三种应用，通过云服务协议的约定，只需要将之运行在由云服务提供商提供的三个独立的虚拟服务器上即可。事实上，这三个虚拟服务器可能只通过一个物理服务器进行托管。简单来说，服务器虚拟化使得在单一物理服务器上可以运行多个虚拟服务器。而对图书馆而言，更多的好处是，可以将原来需要部署在本馆馆舍内的物理服务器取缔，采用租赁云服务提供商提供的虚拟化服务器的方式进行资源建设、业务管理和向读者提供服务。服务器虚拟化为图书馆提供了能够支持其运行的抽象硬件资源，包括虚拟 BIOS、虚拟处理器、虚拟内存、虚拟设备与 I/O，并为服务器上运行虚拟机提供了良好的隔离性和安全性。

（二） 网络虚拟化

网络虚拟化是在应用云服务后，图书馆使用基于软件的抽象化，从物理网络元素中分离网络流量的一种方式。对于网络虚拟化来说，图书馆可以抽象隔离网络中的交换机、网络端口、路由器以及其他物理元素的网络流量。图书馆网络虚拟化通常包括虚拟局域网和虚拟专用网。虚拟局域网可以将一个物理局域网划分成多个虚拟局域网，甚至将多个物理局域网里的节点划分到一个虚拟的局域网中，使得虚拟局域网中的通信类似于物理局域网的方式，并对用户透明。虚拟专用网对网络连接进行了抽象，允许远程用户访问图书馆内部的网络，就像物理上连接到该网络一样。虚拟专用网帮助图书馆管理员保护图书馆的 IT 环境，防止来自 Internet 或 Intranet 中不相干网段的威胁，同时使图书馆用户能够快速、安全地访问图书馆的 OPAC 或其他各类资源。

（三） 存储虚拟化

在 DaaS 模式中，存储虚拟化是指云服务提供商把多个存储介质模块（如硬盘、RAID）通过一定的手段集中管理起来，所有的存储模块在一个存储池中得到统一管理，从主机和工作站的角度看到的不是多个硬盘，而是一个分区或者卷，就像一个超大容量的硬盘。这种可以将多种、多个存储设备统一管理起来，为使用者提供大容量、高数据传输性能的存储系统，就称为虚拟存储。从本书第 5 章的分析可以得出，已有图书馆在使用 DaaS 产品。在使用 DaaS 的过程中，对图书馆来说，虚拟化的存储资源就像是一个巨大的"存储池"，图书馆不会看到具体的磁盘、磁带，也不用关心数据经过哪一条路径通往 DaaS 提供商的哪个具体的存储设备；从管理层面来看，虚拟存储池由 DaaS 提供商采取集中管理，并根据具体的需求把存储资源，根据存储的空闲状态、使用者租赁的空间大小，动态地分配给各个云服务使用者的各种应用。利用存储虚拟化技术，云服务提供商可以用磁盘阵列模拟磁带库，为应用提供速度像磁盘一样快、容量却像磁带库一样大的存储资源。目前能够提供在线存储服务的 Amazon S3、Google Drive 等，其核心技术即为存储虚拟化。而对于 DuraCloud 来说，其主要功能之一，就是集成来自多个云存储供应商的云存储服务，并支持存储内容的自动同步服务。这是对存储虚拟化进行集中调度、统一使用的更好例证。

（四）桌面虚拟化

在应用 IaaS 或者是 PaaS 后，图书馆可以实现桌面虚拟化。而桌面虚拟化主要是图书馆将服务器或馆员在使用中的计算机，对其桌面应用及其运行环境进行模拟与分发，以建立桌面管理的在线自动化体系。当前的信息技术是将桌面环境细分为各种桌面组件，包括硬件、操作系统、应用程序、用户配置文件和数据等。这给图书馆管理信息系统的支持和维护带来了很大困难。在图书馆引入 IaaS 或 PaaS 后，采用云服务提供商提供的桌面虚拟化技术，完全没有必要在图书馆的服务器或馆员工作的计算机上部署和管理多个软件客户端系统。所有的应用客户端系统都将一次性地部署在提供 IaaS 或者是 PaaS 的提供商的一台专用服务器上。图书馆调用此类服务的客户端，也将不需要通过网络向相关用户发送实际的数据，只有虚拟的客户端界面，包括屏幕图像更新、按键、鼠标移动等，被实际传送并显示在用户的电脑上。这个过程对最终用户较为直观，给最终用户带来的体验感觉是好像实际的客户端软件正运行在本地桌面上一样。这样，图书馆员在确保操作方便的前提下又能确保客户端的运行效率。

（五）应用虚拟化

在 SaaS 模式下，图书馆的应用虚拟化通常是指图书馆根据云服务提供商提供的软件即服务，实现应用程序的虚拟化。即将应用程序从图书馆本地的操作系统中分离出来，通过压缩后的可执行文件夹来运行，而不需要借助图书馆本地的任何设备驱动程序或者与图书馆员的文件系统进行相连。实际上，应用 SaaS 模式后，应用程序虚拟化技术改变了图书馆需要将应用程序进行本地安装的传统方式，通过将应用程序安装在 SaaS 提供商的服务器上或者是在线直接使用 SaaS 提供商提供的某种应用程序，图书馆只需注册一个账号，就可以在线使用各类软件资源进行资源建设并开展信息服务。借助于应用虚拟化技术，图书馆信息技术工作人员可以简化应用程序的部署过程和更新过程，管理员仅需要在服务器中部署应用程序并保证其及时更新即可，图书馆用户或图书馆员可以借用应用程序虚拟机制直接使用服务器中部署的或更新的应用程序。当然，应用虚拟化技术还可以提高图书馆业务流程的连续性、稳定性和安全性。假如图书馆员在工作中使用的某台终端计算机因故障而死机，导致其无法继续进行工作，那么该图书馆员可以在另外一台终端计算机中，输入自己在

SaaS 服务提供商处的账户，重新利用应用程序虚拟机制，启动储存在服务器中的应用程序，继续相关的工作进程。这样不仅有效避免了应用程序重新安装的烦琐过程，还保证了业务的连续性，提高了图书馆信息技术应用与维护人员的工作效率。此外，利用应用程序虚拟化还可以帮助图书馆在必要时分析图书馆员对某种应用程序的利用状况，如实时监测参考咨询馆员使用某款参考咨询程序的情况，辅助制定更为适合实际使用需要的图书馆参考咨询馆员管理规则，从而通过为不同工作岗位、不同工作强度的图书馆员分配不同应用程序的使用许可，以有效地简化应用程序的管理流程。图书馆在引入 SaaS 之前，需要为图书馆涉及信息技术工作的每台计算机安装大量应用程序。而应用 SaaS 之后，实现了应用软件与物理机器相分离，图书馆工作人员在馆内任何一台联网的计算机上，只需要输入自身的账户和密码，即可获取相应权限下自身可以使用的应用程序，并且在需要时可以通过不同计算机来完成运行在 SaaS 服务器端的同一项工作。图书馆信息技术人员为馆舍范围内每台计算机一一安装应用程序的方式成为过去。

图书馆通过引入这些虚拟化计算资源，可以大大降低图书馆的计算机软件和硬件的运营成本，降低了图书馆员需要本地干预的频率，同时，提高操作系统和应用软件的应用兼容性。比如，服务器虚拟化技术所具有的封装和隔离特性，使得图书馆信息技术管理员仅需构建一个应用版本，即可将其发布到被虚拟化封装后的不同类型的平台上。此外，通过应用这些虚拟化计算资源，图书馆的应用部署得以加快。比如，采用服务器虚拟化后，部署一个应用通常只需要几分钟至几十分钟，且不需要人工干预，极大地缩短了部署时间，降低了部署成本。图书馆也可以通过这种方式，提高服务软件的可用性，如服务器虚拟化技术可以方便地对运行中的虚拟机快照并备份成虚拟机镜像文件，支持虚拟机的动态迁移和恢复，提高了服务的可用性。这种方式可以提升图书馆的计算资源的利用率，并能够更加动态地调度各类计算资源，如服务器虚拟化支持实时迁移，方便资源的整合和动态调度。同时，数据中心统一的资源池，使数据中心管理员可以灵活地调整分配资源。

从上述分析可知，虚拟化是云计算的核心，贯穿于图书馆所使用的 IaaS、DaaS、SaaS 和 PaaS 等模式中。在图书馆与云服务提供商的合约有效期内，图书馆可以自由地调用、分配这类虚拟化计算资源：既可以将这类资源提供给馆员使用，也可以根据读者的需求，提供给读者使用。从这一点上看，这类虚拟化计算资源也成为图书馆可以掌管和利用的一类信息资源，是图书馆"大"信息资源体系中的重要一员。

7.3　云计算环境下图书馆信息资源的安全需求

云计算将带来隐私、安全、通信能力、责任、可靠性等方面的问题，而现有的信息政策法律并不能完全解决这些问题，特别是隐私保护和知识产权问题。在云计算环境中，协调技术创新、商业利益和消费者个人利益的发展将是当前信息政策与信息法律所不能完全解决的问题。这主要源于用户期待云服务可以做到①：①可靠和责任。用户期待云计算提供者能够提供可靠的资源，特别是能帮助用户处理各种至关重要问题的应用，而在出现重大事故时，又能清晰追踪事故责任。②安全、隐私和匿名性。用户希望云服务提供商能够有效防止他人对数据和代码的非授权访问，并保证隐私数据的私密性，而且希望云服务提供商、其他第三方及政府有关部门不要监测用户活动。唯一的例外是，云服务提供商出于服务质量控制的目的，有选择性地监控用户活动。③访问和使用限制。用户在知识产权得到保护的同时，可以从云服务提供商或其他第三方，随时随地畅通无阻地访问和利用各种云服务。

7.3.1　信息资源安全整体需求

目前，图书馆界关于图书馆如何利用"云"，或者说云计算环境下图书馆将充当一个什么样的角色，均没有定论。② 但根据本书第 5 章和第 6 章的调研，图书馆更倾向于成为云服务的消费者。在此前提下，由于云计算的技术原理、服务模式和运作形态的固有特点，在给图书馆带来便利的同时，也将进一步加剧包括图书馆在内的各类主体所面临的信息资源安全问题的复杂性。根据 2002 年美国《联邦信息安全管理法案》的规定，信息安全包括信息的保密性、完整性、可控性、可用性和抗否认性。目前，图书馆主要通过数字图书馆的形式，以其丰富翔实的信息资源、方便快捷的查询手段、全天候的服务模式，被

---

① PAUL T JAEGER. Cloud computing and information policy：Computing in a policy cloud ［EB/OL］. （2008 – 09 – 05）［2011 – 02 – 19］. http：//www. umiacs. umd. edu/ ~ jimmylin/publications/Jaeger_etal_ 2008. pdf.

② 孙坦，黄国彬. 基于云服务的图书馆建设与服务策略 ［J］. 图书馆建设，2009 （9）：1 – 6.

越来越多的读者所接受。云计算的发展为图书馆在拓展服务范围、开展共建共享、节约成本投入等方面提供了更大的空间，同时云计算的迅猛发展也给图书馆的信息资源安全管理提出了更高的要求。整体上来说，图书馆在云计算环境下的信息资源安全需求主要包括以下 4 个方面。

（一）确保完整性

完整性是指图书馆在传输、存储或者服务过程中，能否确保数据信息未被恶意更改、破坏和丢失，是否保持着原始数据和信息的完整及未受损状态。无论是书目资源，还是电子书刊、特色馆藏数据库等资源，一旦丢失或者被破坏，后果将不堪设想，直接影响到图书馆的可靠性。

（二）实现保密性

保密性是指图书馆的信息资源只保证授权用户的访问和操作，限制其他非授权用户的利用。按照使用过程可以分为信息资源传输的保密性、信息资源存储的保密性和信息资源处理过程的保密性。信息的保密性对于数字图书馆非常重要，除信息资源本身的授权访问以外，还要考虑用户在访问信息资源时的保密性，以及图书馆信息资源使用情况的保密性。

（三）保证可用性

可用性是指图书馆在需要时能够及时存取和访问所需的云服务和数据信息，不存在延时或者不稳定的情况。[①] 可用性与安全息息相关，如果无法保证可用性对于图书馆来说还不如放弃使用这样的系统。用户对信息资源和服务的需求是 7×24 模式的，他们并不关心图书馆的实现方式，但是在需要的时候，图书馆能否提供稳定和可用的资源与服务，将直接影响其耐心和忠诚度。

（四）强调规范性

云计算环境下，信息资源的访问和管理策略是否规范，是否支持图书馆业务系统的标准，是否对信息资源的知识产权有相关的条款约束，在遇到侵权或

---

① 王新磊. 云计算数据安全技术研究［D］. 郑州：河南工业大学，2012：18 - 19.

者故障时是否有完善的保障措施来确保图书馆的损失最小化等，都是规范性的重要考虑因素。

7.3.2　对传统信息资源的安全需求

云计算的引入会带来数据完整性、数据恢复和数据隐私等方面的信息安全问题。[①] 在选择云服务提供商之前，图书馆应该向云服务提供商确认以下有关图书馆可处理的信息资源的安全问题。

（一）特权用户访问

敏感数据在图书馆外部进行处理会产生一定的风险，因为业务外包绕开了物理的、法律的和人事的控制。图书馆对管理自己数据的服务商了解得越多越好，必须明确特权管理员的招聘和监管要求，以及对访问的控制权限。

（二）法规遵从

尽管数据被云服务提供商所控制，但最终是图书馆对自己数据的完整性和安全性负责。传统的云服务提供商需要接受第三方的审计和安全认证。云服务提供商通常会拒绝这种审查，这意味着图书馆需要利用信息安全相关的政策法律来维护自身权益。

（三）数据位置

当图书馆使用云端的数据时，可能根本不知道已上传到云服务器的图书馆相关数据的存储位置。实际上，图书馆甚至不知道数据存储在哪个国家。所以，图书馆要求云服务提供商确定存储和处理数据的管辖区以及以合同的形式承诺遵守代表图书馆利益的当地隐私保护规定是必要的。

（四）数据隔离

云端的数据通常是处在一个共享的环境中，加密技术是有效的，但并不是万能的。所以找到数据隔离的方法很重要。云服务提供商应该提供加密机制，

---

① NIST. Definition of cloud computing v15，Computer Security Division，Computer Security Resource Center［EB/OL］.（2015 – 09 – 06）. http：//csrc. nist. gov/groups/SNS/cloud – computing/.

这是云服务系统由有丰富经验的专家所设计和测试的证据。加密事故会导致数据完全不可使用，甚至即便是正常的加密也会增加图书馆使用已上传数据的复杂程度。

（五）数据恢复

即使图书馆不知道自身已上传到云服务器中的各种馆藏信息资源的存放位置，但是云服务提供商应该告知图书馆在灾难发生的情况下数据和服务会发生怎样的变化。不能跨网站提供数据和程序基础设施的云服务是脆弱的，也是失败的。图书馆有必要了解云服务提供商完全恢复数据的能力以及需要的时间。

（六）应对第三方访问的支持度

为了保护图书馆上传到云服务器中的数据，或者图书馆在 SaaS 模式下所产生的一系列原始数据、过程数据和结果数据，不正当的或者非法的调查行为在云计算环境中应该是不被允许的。云服务是很难调查的，因为对多个用户来说，日志和数据可能是共存的，也可能分布在不断变化的主机和数据中心中；只有获得合同形式的承诺，或者是云服务供应商能够有足够的证据或理由，表明其为应对调查而允许第三方访问这些数据的合理性。

（七）长期的生存能力

理想情况下，云服务提供商不会破产，也不会被收购和兼并，但是不管发生了什么事情，图书馆都必须确定已上传或经由云服务器所处理的数据的可用性、完整性和可控性。在实践中，拟引入云服务的图书馆，有必要向即将合作的云服务提供商确定图书馆需要如何取回存放在云服务器的数据，以及如何导入可替换的应用程序来读取数据，包括将数据进行加密、迁移或删除的操作。

7.3.3　对个人数据的安全需求

从当前社会发展情况来看，个人数据安全面临的问题主要由个人、政府和企业三个方面引发。由企业引发的个人数据安全问题早已见之于报道，如2014 年网络上爆出了入住快捷酒店的记录可以在网上公开查阅的消息。2015年俄罗斯出台了个人数据保护法案，而有关该法案出台背景的相关报道提到，存储在 iCloud 中的数据，其服务器并非放置在俄国，而是在美国。因此，俄罗斯政府认为，苹果 iCloud 储存的用户信息极有可能被美国情报部门获悉。而俄罗斯颁布此项法令，也是为了避免本国居民的个人数据遭到别国监听。这实际涉及了数据主权和数据跨境传输的问题。

苹果手机有一项查找丢失手机的功能，如果启动了丢失模式，用户就可以在手机 SIM 卡被拔出或者关机的情况下收集该手机过去 24 小时的位置轨迹。也就是说，如果启用了查找丢失手机的功能，一个人带了一部苹果手机，即使把 SIM 卡取出或者将手机关机，他的行动轨迹也有可能并不完全是保密的。

关于苹果手机涉及的个人数据安全问题，还有一个例子。如果使用苹果手机，人们有时可能需要将手机中的数据导入便携式电脑中。当苹果手机和电脑进行数据传输时，通常情况下，会在用户的电脑同时新建一个文件夹，另外备份一份数据。用户如果用某一台不是本人的便携式电脑来拷贝 iPhone 中的数据，就会在这台电脑上同时留下一份备份数据。这就很容易造成个人数据的泄露。

同样，App 的安装与使用，也会使个人数据面临安全威胁。如果手机用户没有及时、全面地进行 App 权限管理，很多 App 在安装时均默认用户允许其查看用户手机中的通讯录、短信内容、图片，开启录音装置或摄像头。而用户由于个人自愿（也包括非自愿的情形）、不重视、不清楚或不懂得采取及时、有效的应对措施，导致一些未经授权的 App 可以获取个人数据。这已成为移动用户个人数据泄露的重要原因。

普华永道对使用云服务的用户所做的一项调查指出，使用云服务的人数占受访者的 47%，而在这些使用者中，只有 18% 的受访者认为云计算的安全问题非常重要，需要本机构加以重视。

个人数据对每个人来说是很关键的。俄罗斯总统普京就提醒本国国民不要使用谷歌的云存储服务，其理由是谷歌有政府背景，使用其服务可能会泄露个人数据。我国相关部门对个人数据安全也非常重视，从 2016 年 6 月开始，公安部发布了相关的网络安全执法检查工作方案。其中的一项行动，就是对存储的个人数据记录达到 100 万条以上的系统，开展全面的安全性检查。

美国对保护个人数据安全的立法是较为完备的，特别是对安全的定义、指标和级别的界定，都有明确的法律约束。其实，对于个人来说，人们所期望的是，自身的个人数据能不能可控，能不能保证在自身想要删除的时候能够真正地、彻底地得到删除。这是人们最为关注的一项安全指标。而从影响个人数据安全的风险因素来看，主要涉及管理要素、技术要素、场景要素、硬件要素。这些风险因素，一方面是引发个人数据泄露的原因，另一方面也是有关个人数据安全的法律法规需要关注的方向与领域。依据上文的分析，目前，对个人数据的访问与使用比较关切的是企业和政府机构，这两者也是威胁个人数据安全的风险因素。为此，我们开展了调研并进行了深入分析。

首先是由企业引发的个人数据安全问题。目前，有很多 IT 企业通过 App 来收集个人的行为数据和手机上的其他数据。概括起来，引发个人数据安全的风险因素，既来自企业的内部，也来自企业外部。其中，内部因素很多时候是由企业的内部员工引起。与此同时，通过调查发现，很多手机 App 的服务提供商，采用了格式化的服务协议。而这些涉及对个人数据进行处理的服务协议，往往对企业更有利，而对用户并不是完全有利的。这种情况就会导致个人数据被不恰当地收集和被不合理地使用。

需要指出的是，若是从数据处理的生命周期来看，在数据采集、数据存储、数据传输和数据利用这些环节中，我们尤其关注的是个人数据的利用，即收集我们个人数据的运营商，其使用目的与最终的呈现方式是什么。可是，我们国家现有的法律只规定了个人数据使用者需要在使用、服务协议中明确使用目的和使用方式即可，至于具体什么目的以及这类目的应符合什么条件，以什么方式以及这类方式应符合什么条件，均没有明确规定。这给个人数据使用者留下了较大的操作空间，同时给个人数据的直接利益主体带来个人数据泄露的极大风险。根据我们对国外有关个人数据的相关政策法律的调研，通常国外的政策法律会对个人数据的使用目的加以明确列举，而不是模糊地提及。

信息技术在给用户带来便利的同时，也使个人数据面临更大的安全隐患。比如，为了提高访问速度，Cookies 是服务器暂存在访问者计算机上的一些资料，借此让服务器来辨认用户的计算机，以根据用户的使用习惯有针对性地作出响应，提高访问速度。但是，黑客也可以通过 Cookies 来窃取个人数据，包括用户曾经访问的网页 URL、输入的关键词等。

再如，在云服务模式上，包括 IaaS、SaaS、DaaS、PaaS 等，都涉及数据传输、数据存储、数据处理和数据访问等，而每个环节都有可能引发个人数据的安全问题。目前，很多云服务提供商对于个人数据的保护承诺范围是比较宽泛的，且大多只对云服务提供商自身有利。特别是一些免费云服务的提供商，更是将用户个人数据的安全放置一边。

云服务提供商往往会有一些较为类似的免责声明，包括：如果是因为信息技术的固有原因，或者是数据传输过程中其他不可控的原因，云服务提供商可以不承担个人数据泄露、丢失的责任，更不需要赔偿由此导致的损失。比如，一些免费的云存储服务提供商，其在服务承诺中就明确提到，因为他们的云存储服务是免费的，所以，基于自身经营情况的考虑，他们有可能随时关闭已提供的各类云存储服务，并把存储在其云服务系统上的所有信息，当然包括个人数据，全部擦除，而且没有事先告知用户的义务。

其次是由政府机构引发的个人数据安全问题。在"棱镜"计划中，我们看到很多大公司，包括谷歌、微软、苹果、Facebook 等，都接受了美国联邦政府访问其运营数据包括个人数据的要求。从已公开的资料可知，虽然这些公司加入"棱镜"计划有时间的先后，但都在美国联邦政府可以访问其掌控的相关数据方面没有讨价还价的余地。

目前，政府机构希望访问与调查的个人在网络上的行为数据，主要是通过各个网络提供商来获取。据国外相关调查报告统计，从 2010 年到 2012 年，各国政府每年在每百万人口中通过相关网络服务提供商进行数据调查与访问的数量都在上升。虽然这个报告没有统计我国的相关数据，但也可以看到各国政府机构对个人数据访问与调查的普遍性和迫切性。

概括起来，当个人数据当事人通过与图书馆达成的协议确认个人数据可以由图书馆进行收集、处理和存储时，图书馆即充当起个人数据管理者的角色。在个人数据安全的基本指标方面，图书馆需要确保个人数据的完整性、保密性、可用性和规范性。同时，图书馆应该考虑通过采取信息技术、利用信息政策法律等手段，确保图书馆自身、第三方（主要是政府机构和公司企业）对个人数据的任何访问与操作，都应使个人数据当事人知情。而且个人数据当事人对个人数据所进行的修改，图书馆应该有专业的管理机制确保只保留最新版本，且要保留用户的一切操作记录。在个人数据当事人确认与图书馆中止合作时，图书馆应该将个人数据，不管是存储在本地服务器中的，还是基于 DaaS 服务而托管在云服务提供商服务器上的，都进行彻底删除。

7.3.4　对虚拟化计算资源的安全需求

云计算服务的规模化、集约化、专业化彻底改变了信息资源大量分散于终端设备的格局。图书馆通过应用云服务，利用虚拟化技术组织分配和使用计算资源的模式，有利于合理配置图书馆的资源。当然，虚拟化技术本身仍存在很多安全问题，全新的技术架构、组织结构、进程以及管理系统都会产生很多的潜在隐患。基于陈驰等学者从技术层面对虚拟化技术安全问题的研究成果①，虚拟化计算资源的核心是虚拟机，那么，虚拟化计算资源的安全问题，实际也是虚拟机的安全问题。因此，结合本书第 5 章和第 6 章关于图书馆应用云服务的特点，将图书馆在虚拟化计算资源方面的安全需求概括为 4 个方面。当然，这些安全需求的满足，可以同时采用信息安全技术和信息安全政策法律的手段来实现。

（一）确保图书馆所订购的虚拟机不被非法创建

随着虚拟化技术的不断成熟，虚拟机的创建越来越容易，数量也越来越多，导致回收计算资源或清理虚拟机的工作越来越困难，这种失去控制的虚拟机繁殖被称为虚拟机蔓延。在图书馆应用云服务提供商提供的虚拟机服务时，需要确保图书馆被授权使用的虚拟机不被非法创建，避免图书馆所使用的服务器出现僵尸虚拟机、幽灵虚拟机、虚胖虚拟机等影响图书馆虚拟机使用效率的安全风险。

（二）避免对虚拟机的特殊配置而引发安全隐患

从目前国外图书馆对云服务提供商提供的虚拟化服务的应用情况来看，图书馆经常会模拟不同的操作系统配置，仿真各种各样的操作系统环境。例如，图书馆负责软件开发的馆员，打算在现在和以前的操作系统上同时测试其所开发的各类软件，以保证该软件可以适用于所有图书馆用户的客户端，为此，这些馆员可能就会在云服务提供商云服务中心中租用多个虚拟机。然而，这种特殊化的虚拟机配置却带来了一定的安全风险。首先，图书馆员会在一些虚拟机上故意不更新所有的补丁，以保证其所开发的软件在有或没有这些补丁的情况下都能正常工作。但是，图书馆在使用这些虚拟机时，未及时安装补丁而存在的系统漏洞就可能会被攻击者发现并利用，使该虚拟机遭受攻击，引发信息安全风险。其次，在传统的共享物理服务器中，分配给每个图书馆员的账户权限都有一定的限制。然而在虚拟化基础架构中，经常将虚拟机客户操作系统的管理员账户，同时分配给若干名图书馆员，这些馆员都具有移除安全策略的权

---

① 陈驰，于晶. 云计算安全体系 [M]. 北京：科学出版社，2014：100－210.

限。如果该馆有一位图书馆员泄露了这一账户的信息，且被恶意使用，就会让图书馆可以使用的虚拟化计算资源遭受安全威胁。

（三）全面消除虚拟机状态恢复隐患

按照当前的技术原理，虚拟机的虚拟磁盘中的内容通常是以文件的形式存储在主机上。每当发生改动时，大多数虚拟机都会对虚拟磁盘的内容采取快照处理。因此，虚拟机的状态信息会被保留在主机上，从而使得虚拟机具有恢复到先前某个状态的能力。这样的功能类似个人操作系统上的"还原点"功能，有助于用户找回丢失的数据，并且能够有效地删除当前系统中的病毒。然而，虚拟机状态恢复机制在带来好处的同时也给系统安全性带来了极大的挑战。首先，当新的安全补丁发布时，用户可以采用默许安装补丁的方式，确保物理机能够及时地更新补丁并能够持续地保持补丁更新。虚拟机可能也获取了这个安全补丁并进行更新，但是由于某些原因，图书馆员需要将虚拟机恢复到先前的某个状态，由于当前虚拟机技术的限制，在此种情况下，该虚拟机可能从此将再也不会自动更新补丁，从而给系统的稳定性和安全性带来威胁。其次，构建安全性操作系统的一个准则是将敏感数据保留在系统中的时间最大限度地减少，而虚拟机的状态恢复能力却违背了这一原则。因为，曾经在虚拟机客户操作系统中存在过的信息仍然无限期地保留在主机操作系统中。如果攻击者攻破了虚拟机监控程序，访问到主机上每个虚拟机的状态信息，那么他将能够访问虚拟机上曾经含有的所有信息。

（四）有效防止或抵抗虚拟化的安全攻击

随着虚拟化技术的广泛应用，针对虚拟化架构的安全威胁和攻击手段日益增多，甚至已经威胁到人们的切身利益。目前的虚拟化安全攻击包括虚拟机窃取和篡改、虚拟机跳跃。首先，图书馆在使用云服务提供商提供的虚拟机计算资源时，由于虚拟机本身不具有物理形态，大多数虚拟机监控程序将每个虚拟机的虚拟磁盘内容以文件的形式存储在主机上，这就使得图书馆使用的虚拟机能够很容易地被迁移出物理主机。对图书馆 IT 管理员来说，这是一个便于利用的特点，能够轻松快速地将图书馆已经使用的虚拟机环境，在云服务提供商的其他物理主机上进行重建，同样，对攻击者来说也是如此。攻击者可以在不用窃取物理主机或硬盘的情况下，通过网络将虚拟机从原有环境迁出，或者将虚拟机复制到一个便携式存储介质中带走。一旦攻击者能够直接访问到虚拟磁盘，则其就有足够的时间来攻破虚拟机上所有的安全机制，如使用离线字典攻击破解出密码，进而能够访问虚拟机中的数据。由于攻击者访问的只是虚拟机的一个副本，而非真正的虚拟机本身，因此在原来的虚拟机上不会显示任何入侵记录。另外，如果物理主机没有受到有效的安全保护，攻击者可能会趁虚拟机离线时破坏或者修改虚拟机的镜像文件，致使虚拟机的完整性和可用性受到威胁和破坏。因此，负责图书馆云服务应用的馆员，应该确保自身所使用的虚拟机资源不被窃取。其次，防止图书馆所使用的虚拟机出现跳跃。虚拟机跳跃是虚拟化安全攻击中一种常见的攻击方式。由于虚拟化的实现方式，同一个虚拟机监控程序上虚拟机之间能够通过网络连接，在 IaaS 等技术的帮助下，共享该物理服务器上的内存或者其他共享资源。基于这一点，攻击者基于一台虚拟机可以通过某种方式试图获取同一个虚拟机监控程序上的其他虚拟机的访问权限，进而对其展开攻击，以获得同一物理服务器上正在使用的其他虚拟机的操作权限，危害其运行的稳定性、损坏其所处理的图书馆信息资源、威胁用户个人数据安全等。

7.4　云计算环境下图书馆信息资源安全风险的主要类型

　　云计算给图书馆等活动主体带来的信息资源安全问题包括①：不同云服务提供商的服务与隐私保护条款存在差异导致用户面临不同的隐私和保密风险；对某些信息或某些云服务用户而言，其隐私和保密权利、责任、法律地位将因用户向云服务提供商公开的信息而发生改变；信息公开和远程存储将给个人数据和商业信息的有效保护和法律地位带来不利结果；信息存储与处理的物理地点的复杂性将给信息的隐私和保密及负责信息存储和处理的云服务提供商在隐私责任、信息完整性、信息可控性和抗否认性方面产生直接影响，导致同一信息同时会适用于不同属地的法律，法律适用的复杂性进一步加剧；出于搜集犯

---

　　① World Privacy Forum. Privacy in the clouds：Risks to privacy and confidentiality from cloud computing [EB/OL]. （2009 – 02 – 23）［2011 – 02 – 17］. http：//www. worldprivacyforum. org/pdf/WPF_Cloud_Privacy_Report. pdf.

罪行为或其他事务相关证据的需要，法律可能迫使云服务提供商审查用户的使用记录；立法的不确定性致使云计算环境下信息受法律保护的地位、用户隐私和信息保密的权限难以清晰界定等。概括起来，云计算环境下图书馆信息资源安全面临的风险包括数据风险和法律风险。

7.4.1　面临的数据风险

国外学者 Sumter L Q 指出，就目前来说，从技术角度探讨了云计算的安全风险问题，归纳起来有以下几个方面。① ①特权用户访问风险。云服务提供商对数据进行处理的过程中，会允许一些特权管理员对数据进行访问。如果这些管理人员滥用特权，恶意窃取和挪用数据，就会对数据的机密性、完整性和可用性造成威胁；②数据传输风险。云计算环境是一种分布式结构，相对于传统的架构，传输路径更多，增加了传输过程中被窃听和攻击的风险；③共享存储数据风险。云中的数据往往是存储在一个共享的环境中，尽管有加密技术，但这并不能规避一切安全风险。而且一旦出现加密技术事故还会导致数据不可用；④数据恢复风险。如果数据遭到人为或者自然灾害的毁坏，云服务提供商是否有能力对数据进行恢复以及恢复是否可以在短时间内完成也是极其重要的；⑤调查支持（数据跟踪功能）风险。由于数据分布的主机和数据中心通常是不断变化的，很难从同一台服务器收集到需要的数据，因而获取云中的数据作为证据也是困难重重；⑥长期发展的风险。云服务提供商一旦破产或者被收购和兼并，对数据的可用性、完整性以及安全性，也会造成威胁。

目前，图书馆界对于云服务并不只是停留在理论研究层面的探讨，而是已经开始各种云服务的应用尝试，真正实现了云服务与图书馆日常工作的结合。比如，俄亥俄州图书馆与信息合作网（OhioLINK）接受 Amazon 的云计算服务，由 Amazon 托管一小部分公共数字资源；华盛顿哥伦比亚区公共图书馆使用 Amazon 的弹性计算云（EC2）服务托管它们的网站，并使用 Amazon 的 S3 服务备份图书馆集成系统；东肯塔基大学图书馆使用 Google Docs 收集网站表格的回复，使用 Google Calendar 作为培训和会议的日历。在我国，CALIS 向全国高校图书馆推出了国家级云服务中心和省级云服务中心两级云数字图书馆共

---

① SUMTER L Q. Cloud computing：Security risk ［C］//Proceedings of the 48th Annual Southeast Regional Conference. ACM，2010：112.

享服务平台；东莞市图书馆建立了市域公共电子阅览室的云服务管理中心等。

但是，任何一项技术的发展都伴随着各种机会和挑战，云计算也不例外。其不仅给图书馆带来诸多益处，也给图书馆带来了一系列的信息资源安全问题。概括起来，云计算给图书馆带来的数据风险集中体现在数据存储、数据传输、数据访问和服务安全4个方面。

（一）数据存储

在云计算模式下，图书馆各种类型的数据随机分布在不同物理位置的各个虚拟数据中心，此时，数据隐私保护有可能面临不同法律体系的争议。在数据安全方面，图书馆一旦将数据存储到"云端"，就已经不是事实上的数据拥有者和数据处理者，云服务提供商拥有甚至超过图书馆用户的权限，一旦这些权限失控，就会影响到图书馆用户的数据隐私。且当发生数据丢失时，云服务提供商如果不能对图书馆的数据进行及时的、完整的恢复，也就无法使得图书馆用户相信自己的数据是安全的。在数据删除方面，"云端"的数据能否彻底删除也会影响到图书馆用户的个人数据隐私。由于云服务提供商会对数据进行定期备份，那么放在"云端"的某位读者有关阅读倾向的数据被删掉之后有可能还是可以被查到，这样一来，用户的隐私便得不到很好的保障。

（二）数据传输

黑客、病毒等是威胁云计算时代网络信息安全的致命因素。"云"高度整合着各类型、各地域的图书馆的数字化资源，且云环境非常复杂，这大大增加了黑客利用云环境下的安全漏洞来窃取图书馆用户数据或破坏数据的机会，甚至还会迅速扩散到与云计算系统相连接的其他用户的计算机系统，造成很大的损失。除了黑客、病毒等带来的安全风险，硬件系统也有可能造成信息失密，如计算机内的信息可能通过电磁波形式泄露出去，外部网络通信线路也可能被截获、监听等。

（三）数据访问

在数据访问方面，图书馆面临的信息安全问题主要体现在身份管理、访问控制、用户权限等方面。在云计算模式下，不仅仅图书馆是其数据的拥有者，云服务提供商也拥有这些数据，在受到某种经济利益或政治目的驱使的情况下，一些云服务提供商就有可能会以图书馆未知的方式越权访问图书馆用户数据，侵犯图书馆用户的隐私，给图书馆带来无可挽回的后果；且云端的数据处于高度共享的环境中，如果缺乏合理的用户访问控制，缺乏对信息操作权限的有效管理，就会导致图书馆的数据被非法访问。

（四）服务安全

云计算是一种基于互联网的计算模式，对网络的依赖程度非常强。而停电、地震等突发性事件或软件故障、硬件老化、人为操作失误等都有可能造成网络故障。一旦发生网络故障，将会造成云计算服务中断，图书馆将无法正常工作。此外，云计算服务商破产或被他人收购，也会造成服务中断或不稳定。服务安全方面还包括服务协议的合法性。在云计算模式下，一些恶意的云服务提供商为图书馆提供的服务内容有可能根本不能满足服务协议的约定，这也会给图书馆带来安全风险。

通过对主要的云服务提供商的隐私政策及使用条款的分析可以看出，当前图书馆使用云产品面临着诸多安全风险，要使图书馆更加放心大胆地使用云服务，促进云计算更好更快地发展，不仅需要云服务提供商从技术的角度使得云服务安全威胁行为"想为而不能为"，为图书馆数据和服务提供充分的安全保障，还需要立法界通过制定严格的法律使得对云服务发出安全威胁的行为主体"能为而不敢为"。

7.4.2 面临的法律风险

鉴于目前对云安全的研究多是出于技术角度，本书从法律角度来分析云计算环境下面临的风险问题。

（一）责任风险

在云计算环境下，云服务提供商不仅会和大量的终端用户建立合同关系，还会和其他服务商建立合作关系，因为一项服务的提供有时需要多个服务商共同合作才能完成。这就使得云计算中的合同关系网络纵横交错。

不仅如此，这种合同网络关系还是动态变化的。尽管云中的资源是无限的，但是用户可用的资源却是有限的。在较短的时间内，用户的需求可能增加也可能减少。当用户的需求增加时，用户可能和既定的云服务提供商升级其订阅的服务，也可能和一个新的云服务提供商订阅新的领域中不同的服务；同样的，如果用户的需求减少，用户可能会减少和既定的云服务提供商订阅的服务，也可能解除合同关系，选择新的云服务提供商。表面看起来，主动权是掌握在用户的手中，实际不然。云内部的操作本质上是不透明的，其内部结构和运转方式通常不会向公众进行披露，用户对于云服务提供商使用、存储以及处理数据的方式以及服务交付的方式基本处于未知的状态。基于云的动态特征，云服务提供商也可以决定在任何时候将部分基础设施和业务外包给第三方，并且不会通知合同关系中的用户。

鉴于上述情况，一旦发生数据安全方面的事件，用户很难追究云服务提供商的责任。具体来说有以下两种情况。[①]

（1）难以追究第三方提供商的责任。正如前文所讲，一项服务的提供往往是多个服务商共同合作完成的，所以造成数据泄露等安全事件的责任方在于第三方的可能性就会很大。但是由于用户与该云服务提供商没有直接的合同关系，因而不存在法律上的权利义务关系，从而难以形成约束，并追究其相关责任。

（2）难以追究合同关系中的云服务提供商。云服务提供商将部分服务和业务外包给其他服务商，在一定程度上会对服务质量和数据安全带来风险。由于云服务提供商向终端用户提供的大部分服务标准是建立在服务协议上的，而协议通常会约定服务商对于第三方的活动不负有任何责任，因此在这种情况下，云服务提供商就成功"推卸"了相关责任。

（二）管辖权风险

云计算数据中心在全球广泛分布，毋庸置疑，几乎所有的云计算系统都会涉及多个管辖区的法律，包括用户所在地的法律、云服务提供商所在地的法律、数据所在地的法律以及用户和提供商之间进行信息传输的媒介所在地的法律。一般情况下，基本可以确定用户、云服务提供商以及传输媒介的位置，但是很难确定数据的具体位置，具体有以下几个方面的原因。

（1）为了快速响应用户的请求，确保以较低成本提供可靠的服务，同一

---

① BOURCIER D, DE FILIPPI P. Cloud computting: New research perspectives for computers and law [M] //AI Approaches to the complexity of legal systems: Models and ethical challenges for legal systems, legal language and legal ontologies, argumentation and software agents. Springer Berlin Heidelberg, 2012: 73 – 92.

数据可能同时存储在多个管辖区。

（2）在实际的处理过程中，根据资源的利用率以及网络拥堵的情况，数据会在数据中心之间进行转移。

（3）在不通知用户的情况下，出于实际的需要，一些云服务提供商选择把一些数据的处理外包给第三方提供商。

此外，尽管有些云服务提供商允许用户指定数据存储和处理的国家或地区，但实际上很多数据的地理位置是很难提前确定的。基于上述情况，往往难以确定用户数据的准确位置。

如果一旦发生数据泄露等问题，如何确定适用于云中存储的信息的管辖权所涉及的法律是首要解决的问题。不同国家乃至不同地区的法律规定都不尽相同，往往还会出现相互矛盾的情况，如美国的法院可以责令收集整理来自在法国办公的美国公司发现的情况，但这样的披露行为就会违反法国的抵制法令（Blocking Statute）。① 这些都增加了云计算环境下的管辖权风险。

（三）执法风险

云计算的分布式环境增加了犯罪的概率，同样也增加了执法的复杂性。具体表现在以下两个方面。

（1）难以确定云中的犯罪级别。如果黑客对数据中心进行非法访问，分别从 1000 个甚至更多的账户获取数据。这种情况下，执法人员需要从数以百计的账户中收集信息，才能确定信息的价值是否超过了法律中规定的数额，如美国计算机欺诈和滥用法令（CFAA）规定的经济损失金额界限是 5000 美元，包括修复计算机系统的费用、收益的损失等。云服务提供商应对非法攻击的设备成本容易计算，对于那些花费大量时间但是花费较少费用的用户来说其损失是难以计算的。不仅如此，尽管黑客通过一个入口非法访问了成千上万的用户信息，但是看起来像是只入侵了一台计算机，这样一来，黑客就很难被认定为

---

① MARTINET LAURENT, AKYUREK OZAN. The Perils of taking discovery of France［EB/OL］.（2009 - 09 - 01）. http://www.jonesday.com/files/Publication/a52851fa - 6c10 - 4467 - afcb - 0894b8ae6e73/Presentation/PublicationAttachment/206bf819 - b8c9 - 41c8 - bbe3 - 0dd390b8ed0e/.

应该受到重罪处罚。①

（2）难以收集云中的证据。传统情况下，执法机构可以利用存储数据的物理设备，通过冻结信息，降低数据被犯罪者移除、复制、删除或者破坏的可能性，提高数据成为证据的可能性。但这并不适用于云环境。因为多个用户的数据可能在同一服务器上，也可能分布在不断变化的主机和数据中心上。② 用户在使用云中的应用之后留下的注册表项（记录用户活动）和临时文件会随着用户退出应用程序而丢失，这些证据是无法恢复的。更何况还会涉及管辖权问题。一旦涉及不同的法律规定，收集和调查证据就会面临更多的挑战。

---

① IQBAL A，BLACK B，FISHER C，et al. Cloud Computing & National Security Law ［EB/OL］. ［2021 - 06 - 02］. http：//aeademia. edu1526807/CLOUD_COMPUTING_and_NATIONAL_SECURITY_LAW.

② STEPHEN J BIGGS. Cloud computing & the impact on digital forensic investigations ［EB/OL］. （2009 - 03 - 06）. http：//www. zdnet. co. uk/blogs/cloud - computingand - the - impact - on - digital - foren-sic - investigations - 10012285/cloud - computing - and - theimpact - on - digital - forensic - investigations - 10012286/.

第8章 云计算环境下图书馆信息资源安全风险的原因剖析

图书馆应用云服务后面临的信息安全问题，从数据管理生命周期来看，涉及数据采集、数据保存、数据传输、数据使用和数据删除等各个环节。从法律问题的层面来看，涉及隐私权保护、知识产权保护、取证、管辖等问题。信息安全问题能否得到妥善应对，影响着图书馆及其用户在使用云服务过程中的切身权益。如何确保图书馆的数据在网络传输过程中不被窃取？如何防范书目数据、读者数据、流通数据等各类数据的意外丢失、毁损及被非法收集、处理、利用？在开展面向个人数据存储与管理服务的过程中，如何确保个人数据当事人的隐私权？图书馆在与云服务提供商制订云服务协议时，如何合法维护自身的信息安全权益？这些都是图书馆在应用云计算时需要全盘、时刻考虑的问题。从本书第7章的分析中可知，云计算环境下图书馆信息资源安全面临的风险主要包括数据风险和法律风险。而从政策法律可以解决的角度来看，引发云计算环境下图书馆信息资源安全风险的因素，还包括图书馆与云服务提供商商定的云服务协议。因此，本章将主要从云服务的协议和政策法律这两个角度，探讨由这两方面引发的图书馆信息资源安全风险，以此为第9章从政策法律角度分析当前有关云计算环境下信息安全政策法律的特点、在第10章构建适用于云计算环境下图书馆信息资源安全需求的法律框架打下基础。

8.1 概述

作为唯一一份定期跟踪云计算国际政策格局变化的报告，2016年BSA全球云计算计分卡Scorecard显示，全球应用云计算的基础条件在世界各地正在不断改善。即使如此，也有一些国家存在例外，这使得这些国家的市场经济增长缓慢。该报告指出，促进云计算的发展，需要各国政府和有关组织在以下7个方面加大投入：①确保隐私。云计算的成功取决于用户的信心，他们有信心自身的信息不会以意想不到的方式被使用或泄露。同时，为了最大限度地发挥云的优势，云服务提供商必须能够自由地以最有效的方式通过云端来移动数据。②促进安全性。用户必须确保云服务提供商了解并能正确管理在云中存储和运行应用程序所固有的风险。云服务提供商必须能够在不需要使用特定技术的情况下，实现先进的网络安全解决方案。③打击网络犯罪。网络空间就像现实世界一样，法律必须提供有意义的威慑和明确的行动原因。法律系统应该为执法人员和云服务提供商本身提供一种有效的机制，以防止在未经授权的情况下访问存储在云中的数据。④保护知识产权。为了促进持续的创新和技术进步，知识产权法律应提供明确的保护和有力的执行，以防止盗用和侵犯云的发展。⑤确保数据可移植性和国际规则的统一，促进世界各地的数据流动通畅，如不同的云服务提供商之间的数据流动需要各国一起努力来促进开放性和互操作性。政府应与行业合作制定标准，同时也致力于尽量减少与云服务提供商的法律义务冲突。⑥促进自由贸易。从本质上说，云技术是跨国界的。云计算促进经济增长的能力取决于超越自由贸易壁垒的全球市场，包括对特定产品或供应商的偏好。⑦建立必要的IT基础架构。云计算需要强大的、无所不在的、经济实惠的宽带接入。

云计算环境下图书馆信息资源的安全问题，既有在应用云服务之前就已存在的信息安全风险，也有在应用云服务之后新增的各类信息安全风险。图书馆并不会因为应用云服务而消除没有应用云服务之前就已经存在的信息安全风险。事实上，旧的信息安全问题依然在不同程度上继续存在，而新的信息安全问题也不容忽视。因此，考察云计算环境下图书馆信息资源安全风险的问题，并不能片面地只考虑应用云服务后新增的信息安全风险。

从整体上看，云计算环境下图书馆信息资源的安全问题包含两个大的方面：图书馆内部环境中的信息资源安全和图书馆外部环境中的信息资源安全。内部环境中的信息资源安全问题是指图书馆自身监督管理不到位等问题导致的信息资源安全风险；外部环境中的信息资源安全问题是指图书馆在利用云服务过程中由外部大环境导致的信息资源安全风险。

8.1.1　图书馆内部环境引发的信息资源安全风险

图书馆内部环境中的信息资源安全问题，是指由于图书馆自身的原因所导致的信息资源安全风险，主要体现在 4 个层面：基础设施、数据管理、技术漏洞以及数据可信度。其中，基础设施层面又包括自然灾害、网络硬件；数据管理层面包括操作失误、非恶意泄露、恶意泄露；技术漏洞层面包括安全防护、实时监测；数据可信度包括数据出处、数据失真。

（一）基础设施

基础设施层面的图书馆信息资源安全主要是指图书馆基础设施的损坏、老化等导致的信息资源安全风险。主要包括两个方面：自然灾害和网络硬件。

（1）自然灾害。这里的自然灾害主要是指台风、地震、洪水以及火灾等。即便国内外已有图书馆将数据存储在云服务提供商处，但有的图书馆仍会在馆内建立数据备份。这些数据备份通常会存储在图书馆的服务器中，一旦发生上述自然灾害，很容易造成服务器的损坏，进而造成数据的丢失。或者，由于停电等不可控因素，将导致数据传送过程中线路的突然中断，这也会造成数据的丢失①，影响数据的安全。

（2）网络硬件。首先，由于数据量的爆炸性增长，现有的硬件设备和存储环境已经不能满足海量数据的存储需求。其次，硬件老化或是网速迟缓也会影响数据的传输速度。因此，在数据传输的过程中，一旦硬件设备的功能滞后或是老化而导致传输速率的降低，网络延迟就可能导致系统的崩溃，进而造成数据的丢失和泄露，威胁到数据的安全。

（二）数据管理

数据管理层面的图书馆信息资源安全问题主要是指图书馆在对数据进行管理的过程中，图书馆内部管理不善而造成的数据泄露等风险。具体包括操作失误、非恶意泄露以及恶意泄露三个层面。

（1）操作失误。无论经验多么丰富的数据管理人员，都有可能出现操作不当的情况。在操作过程中，有可能存在误删系统的重要文件或是误改影响系

---

① 李洪洋. 大数据环境下的数据安全研究［J］. 电子技术与软件工程，2013（20）：250.

统正常运行的参数，又或是没有按照规定的要求操作，导致系统宕机等。尤其在面临海量数据以及操作复杂的系统时，出现操作失误的概率会大大增加。上述操作的失误都会威胁到图书馆信息资源的完整性与安全性。

（2）非恶意泄露。主要是由于图书馆内部没有制定严格的数据操作规章制度，使得图书馆员对信息资源的操作不具有规范性，增加了信息泄露的风险。比如，在不符合安全要求的地点传递数据：由于当前许多图书馆允许馆员利用安装在自己电脑上的程序进行数据分析，使得图书馆的相关信息资源有可能存储在馆员的智能手机或其他移动设备上，从而增加了数据丢失和泄露的风险。①

（3）恶意泄露。即使图书馆重视保护本馆信息资源、个人数据的隐私和利益，但是有时数据还是会落入不法分子之手并被滥用。因为图书馆收集的许多数据不断地被其内部的馆员以及外部的合作者所访问，具有恶意泄露倾向的图书馆员或不受信任的合作伙伴可能会滥用、泄露其所经手的相关信息资源，并出卖这些信息以牟利。这主要是图书馆缺乏完善的信息安全保护政策导致的。

（三）技术漏洞

技术漏洞层面的图书馆信息资源安全问题主要是指由于数据的非线性增长，现有的信息安全技术已经难以确保海量数据的绝对安全，从而导致数据的安全风险增加。具体包括安全防护和实时监测两个方面。

（1）安全防护。图书馆信息资源的爆炸式增长对现有的安全防护技术提出了更高的要求，这导致安全防护技术的更新跟不上数据非线性增长的步伐，从而暴露出图书馆信息资源安全防护的漏洞，给网络黑客和不法分子以可乘之机。②

（2）实时监测。除了安全防护技术相对滞后之外，现有的实时监测技术也无法对图书馆所有信息资源（包括图书馆存储在云服务提供商的信息资源和存储在本地服务器上的信息资源）进行全方位的、完全实时的监测，这导

---

① TIBCO SPOTFIRE. Mitigating the security risks of big data [EB/OL]. (2014 – 12 – 01). http：// spotfire. tibco. com/blog/? p = 20027.

② 方世敏. 大数据面临的信息安全问题分析 [J]. 计算机光盘软件与应用，2013（19）：160 – 161.

致图书馆的信息安全风险大大增加。知名网络安全技术公司 McAfee 的一项研究表明，拥有大数据的企业中，只有 35% 的企业有能力在几分钟之内监测到数据的安全漏洞，22% 的企业需要一天时间才能监测到，还有 5% 的企业需要一个星期的时间才能监测到。平均下来，每个企业监测到数据的安全风险需要花费 10 小时。[①]

（四）数据可信度

图书馆信息资源可信度层面的信息安全问题是指其自身的真实性或者可信度，具体分为数据出处和数据失真两个层面。

（1）数据出处。大数据使得图书馆可以拓展处理的数据规模，但是很难保证所处理的每一条数据都是真实可信的。[②] 对图书馆的各类信息资源进行分析挖掘，其前提是所依据的数据是真实可靠的，如果在数据真实性环节就出了问题，那么分析得出的结论不但毫无价值，甚至还会造成危害。

（2）数据失真。主要是指图书馆信息资源在传播的过程中可能失真。失真的原因有可能是人为干预数据采集的过程从而导致数据的失真与误差，也有可能是由于数据版本的变更导致采集的数据出现误差。但是无论上述哪一种原因，都会影响数据的真实性和可信度，进而影响到图书馆信息资源的安全。[③]

8.1.2　图书馆外部环境引发的信息资源安全风险

外部环境中的信息安全问题，是指图书馆所处的外部大环境中的趋势或潮流所导致的信息安全风险，主要包括图书馆行业自律性和黑客攻击两个方面。

（一）行业内自律性

目前，我国有关云计算环境下数据安全的政策法律仍不完善，导致掌握相关信息资源的组织尤其是企业，会利用各种数据特别是用户的个人数据进行牟

---

① Business Spectator. Big data mismanagement a security risk：McAfee［EB/OL］. （2014 - 12 - 01）. http：//www. businessspectator. com. au/news/2013/6/19/technology/big - data - mismanagement - security - risk - mcafee.

② CÁRDENAS A A，MANADHATA P K，RAJAN S P. Big data analytics for security［J］. IEEE Security & Privacy，2013（6）：74 - 76.

③ 冯登国，张敏，李昊. 大数据安全与隐私保护［J］. 计算机学报，2014（1）：246 - 258.

利。事实上，很少有企业会自觉地完全遵守数据保护的相关法律。① 由于目前还没有形成成熟的、被普遍接受的法律规制，因此许多公司都根据自己企业的境况制定自己的信息安全政策。对于图书馆来说，若具有图书馆信息资源、个人数据等传输与操作权限的馆员缺乏职业道德，或者是图书馆行业没有形成良好的行业自律性，便有可能给图书馆信息资源带来安全威胁。

（二）黑客攻击

黑客攻击将进一步加剧云计算环境下图书馆信息资源的安全风险。首先，图书馆所收集和拥有的数量庞大的各类信息资源及其蕴含的巨大价值，对于网络黑客等不法分子来讲就是一个巨大的诱惑。② 其次，在互联网环境下，云存储模式下的数据更加容易被发现，也更加容易被攻击。其原因是，在数据较多且更加复杂的背景下，黑客可以更好地监测其存在的漏洞，进而对其进行攻击。③ 可见，将图书馆的相关信息资源集中存储到云服务提供商设置的虚拟服务器，在一定程度上会成为黑客的攻击目标。这不仅是因为其价值很高，根据本书关于虚拟化计算资源安全需求的分析来看，更是因为对虚拟服务器发起进攻，具有更高的技术可行性和成功概率。

8.2 个人数据面临的安全风险

现有的信息技术已经可以追踪到用户几乎所有的行为，通过（收集）用户通信数据以及对用户进行网络跟踪、射频识别等可以收集到用户的地理位置数据、视频监控数据甚至是财务数据。这导致人们的行为——去了哪里、住在哪里、在哪里工作以及宗教偏好等敏感信息面临被非法暴露的风险。④ 最主要

---

① RICHARD CUMBLEY, PETER CHURCH. Is "Big Data" creepy? [EB/OL]. (2014 – 12 – 01). http://down. 51cto. com/data/1071322.

② 肖广娣，凌云. 大数据时代信息安全分析 [J]. 电脑知识与技术，2013 (35)：7937 – 7938.

③ 方世敏. 大数据面临的信息安全问题分析 [J]. 计算机光盘软件与应用，2013 (19)：160 – 161.

④ JANSSENS D, KNAPEN L, KORNER C, et al. Report on big data available and privacy aspects [EB/OL]. (2014 – 12 – 01). http://www. gfsoso. com/scholar? q = D1. +1 + Report + on + Big + Data + A-vailable + and + Privacy + Aspects.

的是，很少有用户试图反抗这种行为①，或者是意识到这种个人数据的泄露可能引发的严重后果。人们明知道自己的快递单号或手机号被企业出售给了第三方，虽然可能也会愤怒，却没有积极行动起来寻求法律的保护，也没有联合起来抵制企业的不法行为。此外，随着社交网站的普及以及人们分享意识的不断强化，越来越多的用户乐于和他人分享自己所处的地理位置或是之后的活动安排。② 比如，现在有一种地理信息数据被称为贡献型地理信息，是指该信息是用户自愿将自己所处的地理位置发布到网上与他人共享的。这导致用户的私人信息在用户主动甚至是十分乐意的情况下被泄露。可见，用户个人数据保护意识的薄弱将导致用户个人数据泄露的风险加大。

与此同时，一些企业为了更进一步挖掘或精准识别潜在用户，会采用技术手段，对通过多种渠道收集的同一个人的多种片断信息进行整合。例如，2012年 3 月，Google 修改了其隐私政策，允许将其旗下所有服务的相关数据整合在一起，为其用户建立一个更加细化的个人记录，以提升其广告推广的精准性。但是，Google 的这一举动引起了隐私监管部门的迅速回应。CNIL 指出，如果Google 没有合理地解决隐私问题，其将竭力对 Google 的行为进行"管制"。③事实上，类似于 Google 这样对个人数据进行整合的方式，将严重地侵害到个人数据的安全性。当将多个数据池中的个人数据进行整合时，隐私风险也将成倍增加。这是由于人们很难从单条数据中推断出用户的身份，但是当对多条片断数据进行整合分析后，推断出用户身份特征的概率将大大增加。

依据本书第 5 章的分析，通过借助 DaaS，国外已有图书馆开始尝试启动面向数字化的个人数据的存储与管理服务。通常情况下，图书馆会与每位接受这种服务的用户签订委托协议，以确保在出现个人数据的安全问题时，双方能够厘清责任，快速应对。尽管如此，由于信息技术的快速发展、用户的个人数据保护意识与能力的不足，以及企业——尤其是基于手机 App 开展业务的企业，对个人数据的依赖，用户提交给图书馆进行存档的个人数据，有可能在提

---

① LI L, GOODCHILD M F. Is privacy still an issue in the era of big data—Location disclosure in spatial footprints［C］. Geoinformatics, 2013 21st International Conference on. IEEE, 2013：1 - 4.

② TENE O, POLONETSKY J. Privacy in the age of big data：A time for big decisions［J］. Stanford Law Review Online, 2012（64）：63.

③ CUMBLEY R, CHURCH P. Is "Big Data" creepy? ［J］. Computer Law & Security Review, 2013 (5)：601 - 609.

交之前就已经被非法收集了。依据目前的情况来看，除了个人数据当事人，政府机构和公司企业对个人数据更为关切。政府有关机构会出于管理、侦查等目的，自行收集、存储和使用个人数据，或者是要求收集个人数据的机构，包括公司企业、事业单位，在必要时为其提供个人数据的访问或其他方式的使用。对于政府机构来说，软件技术、硬件设备、纪律要求和人员素质等方面对其确保所收集和保存的个人数据的安全，都有明显的优势。

但是，对于企业来说，由其所引发的个人数据安全风险与其他方（诸如政府或用户个人）引发的个人数据安全风险的不同在于，企业主要以利益驱动为主，不同企业的技术实力与遵纪守法的意识参差不齐，在云计算、大数据和移动网络环境下，用户与企业频繁的交互，企业对个人数据的不当使用与窃取的可能性将更大。因此，对于图书馆来说，若能在与用户签订数字化的个人数据存储与服务协议时，明确这种由企业而非图书馆引发的安全风险，有利于图书馆面对用户个人数据被泄露时免于陷入与用户的纷争当中。当然，从制定或完善个人数据安全管理方面的政策法律等目的来看，这一话题的研究也有一定的现实指导意义。有鉴于此，本节将重点剖析当前移动网络环境下，从数据的收集主体、收集对象、收集时期、收集方式4个角度，剖析企业因在个人数据的使用与管理方面存在的问题给个人数据带来的安全威胁与泄露风险。

8.2.1　企业对个人数据的安全威胁

（一）收集主体

收集主体是指收集与利用用户个人数据的主体，本书将收集用户数据的企业分为3类，分别是硬件设备供应商、App运营商和WAP内容提供商。

（1）硬件设备供应商

硬件设备供应商是指能接入公众移动通信网络、装载有操作系统、可由用户自行安装应用软件的移动通信终端产品的生产商。[①] 一般地，移动终端可以分成智能手机、平板电脑、移动互联设备，以及其他一些具备移动互联功能的

---

① 工信部. 工业和信息化部关于印发《移动智能终端应用软件预置和分发管理暂行规定》的通知［EB/OL］.（2017 - 02 - 06）. http：//www. miit. gov. cn/n1146285/n1146352/n3054355/n3057709/n3057714/c5436811/content. html.

数码产品（如数码相机、车载导航仪等）等。① 硬件设备供应商在生产和提供智能终端给用户带来便利的同时，也可能给用户带来各种安全问题，包括未经用户允许，收集、修改用户信息，过度使用用户信息，或者未向用户明示并经用户同意，即擅自调用终端通信功能，造成流量消耗、费用损耗、信息泄露等后果。其本意是为用户提供更好的服务，但是会对用户的信息进行过度采集。为此，2013 年 4 月工业和信息化部发布的《关于加强移动智能终端管理的通知》，将从收集消费者通讯录、收集消费者通话信息、收集消费者短信内容、收集消费者位置信息、流量耗费、信息泄露等角度，作为智能手机入网检测的必检项目。② 2016 年 12 月，安徽省相关管理部门对市面上的智能手机进行抽检，发现"金立""VIVO"等 6 个批次的智能手机在预设应用软件"收集用户位置信息"项目不合格；在对 12 家经销单位的 19 个批次样品进行的"收集消费者通讯录""收集消费者通话信息""收集消费者短信""收集消费者位置信息""流量耗费""信息泄露"六项检查中，符合要求的样本为 13 个批次，合格率仅为 68%，再次引发了人们对移动网络接入终端引发个人数据安全问题的关注。③

（2）App 运营商

App 运营商即提供 App 服务的企业，App 是移动网络目前最主要的应用形式之一。中国互联网络信息中心（CNNIC）第 39 次中国互联网络发展状况统计报告显示④，手机 App 有即时通信、网络新闻、网络检索、音乐视频、支付购物、旅行预订、网上炒股、地图导航等类型，种类繁多，覆盖面广，App 已经成为人们工作生活中不可缺少的工具。但是，随着智能手机与 App 的普及，手机恶意程序也呈现数量激增的趋势。根据 360 安全中心发布的《2016 年中国手机安全状况报告》⑤，2016 年 Android 平台新增恶意程序样本 1403.3 万个，

① 文艳霞. 移动互联环境下的 App 与期刊 App［J］. 出版发行研究，2012（09）：82 – 85.
② 工信部. 工业和信息化部关于加强移动智能终端进网管理的通知［EB/OL］.（2017 – 02 – 06）. http：//www. gov. cn/zwgk/2013 – 10/31/content_2518541. htm.
③ 中国消费者报."金立""ViVo"等手机涉嫌"偷"用户隐私［N/OL］.（2017 – 01 – 13）［2017 – 02 – 06］. http：//news. china. com/socialgd/10000169/20170114/30174650. html.
④ 中国互联网络信息中心 CNNIC. 中国互联网络发展状况统计报告［EB/OL］.（2017 – 02 – 06）. http：//cnnic. cn/hlwfzyj/hlwxzbg/hlwtjbg/201701/P020170123364672657408. pdf.
⑤ 360 互联网安全中心. 2016 年中国手机安全状况报告［EB/OL］.（2017 – 02 – 06）. http：//zt. 360. cn/1101061855. php？dtid = 1101061451&did = 490260073.

平均每天新增 3.8 万个；Android 用户感染恶意程序 2.53 亿人次，平均每天恶意程序感染量约为 70 万人次。这些恶意程序感染手机后，会在后台收集用户的短信、通话、位置等信息，隐私窃取木马会监听并上传通话录音，甚至还会盗取账号及密码信息，直接导致用户的个人数据泄露。为此，2016 年 6 月《移动互联网应用程序信息服务管理规定》要求，移动互联网应用程序提供者应当严格落实信息安全管理责任，实行实名制管理，不得从事危害国家安全、扰乱社会秩序、侵犯他人合法权益等法律法规禁止的活动。

(3) WAP 内容提供商

WAP（Wireless Application Protocol，无线应用协议）是指向移动终端提供互联网内容和增值服务的全球统一的开放式协议标准。[①] WAP 内容提供商是指通过网页在移动端提供内容服务的企业。通过 WAP 这种技术，网络内容提供商可以将 Internet 的大量信息和各种各样的业务引入移动电话、Pad 等无线终端之中，包括综合新闻、天气预报、股市动态、商业报道、当前汇率、电子商务、网上银行等。用户通过移动终端浏览器访问 WAP 服务，中间需要通过 WAP 网关实现各种无线网络协议的转换，最后通过内容服务器接收和处理 WAP 网关发送过来的信息。WAP 的用户认证方式给用户个人数据安全制造了不少漏洞。以国内知名 WAP 服务网站 163 邮箱为例[②]，163 邮箱 WAP 网站的用户认证方式是在 URL 后加入一串 SID 作为下一个页面的默认参数，当用户登录后就在用户页面上的所有链接加上这个 SID。黑客如果获取到某个用户的 SID，就可以直接使用浏览器对该邮箱进行访问，并且能够以该用户的身份访问网站，从而导致用户的信息泄露。

（二）收集对象

在移动网络环境下，企业可以对个人的身份信息、移动网络行为信息、移动网络社交信息和移动端信息等各种个人数据进行收集。[③] 身份信息包括个人

① 百度百科. 无线应用通讯协议［EB/OL］.（2017 – 02 – 06）. http：//baike. baidu. com/link？url = xEnhhFjc78y2l7I7K18H0zoXQXp6OYhXwxOyffDaOVkUeY – CfD_iRVGlZheMaDH0bmEG0UsDVFvN9FoX_erCm- Wp9XVx1HIuQl271yk7_IGdtKEKpNfD9RoaRJey1u5ZoRGmVcaPtpOHMzyEKMqgmyzH_qYZfT4L – fwihFI4 yu- bUInbJmk86y21sFgrf5vWYDagjZ_z7bbieb44eEB4nSDa.

② 红黑联盟. 浅谈 WAP 网站安全［EB/OL］.（2017 – 02 – 06）. http：//www. 2cto. com/article/ 201101/82112. html.

③ 龚璇. 移动网络个人数据安全研究［D］. 武汉：华中科技大学，2013.

的人口统计学信息（如身份证号、姓名、民族、身高、体重等）以及网络身份信息（如账号、密码、Email 等）。移动网络行为信息包括移动搜索、支付、阅读、音乐、游戏等产生的搜索记录、支付记录、阅读记录等行为信息。移动网络社交信息包括在即时通信应用或社交网站所产生的分享互动信息。移动端信息则包括移动设备信息（如机型、IMEI 号等）、移动端文件信息（如通讯录、短信、照片等）和位置信息等。图 8 - 1 列举了某品牌手机能够采集到的移动端信息。本书从数字对象格式和个人数据敏感程度两个维度对收集对象进行划分。其中，数字对象格式分为文本型、图片型、音视频型数据；敏感程度分为普通个人数据和敏感个人数据。

图 8 - 1 某品牌移动端采集的个人数据主要类型

（1）数字对象格式

首先，文本型。所谓文本型数据是指以文本形式来记录用户行为、用户特征的数据。用户的通讯录、通话记录、短信记录、位置信息、日程备忘录、检索行为、操作行为等数据都可以转变为文本型数据进行存储。文本型数据记录了用户的各种特征信息，通过对文本型数据的利用，可以分析用户的个性化需求、行为轨迹等。有专家发现，苹果公司通过一项未公开的技术，可以提取 iPhone 中的短信、通讯录和照片等个人数据。[①] iPhone 手机用户对此并不知情，

---

① 南婷. 苹果承认留"后门"，可不知不觉"偷"隐私［N］. 新华每日电讯，2014 - 07 - 29（005）.

并且无法禁用这项功能。分享个人的位置信息是当前移动网络环境下的一项显著特征，但是如果企业滥用甚至盗用用户的个人数据，则会造成严重的后果。

2017年年初，中共中央办公厅、国务院办公厅联合印发的《关于促进移动互联网健康有序发展的意见》指出，要完善移动互联网用户的信息保护制度，严格规范收集、使用用户身份、地理位置、联系方式、通信内容、消费记录等个人数据行为，保障用户知情权、选择权和隐私权。[①] 目前，通过不当渠道可以获取的个人数据类型越来越多，且有汇总、集成和精准定位的趋势。网络黑市上交易平台繁多，最火的要数专门贩卖个人数据的平台。有记者发现了一个近2000人的QQ群，从身份户籍、手机通话记录、名下资产、名下支付宝账号到全国开房记录、淘宝、顺丰送货地址等公民个人数据，应有尽有，只要提供一个手机号，最多可获知28类个人数据。信息贩子还提供先验货、后付款的服务。这些被售卖的信息价格不一，其中价格最高的是手机通话记录。个人数据贩子表示，可以提供指定电话号码的来电号码、去电号码、通话时间、通话时长及历次通话费用。更令人惊讶的是，个人数据贩子还可以提供"三网定位"服务，即对指定手机号码的所有者进行定位，且误差范围在50米以内。实际上，上述现象之所以存在，是由于目前的信息技术已可以实现对个人数据进行全方位、多角度、实时化的采集。此类信息技术被不当使用，即意味着特定人群在某一维度的个人数据已可以被批量采集。而针对特定个人的信息采集，则已经可以实现包括在线行为、线下位置等全方位的覆盖。

其次，图像型。图像型数据即图片或者通过访问用户摄像头或相册获取的图像资料。随着智能手机的普及，越来越多的用户利用智能手机的拍照功能来记录生活、工作和学习的点滴，越来越多的App也以改善用户体验为理由，以用户知情或不知情，用户可选择或不可选择等方式，来访问用户移动设备中的个人相册。《纽约时报》曾经报道，苹果iOS系统存在一个安全漏洞，应用开发者可以通过要求获取用户当前地理位置的对话窗口来读取用户的整个图片库。[②] 一旦用户在该对话窗口点击"OK"，开发人员就可以在未通知用户的情况下将用户所有图片与GPS数据一同复制，进而发送到远程服务器。对于已

---

① 新华网. 中共中央办公厅国务院办公厅印发《关于促进移动互联网健康有序发展的意见》[EB/OL]. (2017 – 02 – 06). http：//news. xinhuanet. com/2017 – 01/15/c_1120315481. htm.

② 腾讯科技. 苹果 iOS 曝安全漏洞 开发者可复制用户图片 [EB/OL]. (2017 – 02 – 06). http：//tech. qq. com/a/20120229/000302. htm.

经习惯使用 iPhone 拍照的用户来说，该漏洞会引发个人数据的泄露。

最后，音频、视频型。音频、视频型数据即通过录音录像获取到的数据资料。随着移动互联网的不断发展，用户工作场景、消费场景向多元化发展，线上线下高度融合。智能可穿戴设备、智能家居、智能工业等行业的快速发展，推动智能硬件通过移动互联网互联互通。目前越来越多的家庭使用智能电器，通过手机 App 就能远程控制其运作，但是其中也存在不少隐患。以家用摄像头为例，2016 年 3 月，北京市海淀区的张女士购买了一组某知名品牌的远程监控摄像头并安装在客厅、厨房等多个位置，却发现自家房间的照片被挂到网页上，照片与自己手机 App 上的实时画面一样。① 通过摄像头软件的云端逻辑漏洞和手机 App 的软件漏洞等渠道，黑客可以窃取用户的视频画面，并且有针对性地盗取个别用户的个人数据。

（2）数据敏感程度

按照数据敏感程度将相关运营商收集的个人数据分为普通个人数据和敏感个人数据。

首先，普通个人数据。普通个人数据即为基本的个人数据，一般为能直接识别个人身份的数据。常见的有用户姓名、手机号码、邮件地址、QQ 号码、微信号等。据《北京晚报》报道，北京市某教育培训机构非法买卖大量学生及家长的个人数据，总数多达 200 余万条，涉嫌非法获取公民个人数据罪。② 北京市昌平区某小学的学生家长刘女士反映，自从孩子上小学起，她就不断收到教育培训、代开发票等广告，而这个手机号码只在学校的登记册里登记过，从未在其他公开场合公布过。这些教育培训机构通过非法手段获取家长个人数据后，以约定的价格找短信代发公司群发垃圾短信，以提高招生量，并且将数据转卖给同行。

其次，敏感个人数据。敏感个人数据包括民族或种族、政治观点、宗教信仰、工会资格、性生活、生理或心理健康状况、犯罪行为等。此类数据的公开和泄露容易带来对个人的歧视和对个人隐私的侵犯等问题，相对普通个人数据的泄露来说会造成更严重的后果。如 2016 年 3 月，南京市玄武区人民检察院

---

① 搜狐新闻. 一部手机、几行代码，你的生活可能就被直播了！八成家用摄像头有问题！［EB/OL］.（2017 - 02 - 06）. http：//mt. sohu. com/20160511/n448881319. shtml.

② 网易新闻. 倒卖 200 万条个人数据 6 人受审 - 均从事教育培训工作，受害人收到大量垃圾短信［EB/OL］.（2017 - 02 - 06）. http：//news. 163. com/15/0312/01/AKFI7RMH00014AED. html.

办理了一起因个人敏感数据泄露而导致的诈骗案。[①] 犯罪分子利用某网购商城的漏洞获取了网购用户的身份信息、手机号码、信用卡信息等敏感个人数据，通过套取账户上的信用额度进行提现，一个月之内非法获取资金数百万元。

(三) 收集时期

按照个人数据管理的生命周期，即个人数据的采集、访问、利用、传输和存储等，可以更为全面地剖析移动网络环境下，相关运营商由于对个人数据的使用与管理不当而带来的个人数据泄露风险。

第一，数据采集环节。数据采集环节是指硬件设备 App 或者 WAP 在用户使用之初或者使用过程中对用户的数据进行采集的环节。在采集（或安装）环节收集的个人数据主要包括设备的国际移动设备身份码（IMEI）、权限管理信息、手机号码等；App 的安装与使用，也会使个人数据安全面临威胁。如果手机用户没有及时、全面地进行 App 权限管理，就有可能面临个人数据泄露的风险。很多 App 在安装时均默认为用户允许其查看用户手机中的通讯录、短信内容、图片，开启录音装置或摄像头。当前用户对于个人隐私保护意识较弱[②]，而且用户由于个人自愿、不重视、不清楚或不懂得采取及时、有效的应对措施，导致一些未经授权的 App 可以获取个人数据。这已成为移动用户中个人数据泄露的重要原因。除此之外，还有许多 App 安装时通过"霸王条款"，越界获取用户隐私。比如，一款名为"手电筒"的工具类应用，竟然要求获取用户的通讯录、短信、地理位置等数据。[③] 越界获取隐私权限是指一些手机 App 在自身功能不必需的情况下获取隐私数据的行为。越界获取会使得隐私被窃，从而造成经济损失。一些重要的资料、照片，用户往往会存在手机中，一旦恶意软件获得相应权限，这些隐私资料、照片就会被查看、窃取，甚至可以随意访问联系人、短信、记事本等信息，查看用户的银行卡账号密码等信息，从而对用户造成经济损失，甚至造成不可挽回的伤害。2016 年第一季

---

① 新华网. 我们的"个人数据"是如何泄露的［EB/OL］.（2016－08－30）［2017－02－06］. http：//news. xinhuanet. com/tech/2016－08/30/c_1119475792. html.

② 孟晓明，张军，谢少群. 个人隐私信息安全现状调查与分析［J］. 图书情报工作，2012，(21)：72－76.

③ 新华网. 安卓 App 霸王条款遭质疑［EB/OL］.（2014－06－07）［2017－02－06］. http：//news. xinhuanet. com/tech/2014－06/07/c_126589826. html.

度，工信部、工商总局对 43 家手机应用商店的 App 软件进行技术检测，发现其中 29 款软件存在违规收集使用用户个人数据、恶意扣费、强行捆绑推广其他无关应用软件等问题。① 这些违规问题似乎已经成为移动互联网行业的"潜规则"，一方面是为了以后在软件更新时方便添加更多功能，另一方面则是为了拓展业务、巩固资源甚至为了利益将用户隐私上传、倒卖。目前，我国尚缺乏完善的法律体系对这种侵权行为进行约束。

第二，数据访问环节。数据访问环节是指用户使用企业提供的服务或访问 App 时产生的检索记录、行为记录、提交记录等，其中涉及个人用户对该服务或使用该 App 的访问时间、访问地点、访问内容、访问频率。美国加州保险基金会的调查显示，当网民通过医疗咨询网站远程向医生了解自己的病情与治疗方案时，医疗网站就已经开始对用户个人资料的搜集分析②，并将信息主体的病史、病情、姓名、住址等个人隐私提供给其他公司使用，但是没有征求用户的个人意愿。一些网站为了提高访问速度，利用 Cookies 在服务器上暂存访问者的信息，借此让服务器来辨认用户的计算机，以根据用户的使用习惯有针对性地作出响应，提高访问速度。对于此类个人数据，若其所属主体从事特殊职业（包括保密行业），则具有保密的必要。不然，一旦其被不当使用或窃取，就可能导致涉密内容的泄露。

第三，数据利用环节。数据利用是指企业收集用户个人数据后，为了更好地为用户提供个性化服务，对用户个人数据进行分析、加工、整合，以提高数据的商业价值。如果在数据利用的过程中，企业未能对用户个人数据采取有效的保护措施，就很有可能对用户个人数据产生泄露、修改、丢失等威胁，进而损害用户的合法权益。American Online 是美国著名的因特网服务提供商，曾将匿名化的搜索记录提供给网民查阅，却因此暴露了信息主体的真实身份以及相关情况③。在线影片租赁提供商 Netflix 为了提高网站自动推荐的精准度，提供了一个经过匿名化处理的用户租赁信息数据库。然而，有网民通过对影评与匿名租赁信息的交叉对比，识别出了特定用户准确的租赁信息④。在数据利用过

① 搜狐新闻. 对 APP 恶意勒索个人数据的"霸王条款"说不［EB/OL］.（2016 - 10 - 15）［2017 - 02 - 06］. http：//mt. sohu. com/20161015/n470336411. shtml.

② 童拿云. 大数据时代的个人隐私保护［D］. 上海：上海师范大学，2015.

③④ NARAYANAN A，SHMATIKOV V. How to break anonymity of the netflix prize data set［EB/OL］.（2008 - 02 - 05）［2021 - 08 - 20］. https：//arxiv. org/pdf/cs/0610105. pdf.

程中，除了会有数据泄露的风险，还有数据滥用的安全风险。企业最初收集用户个人数据可能只是为了方便对其业务进行管理，但是也不排除有一些企业将用户的个人数据出售给第三方，并以此获利。例如，一些房地产中介，常常会将用户的个人数据贩卖给装修公司，或者兼职公司等。随着移动互联网环境下共享理念在经济领域的深入发展，如网约车、共享单车等，运营商进一步减少了交易成本，提高了资源利用效率。但在利益的驱动下，企业收集、处理、使用用户的个人数据，在与第三方进行共享的同时，也给用户带来了巨大的个人数据安全风险。

第四，数据传输环节。数据传输是指在企业内部或者企业之间对用户的个人数据进行交互式传播。数据的共享可以提高对用户的个性化服务质量，但是数据传输也会增加数据的安全风险。在传输环节，涉及对用户与 App 服务交互过程中产生的明码内容或加密内容。McAfee 是全球最大的专业安全技术公司，其研究人员发现，很多应用程序对移动设备的行为进行跟踪，并将跟踪收集到的数据通过明文 HTTP 传输，发送到应用程序开发者的服务器，而这种做法极易导致个人数据以及企业数据被黑客截取，造成数据泄露。① McAfee 实验室结合 Costco、新浪微博等应用程序进行实例分析，并呼吁应用程序开发者及时修补这些漏洞。Costco 是美国最大的连锁会员制仓储量贩店，研究发现，Costco 用户的登录请求为明文 HTTP 请求，当用户使用手机连接到存在危险的公共无线网络进行网上购物时，黑客将会截取这些信息。新浪微博是分享简短实时信息的社交网络平台，用户在微博上的留言或者与其他用户的私信都可能通过 Cookie 被捕获到，而且是没有被加密的准确文本。由此可见，在个人数据传输的过程中，应该对个人数据的发送、传输、接收环节进行加密处理，防止传输过程中个人数据被截获或修改，避免个人数据被泄露、恶意传播等安全风险。

第五，数据存储环节。数据存储环节是指企业为用户提供服务、改进产品服务质量或提升用户访问响应速度而存储有关用户在使用过程中产生的查询记录、偏好记录等数据。在数据存储环节可能会因黑客入侵、恶意程序、木马病毒等，导致个人数据面临安全风险。如 2014 年 12 月，国内知名安全漏洞发布

---

① McAfee. Apps sending plain HTTP put personal data at risk［EB/OL］.（2017 – 02 – 06）. https：//securingtomorrow. mcafee. com/mcafee – labs/apps – sending – plain – http – put – personal – data – risk/.

平台——乌云网发布了一则关于 12306 的漏洞报告，报告显示用户资料大量泄露，可能导致所有注册了 12306 用户的账号、明文密码、身份证、邮箱等敏感信息泄露。[①] 2015 年俄罗斯出台了个人数据保护法案，而有关该法案出台背景的相关报道提到，存储在 iCloud 中的数据，其服务器并非放置在俄国，而是在美国。因此，俄罗斯政府认为，苹果 iCloud 储存的用户信息极可能被美国情报部门获悉。而俄罗斯颁布此项法令，也是为了避免本国居民的个人数据遭到别国监听，这实际上也涉及了数据主权和数据跨境传输的问题。实际上，云存储的广泛使用也增加了数据存储的安全风险。比如，企业在提供云服务时，大多不是自己提供云服务，而是租用其他云服务提供商的服务[②]。在这种情况下，数据的存储和管理相互分离，导致企业难以确定云中数据的实时状态，而这无疑增加了个人数据的安全保障难度。

（四）　收集方式

按照收集方式，可将企业对个人数据的收集分为合法收集和非法收集，其中，合法收集又包括用户知情同意、不告知直接采集，用户知情同意包括用户知情可更改协议和用户知情不可更改协议。

（1）合法收集

合法收集是指企业通过合法途径对用户的个人数据进行收集，主要包括用户知情同意、不告知直接采集所需数据和不同意即离开三种方式。

首先，用户知情同意。用户知情同意即收集用户个人数据之前明确告知用户哪些数据被采集并且用在何处。用户知情同意的情况可分为用户知情可更改协议和用户知情不可更改协议两种。

① 用户知情可更改协议。用户知情可更改协议是指用户在使用企业提供的服务前了解服务协议并可对协议进行修改。用户在网上购物、浏览、使用网络服务时，常常需要填写一系列表格进行注册或者确认，其中包括个人姓名、年龄、性别、邮箱，甚至电话号码、身份证等信息。企业在收集用户个人数据时往往不明确告知用户这些信息将如何被使用，这给用户个人数据造

---

① 腾讯科技. 12306 用户数据泄露超 10 万条 或由撞库攻击所得 ［EB/OL］.（2014 - 12 - 25）［2017 - 02 - 06］. http：//tech. qq. com/a/20141225/052603. htm.

② 徐旭光. 论网络时代个人数据及保护 ［J］. 图书情报工作，2003（05）：87 - 90，104.

成很大的安全威胁。用户与企业之间的信息往往是不对等的，而这种类型的协议可以给用户更多的选择权，用户可以自主决定哪些数据允许企业收集、如何处理等。这种方式有利于用户对个人数据的自主管理，也有利于提升用户对其产品或服务的忠诚度。

②用户知情不可更改协议。用户知情不可更改协议是指用户在使用网络服务或 App 服务时，知情且必须同意、不可更改的服务协议。通过调查发现，很多手机 App 服务提供商，采用了格式化的服务协议。而这些涉及对个人数据进行处理的服务协议，往往对企业更为有利，而对用户并不是完全有利的。这种情况的直接结果，就是导致个人数据被不恰当地收集和不合理地使用。目前大部分 App 运营商在用户使用软件之前提供的是这种类型的协议。比如，《北京商报》的记者在调查中发现，在下载一款热门休闲游戏时，该软件要求用户开放近 20 项手机权限，其中包括获取手机通讯录、短信、图片、地理位置信息、麦克风等权限，而且这些权限是强制且不可更改的，即用户无法选择不开放，除非不安装该款软件。① 许多 App 在安装时就提出要获取多项手机权限，或者在用户使用过程中不断地提醒将获取某项权限。这些做法实际都危及用户的个人数据安全。

其次，不告知直接采集所需数据。不告知直接采集的方式是指对用户的注册信息、用户在线的行为数据和结果数据，在没有告知用户或用户不可修改服务协议情况下直接收集个人数据的情形。这类收集方式很有可能收集到错误的、不当的个人数据，轻则无法准确识别用户信息需求，重则泄露用户隐私。通常情况下，采用这种方式收集个人数据的相关运营商，其动机不良。比如，一些不法移动网络服务商通过木马程序或者非法窥探工具，在用户不知情的状态下，对其个人数据进行采集，包括用户浏览兴趣、使用 IE 的记录，甚至是打开本地文件的历史记录。② 比如，许多用户手机上装有类似"WiFi 万能钥匙"这类 App，所谓分享 WiFi 密码，实质上是主动收集安装此 App 用户的手

---

① 安卓 App 霸王条款遭质疑［EB/OL］.（2017－02－06）. http：//news. xinhuanet. com/tech/2014－06/07/c_126589826. htm.

② 熊保娇，李法运. 大数据环境下个人数据保护问题探析［J］. 信息安全与通信保密，2014（09）：136－139.

机无线数据，通过访问手机系统关键文件窃取 WiFi 相关数据①。这类软件会不停监测和收集用户连接过的每一个 WiFi 信息，包括其明文密码，随后系统将这些信息上传到云端共享。软件收集这些信息并未告知用户，并且将用户个人数据上传至共享平台。

最后，不同意即离开。不同意即离开是指用户不同意设备或者服务提供商的数据采集协议，即停止接受相应的服务。比如，某位手机用户花费 750 元购买了某款正版的 App，却在安装时发现，如果不同意该 App 提供商的《最终用户许可协议》，就不能继续进行安装。② 该协议要求，"一旦安装、复制或使用该软件，即表示您同意本《协议》之条款""××公司对涉案软件、OS 组件及支持服务可能给用户造成的任何损害均不承担赔偿责任"等。目前，无论是在传统的软件界，还是在 App 行业，均有此类情况存在。即如果用户不同意其服务条款，便无法安装该 App。

（2）非法收集

非法收集是指利用不合法的手段对个人数据进行采集。例如，黑客入侵用户的手机，对用户的个人数据进行非法收集，或者使用木马程序、恶意程序、钓鱼网站使用户手机受到病毒感染，从而窃取其中的个人数据。任何通过欺诈、胁迫、盗窃及黑客行为等不正当方式取得个人数据的行为都属于侵权的行为。③ 目前，有大量手机恶意程序利用第三方社交网站做跳板，将其收集的用户隐私回传到服务器，窃取手机用户个人数据。360 公司的《2016 年中国手机安全状况报告》指出④，攻击手机用户的钓鱼网站主要分为三大类，一是冒充电商网站或品牌官网提供虚假购物信息，二是冒充身份骗取用户个人数据，三是诱导用户下载木马病毒程序。其中，第三类还会经常与第二类同时出现。移动网络环境下，恶意程序的新增数量持续高速增长，移动端遭到钓鱼网站攻击也将逐渐超过 PC 端。移动端钓鱼网站的隐蔽技术也在不断提升。比如，仅允许手机端访问，在 PC 上无法打开，说明移动网络环境下的钓鱼网站已经开始

---

① WiFi 万能钥匙是如何收集用户数据的？［EB/OL］. （2017 - 02 - 06）. http：//xian. qq. com/a/20150227/014600_all. html.

② 不同意就不能安装 微软"霸王条款"被判无效［EB/OL］. （2017 - 02 - 06）. http：//roll. sohu. com/20110707/n312738412. shtml.

③ 沈旭红. 浅议网络个人数据的隐私权保护［J］. 法制与经济（下旬），2011（02）：91 - 92.

④ 360 互联网安全中心. 2016 年中国手机安全状况报告［EB/OL］. （2017 - 02 - 06）. http：//zt. 360. cn/1101061855. php？dtid = 1101061451&did = 490260073.

实现精准投放。同时，社交工具在钓鱼网址传播当中的作用愈加明显，如一些移动端的即时通信软件自身具有一定的强关系社交属性，接收者很容易点击不法分子发出的钓鱼链接，进而上当受骗，甚至遭受巨大经济损失。根据猎网平台的数据，社交工具已成为被骗手机用户接触诈骗信息的第二大重要途径，仅次于诈骗短信，在所有被骗手机用户中的比例达到25.2%。

与此同时，个人数据将继续成为木马钓鱼攻击的重要目标。从大量网络诈骗案件中可以看出，个人数据是手机木马和钓鱼网站攻击的重要目标。黑客大量使用钓鱼网站骗取用户填写个人身份信息、账户信息、密码、验证码等，也会以木马病毒的形式来盗取用户支付账户的账号、密码和验证码。通过盗取这些信息，攻击者不仅可以盗刷用户的支付账号，同时还可以利用骗取的用户个人数据，进行更多其他形式的网络诈骗。2017年1月，广西宾阳就发生了一起8人实施信用卡诈骗、侵犯公民个人数据的全链条、多层级、跨区域新型电信网络诈骗案件，该案件实现了从个人数据买卖到赃款套现一条龙作案。① 违法分子通过购买并散布手机木马病毒，以发短信的方式非法获取他人信息544组，随后利用非法获取的公民个人数据和银行账户，盗刷他人银行卡。除此之外，违法分子还利用公民个人数据进行网上购物或者手机话费充值等套现行为。

8.2.2 个人数据的安全风险类别

在移动网络环境下，由企业引发的个人数据安全风险类别有过度收集、数据滥用、数据盗用和数据泄漏，其中数据泄漏又分为硬件故障、软件故障、黑客攻击和员工泄露四种情形。

（一）过度收集

过度收集个人数据是指手机应用程序采集未经用户授权或超越服务功能所需之外的个人数据。即使未公开、未泄露用户的信息，但是不当的收集就足以对用户个人数据安全产生威胁。个人数据已发展成为一种重要的社会资源，部分企业对用户个人数据的过度收集和利用，可以换取更大的商业利益，因而增

---

① 中国法院网. 个人数据买卖到赃款套现一条龙 宾阳8被告人被控诈骗等多项犯罪 ［EB/OL］. ［2017－02－06］. http：//www. chinacourt. org/article/detail/2017/01/id/2512742. shtml.

加了个人数据的安全风险。现代移动设备对个人移动信息有过度的追踪，这种功能是一把双刃剑，如果被不法分子利用，会有严重后果。目前很多手机有情景智能的功能，系统能提取手机收到的银行短信，识别短信内容，定期推送信用卡还款日通知及还款金额，必要的话还会根据用户的位置提供附近的银行信息。用户虽然享受到了智能提醒服务，但是这种对用户隐私敏感信息进行的过度追踪，用户难以知悉此类数据是否会被上传到服务提供商的系统服务器，是否会被服务提供商过度使用。事实上，企业应该在提供个性化服务与收集用户个人数据之间找到一个平衡点，在遵循合法、必要、正当的原则基础下，合理收集个人数据。

（二）数据滥用

数据滥用是指移动网络服务或内容提供商通过某种合法的形式获取用户的个人数据，但是其使用目的、使用途径以及使用范围并没有明确告知用户，并且对用户的个人数据进行更深层次的利用、挖掘和解读。第一本关于大数据的著作《大数据时代》的作者，被誉为"大数据之父"的牛津大学教授维克托·迈尔·舍恩伯格曾表示，在解释数据的过程中要非常小心，如果解释得过度了，实际上就是滥用数据。[①] 绝大多数企业收集用户个人数据的初衷，可能只是为了方便对其业务进行管理，但是也不排除有一些企业将用户的个人数据贩卖给第三方，并且以此获利，从而造成个人数据的滥用。

（三）数据盗用

数据盗用是指移动网络服务或内容提供商通过非法手段获取用户个人数据并进行使用。中央电视台"3·15"晚会就曾经曝光网易邮箱通过捕捉用户 Cookies 来窃取用户信息。这类信息包含用户的 Cookies ID、所在地、兴趣爱好、年龄、家庭收入、IP 地址等个人数据，并且能够偷窥用户的邮件内容，甚至连用户几点几分几秒浏览什么网站都被详细地记录下来。有了这些用户的详细数据，网易公司就可以更精准地投放广告、分析用户行为。[②] 跟踪用户上

---

① 网易科技. 数据过度解读就是滥用数据 [EB/OL]. [2017 - 02 - 06]. http://tech. 163. com/15/0927/06/B4GGTRL900094ODV. html.

② 新浪财经. 央视曝光网易邮箱偷窥用户邮件内容 [EB/OL]. [2017 - 02 - 06]. http://finance. sina. com. cn/consume/puguangtai/20130315/221514850109. shtml.

网行为、盗取用户个人数据的案例不仅仅发生在国内，美国的 Google 公司就曾因此受到处罚。数字安全研究公司金雅拓（Gemalto）发布的 2015 年外泄水平指数报告（Breach Level Index）指出，安全人员收集和分类编录 2015 年全年的 1673 起数据外泄事故，发现全球有 7.07 亿条的个人数据记录外泄。① 一些开发商受到利益的驱使，在 App 中加入第三方插件、代码，甚至病毒木马，轻可吸干流量，重可盗取用户的个人数据。

（四）数据泄露

数据泄露是指移动网络服务或内容提供商对数据保护不当导致用户个人数据的泄露，主要原因包括硬件故障、软件故障、黑客攻击以及内部员工泄露。企业通过业务运营和服务提供过程收集了个人数据，但却因为相关措施或者硬件支持不到位，导致个人数据的使用失控，甚至被第三方窃取。

（1）硬件故障

硬件故障是指移动网络服务或内容提供商的硬件出现故障导致个人数据的泄露、损坏或遗失。2015 年 5 月，全国多地支付宝用户的手机和计算机端发生支付宝出现故障、无法登录的现象。随后支付宝官方发布消息称是杭州市萧山区某地光缆被挖断导致。② 支付宝工程师花费了两个多小时的时间将用户请求切换至其他机房，才使受影响用户的服务逐渐恢复正常。事实上，由光纤被挖断导致的故障此前很多互联网公司都曾经遇到过。2013 年 7 月，上海市政施工时不慎挖断了两路光缆，导致微信华东数据中心出现故障，于是微信只能将各类请求分流到其他数据中心，最终经过六个半小时才完成修复。在移动网络环境下，企业应该重视其硬件设备的稳定性与安全性，应有完善的技术和保护措施来确保用户的个人数据安全。

（2）软件故障

软件故障是指移动网络服务或内容提供商为用户提供服务的软件出现故障导致用户个人数据的损坏或泄露。第 39 次《中国互联网络发展状况统计报

---

① 中国大数据网. 全球每年有 7.07 亿条数据记录被盗用［EB/OL］.［2017 – 02 – 06］. http：//www. thebigdata. cn/YeJieDongTai/29771. html.

② 新浪科技. 光缆挖断影响支付宝 支付宝 2 个小时完成修复［EB/OL］.［2017 – 02 – 06］. http：//tech. sina. com. cn/i/2015 – 05 – 27/doc – iavxeafs8200893. shtml.

告》显示①，截至 2016 年 12 月，有 92.4% 的企业安装了杀毒软件、防火墙软件，由此可见企业在网络安全保障方面的需求日益迫切、投入不断增加。实际上，没有一款软件或者系统能保证绝对的信息安全，软件漏洞永远存在，企业应该不断完善代码，提高发现漏洞后的响应速度，尽量减少由于软件故障带来的用户个人数据安全风险。2014 年，浙江慧达驿站网络有限公司开发的酒店 WiFi 管理、无线认证系统存在信息安全漏洞，导致其合作酒店的 2000 万用户的个人数据遭到泄露。② 这些数据的泄露极容易被不法分子用于诈骗、实施侵害，给相关的数据主体带来各种风险。

（3）黑客攻击

黑客攻击是指非法入侵他人计算机或服务器以窃取系统保密信息、破坏系统数据的行为。黑客通常利用手机系统漏洞或者使用手机病毒程序的方式进行手机攻击，黑客也可以通过 Cookies 来窃取用户手机中的个人数据，包括用户使用手机访问过的网页 URL、输入的关键词等。2015 年 7 月，国外移动安全公司 Zimperium 爆出多处 Android 系统漏洞，瞬间占据各大媒体头条。有黑客声称一条彩信即可控制 Android 手机的 LibStageFright 媒体库，覆盖从 Android 2.2 到 5.1 的各种版本。这起事件被业界称为安卓的"心脏滴血"。该黑客程序的运行原理是，利用安卓 LibStageFright 媒体库漏洞，黑客可以通过发送一段有特殊格式的视频到用户的手机，如一个含视频的彩信，几乎就能获取用户手机的全部控制权。微信同样会受到黑客程序的影响。通过微信发送的恶意视频，如果用户点击，也会导致 Media Server 崩溃，进而导致手机被控制。安卓 LibStageFright 系列漏洞事件，对 Google 安卓团队触动很大，直接促成了 Google 宣布执行安卓每月发布安全补丁的安全机制。

不仅是安卓系统，连安全系数较高的苹果系统也难逃一劫。2015 年 9 月 18 日，在 App Store 上架的多个应用被注入 Xcode 第三方恶意代码，可将用户信息发送到黑客的服务器上。③ 国内知名应用，如网易云音乐、微信、12306、

① 中国互联网络信息中心（CNNIC）. 中国互联网络发展状况统计报告［EB/OL］.［2017 – 02 – 06］. http：//cnnic. cn/hlwfzyj/hlwxzbg/hlwtjbg/201701/P020170123364672657408. pdf.

② 新华网. 浙江慧达驿站 2000W 开房数据被泄北京人信息 22 万条［EB/OL］.［2017 – 02 – 06］. http：//news. xinhuanet. com/fortune/2014 – 01/21/c_126038862. htm.

③ 360 互联网安全中心. 2015 年中国手机安全状况报告［EB/OL］.（2017 – 02 – 06）. http：// zt. 360. cn/1101061855. php? dtid = 1101061451&did = 1101593997.

中信银行动卡空间等应用均中招。该病毒会收集包括时间、应用标识 ID、应用名称等信息并上传到病毒作者的指定网址。可见，企业在利用用户个人数据提供服务的同时，应该发挥自身技术优势，建立坚固的防线，防范黑客攻击，担负起保护用户个人数据安全的责任。

（4）员工泄露

员工泄露是指移动网络服务或内容提供商的内部员工的操作不当、非法使用、职业道德丧失等导致用户个人数据的泄露。由企业引发的个人数据安全的因素，既来自企业的内部，也来自企业外部。从目前媒体报道的用户泄密事件来看，内部员工导致泄密也是主要原因之一。2012 年央视"3·15"晚会曝光了招商银行、工商银行等银行的网上银行失窃案，其原因之一就是银行内部员工蓄意泄露出售客户信息。① 其中，招商银行信用卡中心风险管理部贷款审核员、中国工商银行客户经理向中介出售客户信息高达几千条，内容包括用户的账户信息、手机号码等。经过层层贩卖，企业信息泄露已形成一条完整的黑色产业链。内部员工作为用户个人数据的掌握者，是防止用户数据被滥用、信息被泄露的关键。

为了更好地确保图书馆所收集、存储的读者个人数据的安全，通过梳理移动网络环境下由企业引发的个人数据安全风险的主要类型，可以进一步帮助个人、企业及相关政府部门，特别是正在或准备启动面向个人数据管理服务的图书馆，能够有效地制定移动网络环境下个人数据的使用与保护策略。在信息技术的推动下，个人数据的创建、收集、处理、关联和解释日益方便，对于企业而言，出于改善用户体验可以收集必要的个人数据，但要做到知情同意、适度收集、有效管理，以确保用户对其产品或服务的忠诚度。同样，作为云服务消费者，图书馆需要进一步明确由第三方引发的个人数据安全风险。当然，对个人而言，在享受到移动网络带来便利的同时，树立并强化个人数据的保护意识、成为个人数据保护的"明白人"，才能更好地维护自身的合法权益。从国家层面关注个人数据的合法使用，通过立法、行政等手段，加强管理、监测涉及个人数据的移动网络服务或内容提供商在个人数据收集、使用和管理上的日常行为，才能确保移动网络更为健康、有效地服务广大民众。

---

① 证券时报网. 央视 315 晚会：招行工行内部员工泄露出售客户信息 ［EB/OL］.（2017 − 02 − 06）. http：//kuaixun. stcn. com/content/2012 − 03/15/content_5048997. html.

8.3　云服务协议的不对等性引发的信息安全风险

目前，用户与云服务提供商所签订的服务协议其内容多是由云服务提供商单方面提供的，用户可选择的余地很小。因此，二者签订的服务协议从本质上来说是云服务提供商将自己的意志强加给用户。[①] 这就造成，在二者交易的过程中，云服务提供商逐渐成为掌握巨大资源与权利的一方。尽管二者在法律上处于平等地位，但是权利的天平已然向云服务提供商的方向倾斜，而服务协议则是这场权利较量当中最为重要的砝码。云服务提供商实质上是滥用了契约自由原则，在单方面提出服务协议时，内容约定不够公平合理，使得服务协议成为技术强者压迫技术弱者的工具，从而破坏了服务协议签订过程中应有的平等互惠原则。[②] 如果是其他类型的服务，这种服务协议也许只会导致用户权限的受损，从而为用户使用服务时带来不便。但是鉴于云服务的特殊性——用户将大量的信息资源与应用存储或部署在云端，这些信息资源与应用，不仅拥有巨大的经济价值，还可能拥有无可比拟的情感价值，一旦其信息安全受到侵害，将带来不可估量的损失。因此，云服务协议中有关信息安全的相关规定值得我们认真考虑。

8.3.1　云服务协议所引发的信息资源安全风险剖析

信息技术的发展使得人们已经习惯了将信息存储到磁盘、光盘、U 盘等存储媒介上，而当前云计算的发展打破了传统的数字存储习惯，可以帮助人们将信息、应用程序等从传统的数字媒介转移到网络上进行存储与应用。这虽然给用户带来很大的便利，但无形之中也会降低用户的安全感，给用户带来信息安全问题。图书馆作为文献信息中心，是先进文化传播的前沿阵地，在当前云计算时代背景下，既要充分地利用云计算技术带来的便利为读者服务，更要关注、研究在利用云计算技术开展资源建设与信息服务过程中可能产生的信息资源安全问题。

---

① 彭江辉，杨婷洁. 云服务格式合同的应用问题及对策研究 [J]. 科技与法律，2013 (06)：10 - 20.

② 高圣平. 试论格式条款效力的概括规制——兼评我国合同法第 39 条 [J]. 湖南师范大学社会科学学报，2005 (03)：73 - 76.

本研究应用网站调研法和比较分析法，从数据管理生命周期的视角，即数据收集、数据存储、数据传输、数据访问和服务安全 5 个方面出发，在综合考虑云服务运营商的受众范围和影响力的基础上，选择 8 家已有产品部署在图书馆的代表性云服务提供商，对其服务协议进行内容剖析，以在一定程度上揭示云服务提供商当前的云服务协议给图书馆带来的相关信息安全风险。

通过对应用于图书馆的主要云服务提供商的隐私政策和服务条款的内容进行解读，本研究所选择的应用于图书馆的 8 家代表性云服务提供商分别是 Google①、Amazon②、Microsoft③、DuraSpace④、OCLC⑤、Ex Libris⑥、Biblionix⑦ 和 Innovative Interfaces⑧（见表 8 - 1），对其服务协议进行文本分析，从总体上揭示图书馆面临的信息安全风险。

表 8 - 1　云计算服务模式的代表运营商及代表性产品

数据生命周期	服务协议内容	云服务提供商							
		Google	Amazon	Microsoft	DuraSpace	OCLC	Ex Libris	Biblionix	Innovative Interfaces
数据收集	收集内容	√	√			√	√	√	√
	收集目的		√			√	√	√	√
	收集途径					√	√		√

---

①　Google cloud platform agreement ［EB/OL］. (2019 - 12 - 18). https：//cloud. google. com/terms/# google - cloud - platform - agreement.

②　AMAZON customer agreement ［EB/OL］. (2019 - 12 - 18). https：//www. amazon. com/gp/help/ customer/display. html？nodeId = 468496.

③　Microsoft Azure legal information ［EB/OL］. (2019 - 12 - 18). https：//azure. microsoft. com/en - au/support/legal/.

④　License. DuraCloud ［EB/OL］. (2019 - 12 - 18). https：//duraspace. org/duracloud/license/.

⑤　OCLC. WorldShare platform terms and conditions ［EB/OL］. (2019 - 12 - 18). https：// www. oclc. org/content/dam/developernetwork/PDFs/platform_general_TCs_0%20 (1). pdf.

⑥　Terms of Use. Ex Libris Knowledge Center ［EB/OL］. (2019 - 12 - 18). https：// knowledge. exlibrisgroup. com/TERMS_OF_USE.

⑦　Biblionix. Apollo integrated library system subscription purchase agreement ［EB/OL］. (2019 - 12 - 18). https：//seguin. biblionix. com/agreements/subscription/？agreed = 2019 - 02 - 15% 2015% 3A45% 3A27.

⑧　Innovative. Terms of Use ［EB/OL］. (2019 - 12 - 18). https：//www. iii. com/terms - of - use/.

续表

数据生命周期	服务协议内容	云服务提供商							
		Google	Amazon	Microsoft	DuraSpace	OCLC	Ex Libris	Biblionix	Innovative Interfaces
数据存储	存储位置	√	√						
	数据安全	√	√	√		√	√	√	√
	数据保留与删除		√	√		√	√	√	√
数据传输	加密传输		√						
	传输故障	√				√			
数据访问	访问主体	√							
	访问限制	√	√	√	√		√	√	√
服务安全	服务中断	√	√	√		√			
	服务终止	√	√			√		√	
	协议更改	√	√			√			
	免责声明与责任限制	√	√	√	√		√	√	√
	法律适用	√	√	√	√	√	√	√	√

注："√"表示云服务提供商的服务协议涉及该内容。

（一）数据收集

数据收集阶段涉及的云服务提供商服务协议意在明确云服务提供商拟收集用户数据的具体内容、收集数据的主要目的和收集数据时所采用的手段或方式等。总的来说，现有的云服务协议中对于数据收集阶段的信息安全说明主要包括收集内容、收集目的和收集途径 3 个方面。

（1）收集内容

通过分析现有云服务提供商提供的服务协议可以发现，云服务提供商收集的用户数据主要包括两种类型：一是包含用户个人数据的身份识别信息，如姓名、账号、密码、证件信息和联系方式等；二是用户使用云服务提供商提供的服务产品后生成的使用痕迹数据，如位置信息、设备信息或产生的其他日志数据等。如 Amazon 在其服务协议中指出，所收集的用户数据包括用户提供给Amazon 的个人数据、用户使用产品时自动生成的特定类型数据以及其他来源

（如服务提供商、第三方合作伙伴或公开来源）的信息。OCLC 则规定，其并不强制收集用户信息，而是由用户自愿选择是否将其个人数据提交至服务平台，如果用户选择不共享其个人数据，OCLC 就无法提供更具个性化的服务应用程序。Ex Libris 和 Innovative Interfaces 这两家云服务提供商也在其服务协议中做出了与 OCLC 相同的规定。此外，OCLC 还规定了其收集用户个人数据的明细，包括用户账户信息、个人资料信息、专业背景信息、通信信息、用户生成内容、设备和浏览器信息以及使用信息和交易记录等。而 Biblionix 指出，"除图书馆客户端提供给我们的数据外，我们不收集或维护任何其他数据，包括用户直接或间接产生的任何更新、添加或修改的信息等。"

（2）收集目的

收集目的是指云服务提供商收集到用户数据后，根据其自身需要，借助相关软件或第三方对数据进行必要的处理。现有云服务提供商中，Amazon、OCLC、Ex Libris、Biblionix 以及 Innovative Interfaces 5 家云服务提供商均在其服务协议中对收集目的做出了说明。概括来看，数据收集的目的主要包括以下4 种类型：①服务或产品必需；②改进服务或产品；③营销或广告投放；④其他目的。如 Amazon 规定，"我们使用您的个人数据来操作、提供和改进 Amazon 产品，如完成 Amazon 服务、改进或评估 Amazon 产品、识别用户偏好并提供个性化产品，以及履行法律义务等。"类似地，Innovative Interfaces 将通过收集用户个人数据用于为用户提供所需信息，帮助用户报名参加研讨会或学术交流活动，向用户发送其感兴趣的主题内容、通信信息或产品服务，统计和识别网络访问者，从而分析用户行为等。同时，OCLC 补充提出，得到用户数据之后，OCLC 可能与其他第三方服务提供商共享用户数据，包括云服务提供商合作组织、社交媒体平台、OCLC 其他附属机构和国家级图书馆等，在共享用户数据过程中将遵循数据合理使用规则，并运用可靠的安全技术保护用户个人数据不被泄露。

（3）收集途径

现有的云服务提供商中，仅 OCLC、Ex Libris 以及 Innovative Interfaces 这 3 家云服务提供商对收集用户信息的途径做出了说明。如 OCLC 指出，其收集用户资料的途径主要包括通过用户与 OCLC 及其下属机构进行交互时收集信息、通过用户的计算机或 Web 浏览器收集信息、通过用户授权第三方机构共享而获得信息或由用户主动共享来获取信息。Ex Libris 主要通过 3 种方式收集用户信息：用户注册时收集信息、云服务提供商使用技术手段自动收集用户信息、通过第三方机构收集用户信息。

（二）数据存储

数据存储阶段所涉及的应用于图书馆的云服务提供商服务协议意在为用户提供有关其数据存储位置、格式以及安全性等问题，以确保用户存储的数据具有高度的可靠性和透明性。总的来说，现有云服务协议中对于数据存储阶段的信息安全声明主要包括存储位置、数据安全、数据保留与删除 3 个方面。

（1）存储位置

在云计算环境下，用户对于数据存储的物理地址并不清楚，用户数据有可能被云服务提供商转移至别的国家或地区，也有可能同时存储于多个国家或地区，这将导致用户面临不同司法管辖体系的适用问题。因此，有必要通过分析云服务协议中关于数据存储位置的相关条款，了解其所蕴含的数据安全风险。

现有云服务提供商中，Google、Amazon 和 Microsoft 这 3 家在其服务协议中就数据的存储位置进行了明确规定，提出用户可自行选择拟存储的数据类型、位置和地理区域，若用户未设置数据存储位置，则云服务提供商将根据实际情况自动存储用户数据内容。其中，Microsoft 公司在协议中明确指出用户数据可能会存储或转移到其他国家或地区，即规定"通过 Microsoft 站点和服务收集的个人数据可能在 Microsoft 总部，或分公司、附属公司所在的任何国家或地区进行存储和处理"。这显然会使用户数据面临多个司法管辖区如何协调管理的问题，且各个国家或地区法律体系不尽相同，法律保护级别的差异也会加剧用户的信息安全风险。相对来说，Amazon 的规定更为人性化，其在用户服务协议的 3.2 节规定："您可以自行设定个人数据存储的地区，我们不会在未经许可的情况下擅自将您的数据转移至别的国家或地区，除非需要遵守法律或政府请求。"这样一来，用户就可以根据自身需求选择不同法律保护级别的存储地区。但是，对于必须转移用户数据存储位置的情况，有关通知的形式和时间等细节并未在 Amazon 服务协议中明确提出。

（2）数据安全

在云计算环境下，数据存储的位置从本地磁盘转移到网络上。这意味着用户不是数据的唯一拥有者，云服务提供商也拥有这些数据。这会给用户带来很大的不安全感。尤其对于图书馆用户而言，将数据存储到"云端"，包括自身和图书馆在内，就已经不是事实上唯一的数据拥有者和数据处理者，云服务提供商拥有甚至超过图书馆用户的权限，一旦这些权限失控，就会影响到图书馆用户的数据隐私安全。

本研究所选择的 8 个分析样本中，除 DuraCloud 外，其余 7 家云服务提供商均在其服务协议中提及了数据安全的相关规定。概括来说，云服务提供商应当为数据提供物理安全措施和技术安全措施，具体来说：①物理安全措施。物理安全措施是指通过物理隔离实现对设备、设施的安全保护。如 Google 在其服务协议中提出："用于存储和处理用户数据的设备设施都需要遵循安全标准，提高用户数据的安全性和机密性，防止用户信息遭到不必要的威胁而降低数据的完整性，不得使用未经授权的设施或应用程序访问和存储用户数据。"②技术安全措施。技术安全措施指的是借助数字化加密技术实现对用户账号或关联密码的保护，如密钥服务、权限管理和防火墙技术等。Amazon 提供了存储数据加密功能以及灵活的密钥管理选项，用户可选择自行控制存储内容或交由 Amazon 代理保障数据安全。OCLC 和 Ex Libris 等均设置了用户数据安全保障程序，以防止未经授权而非法查阅、披露、更改、销毁或处理用户数据。

需要注意的是，尽管云服务提供商提供的服务协议中大多涉及了数据安全的相关规定，但并没有细化到具体的保护方案，仅是概括性的规定。其中，Biblionix 和 Innovative Interfaces 这两家云服务提供商在其服务协议中明确指出，并不能保障用户存储数据的绝对安全，且未提及意外事件导致数据丢失或删除的处理方案。这为用户存储数据带来较大的安全风险。

（3）数据保留与删除

在云计算模式下，图书馆各种类型的数据被随机存储在不同物理位置的各个虚拟数据中心，造成用户对其个人数据的控制权随之减弱，即使是用户删除数据后，有些云服务提供商仍可能保留这些数据的副本，这在很大程度上增加了用户隐私权被侵犯的风险。因此，有必要进一步分析现有云服务提供商在其服务协议中提及的数据保留和删除的相关规定。

本研究选择的 8 个研究样本中，除 Google 和 DuraCloud 外，其余 6 家云服务提供商均提供了数据保存和删除的相关说明。从数据删除的维度来看，现有的云服务提供商均指出，用户可随时保留或删除个人信息。如 Microsoft 在其服务协议中提出："当用户订阅服务过期或服务终止时，我们将继续保留您至少

90 天的客户数据，以便您可以提取；而在免费试用服务功能中，我们可以立即删除客户数据，无保留期限。"而部分云服务提供商并未说明数据保留或删除的时间期限，如 OCLC 指出："我们将根据服务协议的规定保留您的信息，并遵照法律规则执行存储内容监管义务。如若存储内容不再适用法律效力，我们将销毁或删除用户信息，或将其转化成匿名形式继续保留。"此外，Amazon 虽然也在其服务协议中提到，会在用户注销账户后按用户要求删除信息，但是对数据是否能彻底删除、公司的服务器会不会仍然保留用户数据等问题没有做出确切说明。这无疑使得用户面临着隐私权被侵犯的风险。类似地，Biblionix 在其服务协议中明确提出："为保障图书馆信息系统的正常运行，Biblionix 将对所有数据信息（包括用户数据）进行多次备份，即使用户存储的数据已从存储库中删除，也不能全部删除备份在系统后台存储媒体中的全部数据。不过，所有存储在存储设备中的备份信息都会得到加密保护。"

（三）数据传输

数据传输阶段所涉及的应用于图书馆的云服务提供商服务协议意在明确，数据的传输过程是否受到了加密保护，以确保其传输内容安全可靠；信息传输过程中可能受到哪些不可抗力的威胁而造成传输故障；信息传输目标和对象，以及用户在信息传输过程中所拥有的知情权和控制权等。现有云服务协议对于数据存储阶段的信息安全说明包括加密传输和传输故障两个方面。

（1）加密传输

在加密传输方面，现有的云服务提供商中仅有 Amazon 在其服务协议中明确提出："将用户数据传输到 Amazon 网站、应用程序和其他服务平台时，我们将使用加密协议和软件以确保信息传输的安全性。"而其他 7 家云服务提供商并未对数据加密传输拟采用的技术做出说明。然而，即便云服务提供商采用了加密技术，也只能保证数据在传输过程中处于加密状态，而存储和处理数据时，极易发生其他服务商或业务合作商访问用户数据引发安全问题，更增加了用户信息泄露的风险。

（2）传输故障

云服务协议中提及的有关数据传输故障可以分为两种类型：一是由于计算机系统、软硬件等损害引发的故障；二是受到病毒、蠕虫感染等引发的数据传输故障。此外，不同云服务提供商对于因不可抗力造成传输故障而未能履行或延迟履行服务协议的情况也做出了说明。需要指出的是，云服务提供商均未说明由于上述原因导致数据传输故障的解决方式，默认由用户自行承担信息安全风险。如 Google 在其服务协议中指出："服务提供商和用户均无需对由于不可抗力造成的无法履行或迟延履行协议内容承担责任。"OCLC 指出："当发生火灾、爆炸和通信故障等无法控制的事故时，用户和云服务提供商无需对任何无法履行或迟延履行协议内容承担责任。"Amazon 规定："如若由于各类无法控制的因素（如天灾、劳资纠纷、公用设备故障、地震、暴风雨等）导致我们延迟或未能履行协议规定的任何义务，我们及我们的服务关联方均不对此承担任何责任。"

黑客、病毒等是威胁云计算时代网络信息安全的致命因素。云服务高度整合着各类型各地域图书馆的数字化资源，且云环境非常复杂，这大大增加了黑客利用云环境下的安全漏洞来窃取或滥用图书馆数据的机会，甚至还会迅速扩散到与云计算系统相连接的其他用户的计算机系统，进而造成更大的损失。除了黑客、病毒等带来的安全风险，硬件系统也有可能造成信息失密，如计算机内的信息可能通过电磁波形式泄露出去，外部网络通信线路也可能被截获、监听等。

（四）数据访问

用户将数据上传到云端，会直接导致其对数据的掌控力变弱。在云服务模式下，用户不再是数据的唯一访问者，云服务公司的员工和合作伙伴都有可能对用户数据进行访问，且如果企业涉及合并、收购等交易时，可能会将用户的数据作为企业资产进行转移，这使得与该企业交易的公司也有权访问用户数据，从而加大用户数据泄露的风险。数据访问阶段所涉及的应用于图书馆的云服务协议意在明确数据访问的主体、使用方法，以及使用过程中可能存在的服务中断或终止、相应的救援措施等方面的问题。从当前情况看，云服务协议对数据访问阶段的信息安全说明涉及访问主体和访问限制两个方面。

（1）访问主体

在云服务协议中，对于访问主体的规定意在说明有权访问用户数据或服务产品内容的个人或组织。明确不同应用场景下访问主体的权限对用户存储信息的隐私安全具有重要意义。根据现有的云服务提供商提供的云服务协议，可将数据内容的访问主体分为用户、云服务提供商和第三方机构 3 种类型。如 Amazon 在其服务协议中规定，用户可依照服务协议访问并使用服务产品，在访问过程中应当遵守服务协议的条款以及所有的法律法规，并指出："除为提供用户要求的服务所必需，以及受到相关法律法规要求外，Amazon 不会随意访问或使用用户数据，或将用户数据披露给任何第三方。" Microsoft 指出："我们不允许第三方机构（包括执法机构、政府机构或民事诉讼当事人等）访问用户数据，如遇特殊情况需要披露用户数据，我们将立即通知用户提供数据副本。"

但与此同时，云服务提供商提供的服务协议中并未提及对访问者身份的管理和验证措施，致使图书馆面临因云服务提供商在访问者身份管理、访问控制和用户权限等方面的不明确性而导致的信息安全问题。在云计算模式下，图书馆不再是数据的唯一拥有者，云服务提供商往往也拥有数据的访问权限。在受到某种经济利益或政治目的的驱使下，一些云服务提供商有可能会以图书馆未知的方式未经授权访问图书馆存储在云服务提供商相关系统中的数据，侵犯图书馆用户的隐私，给图书馆带来无可挽回的后果。且云端的数据处于高度共享的环境中，如果缺乏合理的用户访问控制，缺乏对信息操作权限的有效管理，很大程度上会导致图书馆的数据被非法访问。

（2）访问限制

访问限制指的是在数据访问阶段对数据的访问过程、方式及后续使用的合理限制，是保障用户合法履行信息限制条款的基础和依据，对用户确保数据访问过程中信息安全和个人隐私具有重要意义。具体来说，访问限制包括使用权利、许可限制以及版权政策等内容：①从使用权利来看，Google 在云服务协议中表明，"除需要为用户提供必要服务，我们不会随意访问或使用用户数据"。②从知识产权来看，现有的云服务提供商大多对版权政策提出了较为详细的规定。Google 提出其拥有对云端服务和所有软件的知识产权，而对于用户数据版权问题的处理将遵循《数字千年版权法》，并帮助版权所有者在线实时管理其知识产权。同时，如果用户认为他人侵犯了其知识产权，可以随时通过 Google 官网提交相关申诉说明，以寻求 Google 后台帮助。Amazon 则提供了较为详细的知识产权相关规定，要求用户务必遵守服务协议所规定的限制条件。如若发生知识产权纠纷，需由用户对此负责。DuraCloud 指出将为用户授予永久性的、全球性的、非排他性的、免费的版权许可，用于版权作品的复制、展示、公开或再传播等。Ex Libris、Biblionix 以及 Innovative Interfaces 这 3 家云服务提供商均提出，其网站全部内容（包括文字、图像、徽标等）均受到版权保护，未经网站许可，任何主体不得随意访问、修改或复制服务内容。③从服务产品许可来看，Amazon 授予用户一项有限的、非排他性的、可撤销的、不可转让的使用许可，用户在访问和使用云服务商提供的服务时必须遵循该协议规定，且不能获取服务产品的知识产权。

（五）服务安全

除上述模块外，现有的云服务提供商还在其服务协议中对服务安全进行了相关规定。云服务协议提及的服务安全意在说明云服务提供商在提供服务的过程中如何保障用户信息安全、如何处理意外事件发生而造成的数据丢失或删除情况，此外还包含云服务提供商对其责任履行的免责声明或责任限制等。

（1）服务中断

云计算是一种基于网络的计算模式，对网络的依赖程度非常强。现有的云服务提供商提供的绝大多数服务协议规定，如果用户发布的内容或其操作行为违反了合理使用规则，则云服务提供商将在规定时间内告知用户，要求其纠正违规行为，或暂停用户使用云服务产品的部分或全部功能。如 Google 规定："如果用户未能在 Google 要求的 24 小时内纠正违规行为，则 Google 可以暂停用户使用本产品的部分或全部功能。"而 OCLC 对服务中断的规定较为模糊，其指出，"若用户存在严重违反本条款的行为，OCLC 将立即采取措施暂停用户访问 WorldShare 平台"，但此协议对于"违反条款的行为"并未给出清晰的界定，这无疑给予了该云服务提供商较大的自由裁量权。

除上述云服务使用者违规使用服务产品而导致服务中断之外，在业务实践中，停电、地震等突发性事件，或软件故障、硬件老化、人为操作失误等都有可能造成网络故障。一旦发生网络故障，将会造成云计算服务中断，图书馆将无法借助云服务开展工作。同时，若云服务提供商破产或被他人收购，也会造成服务中断或不稳定。服务安全方面还包括服务协议的合法性，在云计算模式下，一些云服务提供商为图书馆提供的服务内容有可能与服务协议不完全相符。一旦云服务提供商要停止某项服务，用户会因未接到通知而无法提前转移自己的数据，这也会给图书馆带来信息安全风险。

（2）服务终止

现有的云服务协议大多规定，在用户拖欠费用或是用户出现云服务协议事先明确告知的应被终止服务的禁止性行为的情况下，云服务提供商可以无条件终止用户使用部分或全部服务或项目，甚至不返还剩余款项。比如，Google 提出可能导致服务终止的情况，具体包括：①用户在 60 天内未使用云服务平台或没有其他网络活动，且 Google 提前 30 天通知用户仍未得到应答，Google 将终止用户使用 Google 服务产品的权利；②为方便管理，用户或 Google 均可随时终止服务协议，且 Google 无须向用户承担任何责任。而 OCLC 对服务终止的规定更加强调从自身情况出发，提出："OCLC 可以在任何时间、以任何原因部分或完全终止用户使用 WorldShare 平台，且无需承担任何责任。"类似地，Biblionix 提出："Biblionix 可以在任何时候、以任何原因提前 120 天给用户发送书面通知，说明服务终止。"但 Amazon 在这方面的态度显得有点"霸道"，没有说明何种情况下会终止服务，仅提到"有权拒绝向用户继续提供云服务，并相应地删除和编辑用户存储在云上的信息资源"。① 可见，现有的云服务协议对云服务提供商能否单方面结束合作给予了其很大的权利，而用户只能被动承受。那么，由此就会引发一个非常重要的问题：云服务提供商单方面结束合作并就用户存储在云上的信息进行删除，用户如果来不及对数据进行备份，那么数据丢失的责任谁来承担？

而对于服务终止的结果，不同云服务提供商也对此做出了不同说明。如 Google 提出，若服务终止，则其将归还或删除用户存储在云服务器端的全部数据。类似的，Biblionix 也提出："Biblionix 应及时删除或以其他方式销毁其拥有或控制的所有用户数据。"而 Amazon 则规定："我们不会因服务终止而移除用户存储在 Amazon 系统中的任何数据。"

综上可知，当云服务提供商决定停止向用户提供相应云服务后，云服务提供商通常有两种做法：通知用户在一定的期限内进行备份后对用户的信息进行删除，以及不通知用户直接对信息进行删除。无论哪种情况，云服务提供商都无须为用户信息的丢失负责。那么，一旦云服务提供商对用户存储在云上的信息进行删除，而用户没有来得及对信息进行备份或下载导致信息丢失所造成的

---

① Amazon. AWS Site Terms ［EB/OL］.（2014 - 10 - 04）. http：//aws. amazon. com/cn/terms/？nc1 = f_ls.

损失，只能由用户单方面买单。

（3）协议更改

现有云服务提供商提供的服务协议通常规定，如果服务协议发生更新或修改，云服务提供商应当及时通过用户个人账户或电子邮箱向其发送协议更改说明，并鼓励用户采取必要的保护措施防止个人数据丢失或被删除。但不同云服务提供商对于预先通知时间的说明各不相同，如 Amazon 和 Google 均规定，若服务商对服务协议进行了修改，则应当至少提前 90 日向用户发出通知。Microsoft 规定："我们可能不定时更改服务协议。除非出于安全、法律或系统性能等方面的考虑需要尽快删除用户数据，否则在更新或删除任何服务功能之前，我们将提前 12 个月通知您。"而 OCLC 和 Ex Libris 均在其服务协议中指出，云服务商可在任何时间自行更改服务条款，且通过向用户发送电子邮件或在服务平台网站发布服务变更公告等形式告知用户。

（4）免责声明与责任限制

免责声明意在使用户明确，在什么样的情况下，云服务提供商没有履行服务协议有关规定却无须承担违约责任。现有的云服务协议的免责声明主要包含以下几个方面：不可抗力、基础设施、技术漏洞以及升级维护。而责任限制则规定了在特定情况下对云服务提供商和用户责任范围进行限制的法律手段。分析发现，现有的云服务提供商提供的服务协议中均对免责声明和责任限制做出了较为细致的规定。其中，对于免责声明的共性要求是：除服务协议中明确规定的款项外，用户应当对违反服务协议而产生的任何损失负责，云服务提供商不对此承担任何责任。如 DuraCloud 规定："除本服务协议说明外，我们不提供任何明示、暗示或其他保证，包括适销性或适合特定用途的保证。"

同时，部分云服务提供商在其服务协议中对于责任限制提出了详细说明，如 Google 从间接责任限制、责任限额和责任限制例外 3 个部分阐述了责任限制的具体实施方案。其中，间接责任限制要求是"在法律允许的情况下，Google 供应商和用户都将根据本协议承担损失或间接赔偿"；责任限额要求是"在法律允许的情况下，用户不得在责任事件发生的前 12 个月内，向 Google 支付超过额定责任款项的金额"；责任限制例外要求是"上述责任限制不适用于一方侵犯另一方的知识产权、赔偿义务或客户的付款义务等情况"。Biblionix 指出，"在任何情况下，Biblionix 均无须对因本协议而产生的后续赔偿向用户承担责任"。

关于基础设施引发的免责，现有的云服务提供商提供的服务协议中规定，由于基础设施发生故障导致用户信息的泄露和丢失等情况，云服务提供商无须承担责任。如 Microsoft 的服务协议中提到："Microsoft 及各关联公司、经销商、分销商和供应商不提供与您使用服务相关的任何明示或默示的保证、保障或条件。您已了解，您应自担服务使用风险，并且我方将按'现状'提供服务，服务'可能存在各种缺陷'且只提供'目前可用功能'。您承认计算机和电信系统可能会出现故障或偶尔会发生停机。我们不能保证服务无中断、及时、安全或无错误，也不保证不会发生内容丢失情况。"① 可见，一旦基础设施发生故障、停机、宕机等而导致用户信息安全遭受损失，云服务提供商无须对此承担责任。而此时，信息的泄露、损毁，甚至丢失的后果只能由用户独自承担。

综上，可以看出，现有的云计算服务协议将几乎可能导致用户信息安全受到威胁，甚至损失的情况全部纳入免责声明中。也就是说，绝大部分情况下，云服务提供商无须为用户的信息安全承担责任，更不会为此付出代价。由此可见，现有的云服务协议在免责声明方面的规定存在较为突出的不公平及责任分配不均衡的问题。

（5）法律适用

法律适用意在使用户明确，在具体的法律纠纷或诉讼出现后，可以依据哪一法律体系作为上诉或抗辩的依据，然后根据该法律体系规范关于抽象法律关系的规定，形成具体的法律关系和法律秩序。② 从国家层面看，法律适用关乎国家的法律主权。

现有的云服务协议通常规定云服务提供商受主要营业所在地的法律管辖。Amazon 在 2017 年更新的针对北京地区的云服务协议的第 13.4 条③指出了，"本协议受中华人民共和国法律（不包括任何冲突法规则或原则）管辖。"可见，Amazon 采用属地原则来应对法律适用的问题。但是，也有一些云服务提供商采用了属人原则来处理这一问题。iCloud 的服务协议中提到，"除下一段中明确规定的以外，本协议及您与苹果公司的关系将受加利福尼亚州法律管辖，

---

① Microsoft. Microsoft – Information on Terms of Use ［EB/OL］. （2014 – 10 – 04）. http：//www. ibm. com/legal/us/en/.

② 百度百科. 法律适用 ［EB/OL］. （2014 – 10 – 04）. http：//baike. baidu. com/view/759011. htm? fr = aladdin.

③ 亚马逊. 光环新网关于 AWS（北京区域）的客户协议 ［EB/OL］. （2017 – 12 – 12）［2021 – 06 – 03］. https：//www. amazonaws. cn/agreement/beijing/.

但不包括其冲突法规范。您和苹果公司同意服从加州圣塔克拉拉郡（Santa Clara）法院的属人和专属司法管辖，由其解决因本协议而产生的争议或索赔问题。如果（a）您不是美国公民；（b）您并非在美国居住；（c）您并非从美国获得本服务；（d）您是以下国家的公民，您在此同意因本协议引起的任何争议或索赔问题将由以下适用法律管辖（但其冲突法规范除外），而且您在此不可撤销地服从以下州、省或国家的法院的非专属司法管辖：如果您是任何欧盟国家或瑞士、挪威或冰岛的公民，即以您通常居住地的法律和法院为管辖法律及法院。"显然，在司法实践中，用属地原则来解决法律适用问题，更有利于云服务用户根据管辖地的法律规定，商定云服务协议的内容，或在出现侵权纠纷时，更高效地寻求法律救济。但是，2018 年 3 月出台的美国《云计算法案》却倡导属人原则，规定美国法律对本国企业拥有管辖权①。这就意味着，尽管来自美国的云服务提供商可能会在云服务协议中表明，其在法律适用问题方面遵循属地原则，但也有可能因为美国《云计算法案》的相关规定，而使法律适用的问题变得更加复杂，加剧用户信息安全的不确定性。

可见，尽管这类条款一般不具有强制性，但是其无疑加重了使用云计算国际服务的用户责任。② 一旦用户与云服务提供商发生纠纷，且二者不在同一个国家，将按照云服务提供商所在地区的法律予以处理，这将无形中导致云服务提供商与用户之间的责任认定更加复杂。

8.3.2　云服务协议引发信息资源安全风险的原因剖析

通过上文对主要的云服务提供商制定的服务协议中有关信息安全条款的分析，可以得出云服务协议主要有以下四个特点：云服务协议责任分配的不均衡性、云服务协议签署的强制性、云服务协议部分条款的模糊性以及云服务协议格式的默认性。

（一）云服务协议责任分配的不均衡性

根据上文分析可知，现有的云服务协议具有明显的责任分配不均衡的

---

① 弓永钦. 美国《云计算法案》引发的个人数据法律管辖权思考 [J]. 北京劳动保障职业学院学报，2018，12（4）：26 – 29.

② 彭江辉，杨婷洁. 云服务格式合同的应用问题及对策研究 [J]. 科技与法律，2013（06）：10 – 20.

特点。

从数据存储方面看，大部分云服务提供商似乎并不认为需要就用户数据的存储位置和转移情况进行说明，用户数据的存放或转移完全由云服务提供商自行决定。这将导致服务过程中用户对数据的掌控能力不断减弱，并且这种做法也违背了交易过程中应有的用户知情原则。更重要的是，数据的存储和迁移将关系到纠纷发生时的法律适用问题，随意将用户数据存储于其他国家或地区将大大增加使用跨国云服务的用户的责任风险。

从数据传输方面看，尽管云服务协议中强调将应用多种手段确保数据传输过程中的数据安全，但是仍然将计算机系统、硬件或软件损害及其他性能故障、病毒、蠕虫感染等应由云服务提供商承担责任的情况纳入免责声明当中，强调一旦有上述情况发生，云服务提供商将不必承担责任，用户需自担风险。这对用户来说是极不公平的。

从数据访问方面看，仅有少数云服务协议对员工、企业合作伙伴以及交易企业的数据访问权限进行了控制，并且制定了相应的隐私政策。其余大部分云服务协议仍未对此问题进行关注。这就意味着，这些企业的工作人员、合作伙伴和交易企业都可以无条件地访问甚至滥用用户数据，而无须为此负责。

从服务安全来看，绝大多数云服务协议都明确规定由于服务中断、服务不及时导致的用户信息安全风险，云服务提供商无须为此负责。同时，除少数云服务协议外，大多数云服务协议并未就服务终止这一情况进行说明。这意味着一旦云服务提供商在未通知用户的情况下单方面结束服务从而导致用户数据损毁，可以借口云服务协议未作相关规定而逃避责任。

综上可知，当前云服务协议在对用户要求苛刻的同时，将几乎可能导致用户数据泄露及损毁等安全风险的情况都纳入免责声明中，在发生纠纷时，云服务提供商凭借云服务协议独善其身，独留用户自担风险。究其原因，主要是云服务协议签署的强制性以及云服务协议格式的默认性。

（二）云服务协议签署的强制性

当前云服务协议通常由云服务提供商单方面提供，具有明显的强制性。所谓强制性并非是指云服务提供商强制与用户签署协议，而是指云服务协议中的条款是强制性的。在服务协议中早已就可能出现的信息安全风险情况以及相应责任的分配进行了说明，而省略了与用户协商的过程。用户如果要使用云服务，必须无条件接受云服务协议中的全部规定，否则将无法使用相应云服务。这就导致许多用户为了获得云服务的使用权而被迫放弃其他应有权利，进而增加了自身的信息安全风险与责任。

这主要是出于两点原因：首先，云服务提供商现有的管理、技术等手段还远不可能达到百分之百保护信息安全的效果，在云服务协议中就可能情况进行免责声明，将大大降低云服务提供商所承担的风险；其次，云服务用户数量过于庞大，为保证其规模化的服务以及正常高效的运转，云服务提供商与用户之间不可能以一对一协商的方式来订立合同。

（三）云服务协议部分条款的模糊性

从云服务协议的表述方式来看，现有的云服务提供商提供的云服务协议，有部分条款存在表述模糊的情况。从数据收集方面来看，云服务提供商在其服务协议中规定了收集用户数据的途径、目的等，部分云服务提供商在其服务协议中的收集目的的模块中还声明，将与第三方机构共享用户数据。但这一行为的目的是用于改进服务或产品还是有其他用途，有些云服务提供商并未对此做出确切说明。

从数据存储方面来看，根据上述分析可知，当前云服务商提供的服务协议中对于数据删除的彻底性和时效性问题均进行了模糊处理，且部分云服务提供商还会对数据进行定期备份。也就是说，如果某读者通过图书馆使用了云服务，将存储在"云端"的个人数据进行了删除处理，由于云服务提供商可能使用其删除之前的备份进行数据恢复，这种情况下，即使用户已将相关个人数据做了删除，依然有可能被恢复后的版本覆盖，进而引发隐私泄露的风险。

从数据访问方面来看，虽然现有云服务提供商在其服务协议中对访问主体和访问限制进行了说明，其中仍存在表述含糊的问题。如部分运营商规定"如若遇特殊情况需要披露用户数据，将通知用户提供个人数据副本"，但对于此情况下用户应当提供的个人数据的内容范围和详细程度，并没有给出明确规定。

由此可见，现有云服务提供商拟定的服务协议，部分条款确实存在表述模糊的问题。这种模糊性对云服务用户而言，确实增加了自身的信息安全风险。

（四）　云服务协议格式的默认性

云服务协议按照格式可以分为两种形式：点击式云服务协议和阅览式云服务协议。点击式云服务协议是指用户在注册时，需通过点击"我同意"才能完成注册的云服务协议形式；阅览式云服务协议是指用户需要主动查找服务协议并单击进入相应界面进行浏览的云服务协议形式。点击式云服务协议具有更好的通知性，能够在一定程度上起到提醒用户阅读服务协议的作用；而浏览式服务协议的通知性则较差，除非用户主动查找，否则直接默认用户同意云服务协议的全部条款。现有的云服务提供商提供的服务协议中，大多为阅览式云服务协议，除非用户主动浏览，否则视为用户默认。而现实情况是，大部分用户的信息安全意识还不够强，尚未意识到云服务协议在信息安全风险责任认定中扮演的重要角色，因而很少有用户主动要求浏览云服务协议。这就导致许多用户虽然使用了相应的云服务，却对云服务协议的相关条款一无所知，从而在信息安全遭受损失时无法向云服务提供商提出问责或索赔。

8.4　信息安全政策法律存在的不足引发的信息安全风险

现有的法律法规已经难以支撑云计算环境下信息安全保护活动的开展。[①] 比如，在对个人数据的保护方面，一些国家现有的个人数据保护法律通常是在 OECD（Organization for Economic Co‑operation and Development，经济合作与发展组织）发布的数据保护指南上建立起来的，其具体内容如下：①为一个目的收集的数据不能为实现另一个目的而使用；②用户有权被告知其个人数据正在被使用；③用户信息只能在特定情况下被使用，如用户已经同意或法律允许；④个人数据必须是准确的；⑤数据不能被无限期地保存下去。[②] 但是，据此为指导思想而制定的个人数据保护法律并不能完全适应最新的实践发展。以我国为例，虽然也相继出台了一系列信息安全保护政策，但是有关云计算信息

---

① 惠志彬. 大数据时代个人数据安全保护［N］. 社会科学报, 2013–04–10（03）.

② OECD. OECD Guidelines on the protection of privacy and transborder flows of personal data［EB/OL］. (2014–12–01). http：//www. oecdbookshop. org/oecd/display. asp？sf1 = identifiers&st1 =9789264196391.

安全的政策法律都存在过于宽泛、不够具体、操作性差等问题，真正实现对数据的有力保护还具有一定的难度。为此，本小节将对当前云计算信息安全政策法律规定的不足而可能引发的图书馆信息资源安全风险进行剖析。

8.4.1 当前应用云计算面临的法律困惑

云计算的发展主要受法律和技术的相互作用，一方面法律限制技术的发展，另一方面技术的发展促进法律的调整。目前云计算技术已经得到广泛应用，然而，有关云计算的核心环节，包括数据传输、数据存储、数据泄露、数据违法使用等方面，在法律适用上仍存在诸多不足，并在一定程度上阻碍了云计算的发展。本书阐述了云计算的服务模式及安全风险，并对相关法律进行分析，试图梳理出当前云计算面临的法律困惑，并指出要有效解决这个问题需要从三方面着手：云服务提供商提供更好的服务协议和做法；调整相关法律；增加用户的警惕性。

2003 年美国国家科学基金会投资 830 万美元支持的"网格虚拟化和云计算 VGrADS"项目，正式启动了云计算的研发序幕。经过近十年的快速发展，云计算技术已经得到了广泛的应用，并带来了巨大的经济效益和社会效益。一些观察人士指出，将来大多数计算能力都会从本地计算机迁移到云端。这样的预测是否会实现，目前仍很难确定，然而云计算服务的不断发展和成熟是一个不可否认的事实。但还有一个现实问题是目前云计算面临着诸多法律困惑，在一定程度上阻碍了云计算的进一步发展。如《受虐待妇女保护法案》严格禁止未经过本人同意的情况下披露信息，这项严格的规定禁止了将信息披露给云服务提供商或其他服务商；律师、医生、经纪人等职业的保密责任是否允许他们使用云计算服务在目前并不能确定；《美国爱国者法案》的条款扩张了政府强制披露信息的权力，却削弱了《电子通讯隐私法》规定的隐私保护。本书试图梳理出当前云计算面临的法律困惑，并提出一些对策。

在云计算环境下，图书馆一旦将数据传输给云服务提供商，从本质上讲，就已不能完全控制数据，其获得的隐私和保密及其他相关保护就会被削弱。在同一时间，存储在云端的数据可能同时存储在多个司法管辖区，这必然会面临不同法律体系适用的争议。另外，由于各种类型的个人数据、商业机密、政府信息等都存储在云端，云服务提供商会为了某种利益而披露或使用用户信息，政府也有可能为了查找逃犯、失踪儿童、版权侵犯等强制要求云服务提供商披露相关信息。这些问题都会给用户带来救助法律的需要。只有尽快制定和完善相关法律，才能促进云计算更好更快地发展。

虽然云计算技术已经得到了快速的发展，但随着技术的发展，相关法律的滞后性也表现得越来越明显。应该说，云计算虽然给用户带来很大的便利和益处，但也使得用户面临着诸多法律困惑。

（一）一些法律不直接阻止使用云计算服务

一些法律不直接阻止使用云计算服务。例如，美国《金融服务现代化法案》限制金融机构向无关联的第三方披露用户的财务信息。① 但是，向云服务提供商披露信息一般不受限制。被美国《视频隐私保护法》保护的录像带租赁记录和被美国《有线传播政策法》保护的有线电视用户记录也没有被直接阻止为云服务提供商所使用。② 根据美国律师协会职业行为示范规则，律师有责任保护其所掌握的关于用户的所有信息，这种非披露责任是否允许律师使用云计算服务并不确定。

（二）一些法律直接阻止使用云计算服务

一些法律直接阻止使用云计算服务。美国《税收筹划法》中，报税机构的用户享有一些合法的隐私保护，这些隐私保护会限制报税机构使用云计算服务，报税机构很难既遵守国内税收服务法规定，又将报税信息披露给云服务提供商。报税机构不经纳税人同意不得使用云服务提供商的服务，也不能披露社会安全号码。根据美国 HIPAA 法案规定，遵守 HIPAA 法案的医院不能将患者的信息存储在云服务提供商所提供的存储设备上，除非其与云服务提供商达成商业合作协议。美国《受虐待妇女保护法案》禁止非法令或法院强制的任何情况下披露信息，除非经过本人的同意。③ 这个严格的非披露规定似乎禁止在任何条款或任何情况下将信息披露给云服务提供商或其他服务商。

---

① 万里宏. 美国《金融服务现代化法案》［EB/OL］.（2011 - 09 - 15）. http：//bjgy. chinacourt. org/public/detail. php？ id = 94364，2011 - 09 - 15/2012 - 04 - 16.

② Cable Communications Act of 1984 ［EB/OL］.（2012 - 04 - 15）. http：//en. wikipedia. org/wiki/1984_Cable_Franchise_Policy_and_Communications_Act.

③ Violence Against Women Act ［EB/OL］.（2012 - 04 - 15）. http：//en. wikipedia. org/wiki/Violence_Against_Women_Act.

（三）相关法律规定相互冲突

美国《公平信用报告法案》《受虐待妇女保护法案》《税收筹划法》等都有限制披露用户信息的相关规定，然而《美国爱国者法案》允许美国的执法者经法庭批准后，不需要获得数据当事人的允许就可以获取到任何人的个人数据。也就是说，如果用户使用位于美国的服务器或位于美国的云服务提供商的产品，美国执法者都可以以反恐调查的名义不经用户的允许而直接获取数据。加拿大也有类似的规定，其《国防法》（National Defense Act，NDA）赋予国防部长检查用户数据的权力。①

8.4.2　可能引发信息资源安全风险的相关政策法律分析

基于云计算中数据管理生命周期的核心环节，本节根据当前信息安全政策法律存在的不足，主要围绕数据传输、数据存储、数据披露、政府强制获取用户信息等环节中的问题展开分析。

（一）数据传输及相关法律

与传统的外包服务不同，在云计算环境下，数据通过互联网进行存储和交付，用户无法控制自己的数据，不清楚数据在哪里共享和传送，用户数据的流动是全球性的，数据的传输是跨境的。而每个国家都拥有自己的法律体系以及管理要求，很明显云服务提供商无法做到与所有相关国家的法律相符合，因此在数据传输方面面临着许多法律问题。

根据《欧盟数据保护指令》（1995）的规定，在缺乏特定的担保机制的情况下，欧盟禁止将欧盟居民的个人数据转移出欧盟到美国和世界上大部分国家。如果要将包含欧盟居民个人数据的数据存储到云端，至少需要符合下列条件之一：①国际安全港认证（International Safe Harbor Certification），允许数据从欧盟传送到美国，但不包括到其他国家。②格式合同，允许数据从欧盟传送到非美国的其他国家，但是由于云计算涉及多层次的供应商关系，格式合同并不总是有效。③有约束力的公司规则（即根据欧盟数据保护法制定的跨国公

---

① National Defense Act of 1916［EB/OL］．（2012 – 04 – 18）．http：//en. wikipedia. org/wiki/National_Defense_Act_of_1916.

司、国际组织跨境传送个人数据的规则），该规则专门针对跨国公司设计，因此对于云服务提供商也不一定起作用。[①]

（二）数据存储及相关法律

在云计算环境下，数据可能存储在本国范围内，也可能跨越国界，甚至是同一数据在不同的时间存储的地理位置也是不同的，例如，当一家企业在美国处理完数据后，将这些数据存储在德国的一个服务器上，但通过法国来发送，那么在这种情况下，应该遵守哪个国家的法律？这必然带来司法管辖权的困惑。云服务提供商提供的服务条款中不一定明确可适用的法律体系，然而即使云服务提供商指明了具体的司法管辖区，它们也可能在没有任何通知的情况下改变数据存储的地理位置。如果云服务提供商能够保证用户的数据存储在一个特定的司法管辖范围，这会大大降低云计算环境下用户面临的司法管辖权难以明确的风险。

《欧盟数据保护指令》（European Union's Data Protection Directive，EUDPD）（1995）第 4 条规定，当信息控制者在成员国处理个人数据时，应该遵守该国家的数据保护法。因此，如果一家美国公司将数据存储在法国的云服务提供商运营的服务器上，那么应该遵守法国的数据保护法，并且应该限制将数据再次传输到美国。另外，数据当事人应该有被通知权、获取权、修改权等。这充分说明了司法管辖区的法定权利和责任的重要性。

其他的一些司法管辖区的问题是可以预见的。例如，美国的云服务提供商向公司或个人提供服务，可能会把这种服务转包给另一个云服务提供商或利用其他云服务提供商的服务，这些云服务提供商可能位于别的国家或者本国的其他区域，而用户并未意识到这些云服务提供商的存在和用户数据存储的实际区位。事实上，一个普通的用户不可能预先知道或者明确哪个司法管辖区的法律更适用于保护委托给云服务提供商的信息，这使得用户难以判断将信息委托给哪个云服务提供商能够得到更好的保护。

对于一些用户，云计算可能是一个矛，然而对于一些用户，云计算可能是一个盾。例如，对于试图使政府或诉讼当事人无法获取数据的人们，司法管辖

---

① 国外关于云计算的法律限制［EB/OL］．（2019 – 05 – 11）．http：//roll. sohu. com/20110526/n308635762. shtml.

区的不确定性就能给他们带来切实的益处，如洋葱路由（Onion Routing）模式。洋葱路由是一种网络匿名通信技术，信息会被多次加密然后通过多个网络节点（洋葱路由器）来发送。洋葱路由的目标是保护信息发送者和接收者的隐私，当它在网络中转换时提供对信息内容的保护；当信息从始发地出发经过一个代理序列（洋葱路由器）到达目的地，信息经过一个不可预知的路径时，为了避免被偷听信息内容，信息在路由器之间被加密。洋葱路由的优点（一般是混合串联）是不必要去相信每个合作路由器；如果一个或多个路由器是不安全的，匿名通信仍然可以被完成。在洋葱路由模式下，中间节点并不知道始发地、目的地及信息的内容。① 可以想象，如果一系列洋葱云服务提供商（Onion Cloud Providers）通过多个司法管辖区来传送信息，就会使得政府或诉讼当事人难以发现或获取这些洋葱云服务提供商所拥有的用户信息。要想获取这些信息，可能必须在多个司法管辖区使用强制权利，首先要找到这些数据所处的司法管辖区，然后才有机会获取这些数据。这种情况下，政府或诉讼当事人获取用户信息是非常不容易甚至是不可能的。

（三）数据披露及相关法律

任何存储在本地计算机的信息都可以存储到云端，如邮件、文档、电子表格、视频、健康记录、照片、税收，或其他财务信息、商业计划、PPT演示、会计信息、广告、销售信息、约会日历、地址簿等。然而一旦用户的数据存储到云端，就面临着被云服务提供商披露的风险，无论是云服务提供商为了某种利益还是被迫地披露用户信息，都会给用户带来严重的后果，使得用户面临着诸多法律问题。

（四）政府强制获取用户信息

与信息创造者本地存储的信息相比，存储在第三方的信息（包括云服务提供商）得到的隐私保护更少。与从信息创造者那里获取信息相比，政府机构能够从第三方更轻易地获取信息，政府通过第三方获取信息的能力扩张必然会影响到企业用户和个人用户。将本应该只有用户拥有的信息传输给云服务提供商就增加了政府没有通知用户而获取其信息的机会，然而

---

① 洋葱路由［EB/OL］．（2020 - 12 - 07）．http：//baike. baidu. com/view/2709595. htm.

用户并没有机会反对。

（1）美国诉 Miller 的判例分析。美国诉 Miller 是一个关于第三方持有信息的隐私保护案例。Miller 被判犯下联邦法律规定的罪行，其中一部分证据是他的银行记录，政府向银行送达了传票，然而政府和银行都没有通知 Miller 要调查其银行记录。Miller 认为，政府获取和使用他的银行记录违反了第 14 条修正案权利（阻止不合理的搜查）。然而最高法院认为，政府对银行的传票并没有影响到储户第 14 条修正案的利益。最高法院明确指出，银行记录不是被告的私人信息，而是银行的商业记录，这些银行记录是在日常业务中被自愿地传输给银行或披露给银行员工的，因此，这些信息不受第 14 条修正案的保护。Miller 的案例具有代表性，说明了第三方持有的私人信息并不像个人持有那样得到同等的宪法隐私保护。从隐私保护角度来看，这个判例是令人不安的，因为现在很多个人数据都由第三方持有，如银行、信用卡公司、保险公司、各种网站、交通机构、政府机构等。在最高法院判决 Miller 案之后不久，国会采取措施推翻了部分判决。

（2）美国《财务隐私法》。美国《财务隐私法》限制联邦政府从银行获取用户的财务信息。[①] 这部法案要求在披露信息之前，政府必须通知其传票的银行用户或提交正式的书面申请并提供给用户反对的机会。该法案允许在一些特殊情况下可以延迟通知，并有不予通知的例外规定，对于用户可以反对政府的要求也给出了适应条件。对于用户来说，法律通知的最终价值和反对的机会是有争议的。然而，《财务隐私法》终究是一个限制政府从第三方获取用户数据的立法先例。

（3）美国《电子通讯隐私法》。在电子环境下，美国 1986 年通过的《电子通讯隐私法》（Electronic Communications Privacy Act，ECPA）是一项禁止未经授权的第三方截取或泄露通信记录的美国联邦法令。[②] 该法令阻止政府获取第三方（如网络服务提供商）持有的电子邮件和其他计算机记录。大多数人认为从某种程度上，ECPA 是根据以前电子邮件和网络行为制定的法律，该法律已经过时了。然而，ECPA 从立法上承认了网络行为应该得到保护，它实际

---

① Right to Financial Privacy Act（RFPA）［EB/OL］.（2012 - 04 - 15）. http：//www. everify. com/resources/right - to - financial - privacy - act - rfpa.

② 美国电子通讯隐私法［EB/OL］.（2009 - 06 - 16）［2012 - 04 - 15］. http：//www. whatis. com. cn/word_5280. htm.

上规定了谁可以在哪些情形下读取哪些信息。[①] 譬如，从法律上来讲雇主一般可以读取员工的电子邮件，而数据运营商需要接到法庭指令才可以这么做。对网络行为进行准确界定，直接关系到 ECPA 所规定的数据访问方式。如果相关数据存储在本地计算机上，执法人员通常需要获得法院下令的搜索证才能访问这些数据；如果数据是存储在远程计算服务平台中，则只需要原告或者执法人员提供的传票，其就可以访问这些数据。对于搜索引擎和社交网站是否属于远程计算服务，目前尚不明确。ECPA 的哪些隐私保护条款可适用于云计算，是很难预测的。

事实上，识别云计算活动本身就是一个很大的挑战。以下的因素可能会影响到 ECPA 适用于云计算的结果。包括：①云计算环境下交流或存储活动的精确描述；②涉及的信息是内容数据的还是非内容数据的；③服务的性质（如该服务是属于信息交流服务还是远程计算服务）；④云服务提供商提供的服务条款；⑤用户同意提供给云服务提供商或其他人的内容；⑥云服务提供商的身份。例如，如果云服务提供商是政府机构，那么，其所承担的责任与非政府机构作为云服务提供商所承担的责任并不相同，用户的权利也不相同。

《美国爱国者法案》颁布于 2001 年，在 2005 年进行修订。这个法案以防止恐怖主义的目的扩大了美国警察机关的权限。根据法案的内容，警察机关有权搜索电话、电子邮件通信、医疗、财务和其他种类的记录；扩大美国财政部长的权限以控制、管理金融方面的流通活动，特别是针对与外国人士或政治有关的金融活动；并加强警察和移民管理单位对于居留、驱逐被怀疑与恐怖主义有关的外籍人士的权力。[②]

《美国爱国者法案》的条款扩张了政府强制披露信息的能力，削弱了 ECPA 规定的隐私保护能力。据美国科技网站 ZDNet 2011 年 8 月 11 日报道[③]，Google 公司已承认，它根据《美国爱国者法案》的规定，把欧洲资料中心的信息交给了美国情报机构。而微软也曾坦承依《美国爱国者法案》的相关规

---

① VIRAJ SAMARANAYAKE, CHANDANA GAMAGE. Employee perception towards electronic monitoring at work place and its impact on job satisfaction of software professionals in Sri Lanka [J]. Telematics and Informatics, 2012, 29 (27): 233 – 244.

② 美国爱国者法案 [EB/OL]. [2020 – 12 – 17]. http: //baike. baidu. com/view/2318905. html.

③ 谷歌承认根据"爱国者法案"把欧洲资料交给美国 [EB/OL]. (2011 – 08 – 17) [2012 – 04 – 16]. http: //www. yunyounet. com/html/yynet_8928. html.

定而允许美国政府访问其存储在云服务器上涉及欧盟的相关资料。这使得在欧洲客户的眼里，任何一家美国公司，不论是 Google、微软、亚马逊、苹果或任何其他云端服务供应商，只要是在欧洲运营，都无法保证欧洲的资料不受到美国的审查。

8.4.3　诉讼当事人或其他实体通过云计算提供商获取信息

政府不是唯一通过云计算提供商获取信息的实体，诉讼当事人或其他组织可能并不直接从用户那里获取信息而是通过云服务提供商获取信息，因为云服务提供商并没有与用户一样的动机来抵制传票或其他请求。云服务提供商向第三方披露信息会带来一些法律、法则和利益的相关问题。

（一）HIPAA 法案等法案有关信息披露的规定

美国《健康保险携带和责任法案》（Health Insurance Portability and Accountability Act）是美国政府为所有医疗组织制定的一部法律。该法案对于强制性披露用户信息制定了一些限制。诉讼当事人要通过云服务提供商获取患者信息，必须按规定的程序提出合理的请求。任何人通过法院命令、传票等获取患者信息必须提前通知患者，并且使患者有机会反对披露其信息。[①] 如果云服务提供商接到披露其涵盖实体（Covered Entity，CE）信息的命令，根据HIPAA 法案规定，必须达成商业合作协议。

依据 HIPAA 法案的规定，企业和云服务提供商共享的其他的个人信息不要求企业和云服务提供商达成协议。如果云服务提供商允许人们在没有任何合约的情况下使用其服务，云服务提供商对于用户存放在云端的信息可能不了解或只了解一部分；如果云服务提供商不按规定与用户协商，或者不主动与用户协商，或者不通知用户，那么在法院的传票或指令下披露用户的信息将会给用户或者最终的数据主体带来难以预料的后果。

首先，关于美国《税收筹划法》的规定。根据美国《税收筹划法》规定，报税机构的用户享有一些合法的隐私保护。这些隐私保护反过来会限制报税机构使用云计算服务。报税机构很难既遵守国内税收服务法规定，又将报税信息

---

① DIVAKARAN LIGINLAL, INKOOK SIM, LARA KHANSA. HIPAA privacy rule compliance：An interpretive study using Norman's action theory ［J］. Computers & Security, 2012（31）：206 – 220.

披露给云服务提供商。报税机构不经纳税人同意不得使用云服务，也不能披露社会安全号码。对于通过在网络上存储纳税人信息并提供报税筹划服务的公司，美国的税收服务法明确限制其披露报税人的信息。报税编制人员可以将报税信息传输给同一报税机构的其他报税编制人员。在美国，如果报税编制人员要将报税信息披露给其他机构的报税编制人员，必须要经过纳税人的同意。①另外，即使经过纳税人的同意，也不可以将信息披露给美国之外的报税机构，对于云服务提供商来说，这类规定不会有例外。

其次，关于美国《公平信用报告法案》的规定。制定于1970年的《公平信用报告法》（The Fair Credit Reporting Act）作为美国规范消费者信用报告使用的基本法律，为防止消费者个人因不真实的信用报告而遭受损失，在信用报告使用人的义务、信用报告使用的条件与范围、征信机构的权利义务关系、征信体系的监管主体及监管措施、所负的法律责任以及争议信息处理等方面进行了详细的规定。② 根据该法案对于信用报告使用的规定，如果债权人在云端存储信用报告，那第三方也拥有存储在云端的信用报告，这就会违反《公平信用报告法》。如果云服务提供商以不正当的目的使用存储在其设施上的信用报告也会违反《公平信用报告法案》。《公平信用报告法案》对于信用报告用户规定了一些限制，但是并没有制定强制性程序，而HIPAA法案要求的商业合作协议会告知云服务提供商其所拥有的信息应该遵守披露限制的有关规定。

云服务提供商也可能违反其他对个人数据的披露和使用作出限制规定的隐私法，云服务提供商存储公司信息应该遵守隐私法律。如美国《视频隐私保护法案》③ 限制披露用户信息。如果云服务提供商的服务协议允许云服务提供商查看、使用或披露信息，云服务提供商的行为会违反法律。例如，云服务提供商保留的权利可能使其能够阅读用户的信息，然后在市场上使用这些信息，这直接侵犯了用户的隐私权。

---

① SCOTT B JACKSON, RICHARD A WHITE. The effect of tax refunds on taxpayers' willingness to pay higher tax return preparation fees [J]. Research in Accounting Regulation, 2008 (20): 63 – 88.

② 张若鹏，黄可权，姜天怡. 美国《公平信用报告法》对我国信用信息使用人行为规范的启示 [J]. 黑龙江金融，2007 (11): 8 – 10.

③ FENG DAI, LINGLING TONG, YONGDONG ZHANG. Restricted H. 264/AVC video coding for privacy protected video scrambling [J]. Journal of Visual Communication and Image Representation, 2011, 22 (6): 479 – 490.

（二）数据违法使用及相关法律

有学者认为，云服务提供商并不是用户信息的控制者，而是一个在世界范围内传输数据的处理者。但是如果云服务提供商在其服务协议中保留了使用、披露或者其他处理数据的权利，这种观点就很难成立。事实上，云服务提供商可能通过服务协议来控制用户的数据，那么其就必须承担作为用户数据控制者的数据保护责任。

云服务提供商可能会访问一些交互信息，而这些交互信息会与交互主体密切相连，其内容涵盖交互的时间、位置、设备、活动，以及信息拥有者、创建者和使用者的身份特征等。例如，如果用户把一份草案文件存储到云端，并且允许其他三位同事访问该文件，那么系统就会记录用户与其同事的交互信息并显示出这四个人及其所属机构的关系。在某种情况下，交互信息可能会揭示实质性的活动。例如，如果两家企业之间通过云服务提供商共享文件，即使云服务提供商没有阅读该文件，交易信息也可能会泄露机密计划。

对于一些特权信息，其所有者与云服务提供商共享可能会影响到特权的有效性。这种关于特权的相关法律比较复杂，并且不同的特权人士（如医生和患者、律师和客户、牧师和忏悔者），享有的法律特权也是不同的。与第三方交流特权信息会破坏或违反这种特权。例如，一个记者将一个故事的笔记和草稿存储在云服务提供商的网站上，那么他所拥有的特权就会受到削弱；如果医生或患者与云服务提供商共享保密资料，云服务提供商通过分析这些资料中的信息为患者做广告，特权的有效性可能就会受到致命性的削弱。

云计算是一把双刃剑，事实上，应该辩证地看待云计算，既要看到云计算带给社会的种种便利，又不能忽视其带来的安全风险及法律问题。云计算环境下的法律问题更加新颖、复杂，无论是云服务提供商还是云服务用户，都面临着诸多法律困惑。通过分析总结目前云计算面临的法律困惑可知，应尽快建立云计算的一系列行业标准，完善相关立法，真正做到云计算"有法可依、执法必严、违法必究"，促进云计算产业健康快速地发展。第 9 章将结合图书馆信息资源体系中的三类资源，全面剖析当前国内外有关云计算信息安全的政策法律。

第9章　云计算环境下图书馆信息资源安全的政策法律剖析

图书馆引入云计算，会对资源建设、服务提供、业务管理产生直接影响。尤其是在图书馆信息资源体系方面，随着云存储对图书馆本地存储能力支撑力度的加大，面向个人数据存储与管理的服务也将在图书馆开展；而基于云计算的技术原理，通过使用云服务提供商提供的 IaaS 产品，虚拟化计算资源也被纳入图书馆的信息资源体系。在此背景下，研究与图书馆信息资源安全相关的政策法律，既要从目的上清晰地意识到政策法律是弥补仅靠信息技术、合同协议不能彻底解决信息资源安全问题的重要手段，又要考虑云计算环境下图书馆信息资源安全涉及的政策法律并不是单一的，而是一个相当庞杂的、分散的政策法律体系。根据图书馆的信息资源类型，明确细分角度，将是梳理这些政策法律的关键。基于本研究的重点，本章将主要从图书馆的三类信息资源出发来梳理这些政策法律。需要强调的是，由于专门适用于图书馆传统信息资源安全的政策法律为数不多，因此，在基于数据管理生命周期来分析云计算环境下图书馆信息资源安全的相关政策法律时，会在一定程度上同时涉及图书馆传统信息资源和个人数据的问题。

9.1　基于云计算数据管理生命周期核心环节的角度

9.1.1　数据收集

在数据收集环节，图书馆需要考虑通过云服务协议委托的方式，将在云端处理的特定信息资源上传给云服务提供商。对云服务提供商来说，这一环节就是数据收集，但这并不是云服务提供商主动收集。那么，在面向图书馆提供云服务的过程中，云服务提供商需要主动采集来自图书馆、图书馆员或者是图书馆授权的读者的个人数据吗？答案显然是肯定的。毕竟，在 SaaS 模式下，图书馆员或者图书馆授权的读者，都有可能通过账号登录的方式，使用云服务提供商提供的软件。而云服务提供商为了改进服务效能或者出于其他商业目的，往往会在使用者不主动提交信息、不知情，甚至是知情不同意的情况下，自行收集相关的个人数据，如使用频率、使用时长、使用地点、操作记录、所处理的文档名称，甚至是提交到云端软件进行处理的原始性数据、过程性数据或结果性数据。而这些数据的过度收集，如果使用不当或者保管不当，都会给图书馆、图书馆员、图书馆授权的用户带来信息安全的威胁。在这种情况下，图书馆应该如何依据相关政策法律的规定，保护馆员、用户的个人数据呢？为解决此问题，有必要了解现行政策法律允许云服务提供商出于何种使用目的来收集个人数据的相关规定。一旦发现云服务提供商越过相应的政策法律边界，那么，图书馆就可以更为明确地借助政策法律来维护自身的信息资源安全。

目前，各国法案倾向于将个人数据按照隐私程度不同划分为两种类型：普通数据和敏感数据。所谓敏感数据是指那些包含用户种族信息、民族信息、政治倾向、宗教及哲学信仰、工会职务、健康或性生活等信息的数据。普通数据则是那些除敏感数据以外的非敏感型数据。

（一）普通数据的收集

各国法案对普通数据收集的规定相对宽松，通常规定数据收集者在出于开展其本职工作、履行应尽职责的目的的情况下，对普通数据的收集是合乎法律规定的。目前，德国《联邦数据保护法案》（2015 年修订）、瑞典《个人数据法案》（1998）和欧盟《数据保护指令》（1995）都对普通个人数据的收集做出了相关规定，规定指出普通数据的收集应正当、合法，且需要征得数据主体的知情同意。

德国《联邦数据保护法案》关于公共机构作为数据控制者的部分，第十三条的第一项明确规定，当目标数据中包含的内容有助于公共部门实施其任务时，其对目标数据的收集是合理合法的；同时数据主体应被告知其数据将被合法获取。而关于商业机构作为数据控制者的部分，第二十八条第一项规定，在以下情况中，出于商业目的对个人数据的收集、存储、修改、传输和使用是合法的：①当与数据主体开展、执行或是终止法律义务或准法律义务是必要的情况下；②对保障数据收集者的法律权益有必要，且不存在数据主体拥有排除收集者法律权益的假定；③数据可以被广泛获取或是收集者被允许对数据进行发布，除非数据主体具有明确且高于一切的法律义务以排除收集者对数据的实验和处理。

瑞典《个人数据法案》在第九条中规定；c）个人数据的收集仅仅基于特定的、明确声明且正当的目的；d）不得为了任何与信息收集目的不符的目的处理个人数据。

欧盟《数据保护指令》第十一条规定，在数据记录方面，数据主体有被告知权，若未从数据主体处获得数据，成员国应规定数据处理者必须承诺在记录个人数据或向第三方披露个人数据时，在数据首次披露前向数据主体提供至少以下的信息，除非数据主体已经获取这些信息：①数据处理控制人的身份；②数据处理的目的；③其他更多信息，如数据的种类、数据接收者的身份或类别、申请者获得和修改其相关数据的权利。

我国《信息安全技术公共及商用服务信息系统个人信息保护指南》（2012）规定，个人信息是指可为信息系统所处理、与特定自然人相关、能够单独或通过与其他信息结合识别该特定自然人的计算机数据。个人信息可以分为个人敏感信息和个人一般信息。处理个人信息前要征得个人信息主体的同意，包括默许同意或明示同意。收集个人一般信息时，可认为个人信息主体默许同意，如果个人信息主体明确反对，要停止收集或删除个人信息。

2020 年 5 月颁布并于 2021 年 1 月施行的《中华人民共和国民法典》第四编"人格权"下，专设第六章"隐私权和个人信息保护"。第 111 条规定，自然人的个人信息受法律保护。任何组织或者个人需要获取他人个人信息的，应当依法取得并确保信息安全，不得非法收集、使用、加工、传输他人个人信息，不得非法买卖、提供或者公开他人个人信息。

（二）敏感数据的收集

所谓敏感数据是指那些包含用户种族信息、民族信息、政治倾向、宗教及哲学信仰、工会职务、健康或两性生活等信息的数据。当前，各国数据保护法律与政策对敏感数据的收集情况都做出了明确规定，不允许对特殊类敏感数据进行收集。并且还有法案对不同年龄段用户数据的收集做出了限定，如欧盟《一般数据保护规则》（2012）第八条规定，数据控制者在通过网络收集儿童数据的情况下，如果需要处理 13 岁以下儿童的个人数据，必须能够证明其得到儿童父母或监护人的同意。但在特定情况下这一规定不适用。这些特定情况主要分为 6 种类型：出于保护公共安全、维护公共利益目的，出于科学研究目的，出于医疗目的，出于保护数据主体或第三方合法利益目的，数据主体主动公开发布，数据主体明确同意。

（1）出于保护公共安全、维护公共利益目的

德国《联邦数据保护法案》和欧盟《数据保护指令》从保护公共安全、维护公共利益的目的出发，对敏感数据的收集做出了相关规定。其中，保护公共安全、维护公共利益的具体情形分为防止公共利益的重大损失，跨国或跨政府的利益对抗、危机管理或其他人道主义理由，国家安全，对形式犯罪或是违反职业道德行为的预防、调查、侦查和起诉，保护重大经济或财产利益等。

德国《联邦数据保护法案》第十三条规定，对特殊信息（包括种族信息、民族信息、政治选择、宗教及哲学信仰、工会职务、健康或两性生活信息等）的收集只有在以下情况才被视为合法：①被法律允许或有利于公共利益；②被迫切需要以防止公共利益的重大损失；③有令人信服的理由，如跨国及跨政府的利益对抗、危机管理或其他人道主义理由等。

欧盟《数据保护指令》第十三条规定了特殊信息收集例外和限制：成员国可以通过立法来限制上述条款所规定的权利和义务的范围，只要该限制构成保护以下事项的必要措施：①国家安全；②辩护；③公共安全；④对形式犯罪或是违反职业道德行为的预防、调查、侦查和起诉；⑤欧盟成员国的重大经济或财产利益，包括货币、财政预算和税收问题等。

（2）出于科学研究目的

目前国内外法律对科学数据的收集做出规定的仅有德国《联邦数据保护法案》，该法案第十三条规定，在"用于科学研究目的，且科研利益高于数据主体个人利益的情况下"，允许进行科学研究数据的收集。

（3）出于医疗目的

德国《联邦数据保护法案》和法国《数据处理、数据文件及个人自由法》（2004）对以医疗为目的的敏感数据收集做出了规定，包括用于预防医学及医疗诊断、提供健康护理或治疗、医学保健服务管理及医学研究等情况。

德国《联邦数据保护法案》第十三条规定，出于预防医学、医疗诊断、

卫生保健和医疗卫生管理的目的，可由医务人员或其他承诺保守秘密的人员对此类数据进行收集。

法国《数据处理、数据文件及个人自由法》第八条规定：（f）该数据处理为了预防医学、医疗诊断、提供健康护理或治疗的目的，或者为了医疗保健服务管理的目的，可以由医疗职业者或者任何其他按《刑法》第 226 – 13 条规定对其保密者对数据进行处理；（h）依照第八章（为医学研究目的的个人数据处理）规定的内容进行的医学研究所必需的数据收集是合法的。

（4）出于保护数据主体或第三方合法利益目的

国内外法律关于该方面的规定暂时空白，仅有德国《联邦数据保护法案》做出了一些宽泛的规定。德国《联邦数据保护法案》（2015 年修订）第十三条规定，在对保护数据主体或其他个体的重要利益至关重要且该数据主体由于身体或法律等原因无法表示认可的情况下可以对数据予以收集。

（5）数据主体主动公开发布

德国《联邦数据保护法案》和法国《数据处理、数据文件及个人自由法》均规定，数据主体已经明显公开的敏感数据可以直接收集。

德国《联邦数据保护法案》第十三条规定，数据主体已经明显公开过的数据可以被收集。

法国《数据处理、数据文件及个人自由法》第八条规定，（d）已经被数据主体公开的数据可以被收集。

（6）数据主体明确同意

德国《联邦数据保护法案》、法国《数据处理、数据文件及个人自由法》和我国的《规范互联网信息服务市场秩序若干规定》（2011）都规定，收集敏感数据的前提条件是数据主体已明确同意。

德国《联邦数据保护法案》第十三条规定，在数据主体对该行为表示认可后，方可对数据进行收集。

法国《数据处理、数据文件及个人自由法》第八条规定，直接或间接地泄露种族血统、政治观点、宗教或哲学信仰、公会成员资格或与健康和两性生活相关的个人数据的收集和处理是被禁止的；但是，就处理目的而言，可能需要某些特定种类的数据，第一条所设定的禁止规定不适用于以下情形：（a）数据主体已明确表示同意的，不能够被数据主体的同意加以排除的情形除外。

我国《规范互联网信息服务市场秩序若干规定》（2011）第十一条规定，

未经用户同意，互联网信息服务提供者不得收集与用户相关、能够单独或者与其他信息结合识别用户的信息（以下简称"用户个人信息"），不得将用户个人信息提供给他人，但是法律、行政法规另有规定的除外。互联网信息服务提供者经用户同意收集用户个人信息的，应当明确告知用户收集和处理用户个人信息的方式、内容和用途，不得收集其提供服务所必需以外的信息，不得将用户个人信息用于其提供服务之外的目的。

9.1.2　数据存储

有关数据存储的问题，可以进一步细分为数据的本地化存储、数据存储时间、数据备份、数据完整性验证、数据可用性保护、数据分级、数据加密和管辖权归属等问题，而围绕这些子问题的现行相关政策法律，则是图书馆在存储环节可以用来维护自身信息资源安全的主要依据。

（一）数据的本地化存储

（1）总体概况

云计算和数据分析为政府、消费者和企业带来了巨大的利益，改善了生活以及刺激了前所未有的经济增长。然而，一些国家正在采用或考虑实行数据本地化政策，这些政策有可能破坏软件和数据驱动创新（如云计算）的增长潜力。计算机网络在多个国家的多个地点存储和处理数据，但数据本地化政策要求云服务提供商及其管理的数据位于访问服务的国家或地区。这使得"围墙外"的云服务提供商不能再为"全球云"做出贡献或从其中获得好处。2015年9月，俄罗斯规定所有服务于俄罗斯市场的公司必须在俄罗斯境内的数据库中处理和存储俄罗斯公民的个人数据。在颁布法律时，政府指出了保护俄罗斯公民的数据免受外国政府非法访问的必要性。但数据本地化法律并不是保护公民信息的有效机制。数据保存在特定位置并不会更安全。保证数据安全的理想方法是使用强大的安全技术，流程和控制，数据保护立法以及其有效的执行。如果对外国政府要求的强制性披露存在疑虑，应通过国际合作与隔离的方式来解决。

国内外关于数据本地化的约束性文件共有 20 个，其中国内 6 个，国外 14 个；共包括三类主题，分别是禁止数据离境、数据传输安全评估和数据中心建在境内。国内关于禁止数据离境的约束性文件有 3 个：《中华人民共和国保守国家秘密法》（2010 年修订）、《中国人民银行关于银行业金融机构做好个人金融信息保护工作的通知》（2011）、《征信业管理条例》（2013）。关于数据传输安全评估的约束性文件有 2 个：《中华人民共和国网络安全法》（2016）、《信息安全技术公共及商用服务信息系统个人信息保护指南》（2012）。关于数据中心建在境内的约束性文件有 1 个：《国务院关于大力推进信息化发展和切实保障信息安全的若干意见》（2012）。而 14 个国外关于数据本地化的约束性文件中，欧盟 2 个、澳大利亚 1 个、印度 2 个、加拿大 2 个、法国 2 个、巴西1 个、印尼 1 个、马来西亚 1 个、韩国 1 个、新加坡 1 个。关于禁止数据离境的约束性文件有 6 个（包括 1 个对数据离境征税的约束性文件）：澳大利亚《个人电子健康记录控制法案》（2012）、印度《公共记录法》（1993）、加拿大《信息自由与隐私保护法案》（1996）、加拿大《个人信息国际披露保护法案》（2006）、法国《国家创新计划》（2002）、巴西《互联网民事总则》（2014 年修订）。关于数据传输安全评估的约束性文件有 6 个：欧盟《数据保护指令》（1981）、欧盟《一般数据保护规则》（2012）、印度《信息技术（合理安全的实践和程序，以及敏感的个人数据或信息）条例》（2011）、马来西亚《个人数据保护法》（2010）、韩国《个人信息保护法》（2011）、新加坡《个人信息保护法》（2012）。而关于数据中心建在境内的约束性文件有 2 个：法国《2012 - 436 号法令》（2012）、印度尼西亚《电子系统和交易操作条例》（2012）。

（2）制定时间

国内外关于数据本地化的约束性文件的发布或修订时间大多在 2010 年之后，共有 14 个，其中国内 6 个、国外 8 个。2010 年之前发布的约束性文件有6 个，均来自国外。国内 2010 年之后发布的约束性文件包括：《中华人民共和国保守国家秘密法》（2010 年修订），2010 年 4 月 29 日发布修订后版本，2010年 10 月 1 日实施；《中国人民银行关于银行业金融机构做好个人金融信息保护工作的通知》（2011），2011 年 1 月 21 日发布，2011 年 5 月 1 日实施；《征信业管理条例》（2013），2013 年 1 月 21 日发布，2013 年 3 月 15 日实施；《中华人民共和国网络安全法》（2016），2015 年 7 月 6 日发布《网络安全法（草案）》，向社会公开征求意见，2016 年 11 月 7 日正式通过，于 2017 年 6 月 1 日起实施；《信息安全技术公共及商用服务信息系统个人信息保护指南》（2012），2012 年 11 月 5 日发布，2013 年 2 月 1 日实施；《国务院关于大力推进信息化发展和切实保障信息安全的若干意见》（2012），2012年6月28日发布。国外2010年之后发布的约束性文件包括：《个人电子健康记录控制法案》（2012），2012年发布；《一般数据保护规则》（2012），2012年1月25日发布；《信息技术（合理安全的实践和程序，以及敏感的个人数据或信息）条例》（2011），2011年4月11日发布；印度尼西亚《电子系统和交易操作条例》（2012），2012年发布；马来西亚《个人数据保护法》（2010），2010年6月2日发布；韩国《个人信息保护法》（2011），2011年3月29日发布，2011年9月30日生效；新加坡《个人信息保护法》（2012），2012年11月20日发布；法国《2012－436号法令》（2012），2012年发布；《互联网民事总则》（2014年修订），2009年10月发布草案，2014年4月发布修订后的最新版本。国外2010年之前发布的约束性文件包括：《数据保护指令》，1995年10月24日发布；《公共记录法》（1993），1993年12月21日发布；《信息自由与隐私保护法案》（1996），1996年发布；《个人信息国际披露保护法案》（2006），2006年发布；《国家创新计划》（2002），法国研技部和工业部于2002年12月21日共同出台了创新计划。

（3）核心内容

这些约束性文件都要求个人信息等重要数据要在本国境内存储；云服务提供商提供的电子通信拦截系统要在本国境内建立和实施。比如，加拿大《信息自由与隐私保护法案》（1996）规定公共机构必须确保其监管或其控制下的个人数据的存储位于加拿大境内。但在数据主体明示同意的情况下可以得到豁免。巴西《互联网民事总则》（2014年修订）在"棱镜门"事件曝光之后，2013年11月5日，巴西众议院反对派领导人Alessandro Molon提出了新的法规草案，要求将巴西公民的数据都存储在巴西境内。我国《国务院关于大力推进信息化发展和切实保障信息安全的若干意见》（2012）第六条规定，为政府机关提供服务的数据中心、云计算服务平台等要设在境内。印度尼西亚《电子系统和交易操作条例》（2012）第八十二条规定，出于对国民数据的执法、保护和行使国家主权的目的，公共服务的电子系统经营者有义务将数据中心和容灾备份中心设置在印度尼西亚境内。在运营中收集和产生的公民个人信息等重要数据要在本国境内。《中华人民共和国网络安全法》（2016）第三十七条规定，"关键信息基础设施的运营者在中华人民共和国境内运营中收集和产生的个人信息和重要数据应当在境内存储。"法国《2012－436号法令》（2012）

第二十七条要求"服务提供商提供的电子通信拦截系统要在法国境内建立和实施"。

（二）数据存储时间

数据存储时间的长短与数据类型有较大关系。概括而言，国内外涉及数据存储时间的法律有法国《数据处理、数据文件及个人自由法》、《中华人民共和国保守国家秘密法》（2010年修订）、《互联网信息服务管理办法》（2011年修订）。这些法规的内容涉及个人数据、国家秘密、互联网提供商的记录备份数据的相关存储时间问题。其中，个人数据储存形式所允许的数据主体身份识别时间不能长于为实现数据收集以及处理之目的所必需的时间。国家秘密的保密期限，除另有规定外，绝密级不超过三十年，机密级不超过二十年，秘密级不超过十年。而互联网信息服务提供者和互联网接入服务提供者的记录备份应当保存60日。

具体内容如下。

法国《数据处理、数据文件及个人自由法》第六条规定：个人数据应当以某种形式被存储下来，该存储形式所允许的数据主体身份识别时间不能长于为实现数据收集以及处理之目的所必需的时间。

《中华人民共和国保守国家秘密法》（2010年修订）第十五条规定：国家秘密的保密期限，应当根据事项的性质和特点，按照维护国家安全和利益的需要，限定在必要的期限内；不能确定期限的，应当确定解密的条件。国家秘密的保密期限，除另有规定外，绝密级不超过三十年，机密级不超过二十年，秘密级不超过十年。机关、单位应当根据工作需要，确定具体的保密期限、解密时间或者解密条件。机关、单位对在决定和处理有关事项工作过程中确定需要保密的事项，根据工作需要决定公开的，正式公布时即视为解密。

《互联网信息服务管理办法》（2011年修订）第十四条规定：互联网信息服务提供者和互联网接入服务提供者的记录备份应当保存60日，并在国家有关机关依法查询时，予以提供。

（三）数据备份

国内关于数据备份的法律有《商业银行信息科技风险管理指引》（2009）和《烟草行业信息系统技术管理规定（试行）》（2001），均为行业性法规。关于数据备份，现有法律涉及的内容较为一致，基本都包括数据备份定期制作、备份数据集中保存、备份数据由专人保管、数据保管员对备份数据进行规范的登记管理、备份数据不得更改以及备份数据保管地点的要求等内容。

《商业银行信息科技风险管理指引》（2009），商业银行应制定相关制度和流程，严格管理客户信息的采集、处理、存储、传输、分发、备份、恢复、清理和销毁。

《烟草行业信息系统技术管理规定（试行）》（2001）第四十六条规定，定期制作数据备份，保证系统发生故障时能够迅速恢复。重要业务数据必须定期、完整、真实、准确地存储到不可更改的介质上，并要求集中保存。备份的数据必须指定专人负责保管，由信息技术人员按规定的方法同数据保管员进行数据的交接。交接后的备份数据应在指定的数据保管室或指定的场所保管。数据保管员必须对备份数据进行规范的登记管理。备份数据不得更改。备份数据保管地点应有防火、防热、防潮、防尘、防磁、防盗设施。

（四）数据完整性验证

在数据存储的过程中，云服务提供商需要动态确保数据的完整性。为了确保信息和程序只能在指定和授权方式下才能被改变，防范不正当的信息修改和破坏，数据完整性验证技术应运而生。在云计算环境中，数据同样面临着完整性破坏的风险，甚至有些云服务提供商考虑到自身的利益，可能会向用户隐瞒关于数据完整性的真实信息。因此，在云计算环境下，保护数据的完整性面临着很大的挑战。

目前我国关于数据完整性的法律多存在于金融领域。例如，《证券经营机构营业部信息系统技术管理规范（试行）》（1998）规定，数据库管理软件应具有数据库的安全性、完整性、一致性及可恢复性保障机制。《个人信用信息基础数据库管理暂行办法》（2005）第六条规定，商业银行应当遵守中国人民银行发布的个人信用数据库标准及其有关要求，准确、完整、及时地向个人信用数据库报送个人信用信息。此外，数据签名作为验证数据完整性的方法之一，又被称为电子签名。我国《中华人民共和国电子签名法》（2019）第十三条规定，电子签名同时符合下列条件的，视为可靠的电子签名：①电子签名制作数据用于电子签名时，属于电子签名人专有；②签署时电子签名制作数据仅由电子签名人控制；③签署后对电子签名的任何改动能够被发现；④签署后对数据电文内容和形式的任何改动能够被发现。

（五）数据可用性保护

在数据存储的过程中，云服务提供商需要动态确保数据的可用性。多副本技术是预防由于硬件故障或者其他因素导致数据丢失的有效技术手段，是实现数据可用性的保障手段之一，其基本思想是将数据存储在不同的存储节点上。随着多副本技术的发展，现今多副本技术不仅仅是为了防止数据丢失，也是为了提高数据读写速度，为数据容灾做技术支撑，提升数据的可用性。在实施多副本技术时，需要考虑何时何地创建副本、怎样选择最佳副本并快速定位进行访问、哪些副本可以被删除、如何保证副本之间的一致性等诸多问题。目前我国法律规定需要备份的数据类型主要有业务数据和系统数据。代表性法律包括：《证券经营机构营业部信息系统技术管理规范（试行）》（1998）、《烟草行业信息系统技术管理规定（试行）》（2001）、《进入风险处置程序证券公司信息系统交接技术指引》（2006），以及《个人信用信息基础数据库管理暂行办法》（2005）等。

（六）数据分级

数据分级有利于提高数据的安全性。对云服务提供商而言，根据用户需求，确定数据等级，采取对应的存储策略，有利于降低数据安全风险。我国现行法律中，最早涉及数据分级的是2007年出台的《信息安全等级保护管理办法》（2007），随后2009年出台了《互联网网络安全信息通报实施办法》（2009）和《通信网络安全防护管理办法》（2009），2010年出台或修订了《中华人民共和国保守国家秘密法》（2010年修订）和《中央企业商业秘密保护暂行规定》（2010），2012年出台了《信息安全技术公共及商用服务信息系统个人信息保护指南》（2012）。通过对法律条文进行调研发现，目前，现有法律条文主要从数据泄露后影响程度的角度对数据进行了分级。

《中华人民共和国保守国家秘密法》（2010）第十条依据数据的涉密程度将国家秘密分为绝密、机密、秘密三个等级。绝密级国家秘密是最重要的国家秘密，泄露会使国家安全和利益遭受特别严重的损害；机密级国家秘密是重要的国家秘密，泄露会使国家安全和利益遭受严重的损害；秘密级国家秘密是一般的国家秘密，泄露会使国家安全和利益遭受损害。《通信网络安全防护管理办法》（2010）第七条规定，通信网络运行单位应当对本单位已正式投入运行的通信网络进行单元划分，并按照各通信网络单元遭到破坏后可能对国家安全、经济运行、社会秩序、公众利益的危害程度，由低到高分别划分为一级、二级、三级、四级、五级。

（七）数据加密

数据加密是用某种特殊的算法改变原有的信息数据使其不可读或无意义，即使未授权用户获得加密后的信息，因不知解密的方法仍无法了解信息的内容。数据加密是保障数据机密性最有效的一种方法。

关于数据加密，我国目前已有不少法律对其进行了相关规定，包括《涉及国家秘密的通信、办公自动化和计算机信息系统审批暂行办法》（1998）、《烟草行业计算机信息系统保密管理暂行规定》（1999）、《期货交易所、期货经营机构信息技术管理规范（试行）》（2000）、《烟草行业信息系统技术管理规定（试行）》（2001）、《信息安全等级保护管理办法》（2007）、《商业银行信息科技风险管理指引》（2009）。比如，《涉及国家秘密的通信、办公自动化和计算机信息系统审批暂行办法》（1998）第十七条规定，涉密系统的身份认证应当符合以下要求：口令必须加密存储，并且保证口令存放载体的物理安全；口令在网络中必须加密传输。第十九条规定，涉密信息的存储、传输应当符合以下要求：秘密级、机密级信息应当加密传输。涉密系统完全处于其主管部门（单位）独立使用和管理的封闭建筑群内，可以只采取物理保护措施；绝密级信息应当加密存储、加密传输；使用的加密措施应当经过有关主管部门批准，并且与所保护的信息密级一致。

（八）管辖权归属

在云计算环境下，数据可能存储在本国范围内，也可能跨越国界，甚至同一数据在不同的时间存储的区位也是不同的。云计算环境下，用户数据的流动是全球性的，而每个国家都拥有自己的法律体系以及管理要求，很明显云服务提供商无法做到与所有相关国家的法律相符合，这必然会带来司法管辖权的争议。美国知名市场研究公司 Gartner 早在 2008 年发布的一份关于云计算服务安全威胁的研究报告称，云环境下的数据处理会带来司法管辖权问题，B T Ward、J C Sipior 指出云计算环境下数据的跨境流动会带来司法管辖权问题，L

M Kaufman 指出司法管辖权问题是云计算未来发展中需要解决的重大问题。目前，各国已有相关法律对此做出规定。概括起来，因数据存储位置不同产生的虚拟网络案件，司法管辖的处理依据主要为地域管辖原则、协议管辖原则、长臂管辖原则。在实际操作中，图书馆可以根据与云服务提供商协定的结果，采用对自身较为有利的一种原则。

首先，地域管辖原则。地域管辖是一种最基本的管辖原则，其管辖依据具有很强的地域性，主要以当事人住所地、行为地、物之所在地作为管辖依据。我国《最高人民法院关于审理涉及计算机网络域名民事纠纷案件适用法律若干问题的解释》（2020）、《关于审理涉及计算机网络著作权纠纷案件适用法律若干问题的解释》（2006）中将管辖依据规定为当事人住所地或侵权行为地。如我国《最高人民法院关于审理涉及计算机网络域名民事纠纷案件适用法律若干问题的解释》（2020）第二条规定，涉及域名的侵权纠纷案件，由侵权行为地或者被告住所地的中级人民法院管辖。对难以确定侵权行为地和被告住所地的，原告发现该域名的计算机终端等设备所在地可以视为侵权行为地。《关于审理涉及计算机网络著作权纠纷案件适用法律若干问题的解释》（2006）的第一条规定，网络著作权侵权纠纷案件由侵权行为地或者被告住所地人民法院管辖。侵权行为地包括实施被诉侵权行为的网络服务器、计算机终端等设备所在地。对难以确定侵权行为地和被告住所地的，原告发现侵权内容的计算机终端等设备所在地可以视为侵权行为地。此外，德国、日本、意大利、奥地利、瑞士、葡萄牙、印度、泰国、巴基斯坦等国均采用此原则。物之所在地是指诉讼标的物所在地或可供执行的财产所在地。如欧盟《电子商务指令》（2000）规定服务提供者的营业机构所在地为管辖依据，并指出通过互联网网站提供服务的公司的营业机构所在地是其进行经济活动的地点或者与该服务有关的核心活动的地点。由于地域管辖原则依据具有很强的地域性，而云计算环境不仅具有传统网络的虚拟性的特点，还具有无边界性，同一数据可能存储在多个地理位置，甚至有可能在不同的时间存储在不同的区位，这使得当前的地域管辖原则在云计算环境下的适用面临法律困惑。

其次，协议管辖原则。协议管辖原则又称合意管辖或者约定管辖，是指双方当事人在合同纠纷发生之前或发生之后，以协议的方式选择解决他们之间纠纷的管辖法院。协议管辖原则是对地域管辖和属人管辖原则的补充，通过当事人合意的方式选择管辖法院，可以减少管辖权的冲突，增强管辖权的确定性，体现了管辖原则所追求的公平和效率的基本理念。一些国家在立法中规定了协议管辖制度，如美国《统一计算机信息交易法》（1999）第一百一十条规定，双方可以协议选择一个排他性的管辖法院，除非此种选择不合理且不公平。中国《民事诉讼法》（2017 年）第三十四条规定，合同或者其他财产权益纠纷的当事人可以书面协议选择被告住所地、合同履行地、合同签订地、原告住所地、标的物所在地等与争议有实际联系地点的人民法院管辖，但不得违反本法对级别管辖和专属管辖的规定。协议管辖原则虽然回避了地理位置难以确定的难题，但在云计算环境下，当事人的实际物理距离可能跨越国界，这使得协议管辖的形成存在难度。

最后，长臂管辖原则。"长臂管辖"原则，是美国民事诉讼中的一个重要概念，根据该原则确定管辖权强调"最低限度联系"标准，即在不违反基本的正当程序的原则下，只要被告或行为与法院地存在"最低限度联系"，并且依这种联系形式的管辖权不损害传统的公平和正义的理念，就可以认为管辖权的行使就是合理的。"长臂管辖"原则注重考量当事人或诉讼原因与法院地的联系。如美国《冲突法重述（第二次）》（1971）第二十七条规定，对人的诉讼的管辖根据包括被告的出现，被告的住所，被告的居所，被告的国际或公民身份，被告同意接受管辖，作为被告出庭，在州内从事商业活动，在州内实施行为，行为在州内产生后果，对在州内的物享有所有权、使用或占有权，由该州行使司法管辖权是合理的其他联系。可以看出，依"最低限度联系"标准弹性很大，被告的行为只要与某法院地存在"零星的、偶然的"联系，该法院就可以行使管辖权，法官可以有很大的空间进行自由裁量。

9.1.3　数据传输

（一）总体概况

目前，国内外的法律法规皆对数据的传输做出过相关规定。这些法规可分为通用性和行业性法规。从内容上看，现有的法律法规主要从四个方面对数据传输进行了规定：采取措施停止有害信息的传输，电信行业工作人员不能擅自传输用户的通信数据，保密数据不得以明码形式传输，秘密级、机密级信息应当加密传输。此外，关于数据传输的行为主体，现有法律法规主要涉及公共信息网络运营商、服务商及电信业务经营者三类主体；关于数据传输的类型，现有法律法规将其划分为普通数据和涉密数据。

国外方面，目前关于数据传输的法律有澳大利亚《个人电子健康记录控制法案》（2012）、加拿大《信息自由与隐私保护法案》（1996）、加拿大《个人信息国际披露保护法案》（2006）、法国《2012－436号法令》（2012）、韩国《个人信息保护法》（2011）、印度《公共记录法》（1993）、印度《信息技术（合理安全的实践和程序，以及敏感的个人数据或信息）条例》（2011）、印度尼西亚《电子系统和交易操作条例》（2012）、马来西亚《个人数据保护法》（2010）、新加坡《个人信息保护法》（2012）、法国《数据处理、数据文件及个人自由法》（2004）、欧盟《数据保护指令》（1995）、《一般数据保护规则》（2012）、德国《联邦数据保护法案》（2015年修订）。

国内方面，目前关于数据传输的法律有《全国人民代表大会常务委员会关于维护互联网安全的决定》（2009年修订）、《中华人民共和国保守国家秘密法》（2010年修订）、《中华人民共和国电信条例》（2016年修订）、《商业银行信息科技风险管理指引》（2009）、《证券经营机构营业部信息系统技术管理规范（试行）》（1998）、《期货交易所、期货经营机构信息技术管理规范（试行）》（2000）、《烟草行业计算机信息网络安全保护规定》（1998）、《烟草行业计算机信息系统保密管理暂行规定》（1999）、《涉及国家秘密的通信、办公自动化和计算机信息系统审批暂行办法》（1998）。

（二）数据传输的关键要素

（1）数据传输者

国内外共有6个约束性文件涉及数据传输者的内容，这些约束性文件将数据传输者分为一般机构、数据提供商、数据使用者。一般机构包括宽泛意义的组织和具体某类组织，如银行业金融机构。例如，新加坡《个人信息保护法》（2012）规定："组织不得将任何个人数据传输至新加坡以外的国家或地区，除非根据本法规定的要求，确保组织能够对传输的个人数据提供与本法规定的同等标准的保护。"国内的《人民银行关于银行业金融机构做好个人金融信息保护工作的通知》（2011）规定："银行业金融机构不得向境外提供境内个人金融信息。"数据提供商包括服务提供商和关键信息基础设施的运营者。例如，法国《2012－436号法令》第二十七条要求服务提供商提供的电子通信拦截系统要在法国境内建立和实施。《中华人民共和国网络安全法》（2016）第三十七条规定："关键信息基础设施的运营者在中华人民共和国境内运营中收集和产生的个人信息和重要数据应当在境内存储。因业务需要，确需向境外提供的，应当按照国家网信部门会同国务院有关部门制定的办法进行安全评估；法律、行政法规另有规定的，依照其规定。"数据使用者也是数据传输者之一，一般情况下，其使用的个人数据不能传输到境外，如马来西亚《个人数据保护法》（2010）第一百二十九条第 1 款规定："数据使用者不能将任何个人数据传输到马来西亚境外，但部长特别指定的地方除外。"

（2）数据生产者或拥有者

目前，国内外共有 3 个约束性文件涉及云服务过程中，数据生产者或拥有者的内容。这些约束性文件规定，传输数据的前提条件是需取得数据生产者或拥有者的知情同意。例如，我国《信息安全技术公共及商用服务信息系统个人信息保护指南》（2012）第五章第四节的第五条规定："未经个人信息主体的明示同意，或法律法规明确规定，或未经主管部门同意，个人信息管理者不得将个人信息转移给境外个人信息获得者，包括位于境外的个人或境外注册的组织和机构。"加拿大《信息自由与隐私保护法案》（1996）规定："公共机构必须确保其监管或其控制下的个人信息的存储和访问位于加拿大境内。但在数据主体明示同意的情况下可以得到豁免。"韩国《个人信息保护法》（2011）第十七条第 3 款规定，将个人信息传输到境外第三方时，需要通知并获得信息主体的同意；同时应当向信息主体提供关于数据输送的详细信息，包括个人信息的接收者信息、接收者使用个人信息的目的、将使用的个人信息的详细内容、接收者要保存个人信息的时间期限及用法等。

（3）传输内容

国内外的政策法律对传输内容的划分，主要分为个人信息和公共信息。

首先，有关个人信息传输的相关规定。国内外关于个人信息传输的约束性文件共有 10 个，其中国内有 2 个，国外有 8 个。这些约束性文件关于个人信息传输的规定分为两个方面：宽泛意义上的个人信息传输和敏感个人信息传输。对于宽泛意义上的个人信息传输，国内约束性文件规定，未经信息主体的明示同意，或法律法规明确规定，或未经主管部门同意，个人管理者不得将个人信息转移给位于境外的个人或境外注册的组织和机构。欧盟的《一般数据保护规则》（2012）、加拿大《信息自由与隐私保护法案》（1996）、马来西亚《个人数据保护法》（2010）、韩国《个人信息保护法》（2011）及新加坡《个人信息保护法》（2012）等国外约束性文件都对宽泛意义上的个人信息传输做出了规定，包括向第三国或国际组织传输个人数据的要求、个人数据禁止离境等内容。例如，马来西亚《个人数据保护法》（2010）第一百二十九条第 1 款规定："数据使用者不能将任何个人数据传输到马来西亚境外，但部长特别指定的地方除外。"对于敏感个人信息传输，国内约束性文件规定了个人金融信息的传输要求，如《人民银行关于银行业金融机构做好个人金融信息保护工作的通知》（2011）规定："除法律法规及中国人民银行另有规定外，银行业金融机构不得向境外提供境内个人金融信息。"印度《信息技术（合理安全的实践和程序，以及敏感的个人数据或信息）条例》（2011）对敏感个人信息传输做了规定，但并没有说明是何种敏感信息。例如，第七条规定，在法人团体或者任何法人代表有可能将包括任何信息的敏感个人数据或信息输送给其他位于印度或其他任何城市的法人团体或其法人代表时，必须确保该机构能提供同等水平的数据保护。而澳大利亚对个人电子健康记录的传输做了规定，如《个人电子健康记录控制法案》（2012）规定，以运行管理系统为目的，经系统操作员授权，可以在澳大利亚境外保存和持有记录，但是该记录不得包含与用户或"个人电子健康记录管理系统"参与者相关的个人信息，不得包含任何个人或实体的识别信息，同时不得在境外加工和处理上述信息。

其次，有关公共信息传输的相关规定。国内外关于公共信息传输的约束性文件共有 3 个，涉及内容包括一般数据、公共记录和国家秘密。欧盟《数据保护指令》（1995）第二十六条第四款确定了可适用的委员会数据保护标准条款。如果数据能够得到当地法律保护或合同约束，才可以允许数据被发送到欧盟（或欧洲自由贸易协会的国家）之外的国家或地区。印度《公共记录法》（1993）第四章规定禁止公共记录传输到印度境外，但基于公共目的传输除外。该条款规定，没有中央政府的优先授权，任何人不能带走或试图带走印度的任何一份公共记录。如果没有这样的优先授权，就要求将公共记录输送出国应当出于官方目的。同时，该法规定，"任何由计算机生成的材料"都属于"公共记录"。我国《保守国家秘密法》（2010 年修订）第四十八条第四项规定：违反本法规定，邮寄、托运国家秘密载体出境，或者未经有关主管部门批准，携带、传递国家秘密载体出境的，依法给予处分；构成犯罪的，依法追究刑事责任。

（三）数据的境内传输

针对数据境内传输的问题，包括澳大利亚、加拿大、法国、印度、印度尼西亚、马来西亚和新加坡等国家在内，均出台了相关法律，以规范和指引云服务提供商在数据境内传输方面的相关业务。

澳大利亚《个人电子健康记录控制法案》（2012）、加拿大《信息自由与隐私保护法案》（1996）、法国《2012 - 436 号法令》（2012）、印度《公共记录法》（1993）、印度尼西亚《电子系统和交易操作条例》（2012）、马来西亚《个人数据保护法》（2010）、新加坡《个人信息保护法》（2012）规定数据只能在本国范围内传输，数据中心或容灾备份中心要建在境内。

澳大利亚《个人电子健康记录控制法案》（2012）第七十七条就跨国数据传输做了规定，禁止将记录转移至澳大利亚境外，系统运营商、已注册的资源库运营者、已注册的门户网站经营者，或已注册的合同服务提供者，在个人电子健康记录管理系统中保存记录（无论保存记录是否存在其他目的）或访问与这些记录相关的信息，不得：a）在澳大利亚境外保存或持有记录；b）在澳大利亚境外对与记录相关的信息进行加工或处理；c）导致或允许他人在澳大利亚境外保存或持有记录，或在澳大利亚境外对与记录相关的信息进行加工或处理。但是以运行管理系统为目的，经系统操作员授权，可以在澳大利亚境外保存和持有记录，但是该记录不得包含与用户或"个人电子健康记录管理系统"参与者相关的个人信息，不得包含任何个人或实体的识别信息，同时不得在境外加工和处理上述信息。

加拿大《信息自由与隐私保护法案》（1996）针对数据传输，规定公共机构必须确保其监管或控制下的个人信息的存储和访问位于加拿大境内。但在数据主体明示同意的情况下可以得到豁免。

法国于 2012 年修改《2012 - 436 号法令》（2012）中的 D98 - 7 条款与为保护公共秩序、国防和安全而对数据进行合法拦截相关。其要求服务提供商提供的电子通信拦截系统要在法国境内建立和实施。

印度《公共记录法》（1993）第四章规定禁止将公共记录传输到印度境外，但基于公共目的的传输除外。该条款规定，没有中央政府的优先授权，任何人不能带走或试图带走印度的任何一份公共记录。如果没有这样的优先授权，就要求将公共记录输送出国应当出于官方目的。同时，该法规定，"任何由计算机生成的材料"都属于"公共记录"。此外，在 2008 年孟买恐怖袭击事件发生后，印度政府基于国家安全的考虑，要求黑莓公司将通信数据中心建在印度境内。2012 年，黑莓公司同意在印度孟买建立一个合法的且印度代理机构有权使用的服务器。通过对该服务器的使用，印度代理机构可以获得个人黑莓账号。

印度尼西亚《电子系统和交易操作条例》（2012）第八十二条规定：出于对国民数据的执法、保护和行使国家主权的目的，公共服务的电子系统经营者有义务将数据中心和容灾备份中心设置在印度尼西亚境内。

马来西亚《个人数据保护法》（2010）第一百二十九条第 1 款规定：数据使用者不能将任何个人数据传输到马来西亚境外，但部长特别指定的地方除外。

新加坡《个人信息保护法》（2012）第二十六条规定，组织不得将任何个人数据传输至新加坡以外的国家或地区，除非根据本法规定的要求，确保组织能够对传输的个人数据提供与本法规定的同等标准的保护。根据组织申请，委员会可以书面通知豁免该组织根据本条第一款规定须满足的任何个人数据传输要求。该条第二款规定的豁免，包括：可根据委员会书面指定的条件进行授予；无须在公报上公布，并可由委员会在任何时间予以撤销；委员会可在任何时间添加、更改或撤销本条规定的任何条件。

（四）数据的跨境传输

在数据跨境传输方面，以加拿大、韩国、印度、法国、马来西亚、欧盟和瑞典等国家或地区为代表，在涉及数据跨境传输方面，通过国家立法、地区约定等形式，表明自身的态度与立场。

加拿大《个人信息国际披露保护法案》（2006）、韩国《个人信息保护法》（2011）、印度《信息技术（合理安全的实践和程序，以及敏感的个人数据或信息）条例》（2011）、法国《国家创新计划》（2002）、马来西亚《个人数据保护法》（2010）、欧盟《数据保护指令》（1995）、欧盟《一般数据保护规则》（2012）、法国《数据处理、数据文件及个人自由法》（2004）、瑞典《个人数据法案》（1998）规定，在一些例外情形下，允许数据进行跨境传输。如基于公共目的传输、数据主体明示同意、该传输对于数据主体和数据使用者之间的合同效力来说是必需的、该传输对于数据使用者和第三方之间的合同效力是必需的等情形。

加拿大《个人信息国际披露保护法案》（2006）针对数据传输，规定只有在公共机构负责人认为是机构运行所必需的情况下，才允许在加拿大境外对信息进行存储和访问。

韩国在其《个人信息保护法》第十七条第三款规定，将个人信息传输到境外第三方时，需要通知并获得信息主体的同意。同时应当向信息主体提供关于数据输送的详细信息，包括：个人信息的接收者信息；接收者使用个人信息的目的；将使用的个人信息的详细内容；接收者要保存个人信息的时间期限及用法等。

印度《信息技术（合理安全的实践和程序，以及敏感的个人数据或信息）条例》（2011）第七条规定，在法人团体或者任何法人代表有可能将包括任何信息的敏感个人数据或信息输送给其他位于印度或其他任何城市的法人团体或其法人代表时，必须确保该机构能提供同等水平的数据保护。这时输送可能仅在以下情况被允许：当这种输送对于法人团体或法人代表与信息供应商之间的合法合同效用来说是必需的，或者上述人员已经一致同意输送的。

在法国《国家创新计划》（2002）中，法国政府希望"建立一个数字主权化的法国"，旨在阻止向法国境外的国家转移数据。其中针对"向法国境内用户进行个人数据收集、管理和商业利用等活动"的征税很可能得到执行。根据这个建议，该税率水平将取决于其他国家对隐私的保护承诺，在完全承诺的情况下，税率可能为零。因此，该税费也被认为是"数据出口税"。该模式将数据离境视为数据出口行为，通过对数据出口征税来降低数据离境的可能。与此同时，法国《数据处理、数据文件及个人自由法》（2004）第六十八条规定了个人数据的传输，如果非欧共体成员国没有为其实际使用或可能使用的个人数据之相关人员的个人隐私、人身自由和基本权利提供充分的保护，数据控制人不应向该非欧共体成员国传输数据。对该国提供的相关保护的评估应特别考量该国现行的规定，该国采取的安全措施以及数据处理的特点，包括其目的、持续时间、性质、来源、被处理数据的去向等。第六十九条规定，如果数据主体明示同意传输，或传输是以下情形之一所必需的，数据控制人可以向并不满足第六十八条规定的条件的国家传输个人数据：对数据主体生命的保护；对公共利益的保护；符合保证法律上的权利主张之成立、行使或抗辩等义务；经过公共登记的符合法律条件的咨询，该咨询乃依据相关法律和法规的规定作为公共信息或者是作为公共咨询渠道和向证明合法利益相关者公开；数据控制人和数据主体之间合同的履行，或是应数据主体要求在缔约前采取的措施；为了数据主体的利益缔结或将要缔结的数据控制人与第三方之间合同的缔结与履行。

马来西亚《个人数据保护法》（2010）第一百二十九条第一款规定了允许将数据输送到国外的情形，大致包括：数据主体同意传输的；该传输对于数据主体和数据使用者之间的合同效力来说是必需的；该传输对于数据使用者和第三方之间的合同效力是必需的；该传输是在行使或捍卫合法权利；该传输将缓解对数据主体的不良行为；根据法律，所有应采取的合理预防措施和应进行的审查都已经完成；该传输对于数据主体核心利益或者对于由部长确定的公共利益的保护是必需的。

韩国《个人信息保护法》（2011）第十七条第三款规定，将个人信息传输到境外第三方时，需要通知并获得信息主体的同意。同时应当向信息主体提供关于数据输送的详细信息，包括：个人信息的接收者信息；接收者使用个人信息的目的；将使用的个人信息的详细内容；接收者要保存个人信息的时间期限及用法等。

欧盟《一般数据保护规则》（2012）第四十二条规定在向第三国传输数据时，如果委员会没有做出充分性的决定，则应当提供适当的保护措施，特别是数据保护标准条款，企业约束规则和合同条款。此外，欧盟《数据保护指令》（1995）第二十六条规定了可适用的委员会数据保护标准条款。如果数据能够得到当地法律保护或合同约束，才可以允许数据被发送到欧盟（或欧洲自由贸易协会的国家）之外的国家或地区。目前对数据有足够保护能力的国家或地区包括安道尔、阿根廷、澳大利亚、加拿大、法罗群岛、根西岛、以色列、马恩岛、泽西岛、新西兰、瑞士和乌拉圭。

瑞典《个人数据法案》（1998）第三十三条规定，禁止将数据传输给第三国，除非第三国对个人数据有充分的保护水平，第三国提供的保护水平是否充分要围绕传输的各种情况予以衡量。应着重考虑数据性质、处理目的、处理期限、来源国、最终目的国以及第三国的处理规则等，处理中的个人数据不得传输到第三国。但是，该法案第三十四条和第三十五条规定了禁止数据传输给第三国的义务免除。其中，第三十四条规定，尽管存在第三十三条禁止性规定，但是如果数据主体同意或基于下列情形，传输是必要的：履行数据主体与个人数据控制者之间订立的合同或是依数据主体申请；签订或履行数据控制者和第三方之间为了维护数据主体利益的合同；法定请求权的设立、形式和抗辩；保护数据主体的根本利益，只有一国已经与瑞典同为欧洲委员会成员《有关个人数据自动化处理中的个人保护公约》（1981），个人数据才能传输给该国使用。第三十五条规定，政府可以颁布法律解除第三十三条中禁止向某些国家传输个人数据的规定。

9.1.4　数据使用

本书主要从数据访问和数据利用两个角度梳理关于数据使用的国内外法律。

（一）数据访问

根据数据访问者的类型，可将其分为政府部门、企事业单位以及其他用户对数据的访问。

1）政府部门对数据的访问

政府部门对存储在云服务提供商处的图书馆信息资源、个人数据，或者是合同有效期内图书馆可以使用的虚拟化计算资源进行访问，是对这些图书馆信息资源造成安全威胁的主要源头。了解主要国家有关政府部门出于何种目的或何种条件下可以访问存储在云端的这些数据，有助于图书馆借助这类相关规定，确保自身信息资源的安全。目前，已有 10 个国家的法律对政府访问云端数据进行了规定。包括：美国《爱国者法案》（2001）、《电子通讯隐私法》（1986）（以下简称 ECPA）、《涉外情报监视法案》（2008）（以下简称 FISA），加拿大《反恐怖主义法案》（2013 年修订），丹麦《反恐法》（2002），法国《反恐怖法》（2014），德国《电信法案》（2017 年修订）、《联邦数据保护法案》（2015 年修订）、《G10 法》（1968），爱尔兰《数据保护法律》（2003），英国《情报服务法案》（1994），等等。

（1）美国

任何关于美国政府在云端访问数据的讨论都需要从《爱国者法案》（2001）开始，人们普遍而错误地认为《爱国者法案》（2001）为美国政府获取信息创造了新的机制。事实是，《爱国者法案》（2001）中的大多数调查方法在法案制定之前已经存在。而强加于美国宪法和法规中的那些调查工具也存在缺陷。更确切地说，《爱国者法案》（2001）没有创造广泛而新颖的调查权力，但是扩展了现有的调查方法，保留了滥用宪法和法律检查的权利。即使在《爱国者法案》（2001）的支持下，美国政府要想获得更具实质性的数据，还需提供更多的法律依据。也就是说，访问电子文件和通信的内容信息比获取这些文件的相关信息的限制要多。文件的相关信息，如文件所有者的联系信息和服务器日志信息等。

多数情况下，政府访问云服务提供商储存的数据需要遵循 ECPA。ECPA 规定，只有通过合法机制，政府才能从云服务提供商那里获取顾客的个人信息，这些合法机制包括法官发布的搜查令或特殊的 ECPA 法院命令，或者政府向云服务提供商发出有效传票。根据信息的不同类别需要使用不同的合法机制进行保障。

当政府需要访问存储在云端的时间在 180 天之内的数据时，需要使用搜查令，而对存储超过 180 天的数据的访问，提供 ECPA 法院命令或传票就行。如果政府要访问的数据与正在进行的调查相关，那么需要提供 ECPA 法院命令。如果数据和调查密切相关，则需要提供政府有效传票。

如果政府通过 ECPA 法院命令或传票向云服务提供商寻求顾客信息的内容数据，那么在获取到数据之前政府必须提前通知当事人，除非政府能够证明提前通知会对个人的人身安全产生危害或者会影响调查，这种情况下可以推迟通知。然而，政府需求如下信息时，可以不提前通知当事人，包括：非内容的数据；通过搜查令获得的内容数据。

ECPA 禁止云服务提供商在没有收到正式法律请求的情况下，主动向政府披露存储在他们服务器中的顾客数据。除非一些特定的例外，如供应商认为涉及死亡或重大人员伤亡的紧急事件需要披露信息。ECPA 禁止美国政府拦截电子数据，除非法官判定这些数据可能包含联邦犯罪的证据，而且正常的调查程序已经尝试过或失败了；如果尝试的话，很明显会失败；或者太危险了。当政府不能及时获取需要的证据，而且存在包含死亡危险或重大伤亡的紧急事件、关乎国家安全的事件或有组织的犯罪等情况时，政府可以在没有裁决令的情况下拦截电子数据，但是必须在拦截行为发生的 24 小时内申请到裁决令。

除了通过 ECPA 这些传统的方法来访问云端数据，政府还可以在反恐或外国情报调查中通过 FISA 和反恐检查措施——国家安全密函（以下简称 NSL）来访问云端数据。这些条件需要满足：当政府能够证明他们所寻求的数据与包含外国情报或防止国际恐怖主义或间谍活动相关时，法官可以发布 FISA 命令来授权政府获取这些相关的内容数据。政府调查者可能直接向云服务提供商发布叫作 NSL 的特殊行政传票。如果政府能够证明要获取的数据与防止国际恐怖主义或间谍活动的调查有关时，NSL 可以要求云服务提供商披露关于顾客的一些非内容数据，特别是用户信息、服务时长和某些交易记录。美国政府可能不会使用 NSL 获取关于电子记录的内容数据和存储在云服务提供商服务器上的文档信息。

《爱国者法案》（2001）仅仅是对获取数据方法的规定进行了扩展。例如，它增加了"禁言令"的规定，禁止接受 FISA Orders 和 NSL 所披露的信息，除了遵守或挑战这些要求，它还扩展了通过 FISA Orders 获得的信息类型。然而，政府通过 FISA Orders 和 NSL 访问云端的数据也具有一定的局限性。首先，它们主要适用于一些反恐和外国情报调查，因此政府无法使用这些方法获取关于国内犯罪活动的文档或记录。在诉诸法院之前，云服务提供商有权利反对 FISA Orders，而且能够寻求 NSL 的司法审查，"如果需要遵循的内容是不合理的、压迫的或存在其他非法形式"，那么这个法律就会失去约束力。云服务提供商也可以请求法院推翻"禁言令"。即使通过 FISA Orders 可以要求云服务提供商提供"企业记录"，但美国政府很少这样做。2010 年，美国政府申请通过 FISA Orders 来访问企业记录的数量仅仅为 96 个。和其他国家一样，美国认为只要云服务提供商隶属于美国司法管辖区，那么无论云服务器位于世界上的任何地方，美国都可以用自己的法律机制来请求数据。也就是说，只要云服务提供商的实体在美国，在美国有附属公司或办事处，或者在美国有持续和系统的业务等，美国政府都可以利用美国的法律机制来申请访问数据。

总之，美国政府并不能随心所欲地访问云端的数据。相反，政府访问数据时会受到美国国家宪法和州宪法、司法监督、法律和程序等的限制。而且，有关外国对其国民数据在美国安全性的担心问题，美国最高法院的下一级法院最近规定，美国对个人数据的法定保护扩展到非美国公民，只要其个人数据位于美国及存储在云端。

（2）澳大利亚

澳大利亚政府开展调查项目时，如果有涉嫌违法的证据使得公检机关可以合理怀疑，那么政府可以请求法官发布搜查令，要求云服务提供商披露顾客的个人数据。如果数据不包括"个人信息"，澳大利亚法规允许云服务提供商自觉向没有搜查令的政府提供顾客的数据。其中"个人信息"的广泛含义是指明确个体身份的信息或者能够推理出个体身份的信息。然而，云服务提供商可以自觉向澳大利亚政府披露个人信息，只要能够被大众相信政府将其个人数据用以预防、侦查、调查、起诉或惩罚违反法律或严重违反标准的行为是必要的，这些违法行为包括贪污、滥用职权、失职或任何其他严重的、应受谴责的行为。

如果犯罪嫌疑人在澳大利亚完全或部分地发生犯罪行为，或者与犯罪事件有关的是澳大利亚公民或居民，那么，政府向澳大利亚公司或组织发出的访问数据请求可以扩展到访问存储在澳大利亚之外的存储器中的数据。因此，澳大利亚政府可以请求云服务提供商通过上述的法律机制获取存储在澳大利亚境内和境外存储器中的数据。

请求关于恐怖主义和反情报调查的云数据具有特殊的访问机制。政府可能需要通过计算机访问授权（computer access warrant）来获取顾客的数据，计算机访问权限授权"澳大利亚安全情报组织"（ASIO）访问那些在情报收集中对国家安全重要而且能够提供实质性帮助的数据，而对于这些数据的重要性，他们有合理的证据可以证明。计算机访问权限是由政府部长提出的，而不是法官。在计算机访问权限下开展调查时，如果需要的话，ASIO 授权可以对目标计算机中的数据进行增加、删除或替换。对于严重恐怖主义犯罪的调查，澳大利亚联邦警察局可以请求法官发布一个生产通知，它可以允许政府访问与调查有关或对调查有帮助的顾客数据。这些通知的收件人具有严格的保密义务。

只要政府获得一个拦截令，就可能会拦截与国家安全和涉及严重犯罪调查的电子通信数据。如果拦截通信的主题是"有损安全的活动"，以及拦截将协助政府获得有关国家安全的情报时，总检察长就可能会发出拦截令。如果拦截通信获得的信息可能会有助于严重犯罪的调查，那么行政上诉审裁处的合格法官和被提名成员就会发出拦截令用于执法目的。

（3）加拿大

当有合理的理由认为已经发生犯罪行为，而且通过搜索可以发现犯罪行为留下的证据时，通过法官命令和扣押位于云计算服务器中的证据的方式，加拿大政府可以获取搜查令。而且，当有合理的证据说明犯罪行为已经或者将要发生时，加拿大政府可以寻求生产命令强迫云服务提供商提供特定的证据。搜查令和生产命令都必须由法官进行授权。一些联邦和省级监管机构有权力发布行政命令要求查看与调查有关的记录。一些情况下，需要行政机构从法官处获取生产命令或搜查令。

政府机构在没有搜查令或其他正式机制的情况下请求获取数据时，允许云服务提供商自愿提供顾客数据，除非公开的数据包含个人信息以及根据加拿大隐私法它不是合法的要求。在向政府披露顾客数据之前，云服务提供商必须通知顾客，法律并没有对此作出通用的要求。加拿大请求的数据并不仅仅局限于加拿大境内。一般而言，加拿大政府通过上述法律机制可以请求云服务提供商获取国内和国外服务器中所存储的数据。

除了上述的法律机制，加拿大《反恐怖主义法案》（2013 年修订）规定了一系列调查权力，这些规定类似于美国《爱国者法案》（2001）中的规定。而且，当其他的调查程序已经尝试过并失败了，且是一项紧迫的国家安全事件时，加拿大安全情报服务可以获得调查令，用以调查法官指出的对加拿大国家安全有威胁的相关数据。

一般来说，在政府执行电子监控之前需要事先获得司法授权。然而，即使没有司法授权，如果事先获得国防大臣的批准，出于获得国外情报或保护政府计算机系统和网络安全的目的，政府可以拦截外国实体的通信数据。此外，加拿大刑法允许治安官在下列情形下拦截电子通信数据，包括：情况非常紧急，来不及获得授权；拦截可以立刻阻止可能对人们的生命财产造成损失的非法行为；无论是通信中的发件人还是预期的收件人，都可能对他们产生伤害。

（4）丹麦

丹麦的法律规定，如果通过搜查可以获得推断出关于罪行的证据，那么政府可以请求法官发布搜查令，用以从第三方云服务器中获取顾客数据。如果顾客数据涉及犯罪，而政府机构拥有管辖权时，丹麦很多政府机构就有权力发布行政命令通过云服务提供商获取这些数据。

如果披露数据不违反其他法律，云服务提供商可以自愿向政府提供存储在云服务器中的数据，如法律没有有效原因禁止披露个人数据。根据警察调查的需要，在自愿的基础上提供数据用以法律实施被认为是有效原因。云服务提供商在将顾客数据提供给政府之前，没有一般的要求规定必须提前通知顾客。

尽管丹麦已经通过《反恐法》（2002），但这些法律并没有改变在恐怖主义调查中政府访问云数据的能力。由于这类调查的严重性，因此，法官更愿意在政府开展此类调查时授予其搜查令。如果丹麦的云服务提供商将数据存储在另一个国家的服务器中，政府可以通过搜查令访问这些服务器中的数据，前提条件是在丹麦云服务提供商的网站中可以搜索和获取相关数据。因此，丹麦政府访问外国云服务器中数据的程度取决于有关国家之间的司法合作水平。

政府在拦截电子通信之前必须获得法院授予的拦截令。如果拦截的通信数据涉及某些严重违法行为，法院就会授予政府拦截令。在一些特定情况下，政府可能在没有法院授予拦截令的情况下拦截通信数据，是因为这种情况比较紧急，如果等法院授予拦截令之后再进行拦截，那么拦截到的数据将是无效的。

（5）法国

法国政府在很多情形下可以请求访问存储在第三方云计算服务器中的数据，包括刑事和行政调查。一般来说，政府可以通过法官授予的搜查令或直接向第三方云服务提供商发出申请信，要求云服务提供商提供用于刑事调查中的顾客数据。没有法律明文禁止云服务提供商自愿向政府提供顾客信息，除了提供个人数据或通信信息。对于云服务提供商在向政府披露顾客数据之前必须提前通知顾客本人也没有一般的规定，事实上，云服务提供商无权向其顾客披露政府对其信息的需求。

法国的法律明文规定，只要数据可以从计算机系统中获得，允许政府从计算机系统中获取所有与调查相关的信息。因此，法国政府可以通过上述法律要求云服务提供商提供存储在国内和国外服务器中的数据。当涉及国家安全、有组织犯罪或恐怖主义的调查时，除了搜查的时间段，云服务提供商对政府官员要求访问存储在云端数据的义务保持不变。

在刑事调查中，如果调查需要，法官可能会发布命令拦截、记录和传输电子通信的数据。对涉及恐怖主义、国家安全和其他严重违法犯罪行为的调查，政府具有扩展的电子监视能力，如果调查需要，甚至在调查的初步阶段，法院可能就会授予政府机构拦截和记录电子通信数据的权力。对于所谓的"安全拦截"，政府可以不需要法庭的命令。在一定条件下，加密服务供应商也会被要求向政府官员提交加密钥匙。如上所述，法国《反恐怖法》（2014）的一些规定要比《爱国者法案》（2001）更强硬一些，并将数据保留义务扩展到了托管服务商，要求其保留日志数据和关于个人身份的数据，如在社会网络服务中发布的个人资料。

（6）德国

德国法律规定，刑事检察官和某些监管机构可以请求得到一个法庭命令来允许其访问存储在第三方云计算服务器中的数据。为了得到这种命令，政府必须向法官提供证据说明云服务器中所存储的数据与刑事犯罪有关。

另外,《电信法案》(2017 年修订)规定,德国检察官有权力请求得到一些电信服务提供者存储的非内容数据(如电话号码、地址、出生日期),用以法律起诉、避免危害公共安全或秩序,或履行政府的法律职能。在没有法庭命令的情况下,如果政府请求访问顾客数据,电信提供者必须向政府披露用户数据。在一定程度上,云服务提供商被看作电信服务提供商,它向第三方提供电信服务(如即时消息、网络会议和电子邮件服务)。这些被要求披露的数据都有"禁言令"的规定,禁止电信服务提供者将收到的披露数据的请求泄露给第三方,包括它的顾客。

而且,德国数据保护机构可能请求获得存储在云服务提供商服务器中的有关数据,用以验证数据是否遵循《联邦数据保护法案》(2015 年修订),同时为了审核的目的,德国数据保护机构还被授权允许访问云服务提供商服务器中的数据。

在一些情况下,云服务提供商可能不会自愿向政府机构披露顾客数据。例如,《电信法案》(2017 年修订)规定云服务提供商可以看作电信服务提供商,在没有明确的法定许可情况下,云服务提供商向政府披露顾客任何内容数据的行为都是违反云服务提供商的义务的。另外,在没有明确的法定许可的情况下,云服务提供商都不能披露个人数据,像《电信法案》(2017 年修订)和《联邦数据保护法案》(2017 年修订)规定的那样。一般来说,政府在开展调查时,其被调查的目标必须被通知,包括云服务提供商的顾客。对调查目标的通知必须在不危及调查目的的情况下尽快实施。然而,正如上文讲的那样,对于涉及严重刑事犯罪、国家安全和恐怖主义的调查,联邦刑事调查办公室(简称 BKA)在某些情况下,开展调查或监视通信时不需要通知被调查目标或其他有关的人员。

原则上,对德国云服务提供商关于搜索的法庭命令,不会扩展到对国外云服务提供商的搜索,即使在技术上可以通过云服务提供商的计算设备访问服务器。因此,请求获取位于德国之外的云服务提供商服务器中的数据时,德国政府需要向云服务器所在的国家政府机构寻求帮助。另外,根据《电信法案》(2017 年修订)或《联邦数据保护法案》(2017 年修订),政府请求访问的顾客数据可能包括位于国外服务器中的数据,虽然目前法律的规定还不是很清楚。

上述规定也适用于涉及国家安全或恐怖主义的调查。然而，根据案件中刑事犯罪的严重程度，在决定是否允许调查这些类型的案件时，法庭可能授予政府更多的回旋余地。另外，关于严重刑事犯罪、国家安全或恐怖主义的调查，德国联邦调查局（BKA）可能会使用一个"联邦木马"（由政府发行的计算机病毒）用以搜索云服务提供商的服务器，监视正在进行的通信，或在没有目标信息的情况下收集通信业务数据。如果有严重危险存在的时候，如个人生命风险、国家安全、恐怖主义或一般公众的重要利益受到威胁的时候，政府可以使用"联邦木马"。BKA可能还要求云服务提供商生产信息，因为它是一个电信媒体服务提供商。其他联邦情报机构还有权请求"电信业务或电信服务供应商"所存储的信息，但是这种请求必须得到联邦财政部、联邦总理府或联邦国家权力机构的命令。

如果有证据表明被调查者犯了严重罪行，该罪行是"个案中的特别情况"，使用其他方式解决会比较困难时，德国政府可能会申请法庭命令，该命令允许未经被调查者知情的前提下，拦截和记录电子通信。另外，在紧急情况下，检察官办公室也可发出这样的命令，但其持续有效性需要随后由法院进行确认。在法院已发出或确认命令的事件中，如果不危及调查目的，政府在命令生效之前无须通知监视中的被调查者。最后，《G10法》（1968）授予德国情报服务机构在调查中得以监测和记录通信的权力，这些调查包括关于严重犯罪或威胁国家安全的调查，如恐怖主义，情报服务机构无须获得法院的命令。但是，监视必须由负责的联邦财政部和联邦政府机构实行。

（7）爱尔兰

如果有证据表明需要调查的数据包含犯罪行为的证据，那么法官会向爱尔兰政府发布搜查令，政府通过搜查令可以要求云服务提供商披露顾客数据。政府可以要求云服务提供商将使用其服务而产生的非内容数据保留一年。出于国家安全或拯救人类生命的目的，如果需要侦查、调查或起诉严重的罪行（最高刑期大于五年）或税收违法行为等数据时，爱尔兰政府可以发出披露要求进行访问。对于披露要求的司法监督相对有限，提名高级法院的法官来确定政府是否遵循法律，并向爱尔兰总理递交一份关于此事的报告。

没有法律明文禁止云服务提供商自愿向政府提供顾客数据。然而，如果顾客数据包含个人数据，且这种披露并未得到法律授权，向政府披露顾客数据就会违反爱尔兰《数据保护法律》（2003）。对云服务提供商在向政府披露顾客数据之前必须通知顾客本人，并没有一般的规定。

企业只要在爱尔兰有实体存在，爱尔兰政府就可以行使管辖权，爱尔兰政府可以要求该实体提供顾客数据，这些数据存储于其他国家的云服务器上但受该实体的控制。因此，爱尔兰政府通过上述法律机制可以请求云服务提供商提供国内和国外服务器中所存储的数据。即使顾客数据没有直接和犯罪调查有关联，但从广泛的国家安全角度出发，爱尔兰法律允许政府对披露顾客数据的请求。而且，对政府关于国家安全调查的请求，爱尔兰法庭可能会更加宽容。

爱尔兰法律规定，在国家安全或刑事调查实施有需要时，司法部部长可以授权拦截电子通信。对于严重罪行的调查，如果不涉及拦截将无法及时获取相关证据，并且需要拦截的数据将会对调查产生很大的帮助时，可以使用窃听。一旦部长提供授权，对政府访问信息权力的限制将会很少。

（8）日本

在日本，如果有合理的政府说明云服务器所存储的数据与犯罪有关，那么通过使用法官发出的搜查令，政府可以要求访问组织存储在第三方云计算服务器中的数据。日本民事法院和日本立法机关同样可以命令第三方提供数据，这些数据可以扩展到位于日本的云服务器上的数据。

一般情况下，如果没有搜查令或法定授权，日本法律禁止云服务提供商自愿向政府机构披露顾客通信、非内容顾客数据、个人信息和通信日志等数据。然而，对于云服务提供商向具有搜查令的政府披露顾客数据之前必须通知顾客本人没有一般的要求。日本政府访问云数据的能力取决于其存储数据的服务器的位置。如果服务器位于日本，通过搜查令可以获得数据。如果服务器位于日本之外，日本政府在获取相关数据时，需要依赖日本与其他国家达成的合作协议。

对于日本政府访问涉及国家安全或恐怖主义的调查数据没有特殊的规定。日本法律规定，涉及严重犯罪的调查时，政府可以拦截电子通信。然而，只有当政府没有别的方式获取证据时才能采取窃听的方式，并且在这种情形下必须提前获得法庭发出的命令。只有检察官和警务人员等才可以授权电子通信的拦截命令。

（9）西班牙

西班牙法律规定，如果政府调查需要，政府就可以请求访问数据。不同的政府机构需要遵循不同的程序。一般来说，政府部门进入调查单位的处所时不需要具备法官签发的搜查令。然而，这些权力受到宪法规定的住所不可侵犯原则的限制，该原则规定：除了涉及严重刑事犯罪的情况，禁止政府在没有经过同意或具备法庭命令的情况下，对公司的"注册办事处"执行搜查，"注册办事处"通常指的是公司法人代表的位置或开展主要活动的地方。

除了对云服务提供商"注册办事处"的调查或其他特定法律另有禁止的，如数据保护法，一般情况下，如果政府机构发出请求，云服务提供商自愿向政府提供顾客服务数据是合法的。对云服务提供商向政府披露顾客数据之前必须通知顾客本人，没有一般规定。当企业实体受西班牙法律管辖时，政府有权请求和访问其存储在任何位置的数据。因此，西班牙政府通过上述法律机制可以请求云服务提供商提供国内和国外服务器中所存储的数据。当涉及恐怖主义或有组织犯罪等紧急和例外情况时，允许警察在没有法庭命令或公司所有者同意的情况下，进入和搜查公司处所，包括云服务器。

一般而言，政府需要拦截电子通信时必须获得一个法庭发出的命令。这种命令满足以下条件才会签发，即有充分的证据表明拦截通信对犯罪调查有帮助，并且这个过程受到司法监督。在某些有限的情况下，政府可能在没有提前获得法庭发出命令时就会执行电子监控。

（10）英国

在政府调查过程中，英国政府可能通过很多法律机制要求云服务提供商向其提供顾客数据。政府可以请求法官签发搜查和扣押令，如果政府有充分的证据说明已经犯了严重罪行或要调查的数据可能对正在进行的犯罪调查有价值，法院就会授予政府搜查和扣押令。

如果顾客数据对国家安全有用，英国政府也能获得关于通信数据的披露命令，如一些非内容数据，诸如交通、使用情况和有关用户通信服务的顾客数据。这种命令可以阻止或侦查罪行；确保英国的经济发展；确保公众安全；保护公众健康；防止或减轻人们的受伤或死亡。

这些命令必须与他们的宗旨相适应，特别是关于被调查的第三方的权力。如果云服务提供商提供基于云的通信服务，很可能被认为提供的是"电信服务"。如果政府认为，通过请求云服务提供商收集数据可能会影响调查效果时，它可能会申请授权直接获得通信数据，其中可能涉及窃听、黑客等方式，但是这些措施可能只会在极端情况下使用。

虽然涉及个人数据的披露时需要遵循数据保护法律，然而，没有法律明文禁止云服务提供商可以在政府的请求下主动提供顾客数据。对云服务提供商向政府披露顾客数据之前必须提前通知顾客本人，并没有一般的规定。事实上，在一些情况下，通知顾客可能甚至是被禁止或有风险的，如通知将影响调查效果的时候。

当英国政府具有获取电子数据的命令时，他们就有权力要求搜索他们所能获取的计算机中包含的任何信息。换句话说，只要是在英国可以访问到的外国云服务器，警察就可以要求云服务提供商移交位于其外国服务器上的数据。

《情报服务法案》（1994）规定，英国国务大臣在为英国安全服务机构、情报服务机构或政府通信总部签发授权令方面，具有广泛的权力。这些授权令使得他们能够获取所需要的任何信息。当国家面临恐怖主义或安全威胁时，根据这些法律，政府机构能够更容易行使他们的权力。

在涉及国家安全利益时，政府可能会拦截通信数据，阻止或侦查严重的罪行，确保英国的经济发展，或响应《国际私法互助协议》下的请求。但是，政府必须首先向国务卿申请拦截令（interception warrant），不需要获得法院的批准，拦截令的细节也不必保密。另外，如上所述，政府可以申请授权通过窃听直接获取"通信数据"，但这种措施要尽量少用。

2）企事业单位对数据的访问

目前国内外有关企事业单位对数据访问的法律，主要有加拿大《个人数据保护和电子文档法》（1995）、欧盟《网络犯罪公约》（2001）、日本《个人信息保护法》（2011）、美国《计算机欺诈与滥用法案》（2005）（以下简称CFAA）以及我国的部分行业性法律。这些法律对企事业单位及其工作人员访问数据时的行为规范以及非法访问时的处罚做了具体规定。

用户一旦将数据存储到云端，其对数据的拥有权和控制权就会相对减弱。因为云服务提供商也拥有这些数据，其工作人员有可能访问用户数据、业务合作伙伴也有可能访问用户数据，且在公司一旦进行合并、收购等交易时，参与交易的企业也有可能访问到用户的数据，甚至拥有这些数据。如果没有相关的法律规定对其访问进行限制，就会影响用户的隐私权保护。

在访问行为的规范方面，加拿大《个人数据保护和电子文档法》（1995）、欧盟《网络犯罪公约》（2001）、澳大利亚《联邦隐私权法》（1990年修订）、欧盟《数据存留指令》（2006）中都规定员工要对用户数据保密。具体来说，加拿大《个人数据保护和电子文档法》（1995）中第四部分规定，机构应使他们的雇员认识到保护个人数据秘密的重要性。欧盟《网络犯罪公约》（2001）

第十六条第三节中规定，各方应当采取必要的立法和其他措施，责成保存计算机数据的管理人或其他相关人在国内法律规定的程序期间内承诺确保该数据的机密性。澳大利亚《联邦隐私权法》（1990 年修订）规定，对个人信息进行保存或对资料进行保管者，必须采取严格的措施，防止信息出现丢失、无权限使用、变更、随意提供或其他误用的行为。欧盟《数据存留指令》（2006）也要求公用电信服务、通信服务或公共通信网络提供者采取适当的措施以确保数据仅由专门的经授权的人员获取，但并未提及对经授权人员的监督管理。

此外，日本的《个人信息保护法》（2003）针对业务合作伙伴访问用户数据做出了相关规定。具体而言，其第二十二条中明确规定，未经本人事先同意，不得超出在承袭该业务前为实现该个人信息的利用目的所需范围处理该个人信息。

CFAA 对企事业单位内外部人员访问数据做出了规定。其中众多条款均要求，"在未经授权的情况下"，企事业单位内外部人员不得访问计算机，或者"僭越被授权的访问权限"。僭越被授权的访问权限的人很有可能是内部人员，而执行未经授权操作的人则很有可能是外部人员。已经拥有部分访问权限的内部人员，通常仅在其意欲造成损害时负有刑事责任，而侵入计算机的外部人员则需要为其鲁莽行为或造成的其他损害负责。这种差异体现在，例如，一名美国联邦税务局雇员出于个人目的僭越其被授权的访问权限查看税务记录，而一名黑客在未经授权的情况下入侵某公司的客户数据库。涉及僭越被授权的访问权限的案件需要确认用户被授权的精确范围，而这可能取决于诸如雇员保密协议文本，或是网站的服务协议。

在非法访问处罚方面，CFAA 的第 1030 条就此做出了明确规定。具体而言，在（a）（5）项，CFAA 禁止故意获取未经授权的访问途径，并从计算机中获取信息，即使未造成经济损失，包括入侵银行以窃取信用卡卡号、入侵高校以查看某人成绩、入侵 Email 邮箱以阅读某人邮件等进攻行为。本章节保护政府与金融机构的全部计算机。对于其他计算机，本章节仅保护那些受跨州或跨国通信影响的部分。各州必须保护计算机的机密性免受州内入侵。违者通常判处 10 万美元以下罚款，或最高一年监禁。当存在加重因素时，罚款可加重至 25 万美元，监禁可延长至五年。加重因素如实施犯罪以获取商业利益或个人经济收益，实施犯罪以促成违反美国国家或各州法律的犯罪或侵权行为，或所获取信息价值超过 5000 美元。如上所述，该条款将未经授权访问受保护的计算机判定为犯罪行为。该条款的最初意图是通过将未经授权访问信用记录或计算机存储的其他信息判定为犯罪行为以保护个人隐私。在（a）（3）项，禁止入侵非公开的政府计算机，即使未获取信息或造成经济损失。仅是获取未经授权的政府网络访问途径便可能需要政府重新部署其网络，即便是没有造成其他的损害结果。对于初次犯罪的罪犯，可判处一年以下监禁。在（a）（5）项，禁止获取未经授权的访问途径，并对受保护的计算机造成损害。这包括较大范围内的多种行为，诸如：入侵数据库以删除或修改数据记录；传播可删除文件、造成计算机崩溃，或安装恶意软件的病毒或蠕虫；使用垃圾数据阻塞计算机的网络连接，使合法用户无法使用该计算机发送或接收任何信息，即公众所熟知的"拒绝服务"攻击。

国内目前关于数据访问的法律主要集中于银行、烟草和计算机领域，主要有《商业银行信息科技风险管理指引》（2009）、《烟草行业计算机信息网络安全保护规定》（1998）、《烟草行业信息系统技术管理规定（试行）》（2001）、《计算机信息系统保密管理暂行规定》（1998）、《涉及国家秘密的通信、办公自动化和计算机信息系统审批暂行办法》（1998）。《商业银行信息科技风险管理指引》（2009）第二十二条规定，商业银行应建立有效管理用户认证和访问控制的流程。用户对数据和系统的访问必须选择与信息访问级别相匹配的认证机制，并且确保其在信息系统内的活动只限于相关业务能合法开展所要求的最低限度。用户调动到新的工作岗位或离开商业银行时，应在系统中及时检查、更新或注销用户身份。第二十五条规定，商业银行应通过以下措施，确保所有计算机操作系统和系统软件的安全：（二）明确定义包括终端用户、系统开发人员、系统测试人员、计算机操作人员、系统管理员和用户管理员等不同用户组的访问权限。《烟草行业计算机信息网络安全保护规定》（1998）第十七条规定，行业网络在与外部网络进行连接时，必须采用防火墙等防护措施，并制定严密的访问权限。《烟草行业计算机信息系统保密管理暂行规定》（1999）第八条规定，计算机信息系统联网应当采取系统访问控制、数据保护和系统安全保密监控管理等技术措施；使用者须按照规定的访问控制，不得越权操作。《计算机信息系统保密管理暂行规定》（1998）第七条规定，计算机信息系统联网应当采取系统访问控制、数据保护和系统安全保密监控管理等技术措施。第八条规定，计算机信息系统的访问应当按照权限控制，不得进行越权操作。未采取技术安全保密措施的数据库不得联网。《涉及国家秘密的通信、办公自动化和计算机信息系统审批暂行办法》（1998）第十八条规定，涉密系统的访问控制应当符合以下要求：处理秘密级、机密级信息的系统，访问应当按照用户类别控制；处理绝密级信息的系统，访问必须控制到单个用户。

3）其他用户对数据的访问

国外关于其他用户对数据进行访问的法律有法国《数据处理、数据文件及个人自由法》（2004）、欧盟《数据保护指令》（1995）、西班牙《个人数据保护基本法》（1999）、美国《美国法典》（2006），这些法律规定了数据使用者访问数据的权利。

法国《数据处理、数据文件及个人自由法》（2004）对个人数据主体访问其自身相关的个人数据规定体现在该法第三十九条。其要求：任何提供了身份证明的自然人均有权询问个人数据控制人以获得：①证实与其相关的个人数据是否构成了处理的一部分；②与处理的目的、被处理的个人数据的种类、数据公开的接收者或接收者的种类相关的信息；③如果可行，拟将个人数据向非欧盟成员国传递时的信息；④以可理解的形式传递与其相关的个人数据的方法，以及关于数据来源的任何可知信息；⑤当基于自动化处理做出决定、产生对于数据主体法律效力时，允许个人数据当事人知悉和反对关于自动化处理中的推理方法的信息。然而，传达给数据主体的信息不得反过来违反知识产权法典第一卷和第三卷第四编中的著作权。根据数据主体的要求，其可以得到一份个人数据的副本。数据控制人可以要求其为数据发送支付费用，但数额不得高于该数据副本的成本。当个人数据存在被隐藏或丢失的危险时，裁判人员可以命令采取所有必要的方式来避免这种隐藏或丢失，甚至可使用简易程序。数据控制人可以拒绝明显过分的要求，尤其是在数量上、在重复性和在系统特征上的，一旦拒绝，被要求的数据控制人应当承担举证责任，证明该要求明显过分。此外，该法第四十一条规定，与数据控制人意见一致，无论何时 CNIL 认为数据披露未对其目标造成破坏、未危害国家安全、亦未危害防卫或公共安全，则这些数据可以向申请者披露。如果申请者所申请信息的披露不会影响特定的目的，文件的管理者可以直接接受请求并向申请人披露信息。

欧盟《数据保护指令》（1995）第十条规定，在数据提供方面，数据主体有被告知权，除非数据主体已经获得相关信息，否则成员国应当规定数据处理者至少向数据主体提供以下信息：数据处理者的身份；数据将要被处理的目的；其他更多的信息，如数据接收者或是接收者的类别、是否强制要求回答问题以及不回答问题可能产生的后果、申请者获得和修改与其相关数据的权利。

西班牙《个人数据保护基本法》（1999）第五条规定数据主体具有知情权：被请求个人数据的数据主体必须事先被明确地、准确地、不含糊地告知以下事项：接受处理的文件或者个人数据的存在、收集该数据的目的以及信息接收者；对于向他们提出的问题的回答是必须的还是自愿的；获得数据或者拒绝提供数据的结果；行使获取、修改、删除和异议权利的可能性；控制人或其代表（如果有代表）的身份和地址。调查问卷或者收集数据的其他形式都必须以明确清晰的形式包含前款规定的告知事项。如果通过被请求的个人数据的性质或者数据被获得的情况能够清楚地推导出这些信息内容，本条第一款第（b）（c）（d）项中规定的信息不是必需的。如果个人数据并非来自数据主体，除非事先已告知，控制人或其代表必须自数据记录起 3 个月内清楚地、明确地、不含糊地告知数据主体数据处理的内容、数据的来源以及本条第一款第（a）（d）（e）项中规定的信息。本条以上条款不适用于法律明确规定不予适用的情形，当处理基于历史、统计或者科学目的时，当通知数据主体不可能时，或者鉴于数据的数量、数据的使用年限和可能的赔偿措施，数据保护机关或者相应的地方机构认为会付出不成比例的代价的情形。

《美国法典》（2006）第一千八百三十二条虽然没有提到服务商对其工作人员保密采取措施、监督等，但其规定更加严格：任何人在预计或知道犯罪行为将损害该商业秘密的所有者的情况下，为了非商业秘密所有者的任何他人的经济利益，不得有意地偷窃或未经授权挪用、拥有、携带或隐瞒，或通过欺诈技巧或欺骗手段，获取该信息、未经授权拷贝、复制、略述、提取、拍摄、下载、上传、改变、破坏、影印、复制、传输、递送、发送、邮寄、交流或传达该信息，在知道同样的商业机密未经授权地被偷窃、挪用、获取或侵占的情况下，接受、购买或拥有该信息。

（二）数据利用

国外关于数据利用的法律有欧盟《数据保护指令》（1995）、欧盟《一般数据保护规则》（2012）、德国《联邦数据保护法案》（2015 年修订）、法国《数据处理、数据文件及个人自由法》（2004）、瑞典《个人数据法案》（1998）。

（1）数据利用目的

对数据利用目的作出规定的法律包括：欧盟《数据保护指令》（1995）、

德国《联邦数据保护法案》（2015 年修订）、法国《数据处理、数据文件及个人自由法》（2004）、瑞典《个人数据法案》（1998）。根据现有的法律内容可知，数据利用目的包括保护数据主体的利益，防止公共利益、公共安全遭受重大损失，被用来作为起诉刑事、行政犯罪或处罚的证据，用于科学研究目的，新闻自由及艺术创作、疾病预防和医疗等方面。概括起来，有关数据的使用目的，相关政策法律主要涉及以下几个方面。

首先，为了防止公共利益、公共安全遭受重大损失。欧盟《数据保护指令》（1995）第七条规定，成员国应当规定只有在以下情形下才能处理个人数据，（e）为了履行涉及公共利益的任务，或是形式授予数据处理者或是接受数据的第三方的官方授权的任务所必须的数据处理。第八条规定，如果成员国为了重大的公共利益，可以通过国内法或者监管机构的决定在上述规定外作出例外规定。德国《联邦数据保护法案》（2015 年修订）第十四条对数据的处理作出相关规定，以防止公共利益、公共安全遭受重大损失等情况。法国《数据处理、数据文件及个人自由法》（2004）第三十二条第四项规定，如果处理是为国家或涉及国家安全、防卫或公共安全，则相关规定不予适用，但这种限制应控制在处理所追求目的的必要范围之内。

其次，新闻自由及艺术创作。瑞典《个人数据法案》（1998）第七条规定了数据保护与新闻和言论自由的关系，当《数据保护法》的规定与《新闻自由法案》和《言论自由法案》中有关新闻自由和言论自由的规定相抵触时，则不予适用，且对个人数据保护的相关规定不适用于专为新闻目的、艺术和文学表达而处理个人数据的情形。法国《数据处理、数据文件及个人自由法》（2004）第六十七条规定，因文学艺术和新闻行业的需要，可以对数据进行处理，但必须遵守相关职业道德准则。

最后，疾病预防和医疗。瑞典《个人数据法案》（1998）第十八条，基于健康和医护目的，在下列情形中，对敏感数据的处理是必要的：a）医学预防与保健；b）医学诊断；c）保健或治疗；d）保健和医护业务的管理。法国《数据处理、数据文件及个人自由法》（2004）第五十三条规定为医学研究目的的个人数据处理应遵守本法的规定，但第二十三条至第二十六条、第三十二条和第三十八条规定除外。以治疗或患者的个人后续医疗为目的的个人数据处理不受本章约束。以获得的数据为依据的研究，而这些研究是由负责患者后续医疗的人员所进行的且为该人员所专用之目的，以上数据处理同样不受本章约束。

除上述目的外，现有的政策法律规定，数据可以被利用的目的还包括作为起诉刑事、行政犯罪或处罚的证据、科学研究等。比如，德国《联邦数据保护法案》（2015 年修订）第十四条规定，数据可在以下情形中被处理：（a）作为起诉刑事、行政犯罪或处罚的证据；（b）在科研利益高于数据主体个人利益的情况下，用于科学研究目的。瑞典《个人数据法案》（1998）第十九条，对数据处理的研究或是数据统计课题中包含的社会利益明显大于数据处理可能对个人人格之整体造成不当侵害时，可以对敏感数据进行处理。

（2）数据利用主体

目前，对数据利用主体做出规定的法律包括：法国《数据处理、数据文件及个人自由法》（2004）、欧盟《一般数据保护规则》（2012）、英国《数据保护法案》（1998）、德国《联邦数据保护法案》（2015 年修订）、瑞典《个人数据法案》（1998）。这些法律一方面规定了数据利用者应该保障的数据主体的权利，另一方面规定了数据利用者应履行的义务和责任。

首先，数据利用者应保障法律规定的数据主体的权利。目前已有如下法律对数据主体的权利作出了规定。

法国《数据处理、数据文件及个人自由法》（2004）第七条规定，对个人数据的处理必须获得数据主体的同意或者符合以下条件之一：遵守数据处理人所应负的法律义务；保护数据主体的生命；履行赋予数据处理人或数据接收者的公共服务任务；履行与数据主体订立的合同或在缔结合同前应数据主体要求所采取的行为；在不违背数据主体的利益或基本权利与自由的前提下，追求数据处理人或数据接收者的合法利益。该法第三十八条规定了数据主体的权利：任何自然人均合法享有权利以反对任何与其相关的数据处理。他有权反对数据控制人在未对其付费的情况下，为推销目的，特别是为商业目标，在当前的或进一步的数据处理中使用与其相关的数据。而第三十九条继续规定，根据其要求数据主体可以得到一份个人数据的副本。第四十条进一步规定，任何提供了身份证明的个人可以要求数据控制人视具体情况更正、完善、更新、封存或删除与其相关的不正确、不完整、有歧义的、终止的，或者禁止进行收集、使用、披露或储存的个人数据。应数据主体的要求，数据控制人必须无偿地向数据主体提供证据，证明他已经采取了前一款规定的必要操作。存在争议时，由行使获取权的数据控制人承担举证责任，但可以确定争议的数据是数据主体披露或经其同意披露的除外。数据根据数据主体的要求被修改时，他有权要求退还根据第三十九条（复制个人数据）第一款规定在副本上的相应费用。

欧盟的《一般数据保护规则》（2012）第十七条规定，用户拥有被遗忘权，即对于消费者的姓名、电邮地址、照片、银行信息、健康信息以及计算机IP 地址等个人数据，当消费者要求删除这些信息时，除非经营者有正当理由，否则必须从其服务器上删除。该规则第十八条规定，用户拥有数据迁移权，即消费者能够在不受数据控制者阻止的前提下获取其个人数据并迁移到另一个应用服务中，不论实践中这种权利是通过合同授予还是技术标准作出的规定。第十九条和第二十条规定，用户拥有异议权，即消费者有权拒绝以营销为目的的个人数据分析，如禁止以投放商业性广告为目的对消费者进行种族、性取向等分析，即使这类分析不涉及特殊类型数据，消费者也有权拒绝。欧盟《数据保护指令》（1995）第八条规定，成员国应当禁止泄露对数据主体的种族血统、政治观点、宗教信仰、哲学信仰、工会成员资格等信息的处理，同时禁止对健康数据等的处理，以下情况中第一条规定不适用：（a）数据主体明确对上述类型数据的处理表示同意，除非成员国的法律规定第一款所规定的限制不被数据主体作出的同意撤销。

英国《数据保护法案》（1998）第七条对数据主体的权利做了规定：数据主体有权从数据控制者处获知控制者是否正在处理本人的个人数据。该法第十四条规定，数据主体有纠正、隔离和删除数据的权利，包括：如果法院支持了数据主体的主张，认定申请人作为数据主体的个人数据是不准确的，法院可以责令数据控制者纠正、隔离、删除或销毁此类数据，以及其作为数据控制者含有和法院认为基于该不准确数据的意见的信息；但是，当数据控制者准确地记录了上述信息，且条件未符合上述条件，法院可以不根据该款做出裁决。

德国《联邦数据保护法案》（2015 年修订）第二十条规定数据主体有修改权、删除权和拒绝权。包括：如发现个人数据不正确，数据主体有权对数据进行更改。自动化处理或是记录于非自动文件系统中的个人数据在以下情况中有权被删除：被非法记录；数据收集人不再需要这些已记录数据。以下情况数据可以被禁止访问：对数据进行删除将触犯法律或协议规定的保存年限；有理由相信，删除数据将对数据主体产生负面作用；删除数据为不可能情况，或由于记录的特殊类别，对数据删除将耗费大量不必要努力；收集的数据的准确性存在争议。仅在以下情况中，被禁止的数据可以不经数据主体同意被传递：对科学研究至关重要，能提供重要证据或是有其他高于一切的利益；若数据没被禁止，对其传输的目的是合法的。

瑞典《个人数据法案》（1998）第十三条禁止对敏感数据加以处理，敏感数据包括：种族血统、政治观点、宗教或哲学信仰、公会成员身份及涉及健康等的个人信息。但是第十五条规定，数据主体明确同意个人数据被处理，或是以明确方式公布了其个人敏感数据。

其次，部分法律规定了数据利用者应该履行的责任和义务，具体包括：

法国《数据处理、数据文件及个人自由法》（2004）第三十二条规定了数据处理人的义务：数据控制人或其代表必须向被获取个人数据的数据主体提供以下信息，数据主体已知的除外；数据控制人及其代表的身份；欲进行处理数据的目的；对问题的回答是强制性的还是可选择的；对问题不回答可能的结果；数据的接收者或接收者种类；本章（与数据处理有关的个人权利）第二节所赋予的权利；如果可行，将个人数据向非欧共体成员国的传递。如果以调查问卷形式获得数据，第（1）、（2）、（3）和（6）项所列信息应在问卷当中直接体现。数据控制人或其代表应当清楚和完整地告知使用电子通信网络的人：用电子传输方式欲获得他存储在或以相同方式记录在相连终端设备上的信息的行为目的；他拒绝此类行为必须采取的方法。如果获取存储或记录在使用者的终端设备上的信息存在以下情形，则该规定不适用：目的在于允许或促进电子形式的交流；或应使用者的明确要求提供的在线通信服务所必不可少的。如果数据不是从数据主体处获得，则数据控制人或其代表必须在记录个人数据时，或者计划向第三方披露数据时，在数据第一次被披露的时间向数据主体提供第 1 款列举的信息。第三十四条规定了数据处理者的义务：数据控制人应根据数据性质和处理的风险采取有效的预防措施，以保护数据的安全，尤其防止它们被改变和损害，或被未经批准的第三方获取。根据 CNIL 意见作出的法令决定着第八条第二款第（2）项（不可能获得其同意的、保护人的生命所必需的处理）和第（6）项（医药和护理管理所必需的处理）所提及的处理需要满足的技术要求。

瑞典《个人数据法案》（1998）第九条对数据处理者的责任进行了规定。数据处理者应该确保：a）个人数据的处理必须是合法的；b）个人数据总是能够被以正确的方式，并且依照良好的习惯予以处理；c）个人数据的收集仅仅基于特定的、明确声明且正当的目的；d）不得为了任何与信息收集目的不符的目的处理个人数据；e）就处理目的而言，所处理的个人数据是适当的、相关联的；f）超出处理目的的个人数据不得处理；g）所处理的个人数据是准确的，并且能够在必要的时候及时更新；h）就处理目的而言，对不正确或不完整的个人数据应采取一切合理措施予以修正、隔离或删除；i）处理个人数据不得超过以处理目的所规定的必要期限。但是，为了历史、统计或科学目的而对个人数据进行处理，不被视为与信息采集目的不符。该法第十条规定了允许数据处理的情形：只有数据主体同意，方可对个人数据进行处理，或者达到下列目的时才有数据处理的必要：符合与数据主体订立的合同要求；数据处理者出于法律义务需对数据进行分析；出于保护数据主体重大利益的目的；出于保护公共利益的目的；数据处理人或是被提供个人数据的第三方出于完成官方职权的相关工作和任务而进行的数据处理；数据处理人或被提供个人数据的第三方的合法利益较之数据主体的避免损害的利益更为重大时。

欧盟《一般数据保护规则》（2012）第二十六条规定，数据处理者及控制者需要记录数据历史、保证数据安全以及向成员国监管机构通报违反数据保护规定的行为。数据控制者在进行风险评估的同时，必须设置一名数据保护官。第七十八条规定，如果经营者在未经消费者同意或无其他法律依据的情况下处理消费者个人敏感数据，或者将消费者个人数据传输至不遵守欧盟数据输出限制的第三方国家，将被处以100万欧元或最高相当于公司全球营业额2%的罚金。欧盟《数据保护指令》（1995）第八条规定，为数据处理者在劳动法领域履行义务以及行使具体权利的目的所必需的数据处理，但应在规定有适当保护措施的国内法的授权范围内。瑞典《个人数据法案》（1998）第十六条规定如果基于以下必要的处理目的，则可对个人数据进行处理：数据处理者能够在国内法范围内履行其职责或行使其权利。

9.1.5　数据删除

目前，该方面的国内外法律有我国《互联网信息服务管理办法》（2011年修订）、欧盟《数据存留指令》（2006）、加拿大《个人数据保护和电子文档法》（1995），这些法律对保留主体、保留对象、保留最低期限、保留最高期限及删除措施做了相关规定。云计算环境下，云服务提供商有可能将用户的数据同时备份在多个地区，甚至跨国备份，那么在用户停止使用该服务或者取消其账户时，这些备份数据能否及时删除、能否彻底删除，会威胁到用户的数据安全。

关于用户账户、域名等通信记录的保留期限，我国《互联网信息服务管理办法》（2011 年修订）对保留的最低期限做了规定。该法第十四条规定，互联网接入服务提供者应当记录上网用户的上网时间、用户账号、互联网地址或者域名、主叫电话号码等信息。且互联网信息服务提供者和互联网接入服务提供者的记录备份应当保存 60 日，并在国家有关机关依法查询时予以提供。

欧盟《数据存留指令》（2006）中的相关规定较为具体，规定了部分数据记录保存的最低期限和最高期限，该指令第六条规定，成员国应确保第五条所列举的数据自流通之日起，必须存储 6 个月以上，但最多不得超过两年。该指令第五条所列举的数据为追查和识别通信源头的数据，识别通信地点的数据，识别通信日期、时间和通信时间长短的数据，识别通信类型的数据，识别用户所使用的通信设备及可能使用设备的数据，识别移动通信位置的数据。

加拿大《个人数据保护和电子文档法》（1995）中也明确指出，机构应对个人数据的保留提出指导方针，并贯彻程序。这些指导方针包括最小和最大保留的时期。用来决定的个人数据将保留足够长的时间，以便作出决定之后个人能获得这些数据。机构确定的保留期限要满足立法的要求。关于个人识别数据之外的其他数据的删除，该法规定，不再被要求履行识别意图的个人数据应该被摧毁、清除或者使之无记录。机构提出指导方针并执行程序来管理个人数据的销毁且"个人数据的处置或者毁灭应防止被未被授权的当事人获得"。

云环境下，用户一旦将数据存储到云端，就已经不是数据的唯一拥有者，云服务提供商甚至其业务合作伙伴也拥有这些数据并将用户数据同时备份至多个地区，那么用户对其数据的删除有可能只是其账户不显示这些数据，但其实云服务提供商有可能在服务器还保留着这些数据的残留副本，而通过上文的分析可以看出当前数据保留方面法律规定的模糊与缺失不利于云计算环境下用户数据的保护。

9.2　基于个人数据安全的角度

云计算的用户持续关注其存储在云中的私人信息保护的问题。有关广泛的国家安全监督的披露增加了云计算用户对这一问题的关注，并扩大了这一问题的覆盖范围。各国可以提供适当的隐私法律保证。但不必要的繁多限制将会减弱云计算的重要优势，而这些优势正是用户所想要的和需要的。自 2013 年以来，大多数国家有隐私保护框架，并建立了独立的隐私权专员。许多隐私保护法律是基于"经济合作与发展组织准则"（Organization for Economic Co – operation and Development Guidelines）、"欧盟数据保护指令"（European Union Data Protection Directive，1995）和"亚太经济合作隐私原则"（Asia – Pacific Economic Cooperation Privacy Principles）而制定的。

9.2.1 个人数据安全政策法律的法律地位

在我国，宪法、基本法律和一般法律分别不同程度地对隐私数据进行了规定。宪法为我国的根本大法，对公民隐私数据（如通信数据）的保护作出了原则性规定。基本法律是由全国人民代表大会制定的，调整国家和社会生活中带有普遍性的社会关系的规范性法律文件。《中华人民共和国民法典》（简称《民法典》，下文提及的法律均使用其简称）、《刑法》（2020 年修订）等基本法律均对隐私数据给予了保护。一般法律是调整国家和社会生活中某种具体社会关系或其中某一方面内容的规范性文件的统称，其调整范围较基本法律小，内容较具体。《信息安全技术、公共及商用服务信息系统个人信息保护指南》（2013）是我国第一部专门关于隐私数据保护的法律。此外，《治安管理处罚法》（2012 年修订）、《未成年人保护法》（2020 年）、《邮政法》（2015 年修订）、《统计法》（2009 年修订）及《互联网信息服务管理办法》（2021 年修订）等一般法律分别规定了不同特定情形中的隐私数据保护规定。例如，《统计法》（2009 年修订）中规定统计机构和统计人员对在统计工作中知悉的国家秘密、商业秘密和个人信息，应当予以保密。

对于欧盟，由于其多国联盟的特性，其颁布的隐私数据保护法大多倾向于保证法律在欧盟层面的统一适用，因此法律地位较高，各成员国的本国法律需与欧盟法律相兼容。例如，《数据保护指令》（1995）要求各成员国必须根据该指令调整或制定本国的个人数据保护法。美国关于隐私数据保护的法律多为一般性法律，即调整国家和社会生活中某种具体社会关系或其中某一方面内容。例如，《隐私权法》（1974）是一部专门规定隐私权问题的一般性法律，《金融隐私法》（1978）主要解决金融活动中的隐私数据保护问题。《电子通讯隐私法》（1986）解决了电子通讯领域的隐私数据保护问题，《家庭教育权和隐私法》（1974）主要关注未成年人的隐私数据。

9.2.2　代表性的个人数据安全政策法律

（一）欧盟有关个人数据政策法律

联合国的《世界人权宣言》（1948）最早将隐私权列为人的一项基本权利，同时该宣言号召各国将隐私权列为一项法律权利，用法律来实现对隐私权的保护。此后，欧洲理事会（Council of Europe，COE）成员国纷纷效法，将隐私权列为一项基本权利。1953 年，COE 批准了《欧洲人权公约》（European Convention on Human Rights，ECHR）。该公约中的第八条规定，每个人的隐私、家庭生活、信件、住所都应该受到尊重和保护。尽管第八条包含了一些例外，但欧洲人权法院对个人隐私（private life）的解释相当广泛。隐私权（即对个人数据或个人信息的保护）的演变反映在欧盟成员国通过的《里斯本条约》（2007）（Lisbon Treaty）和《基本权利宪章》（2000）（the Charter of Fundamental Rights）中。其中，《基本权利宪章》（2000）将关于个人数据处理的公民基本权利与自由列为一项基本权利。概括起来，欧盟有关个人数据安全方面的代表性法律，主要包括《COE 隐私公约》（1981）、《数据保护指令》（1995）、《电子隐私指令》（2002）和《一般数据保护规则》（2012）等。

（二）我国有关个人数据的政策法律

总体来说，国内法律对隐私数据的定义方式有两种：一种是宽泛的定义方式，如《信息安全技术公共及商用服务信息系统个人信息保护指南》（2012）将隐私数据定义为个人一般信息和个人敏感信息。一种是特定情形的定义方式。例如，《侵权责任法》（2009）中将隐私数据定义为患者个人信息及其病例资料。《未成年人保护法》（2012）将隐私数据定义为未成年人的信件、日记、电子邮件等。《居民身份证法》（2003）规定隐私数据为居民身份证所显示信息，如身份号、家庭住址等。美国法律对隐私数据的定义方式与国内趋同。例如，《电子通讯隐私法》（1986）以较为宽泛的方式对隐私数据定义，将其分为公开数据、保护数据、部分保护数据、高保密性数据、绝密数据。而《儿童在线隐私保护法》（1998）和《金融隐私法》（1978）定义了特定情形下的隐私数据。前者规定隐私数据为可识别一个自然人的信息；后者规定将个人金融数据纳入隐私数据的范畴。《中华人民共和国网络安全法》（2016）第七十六条第五款对个人信息作出了明确规定，个人信息是指以电子或者其他方式记录的能够单独或者与其他信息结合识别自然人个人身份的各种信息，包括但不限于自然人的姓名、出生日期、身份证件号码、个人生物识别信息、住址、电话号码等。2020 年，《中华人民共和国民法典》专门设置了第六章，对"隐私权和个人信息保护"进行了专门规定。随着《中华人民共和国数据安全法》和《中华人民共和国个人信息保护法》的制定与实施，我国在个人数据利用与保护方面的立法体系将更加完善。

（三）其他国家有关个人数据的政策法律

在欧盟委员对个人信息的保护给予高度关注的同时，其他国家也纷纷制定了有关个人数据或个人信息的相关政策法律。比如，美国制定了《隐私权法》（1974）、澳大利亚制定了《个人电子健康记录控制法案》（2012）、加拿大制定了《个人信息国际披露保护法案》（2006）、法国制定了《数据处理、数据文件及个人自由法》（2004）、德国制定了《联邦数据保护法案》（2015 年修订）、西班牙制定了《个人数据保护基本法》（1999）、英国制定了《数据保护法案》（1998）、瑞典制定了《个人数据法案》（1998）、印度制定有《公共记录法》（1993）和《信息技术（合理安全的实践和程序，以及敏感的个人数据或信息）条例》（2011），以及新加坡制定了《个人信息保护法》（2012）等。

9.3 基于虚拟化计算资源安全的角度

本书以"虚拟化"为关键词在北大法宝中进行全文检索发现，目前"虚拟化"一词主要作为云计算的重要组成要素和一种高新技术等概念而低频率地出现在报告、决议、规划纲要、通知、意见等文件中，如《第十一届全国人民代表大会第四次会议关于 2010 年国民经济和社会发展计划执行情况与2011 年国民经济和社会发展计划的决议》（2011）在给云计算下定义时指出，云计算是一种基于互联网、通过虚拟化方式共享资源的计算模式。《工业和信息化部、国务院国有资产监督管理委员会关于实施深入推进提速降费、促进实体经济发展 2017 专项行动的意见》（2017）第一条第二项指出，同步提升城域网和骨干网能力需要积极引入部署软件定义网络（SDN）和网络功能虚拟化（NFV）等技术，提升网络智能调度能力，有效改善网内访问性能等。由此可知，当前我国并没有专门面向虚拟化计算资源安全的法律、行政法规、部门规章、行业规定等文件。

尽管如此，依据上文分析，目前常见的虚拟化技术包括服务器虚拟化、网络虚拟化、存储虚拟化、桌面虚拟化和应用虚拟化等。而从虚拟化的结果来看，对于虚拟化计算资源的操作者来说，其使用专门用于管理虚拟化计算资源的管理信息系统，与其使用专门面向传统信息资源的管理信息系统，在操作上不存在本质上的不同。因此，在实践中，图书馆可以借鉴国内关于面向传统信息资源的管理信息系统相关的安全政策法律，为解决虚拟化计算资源的安全问题，提供思路借鉴。

目前我国有关信息系统安全的法律法规主要有两种类型：一种是通用的信息系统安全管理法律法规，这类法律法规主要适用于人们普遍使用的信息系统；另一种是专有领域的信息系统安全管理法律法规，这类法律法规主要适用的是专有领域的信息系统，如商业领域、病毒防治领域、科学技术领域、保密领域等。除此之外，我国也有相关政策法律对信息系统的物理设施安全加以规范。

第10章 云计算环境下确保我国
图书馆信息资源安全的应对策略

从政策法律角度，应对云计算环境下我国图书馆信息资源安全的问题，主要可以从政策法律自身，以及受政策法律直接影响的云服务协议、图书馆应用云服务后信息资源安全管理的内部规定入手。除此之外，对我国图书馆界而言，由于我国图书馆目前对云服务应用的规模与深度与国外图书馆仍有一定的差距，围绕上述三个方面，我国正在应用或拟应用云服务的图书馆，有必要与应用云服务经验丰富的国外图书馆加强交流合作。

10.1 构建云计算环境下满足图书馆信息资源安全需求的政策法律体系

10.1.1 明确满足云计算环境下图书馆信息资源安全需求的政策法律体系的功能定位

从云计算技术特点考虑，图书馆信息资源安全是云计算环境下图书馆有效开展资源建设与信息服务不可回避的重要问题。在很大程度上，图书馆在云计算环境下的角色定位决定了图书馆面临的信息资源安全问题及可能采取的应对策略。云计算环境下图书馆信息资源安全的问题，需要考虑的重点包括图书馆哪些信息资源在云计算环境下需要被纳入安全范畴、云计算环境下图书馆信息资源安全的特殊性和基本需求。因此，有关这两个方面的政策法律可以重点考虑：当前可适用于图书馆的信息资源安全政策法律是否存在问题、应该如何构建云计算环境下图书馆信息资源安全政策法律的基本框架等。依据本书第8章、第9章的分析，世界上多数国家虽然没有专门针对云计算的政策法律，但应用云计算过程中可能涉及的一些安全问题的约束性规定，已散见于各种政策法律中。

图书馆在云计算环境下涉及的三类信息资源中，传统信息资源是主体，个人数据仍未成为图书馆的核心资源，而图书馆涉及的虚拟化计算资源，其安全需求与其他领域应用云服务时虚拟化计算资源的安全需求，并没有本质上的差别。因此，强调制定适用于云计算环境下图书馆信息资源安全要求的政策法律，并不能想当然地以为就是向国家立法机关提出这样的诉求——制定一部适用于图书馆云计算环境下信息资源安全的政策或法律，而应该是，将图书馆视为云服务消费队伍中的一类组织机构。依目前情况来看，图书馆还是对个人敏感数据接触不多的机构，其在云计算环境下对信息资源安全诉求的迫切程度，实际要低于银行行业、证券行业、保险行业等领域对信息资源的安全诉求。

因此，在这些因素的综合影响下，构建云计算环境下满足图书馆信息资源安全需求的政策法律体系，需要从期望达到的目标、由谁来构建、构建什么内容、如何构建等角度，明确这一政策法律体系的功能定位。

（一）目标定位

依据上文分析，云服务的快速发展所带来的信息资源安全问题引起了各国政府的关注。当然，政府管理机构的强制性职能并不体现在直接干涉云服务活动方面，更重要的是提供法律制度保障并进行服务监管。在数字权益保护技术（如 DRM、TPM、DRI 等）出现之前，多数人将技术手段视为保护数据资源安全的"灵丹妙药"，可事实却不然，在我国，《刑法》（2020 年修订）修正案中多处有关计算机犯罪的规定是技术非万能的最好佐证。事实上，从世界多数有关信息资源安全问题的防范与处置实例来看，数据安全和保密问题，更多的需要从政策法律层面加以解决。当前全社会应对云计算带来的隐私保护、信息保密和信息安全等问题，较为稳妥的方法之一是政策法律制定者根据云计算的特点制定更为适合的政策法律①。对于图书馆界而言，构建这样的一些政策法律，应该满足以下条件。

（1）全面覆盖图书馆应用云服务过程的关键问题，包括由于图书馆内部

---

① Federal Trade Commission. Promoting consumer privacy in an era of rapid change［R/OL］.（2010 - 12 - 10）［2011 - 02 - 17］. http：//www. ftc. gov/os/2010/12/101201privacyreport. pdf.

因素和外部因素引发的安全风险，确保出现安全事故时，有法可依。

（2）规范云服务提供商、图书馆、图书馆员、图书馆读者在云服务交易和管理过程中的权利与义务。

（3）满足图书馆的三类信息资源，包括传统信息资源、个人数据和虚拟化计算资源的安全需求，特别是虚拟化计算资源的安全需求，都需要加以涉及。

（4）结合云计算环境下，图书馆信息资源管理生命周期的核心环节，包括数据采集、数据存储、数据传输、数据使用和数据删除等，对信息安全的需求，明确信息安全的责任主体和处理方式。

（5）能够合理地指导图书馆与云服务提供商签订更有利于图书馆信息资源安全的云服务协议。

（6）规范云计算环境下知识产权的管理规则。确保既能有效保护图书馆的知识产权，又能让图书馆在引入云存储、软件即服务等云产品后，不侵犯相关主体的知识产权。

（7）明确云计算环境下与图书馆信息资源安全相关的取证和司法管辖权归属的问题。由于云计算的跨境性和流动性，因此，与图书馆信息资源安全相关的取证和司法管辖权问题，是出现安全事故责任认定时，图书馆与云服务提供商急需解决的问题之一。

（二）构建主体

明确云计算环境下图书馆信息资源安全政策体系的构建主体，关乎满足云计算环境下图书馆信息资源安全需求的政策法律体系的功能实现。图书馆将云服务应用于业务实践中，引发的安全问题具有一定的复杂性和行业性。构建这种适用于不同发展规模、不同类型特征的图书馆所需要的云服务信息资源安全政策法律体系，显然，仅靠一家图书馆的力量是难以完成的，而应该借助图书馆的联合性组织，全面把控一个国家或一个地区内，图书馆应用云服务前后和过程中面临的共性安全问题，并将这些安全问题涉及的共性因素，通过与现有可适用于云计算安全问题解决的政策法律进行匹配性分析，找出缺口，形成共性诉求，达成行业性共识，以便在内容框架上为构建满足云环境下图书馆信息资源安全需求的政策法律体系指明方向。

（三）内容构成

满足云计算环境下图书馆信息资源安全需求的政策法律体系，其内容构成包括两个层面。

（1）在宏观层面。满足云计算环境下图书馆信息资源安全需求的政策法律体系是多部与云计算信息安全相关的政策法律的结合体，涉及我国在民事领域、刑事领域和行政领域的多项约束性规定，包括《中华人民共和国宪法》（2018 年修订）、《中华人民共和国刑法》（2020 年修订）、《未成年人保护法》（2020）、《信息安全等级保护管理办法》（2007）、《信息安全技术公共及商用服务信息系统个人信息保护指南》（2012）、《移动互联网应用程序信息服务管理规定》（2016）和《中华人民共和国网络安全法》（2016）等。

（2）在微观层面，需要有明确的政策法律条款，能够从云服务基本术语、云服务内容与质量、云服务的责任与赔偿、数据安全与隐私、费用与支付、云服务协议的更新与修改、云服务的暂停与终止、云服务与知识产权、云服务与对外贸易、服务标准化、数据保密责任、服务中断与终止、损失与赔偿责任等方面加以指导与约束，为图书馆在云计算环境下的信息安全资源需求构建起坚实的政策法律基础。

（四）构建方式

由图书馆联合性组织牵头构建的云计算环境下适用于图书馆的信息安全政策法律体系，在行动策略上可以细分为全面收集、系统归类、找出缺口、统一行动、动态更新等方面。

（1）在全面收集上，图书馆联合性组织可以在本书第 9 章的基础上，进一步调研国内外有关云计算信息安全的行业标准、政策法律和国际性组织的声明宣言，明确图书馆目前可以利用的、有关云计算信息资源安全的政策法律地位、名称及其内容构成。

（2）在系统归类方面，图书馆联合性组织可以将图书馆可适用的、现行有关云计算信息资源安全的国内外政策法律，从适应主体上划分为三种类型，包括：明确规定所适用的主体为图书馆的政策法律；只规定适用条件或应用场景，没有明确规定所适用的主体为图书馆，但图书馆也可以适用的政策法律；明确规定适用主体为网络环境下的某种组织或个人，根据图书馆在云计算环境下作为云服务消费者的角色，虽然没有明确规定所适用的主体为图书馆，但图书馆也可以适用的政策法律。

（3）在找出缺口方面，云计算技术的迅速发展、图书馆业务模式的创新、图书馆应用云服务的方式不断更新，但由于政策法律固有的特点，如稳定性、滞后性，因此，在多数国家、多数时期，云计算安全相关的政策法律往往无法与实践发展保持同步。显然，图书馆在寻求可适用于图书馆在云计算环境下信息资源安全需求的政策法律的过程中，遇到相关政策、法律规定模糊宽泛、缺乏明确性，是一种经常性的现象。因此，图书馆联合性组织就需要及时发现这种缺口，并加以描述。

（4）在统一行动方面，构建云计算环境下图书馆信息资源安全的政策法律体系，需要多方参与，需要图书馆界采取集体行动、统一行动。这种图书馆界范围内的统一行动，一是可以保证集思广益，二是可以扩大影响，为相关政策法律被充分、广泛应用到图书馆界打下基础。

（5）在动态更新上，由于图书馆业务实践、云计算技术、云服务模式的动态发展，图书馆联合性组织在某一时间内所构建的图书馆信息资源安全政策法律体系，并不能一成不变，而应该在图书馆行业组织内，建立一种合理的管理与监督机制，动态更新云计算环境下图书馆信息资源安全的政策法律体系。

10.1.2 厘清满足云计算环境下图书馆信息资源安全需求的政策法律体系的构建原则

厘清满足云计算环境下图书馆信息资源安全需求的政策法律体系的构建原则，在于明确建立这种政策法律体系的基本指导思想。概括起来，可以遵循的原则包括以下几个方面。

（一）整体性原则

构建满足云计算环境下图书馆信息资源安全需求的政策法律体系，需要遵循"木桶原理"，即单纯一项安全政策法律是不可能解决图书馆的全部信息资源安全问题的，应该通过多方引入，或者是创建多维度、全方位的专项安全政策法律，多重规定为云计算环境下图书馆信息资源安全保驾护航。

（二）阶段性原则

构建满足云计算环境下图书馆信息资源安全需求的政策法律体系，需要考虑到云服务的技术原理、我国的立法机制、图书馆界对云服务的应用重点，以及云计算环境下图书馆界信息资源安全需求低于金融、证券和保险行业的信息资源安全需求等特点，分阶段、分主次地推进。针对本书第 8 章列出的云计算环境下图书馆面临的各种信息资源安全风险，并不能在短时间通过立法的方式加以全部解决。这就要求图书馆联合性组织在构建满足云计算环境下图书馆信息资源安全需求的政策法律时，需要着眼于图书馆目前应用云服务的突出问题、关键问题、紧迫问题。之后，分阶段、有计划地推进整个安全政策法律体系的完善。

（三）平衡性原则

所构建的满足云计算环境下图书馆信息资源安全需求的政策法律体系，应该合理平衡各方主体的权利与义务，寻求包括云服务提供商、图书馆、图书馆员、图书馆读者等相关利益方在可预计时间内的权益平衡，充分体现政策法律公平公正的基本宗旨。

（四）易操作原则

构建满足云计算环境下图书馆信息资源安全需求的政策法律体系，既要掌握好"存量"，即当前可直接被图书馆应用于维护自身在云计算环境下信息资源安全的政策法律，也要有针对性地创建"增量"，即呼吁创建新的或者是专项的政策法律，以满足图书馆信息资源安全需求。而图书馆联合性组织在构建这类政策法律体系中，可以为每部政策法律的适用场景，每一条政策、法律规定的内容解读等，进行合理性指引，以便图书馆易于应用这些政策法律。

（五）灵活性原则

充分考虑图书馆今后应用云服务的模式变化、业务和网络安全的新发展，避免因只满足了系统安全要求，而给业务发展带来障碍的情况发生。也要考虑不同地区、不同类型、不同发展规模、不同行政级别的图书馆在应用云服务上的差异性，确保此类政策法律体系在横向和纵向上均有较好的伸缩性。

10.1.3 设计满足云计算环境下图书馆信息资源安全需求的政策法律体系的核心内容

依据上文分析，满足云计算环境下图书馆信息资源安全需求的政策法律体系，是由多部可适用于云计算环境下各领域信息资源安全需求的政策法律和可适用于云计算环境下图书馆领域信息资源安全需求的政策法律所综合构成的。根据本书第9章的分析，目前我国有关图书馆在云计算环境下信息资源安全需求的约定性规定，已在多项可适用于云计算环境下各领域信息资源安全需求的政策法律中有所体现。尽管如此，目前国内仍旧没有一部适用于云计算环境下图书馆信息资源安全的专项政策或专项法律。考虑到当前云服务协议是现行与信息安全相关的政策法律和当事人双方意愿的结合，但由于云服务协议更有利于云服务提供商逃避信息安全风险的责任，本着构建满足云计算环境下信息资源安全政策体系需要阶段性推进、首抓突出问题的原则，本书将主要从以下13个角度，剖析云计算环境下图书馆签订云服务协议时需要考虑的核心内容。

（一）关键术语及其定义

参与云服务的各方通过协议对服务相关的概念达成共识，有利于明确云服务的内容和边界，也是开展各项云服务的基本前提。不同的服务协议定义的繁简程度也各不相同，但对核心概念需要作出明确的阐释，以便于在出现分歧或纠纷时，有更为明确的依据。例如，Google 云存储服务的服务条款中共定义了36 个术语或概念①，而华为对象存储服务仅定义了 7 个相关术语概念。② 双方共同关注的核心概念包括"云存储服务（Google Cloud Storage）/对象存储服务""管理控制台"（Admin Console）等。

（二）服务内容与质量

服务内容是各类服务协议必备的"标的"，是关于云服务的总体描述，华为对象存储服务协议即直接以"协议标的"概括，说明服务内容是用户订购

---

① Terms of service ［EB/OL］．（2013 – 08 – 01）．https：//developers. google. com/storage/docs/terms.

② 华为对象存储服务协议 ［EB/OL］．（2013 – 08 – 01）．http：//www. hwclouds. com/portal/declaration/html/obsAgreement. html.

的"'对象存储服务'订单中所约定的产品和服务"。关于服务质量的约定，则主要通过 SLA 达成一致。例如，Amazon EC2① 与微软 Windows Azure② 的SLA 均规定了其云服务"每月正常运行时间百分比"及其计算公式。

（三）责任与赔偿

协议作为一种法律关系，其主要内容就是确定协议各方的权利与义务。以协议的权利和义务形式所确定的各方责任应该是相互关联的，在目前主要的云服务协议中，如 Google、微软、Amazon 等服务协议中都集中规定了"用户的义务"，对于云服务提供商应承担的责任则分散体现在协议其他部分的描述中，并且都通过"免责声明"（Disclaimers）来维护云服务提供商自身的利益。可以看出，在目前的云服务领域内，云服务提供商仍处于强势地位，用户较大程度上属于被动接受服务协议的情形。服务赔偿也是云服务提供商的责任之一，在协议中明确赔偿范围、标准以及索赔程序等内容，有利于减少服务纠纷解决成本。而在实践中，图书馆可以通过了解云服务协议规定的免责声明情况，进而选择免责声明相对较为宽松的云服务，以便在信息丢失、损毁的情况下，要求云服务提供商承担相应责任。

（四）数据安全与隐私

数据安全问题是云服务安全的重中之重，云服务提供商一般都会在服务协议中强调，在服务中将采用适当的技术和组织措施、内部控制和数据安全规程，保护客户数据，防止意外丢失或更改，未经授权的披露或访问，或非法销毁，但同时，也要求用户自身承担部分安全保护责任。Google、Amazon 等服务商的数据安全保护措施与相应的隐私政策密切结合，以此建立一个相对完整而宽泛的安全保障系统，从而尽可能规避自身承担责任的风险。概括起来，图书馆需要了解云服务协议约定的隐私保护承诺，进而对云服务提供商怎样收集、利用图书馆的信息加以掌握，以便对云服务提供商的行为加以限制或是在纠纷发生时进行责任认定。

---

① Amazon EC2 Service Level Agreement［EB/OL］.（2013 - 08 - 01）. http：//aws. amazon. com/cn/ec2 - sla.

② 服务级别协议［EB/OL］.（2013 - 08 - 01）. http：//www. windowsazure. com/zh - cn/support/le-gal/sla/.

（五）费用与支付

服务费用与支付方式是协议履行中的重要内容，Google、Amazon 等国外云服务提供商在服务协议中对于费用的描述往往非常具体，划定免费服务与付费服务的界限，条款内容不但包含服务费用的计算方式、支付方式、发票信息、退款流程等，还包含与税费、利息有关的条款。相比之下，国内云服务提供商关于费用的描述往往相对笼统。例如，在华为对象存储服务协议中，关于服务价格方面仅说明"本协议的价格及支付按照'你方''对象存储服务'订单约定的价格及支付方式执行"，使一般用户无法通过服务协议获知服务定价标准及相关的财务信息。

（六）条款更新与修改

目前，大部分云计算服务协议允许云服务提供商在任意时间修改合同条款、费用、费率结构以及所提供的服务，甚至可以不对用户进行任何事先通知，这对于用户而言，无疑是有失公平的约定。例如，亚马逊的服务协议规定，服务商可以对所提供的服务、API 和 SLA 进行变更、中止等。

（七）服务暂停与终止

云服务提供商与用户均可发起服务暂停与终止，在服务协议中，一般对云服务提供商发起暂停与终止理由的描述较为详细，也会约定服务终止的相关事宜。亚马逊的用户服务协议规定，在由于用户的不当行为而导致云服务提供商暂停服务的情况下，云服务提供商将在暂停服务后通知用户，暂停服务期间，用户仍需要承担数据存储等相关费用，但却不能享有 SLA 下的服务信用。在服务终止方面，亚马逊规定云服务提供商与用户均可提出服务终止，但云服务提供商可以在约定情形下先终止服务后通知用户，如用户行为违反服务协议、带来重大经济和技术风险、不符合法律和政府监管等情形。[①] 谷歌云存储服务许可协议规定，在三种情形下的用户服务闲置超过 90 天以上，谷歌即有权终止服务。在服务终止后，谷歌有权删除用户的数据、软件等，并要求用户也退

---

① AWS customer agreement［EB/OL］．（2013－08－01）．http：//aws. amazon. com/cn/agreement/.

回或销毁有关云服务提供商的机密信息。[①]

(八) 知识产权与法律适用

一些云服务协议约定了知识产权相关的内容。例如，谷歌云存储服务协议规定，用户和云服务提供商分别承担各自所提供数据或服务的知识产权责任。[②] 对于法律适用问题，国外云服务提供商一般都进行约定，亚马逊申明其服务协议适用美国华盛顿州的法律，并保留在其他国家、联邦或州法律制度下维权的权利。相比之下，微软 Windows Azure 服务协议关于法律适用的规定显得比较模糊，仅声明微软在提供服务时"遵守所有适用的法律，但不包括适用于用户或用户行业但通常不适用于信息技术服务提供商的任何法律"。[③]

(九) 服务标准化与服务协议标准化的问题

云服务的标准化是一项促进云服务质量提升的举措。以政策法律的形式，规范云服务的标准，有利于指导图书馆选择更为合适的云服务提供商，降低图书馆应用云服务后的信息资源安全风险。同时，云服务提供商与用户地位不平衡是显而易见的事实，体现在服务协议方面，即云服务提供商决定服务协议内容，面向用户提供高度标准化与统一化的服务协议内容文本，用户只能选择接受协议。这是受云计算发展环境和云服务特点影响而产生的，云服务提供商希望推动标准协议得到广泛接受并从规模经济中受益，但这就造成了用户在使用云服务过程中处于相对劣势的地位，有些协议关于信息资源的安全处理问题甚至存在结构性风险。从另一个角度看，"标准化"主要表现在同一个云服务提供商针对多个用户服务中，而在多个云服务提供商针对同一个用户提供服务这个维度上，各个云服务提供商的服务协议中主要条款存在较大差异。当然，产生这种现象的部分原因是市场竞争，但信息资源安全作为基本服务保障，如果标准差异较大，将对云服务的发展带来不利影响。根据现有发展条件，可逐步开展针对图书馆、信息技术行业、个人用户等不同用户群体的信息资源安全的服务标准推广。

---

①② Terms of Service – License Agreement [EB/OL]. (2013 – 08 – 01). https：//developers. google. com/storage/terms.

③ Windows Azure 协议 [EB/OL]. (2013 – 10 – 12). http：//www. windowsazure. com/zh – cn/support/legal/subscription – agreement/.

（十）数据保密责任问题

保护用户数据是云服务信息资源安全处理机制的核心内容之一。基于维护用户利益特别是保护用户隐私的立场，云服务提供商在未获得特别授权之前，不应出于自身利益考虑而以任何方式使用用户数据，并且应该承担保证用户数据不被泄露，也不被非法使用的责任。从商业道德和行业良性发展的角度看，这是云服务提供商应当承担的基本责任，云服务提供商可以要求用户予以必要的支持和配合，但不能将数据保护的责任通过服务协议强行推加给用户，也不能通过模糊或有歧义的表述方式来误导用户。互联网环境下容易发生由于不能控制的原因而出现的安全问题，毫无疑问，服务协议必须明确在出现数据泄露及安全故障后的责任分配问题，云服务提供商应及时告知用户可能影响数据安全的漏洞，用户则有责任了解这些关键风险领域，从而采取合理的措施。

（十一）服务中断与终止的处理

服务中断是云服务中常见的故障，可能给信息资源安全带来较大的威胁。在服务协议中，应针对服务中断的各种相关情形提出应对措施，包括评估服务中断对信息资源安全产生的影响，云服务提供商采取何种应急机制，损失赔偿的范围与标准，特别是要约定非正常中断情形下的责任分配。对于服务终止，除关注终止流程以外，还要考虑协议到期后可能产生的影响，最重要的是评估用户数据以及用户在服务中已经建立的信息资源体系将受到的影响，明确云服务提供商是否有权继续保留用户数据以及未来对这些数据的存储和使用方式。服务中断和终止可能由来自云服务提供商或用户的多种问题引起，关于处理程序也是影响信息资源安全的一个重要方面，包括关于是否事先通知、以何种形式通知以及如何恢复服务等，在目前的一些云服务协议中，在多种情形下允许云服务提供商不通知或事后通知用户，不利于用户及时采取补救措施，给信息资源安全保护带来极大障碍。在实践中，图书馆需要了解云服务协议规定的服务终止情况，以便了解图书馆的行为是否可能导致服务被终止。同时，也可以保证，一旦云服务提供商单方面终止了与自身的合作，可以在规定的时间内对存储在云端的信息资源、所应用的虚拟化计算资源，进行备份或下载，或使用应急的本地设备或计算资源，以防止信息的丢失。

（十二）服务与协议变更

云计算领域的更新与发展非常迅速，云服务也因而具备了灵活性的特点，云服务提供商在服务过程中不可避免地会出现服务变更的情况。在云服务协议中，云服务提供商处于优势地位，协议中一般约定云服务提供商具有协议条款修改权，甚至允许云服务提供商不事先通知用户就进行修改。这实际上是增加了用户的信息资源安全风险，用户可能对云服务提供商规避风险的条款感到不满，不但容易引发纠纷，而且可能影响云服务长远的发展。鉴于云服务本身的特点，应允许云服务提供商对协议条款进行修订，但应在服务协议中就修改的条款的范围及是否通知用户进行约定，特别是修改服务内容、服务计价模式以及责任分配等协议条款时，更应当遵守公平、公开的原则。

（十三）损失与赔偿责任

当云服务出现故障而给用户带来损失时，云服务提供商一般应按照服务协议约定进行赔偿。服务协议中一般会规定"例外""排除条款""免责声明"等内容，排除了特定情况下云服务提供商的责任，但也有云服务提供商将某些从法律角度来说，属于直接损失的损失列为予以排除赔偿责任的间接损失，这对于用户而言并不公平，在实践中极易引发双方纠纷。因此，除了在服务协议中明确赔偿范围、赔偿标准以及索赔程序以外，考虑在实践中如何确定损失也十分重要，往往会成为争议的焦点。确定信息资源安全故障损失可能基于定性或定量的指标，涉及鉴定与举证的相关责任，对于图书馆这类非营利性机构而言，除直接经济损失外，公益性的服务损失也应在赔偿范围内。确定损失的一种方式是由云服务提供商与用户双方协商确定，另一种方式是引入第三方专业机构进行鉴定。

10.2　签订有利于维护图书馆信息资源安全的云服务协议

10.2.1　调研云服务协议的内容框架

云计算技术的进步能够从技术层面化解图书馆应用云服务后面临的信息资

源安全风险。例如，通过加密防止数据丢失或被篡改，通过身份认证提高网络安全性等。但是，单靠信息技术的发展无法完全解决云服务中各相关方的安全问题。而由于政策法律制定存在一定的滞后性，解决图书馆应用云服务后面临的信息资源安全问题，需要通过双方约定的服务协议，以构建一种有效的机制，来规范和约束双方的行为，确保图书馆在信息资源安全方面的诉求能得到满足。

为此，图书馆可以通过了解国内外有关云服务的研究机构、国际组织推出的云服务协议内容指南，调研国内外较有代表性的云服务提供商的云服务协议内容框架，以此明确图书馆与云服务提供商所签订的云服务协议的基本内容框架，有效应对因政策法律规定的不足而可能引发的图书馆信息资源安全风险。

（一）了解云服务协议的基本框架

目前，包括美国国家标准与技术研究院（NIST）、欧盟网络与信息安全局（ENISA）在内的相关机构，都推出了云服务协议的内容框架、安全评价指标。这些基本框架为云服务提供商和云服务使用者签订更容易被双方接受的服务协议提供了指南。

（1）了解美国国家标准与技术研究院的云服务协议基本框架

美国国家标准与技术研究院（NIST）在对一些具有代表性的云服务协议（Service – Level Agreement，SLA）样例进行分析和研究的基础上，发布了《NIST 云计算参考架构协议和 SLA 核心要素》，并将云服务协议的核心要素分为业务级目标和服务级目标两类（见表 10 – 1）。[①]

表 10 – 1　NIST 云计算参考架构合约和 SLA 核心要素

分类	目标	内容
业务级目标	角色和分类	云消费者、云提供者、云代理、云审计者、云运营商
	业务需求	许可证、标准、审计、日志、信息管理
	运营策略	连续监控、取证、恢复、身份管理
	业务连续性	灾难恢复、临时爆发、事故响应、补救
	业务限制	不可抗力、SLA 变更、安全、预期爆发
	经济性	保证、服务信誉

---

① 王洁萍，李海波，高林. 云计算模式下服务水平协议标准化研究［J］. 信息技术与标准化，2012（10）：22 – 24.

分类	目标	内容
服务级目标	资源	计算、存储、网络等物理资源、虚拟资源
	性能指标	度量项、特性、最小值、最大值、默认值
	服务部署	公有云、私有云、社区云、混合云
	服务管理	快速配置、资源变更、支持性、SLA 管理、监控和时间管理、报告
	描述	描述
	安全	
	隐私	

（2）知悉欧盟网络与信息安全局的云服务安全评价指标

2012 年 4 月，欧盟网络与信息安全局（ENISA）发布了《云计算合同安全服务水平监测指南》，主要针对公共服务部门的云服务活动，提出了一套监测、评价云服务提供商云服务安全性的指标体系（详见表 10 - 2）。[①]

表 10 - 2　ENISA 云计算合同安全服务水平监测指标体系

监测指标	监测参数
服务可用性	服务请求、服务请求失败、样本量、服务范围、承诺期
事故响应	已处理事故比例、恢复进程报告、报告时间、事故发生最短时间间隔、特殊事故数据
服务弹性与负载公差	CPU 内核数量、CPU 速度、内存大小、虚拟机数量、VM 存储及存储量、带宽、账户设置、通信能力、应用程序响应能力、队列服务分配、IP 地址分配、连接云的网络带宽
数据生命周期管理	备份测试频率和结果、恢复速度、备份操作成败、数据恢复点、导出测试结果、成功导出比例、DLP 测试结果、数据持久性、预约删除失败、依法披露事项
技术合规性和漏洞管理	安全相关配置与使用选项、系统组件、软件更新与补丁选择、日程及信息、漏洞的发现、报告和补救措施的标准及程序
变更管理	频率进程、变更通知时间、变更触发事项、执行客户安全变更请求的时间
数据隔离	保护内存中的数据、保护存储数据、保护传输中的数据、安全删除
日志管理和取证	连续工作可用性承诺、防抵赖系统可用性、日志精确度、回应承诺

---

① 李亚光，等. 云计算合同安全服务水平监测指南［EB/OL］.（2013 - 08 - 04）. http：//www. ccidthinktank. com/uploads/soft/110811/1 - 1205311G541. pdf.

（二）调研代表性云服务提供商的云服务协议内容框架

美国国家标准与技术研究院和欧盟网络与信息安全局提出的云服务协议内容框架和评价指标体系对签订云服务协议提供了良好的思路，但在实践中，图书馆与云服务提供商签订云服务协议时，还需要进一步参考业界已在使用的云服务协议。为此，本书进一步调研、分析了微软、IBM、亚马逊、谷歌等具有一定影响力的云服务提供商的云服务协议内容框架（见表10-3）。

表10-3　其他形式云计算服务协议框架列举

企业名称	服务协议名称	服务协议内容框架
Microsoft	Windows Azure 协议①	服务的使用；安全、隐私和数据保护；购买服务；期限、终止与暂停；保证；索赔辩护；责任限制；软件；其他；定义
IBM	IBM Algo One Managed Data Services on Cloud 一般条款②	目的；定义；通用付费条款；账号创建和访问；IBM SaaS 暂停和终止；订购周期续约；紧急维护和定期维护；更新；适用条款和自动更新授权；"使用条款"更新；技术支持；数据隐私和数据安全；遵守适用的出口法律；赔偿；著作权侵权；保证和除外条款；IBM SaaS 服务产品特殊条款；一般条款；完整协议
Amazon	AWS 客户协议③	服务的使用；变更；安全和数据隐私；"你的"责任；费用与支付；暂停；终止与终止期；专有权利；赔偿；免责声明；责任限制；协议修改；其他；定义

---

① Windows Azure 协议 [EB/OL]. [2013-10-12]. http://www.windowsazure.com/zh-cn/support/legal/subscription-agreement/.

② IBM Algo one managed data services on cloud [EB/OL]. [2013-08-01]. http://www-03.ibm.com/software/sla/sladb.nsf/pdf/5863-00/$file/Z126-5863-00_10-2012_zh_CN.pdf.

③ AWS customer agreement [EB/OL]. [2013-08-01]. http://aws.amazon.com/cn/agreement/.

续表

企业名称	服务协议名称	服务协议内容框架
Google	谷歌云存储服务条款①	许可；提供的服务；支付条款；用户义务；暂停与移除；知识产权、商标权；技术支持服务；保密信息；期限与终止；公开；代表；免责声明；责任限制；赔偿；政府意志（仅适用于美国用户）；谷歌云存储服务；谷歌云 SQL；谷歌计算引擎；谷歌云 Datastore；其他
阿里云计算有限公司	阿里云服务协议②	服务内容；服务费用；权利义务；用户数据保存、销毁与下载；知识产权；保密条款；期限与终止；违约责任；不可抗力；法律适用及争议解决；附则
华为软件技术有限公司	华为云用户协议③	定义；账户管理；服务支持；费用及支付；服务变更；临时中止；"你方"权利及义务；"本公司"权利及义务；知识产权；隐私声明；免责声明；不可抗力；违约责任；责任限制；协议期限及终止；协议变更；法律适用与争议解决；其他

10.2.2　创建更有利于维护图书馆信息资源安全的云服务协议

云服务协议是云服务提供商与图书馆在双方协商的基础上形成的服务契约。虽然不同的云服务提供商会提供不同的云服务协议内容，但是，图书馆在签订这类云服务协议时，不但要强调必备的内容模块，而且在具体内容的立场态度上，也要有明确的考虑。

（一）遵守我国或双方约定的第三方国家的云计算安全政策法律

由于云服务提供商所提供的服务可能会被修正，所以其必须遵从我国或双方约定的第三方国家的云计算安全政策法律的要求。当图书馆将图书馆信息资源存储到云端时，或者是应用某种云服务时，云服务提供商需要保证其有技术

---

① Terms of Service – License Agreement［EB/OL］.［2013 – 08 – 01］. https：//developers. google. com/storage/terms.

② 服务协议［EB/OL］.［2013 – 08 – 01］. http：//www. aliyun. com/agreement/.

③ 华为云用户协议［EB/OL］.［2013 – 08 – 01］. http：//www. hwclouds. com/declaration/userAgreement. html.

与操作能力，以满足并/或胜任当前我国或双方约定的第三方国家的云计算安全政策法律的要求，这将构成其保持遵守我国或双方约定的第三方国家的云计算安全政策法律的每一分努力。云服务提供商必须承认我国或双方约定的第三方国家的云计算安全政策法律的有关规定，以此指导其对直接或间接获得的图书馆信息资源的访问、使用、存储与分发。在实践中，图书馆需要全面了解当前主要国家有关云服务信息安全的政策、法律规定，以便在与云服务提供商进行约定时，更为明确地选择自身可适用的本国、云服务提供商所在国家或第三方国家的政策法律作为解决争端的依据。

（二）数据存储技术应可以从数据中分离

数据传感器的云服务供应商可能将数据与后台存储与分析相捆绑。不同的存储方法与安全规则易产生不相称的数据孤岛的风险。图书馆特别是从事图书馆具体云服务管理工作的图书馆员，应知晓脱离于数据收集系统，单独购买存储与分析服务的可能性大小，或是集成不同数据收集系统的云存储与分析服务的可能性大小。

（三）明确数据所有权

图书馆应确保其仍保有全部信息资源的所有权。如本书第7章的分析，图书馆信息资源包括传统信息资源、个人数据和虚拟化计算资源，而从其表现形式来看，图书馆信息资源主要包括全部文本、数值型数据、数据库记录、媒体文件、人口统计信息、检索历史、地理位置信息、元数据或其他数据及信息，包括作为云计算服务用户的图书馆直接提供给云服务提供商的，或是云服务提供商因提供给图书馆云服务而获得直接或间接的访问渠道的图书馆其他信息资源。云服务提供商必须以及时、适当的方式告知图书馆任何涉及数据的不利于云服务提供的法律程序。任何数据都不应在缺少数据所有者正式授权代表的确认发布数据授权书，或对数据所有者适当的及时的通知，或被正式授权以管辖该数据的法庭所出具的公开数据的官方命令而向任意第三方公开，也只有当妨碍数据所有者公开数据的法律程序裁决后，数据方可公开。在所有情况下，刑事司法信息的所有者必须被实时通知任何试图或已完成的对其数据的非法访问。

（四）不允许数据挖掘

图书馆应确保云服务提供商不在没有图书馆明确授权的情况下以任何目的的挖掘、处理、分析数据。云服务提供商不应被允许以任意非相关的商业目的、广告或与广告相关的服务，或其他图书馆未明确授权许可的目的，对图书馆信息资源进行数据挖掘或处理、分析、扫描、索引、与第三方分享，或进行任何其他形式的数据分析或处理操作。当为了正在进行中的或是常规的操作，用以确保服务的连续性或是项目未来的动态配置需求，云服务提供商可在这些必要的情况下处理或分析数据。任何与云服务提供商的协议必须优先于并取代任何普遍适用的隐私保护协议、知识产权保护协议、数据访问协议或使用协议，以及其他可能因协议未明确授权目的而允许进行数据挖掘的云服务协议。

（五）界定审计要求

在收到请求时，或是在达成一致的时间间隔内，云服务提供商应对其云服务的性能、使用、访问，以及对任意协议的遵守情况进行审计，或是允许图书馆实施审计。审计工作可由云服务提供商在双方意见达成一致的情况下独自完成，或是由外包商在双方意见达成一致的情况下独自完成，或是由图书馆的外包代理在双方意见达成一致的情况下，在一定的时间间隔内完成。

（六）要求可移植性与互操作性

云服务提供商应确保其所维护的图书馆信息资源可移植至其他系统，并可在不破坏数据的安全与完整的前提下，通过其他操作系统进行操作。图书馆必须支持与其他信息系统及资源分享并/或传递图书馆信息资源。云服务提供商所提供的数据与应用应支持与图书馆指定的其他信息系统与资源交换数据，并应尽可能地支持在非专有标准的约定下交换数据。

（七）强调信息资源的完整性

云服务提供商必须保持图书馆信息资源的物理完整性与逻辑完整性。云服务提供商必须通过云存储与服务之间的物理或逻辑分离保持图书馆信息资源的完整性，这里的云存储与服务是指那些提供给图书馆的，以及提供给其他消费者的云存储与服务。图书馆的信息资源不能以任何损害数据完整性的方式存储、共享、处理或修改。如果系统被设计来存储图书馆所服务的个人数据，那么云服务提供商必须保持访问这些个人数据的记录足够充分，用于允许图书馆为有较高隐私保护需求、知识产权保护诉求的信息资源建立清晰、准确的监管链。在需要提取图书馆信息资源的操作记录时，云服务提供商还应协助图书馆建立监管链或其他与云相关的技术论证。在图书馆要求选择数据时，云服务提供商应通知图书馆相应操作是否、或是何时更改了数据的物理存储位置。

（八）明确云服务提供商的生存能力

任意与云服务提供商的协议中应有条款承认云服务提供商的商业结构、运作与/或组织可能发生改变，并应确保数据的可操作性、安全性、保密性、完整性、可访问性及效用的连续性。在企业界，兼并、收购和企业重组是相当常见的。图书馆必须确保任意与云服务提供商的协议中有条款确保受协议约束的操作功能可连续，数据的安全性、保密性、完整性、可访问性及效用可连续，无论云服务提供商的商业生存能力如何，或是运作、归属、结构、技术架构，以及/或地理位置是否改变。

（九）确保图书馆信息资源的保密性

云服务提供商应确保其为图书馆保存的信息资源的保密性。云服务提供商将采取一切必要的物理、技术、管理与程序措施以保护图书馆信息资源的保密性。这些措施可能包括物理安全措施、对访问权限的要求、对网络安全的要求、对可访问系统或数据的职员与外包商的犯罪历史背景安全检查、安全意识培训、加密、定期审计，以及地理位置限制。图书馆信息资源的保密性可通过使用加密处理的、用户持有密钥的数据加密方式来进一步保证。云服务提供商应提供由正式授权的、具有相应的凭据以证实云服务提供商的技术与业务能力与实践水平的组织所实施的，对提供给图书馆的系统与服务的网络安全进行独立评估的证据。云服务提供商应提供及时的、适当的文本以证实其目前拥有网络安全风险预防措施，其风险预防的水平与管理与支持司法部门的风险预防水平相适宜。此外，协议还应表明云服务提供商认同在与图书馆合作期间持续维护此前所述的风险预防措施。

（十）保证图书馆信息资源的可用性、可靠性和性能

云服务提供商必须确保图书馆信息资源在约定的性能指标范围内被请求使用时，其对于图书馆是可用的。云服务提供商需要确保数据和服务的可用性与性能稳定的程度，以及其运作的可靠性的程度，这将反映其所提供服务的重要程度。对于部分服务（如检索已存档的数据或电子邮件），较低水平的可用性与性能即可被接受，但对于更为关键的服务，如计算机辅助调度（Computer – Aided Dispatch），则需要更高水平的可用性与性能。

除此之外，具体负责签订这类协议的图书馆员，还需要仔细阅读云服务协议，以随时发现不利于维护图书馆信息安全的问题。通常情况下，一般个人用户很少会在注册云服务时仔细阅读云服务协议。即使阅读，也不会十分认真，多是点到即止的大致浏览。之所以出现这种情况，一方面是由于用户本身对云服务协议不够重视，没有认识到其中可能存在的信息安全风险。另一方面也与云服务提供商的刻意引导有关。

通常情况下，云服务协议主要有点击式和浏览式两种类型。点击式是指用户在注册时，需通过点击"我同意"才能完成注册的服务协议形式；浏览式是指用户需要主动阅读服务协议并单击进入相应界面浏览的服务协议形式。点击式服务协议具有较好的通知性，即能够在一定程度上起到提醒用户阅读服务协议的作用。而浏览式服务协议的通知性则较差，除非用户主动查找，否则直接默认用户已经阅读了服务协议并且没有丝毫异议。同时，浏览式服务协议通常将链接到服务协议内容页面的按钮设置在网页最不明显的位置，更加导致了用户对服务协议的忽视。

当然，这两种协议都属于格式协议。对于图书馆而言，应用小规模的云服务，可能接受这类格式协议；而一旦所签订的云服务协议，其影响涉及更大的业务范围、覆盖更多的图书馆信息资源，或者是更为敏感的个人数据时，则图书馆不应接受这类格式协议，而应该要求签署经双方逐条协商后再作确定的协议。对于这类服务协议，从起草、修改到定稿，负责签订协议的图书馆员都应该严谨把好内容关。

10.3 制定适用于云计算下图书馆信息资源安全的内部管理制度

从云服务的技术原理、产品形式、服务模式，以及图书馆的资源建设、服务提供和业务管理等角度分析，图书馆引入云服务后，将给图书馆在日常办公、数据存储、服务提供和开发模式等方面产生影响。如何制订出既符合图书馆馆情，又能有效应对这些影响的图书馆内部管理规定，是确保图书馆应用云服务后信息资源安全的重要条件之一。毕竟，图书馆应用云服务后所面临的信息资源安全风险，既有云服务提供商的因素，也有自身的因素。而从应对这些内部因素所可能引发的信息安全风险的角度来看，制定科学、合理、可行的图书馆使用云服务的内部管理规定，显得非常必要。

概括起来，图书馆引入云服务后，主要的应用涉及云办公、云存储、大数据处理、虚拟桌面和云端开发等。其中，云办公是指图书馆引入云服务后，图书馆员只要拥有一台可以接入网络的设备（如个人电脑、智能手机等），就可以拥有图书馆所购买的在线软件的操作权限，能够随时随地完成诸如文字处理、表格计算、演示文档编辑等常用的办公操作，而不需要在本地设备中安装这些办公软件，也不用担心运行这些办公软件时本地计算机的内存不足、CPU性能不强等问题。而云存储则是图书馆根据需要，将其某类信息资源上传到云服务提供商的服务器上，完全不用担心硬盘损坏、电脑失窃、水火灾害等本地计算机所面临的各种问题，馆员只需要通过账户和密码，就可以随时随地使用各种联网设备同步或访问云端中的这些图书馆信息资源。图书馆的大数据处理是以云计算平台具有海量的存储资源和强大的计算能力为依托，确保图书馆可以在较短的时间内对较多的各种结构化、非结构化的信息资源进行汇集、存储以及分析与处理，从而极大地增强图书馆的数据处理与信息分析的能力，使得图书馆可以根据自身管理的需要，或者是读者的信息咨询请求，实时精确地挖掘相关数据，并且对数据进行深入的分析，进而提高图书馆信息服务、知识服务能力。图书馆虚拟桌面云是一种桌面虚拟化系统，可以将桌面作为一种服务交付给任何地点的图书馆员使用。在移动网络环境下，图书馆员只要有网络可以登录自身的账户，就可以使用这一桌面，有利于提升图书馆员的业务灵活性和工作移动性能。同时，图书馆员通过应用虚拟桌面云，只需要通过瘦客户端就可以获取云端的桌面系统，完成和以往相同的工作任务，从而可以大大降低图书馆的设备成本和软件成本。云端开发意味着图书馆开发人员不需要在本地部署开发软件所必需的操作系统、编程环境和测试环境，甚至可以直接复制来自云端的、功能相同的代码或模块，开发者不需要在不同的平台甚至不同的编程语言环境中消耗开发精力，而完全致力于算法改进和架构设计，极大地提高开发效率。

根据上述分析，图书馆在制定面向云服务环境下自身信息资源安全的内部管理制度时，应该有以下四个方面的基本定位。

10.3.1　保证使用云服务产品的用户处于有效管控状态

图书馆在引入云服务后，需要在馆员或读者的身份认证、访问控制，以及馆员和读者行为审计方面建立内部管理机制，对各类用户账号、口令、证书的管理、跨域的组合授权、读者及馆员使用云服务的行为进行审计追踪等。目前，我国对于用户管控还没有通用的法律规定，而对用户进行管控的规定主要集中在银行业，如《个人信用信息基础数据库管理暂行办法》（2005）和《商业银行信息科技风险管理指引》（2009）。这些行业规定要求相关金融机构制定用户管理制度，按照操作规程对用户信息进行管理，并要求确保所有计算机操作系统和系统软件定义不同用户组的访问权限。比如，《个人信用信息基础数据库管理暂行办法》（2005）第五章"安全管理"第二十七条规定"商业银行应当建立用户管理制度，明确管理员用户、数据上报用户和信息查询用户的职责及操作规程。商业银行管理员用户、数据上报用户和查询用户不得互相兼职"；第三十二条规定"征信服务中心应当制定信用信息采集、整理、保存、查询、异议处理、用户管理、安全管理等方面的管理制度和操作规程，明确岗位职责，完善内控制度，保障个人信用数据库的正常运行和个人信用信息的安全"。在借鉴这类相关规定的基础上，图书馆可以通过明确定义包括终端用户、系统开发人员、系统测试人员、云服务操作人员、系统管理员和用户管理员等不同用户组的访问权限，形成内部管理制度，确保云服务的应用安全和信息资源安全。

10.3.2　保障图书馆 Web 安全

云计算应用主要通过 Web 浏览器实现。因此，保障云计算图书馆的应用安全的关键是保障 Web 安全。常见的 Web 攻击包括网络嗅探、端口扫描、SQL 注入、跨站脚本攻击、拒绝服务攻击、中间人攻击、恶意程序攻击等，这些攻击在图书馆应用云计算的环境中依然存在。目前，我国针对 Web 安全问题出台的相关管理办法与保护规定有《互联网安全保护技术措施规定》（2005）和《互联网信息服务管理办法》（2011）。《互联网安全保护技术措施规定》（2005）第七条规定，互联网服务提供者和联网使用单位应当落实以下互联网安全保护技术措施，具备防范计算机病毒、网络入侵和攻击破坏等危害网络安全事项或者行为的技术措施。而《互联网信息服务管理办法》（2011）第六条规定，从事经营性互联网信息服务，除应当符合《中华人民共和国电信条例》规定的要求外，还应当具备下列条件：有业务发展计划及相关技术方案；有健全的网络与信息安全保障措施，包括网站安全保障措施、信息安全保密管理制度、用户信息安全管理制度；服务项目属于本办法第五条规定范围的，已取得有关主管部门同意的文件。而对于危害互联网安全的行为，如故意制作、传播、计算机病毒等破坏性程序，攻击计算机系统及通信网络等，按照《中华人民共和国电信条例》（2016）和《全国人民代表大会常务委员会关于维护互联网安全的决定》（2009）相关规定，构成犯罪的将依法追究其刑事责任。基于当前这些有关 Web 安全的政策、法律规定，图书馆在应用云服务时，可以针对因上述行为危害图书馆 Web 安全的馆内人员或馆外用户，制定相应的内部管理规定。

10.3.3 确保图书馆信息资源的内容安全

图书馆应用云服务后，其内容安全宗旨是防止非授权的信息资源内容进出云服务网络，对涉及政治、健康、保密、隐私权、知识产权、防护性等方面的资源，要进行有效的防控。其中，保密性方面，要防止图书馆员、图书馆用户资料或使用日志被窃取、泄露和流失；隐私性方面，要防止个人数据被盗取、倒卖、滥用和扩散；知识产权方面，要防止图书馆上传和存储在云端的各类信息资源，其知识产权不被删窃、盗用等；防护性方面，要求图书馆信息资源、操作平台和操作效能，不因病毒、垃圾邮件、网络蠕虫等恶意信息或行为的存在而耗费整个云平台的资源，影响其安全性。

目前，我国涉及内容安全问题的有关政策法律包括《互联网信息服务管理办法》（2011）、《规范互联网信息服务市场秩序若干规定》（2011）、《国家信息化领导小组关于加强信息安全保障工作的意见》（2003）、《中国公用计算机互联网国际联网管理办法》（1996）、《中华人民共和国计算机信息网络国际联网管理暂行规定》（1997）等。其中，从互联网服务提供者角度，对其不得制作、复制、发布、传播的九类内容做出了界定，除此之外，对于涉及用于隐私的内容，其收集必须经过用户知情同意，并对使用范围、使用目的进行限制；对于互联网服务主管部门，要求建设和完善信息安全监控体系，提高对网络攻击的防范能力；对接入互联网的单位和用户，要求对其所提供的信息内容负责，并严格执行国家保密制度；对于从事国际联网业务的单位和个人，不得利用国际联网危害国家安全、泄露国家秘密。比如，《互联网信息服务管理办法》（2011 年修订）第十三条规定，互联网信息服务提供者应当向上网用户提供良好的服务，并保证所提供的信息内容合法。该办法第十五条规定，互联网信息服务提供者不得制作、复制、发布、传播含有下列内容的信息：（一）反对宪法所确定的基本原则的；（二）危害国家安全，泄露国家秘密，颠覆国家政权，破坏国家统一的；（三）损害国家荣誉和利益的；（四）煽动民族仇恨、民族歧视，破坏民族团结的；（五）破坏国家宗教政策，宣扬邪教和封建迷信的；（六）散布谣言，扰乱社会秩序，破坏社会稳定的；（七）散布淫秽、色情、赌博、暴力、凶杀、恐怖或者教唆犯罪的；（八）侮辱或者诽谤他人，侵害他人合法权益的；（九）含有法律、行政法规禁止的其他内容的；第十六条规定，互联网信息服务提供者发现其网站传输的信息明显属于本办法第十五条所列内容之一的，应当立即停止传输，保存有关记录，并向国家有关机关报告。为此，图书馆在应用云服务的过程中，为了确保图书馆传统信息资源和个人数据的内容安全，确保整个云服务操作平台的内容安全，可以参照我国已有的政策、法律规定，制定满足图书馆内容安全需求的内部管理制度。

10.3.4　掌控图书馆进行云服务应用迁移的安全

云服务产品的使用具有一定的依赖性，而确保应用迁移的安全也是图书馆在应用云服务过程中应对信息安全需要的一个选项。图书馆在云计算环境下的应用迁移包括将传统应用迁移到云端平台，也包括从已部署在某一云端平台的应用迁移到另一个云端平台上。由于应用迁移涉及图书馆的系统、数据、功能等，是一项较为系统的工程。对于决定云应用迁移的图书馆而言，其评估迁移需要的成本，包括迁移自身成本、迁移后应用程序在新的云环境中的运营成本等；哪些应用或组件应当被迁移到其他的云端；迁移的次序应该如何决定；如何根据应用性能和可靠性需求来选择云服务提供商；应该如何降低从图书馆迁移到云端的风险；迁移到云端后如何针对应用进行用户身份鉴别和访问控制管理；如何进行安全配置保护图书馆掌握的各类个人数据等；如何确保在迁移过程中和迁移结束后图书馆业务的连续性。对于此类问题，若没有制定良好的内部管理制度，而是仅靠馆领导的即时性决断，往往难以确保其安全性。为此，图书馆依照《国务院关于促进云计算创新发展培育信息产业新业态的意见》（国发〔2015〕5 号）第五条规定，即按照"急用先行、成熟先上、重点突破"原则，加快推进云计算标准体系建设，制定云计算服务质量、安全、计量、互操作、应用迁移，云计算数据中心建设与评估，以及虚拟化、数据存储和管理、弹性计算、平台接口等方面标准，研究制定基于云计算平台的业务和数据安全、涉密信息系统保密技术防护和管理、违法信息技术管控等标准。在实际操作中，图书馆所制定的关于应用迁移的馆内管理制度，应该从迁移条件、迁移原则、迁移成本、服务商选择、效果评估等方面，加以全面的考虑。

10.4　加强与应用云服务的国外同行的交流与合作

依据本书的上述分析，与国外图书馆同行相比，我国图书馆在应用云服务方面，仍处于起步阶段。一是我国图书馆应用云服务数量有限，二是应用云服务后所涉及的图书馆业务范围也小。在此背景下，我国图书馆通过与那些在云服务应用方面经验丰富的国外图书馆界进行交流合作，可以借鉴经验，少走弯路，提高云服务在图书馆的部署效率、提高云服务应用于图书馆后图书馆的信息资源安全保障能力。具体来说，我国图书馆可在以下四个核心问题上，加强与国外同行的交流沟通。

10.4.1　重视如何以用户导向来确定图书馆应用云服务的必要性

图书馆的根本宗旨是为用户服务。应用云计算的模式也应当以用户需求作为首要考虑因素。需要指明的是，应用云服务并非都是有益的，因此决定是否应用云服务时，图书馆应谨慎地、反复地考证，应用云服务是否会带来明显的收益。若答案是否定的，则没有必要应用云服务。考证的原则之一就是"是否给用户带来了方便"。Mavodza J 指出①，"以用户为中心"的理念已深入人心。图书馆应用云服务也应遵循这一原则，思考应用云服务的方式是否给用户带来了方便。例如，是否有利于用户打破信息壁垒、获得更多知识；是否使用户无论在馆内与否都能享受图书馆的服务。如果图书馆应用云服务的模式没有满足用户的需求，则人们难以认可这是正确的应用云服务的模式。从应用规模和应用强度来看，国外图书馆对云服务的应用要高于国内图书馆。那么，是什么原因促进他们能够做出这种选择呢？在本书第 5 章关于国外图书馆应用云服务的案例分析中，我们试图从应用背景这一角度，揭示国外图书馆应用云服务的动机。但毕竟因为资料所限，可能难以将国外图书馆应用云服务的动机完全覆盖。因此，国内图书馆与应用云服务的国外图书馆开展应用云服务的交流时，可将此问题作为首要讨论点。

10.4.2　关注如何确保云端图书馆信息资源的安全

对于绝大多数图书馆而言，在应用云计算所面临的挑战与障碍中，最引人关注的就是信息资源的安全问题。云服务高度依托互联网，存在图书馆信息资源泄露、丢失、被恶意篡改等问题，因此应用云服务时，图书馆应该遵循保证数据安全的原则，考虑数据存储的安全性、数据保密权限、图书馆用户的权限、访问控制管理等问题。尤其要处理好图书馆与云服务提供商控制权限的分配问题。对于提供存储服务的数据中心，要着重考察其长期保存数据的能力，如服务器位置、管理方式、备份恢复计划等。同时，对于图书馆来说，要慎重考虑数据是否需要在本地服务器进行备份。如果是，那么，图书馆可能要承担本地维护的压力。如果不是，一旦云服务提供商出现服务中断，或者产生并购、破产等极端情形，图书馆则需考虑制定如何确保自身各类已在云端存储或处理的信息资源安全的策略。而关于这一问题，国外已经应用云服务的图书馆的相关介绍资料，并没有全面甚至是没有加以说明。而这又是图书馆考虑应用云服务时的关键问题之一。因此，国内有意向应用云服务的图书馆，可将此问题作为与国外图书馆进行云服务应用交流时的一大话题。

---

① MAVODZA J. The impact of cloud computing on the future of academic library practices and services [J]. New Library World, 2013, 114 (3/4): 132 – 141.

10.4.3　强调如何在应用云服务后确保图书馆的工作高效

由于预算削减及其他原因，很多图书馆，特别是小型图书馆面临着人员少、工作量大的挑战，因此提高工作效率就成为亟待解决的问题。而对于一些发展规模较大的图书馆而言，如何在应用云服务后，将"富余的"图书馆员分配到更为合理的岗位中，以全面提升图书馆整体的工作效率。这些都是图书馆在应用云服务前，或者是应用云服务的过程中，需要经常思考的问题。因此，我国图书馆界可以通过交流的方式，了解国外图书馆应用云服务后，在业务调整、流程再造、馆员分配、岗位设置、人员考核和奖罚机制等方面的新思路、新举措和新策略。对于国内图书馆来说，不仅已有国内外的云服务提供商的相关云服务产品可以选择，而且一些图书馆不用担心应用云服务的经费投入问题。但问题的关键是，有了云服务后，由于本地化的维护、开发和物理管理等需要的人员、成本都会大幅下降，在此情况下，我国相关图书馆就需要通过与国外已经成功应用云服务且保证工作效率稳步上升的图书馆，探讨如何提高图书馆员工作效率的相关问题。

10.4.4　清楚如何在应用云服务后有效控制图书馆的整体运行成本

应用云服务，意味着图书馆需要在这一领域投入经济成本。但因为云服务的技术原理，图书馆可以将原来用于支付本地化计算资源创建与维护方面的投入大幅度削减，如在设备购买、人员配置方面，图书馆可以减少预算。比如，费城－尼舒巴郡图书馆选择了 Apollo，由于其不需要在图书馆馆内部署站点服务器，因此只需要三位数的云服务费用，而相对于 Auto－Graphics 系统，不仅要求在图书馆内配置三台站点服务器，还需要支付五位数的安装费用，可见，云托管极大地降低了图书馆的成本。再如，对斯普林希尔学院伯克图书馆来说，除去工资，现有系统占到 20% 的预算，而且成本逐年增长。为了降低成本，该图书馆选择了 OCLC 的 WMS。由于云计算的付费模式十分灵活，即用即付，有的图书馆反而认为其成本难以预估，给图书馆的经费管理带来了麻烦。例如，得克萨斯州数字图书馆应用了 Amazon EC2 后，认为对云服务进行预算规划十分困难。从资源提供到运营支出，应用云服务的成本一直在变化，尤其是这些成本难以预算。得克萨斯州数字图书馆希望 Amazon 公司能够提供比"即用即付"更容易规划的付费模式。① 尽管如此，Amazon 公司目前的云服务产品基本是采用预付费的模式，即图书馆预先规划使用量，提前支付费用。这就要求图书馆的使用量比较稳定，易于预测，因而并不完全适合使用云服务较为灵活的图书馆。对于这一点，我国图书馆可在与国外图书馆就云服务的成本投入，甚至是应用云服务后，对图书馆整体运营成本的控制与管理问题，开展深入交流。需要明确指出的是，成本投入的问题，也直接关系到图书馆信息资源的安全系数。对于云服务提供商来说，其会根据国外图书馆已经应用云服务的安全需求，设计出不同价位的图书馆信息资源安全解决方案，而如何根据自己的安全需求、数据规模、应用方式、业务领域确定合适的云端信息安全解决方案，更是国内图书馆加强与国外已经成功应用云服务的图书馆的交流重点。

我国有意向应用云服务的图书馆，在与国外已经成功应用了云服务的图书馆进行交流沟通时，既要明确交流的核心内容和关键问题，更要在交流管理机制上做足功夫：确保交流渠道的畅通、确保每次交流的效果，通过设立专门的工作团队，确保与国外目标图书馆在云服务应用方面的交流能够稳固持续。

---

① NUERNBERG P, LEGGETT J, MCFARLAND M. Cloud as infrastructure at the Texas Digital Library [J]. Journal of Digital Information, 2012, 13 (1).

后　记

自 2007 年中国引入云计算以来，产业格局风起云涌，商业模式日趋融合。这已然成为云服务行业技术发展的重要推力。据中国信息通信研究院最新发布的《云计算发展白皮书（2018 年）》统计数据显示，2017 年中国云计算整体市场规模达到 691.6 亿元，增速为 34.32%，正处在高速增长阶段。尤其是近年来随着人工智能、大数据及"互联网＋"等的积极推进，云计算技术正在向政务、金融、交通、工业、教育、医疗等领域加速渗透，推动我国各行业云计算技术应用的蓬勃发展。

据不完全统计，目前我国学者已发表的标题中含有"大数据"和"图书馆"的论文已接近 3000 篇。在这些研究成果中，大数据与图书馆成为大家所热切关注的话题。作为大数据应用与发展的基础，云计算的多种服务实现模式，包括 SaaS、HaaS、IaaS、CaaS 和 DaaS 等，都对与图书馆相关的大数据，在创建、存储、传输、处理、分析和挖掘等方面，具有深远的影响。实际上，在国外图书馆界已对云计算进行广泛探索应用的今天，我国图书馆界在云计算的实践应用方面，依然还存在认识模糊和应用不足的问题。这固然与实施云计算的基础设施建设水平相关，更与云计算的应用所引发的信息安全及此方面的政策法律跟进不够密切相连。可以说，云计算在图书馆界应用的裹足不前，必将影响图书馆对大数据的理念与技术的深入应用。为此，研究云计算环境下图书馆信息资源安全问题，显然有其理论价值和实践意义。

目前，将云计算技术融入图书馆业务工作实践的行业诉求日益提高。云计算环境下图书馆既可以是云服务的接受者（或称为使用者），也可以是云服务的提供者，但以前者为其主要角色定位。将云服务引入图书馆，有助于其获得计算能力并扩展存储空间，改善服务系统功能，进而提高图书馆的信息服务能力；而图书馆提供云服务则是图书馆揭示、共享、传递其信息资源的新途径，旨在避免重复建设和成本浪费，以增强图书馆的资源利用率和开放性。不过，尽管图书馆与云计算的深度结合使其在软件环境、硬件存储、应用平台与服务方式等方面发生了重大变革，但也为图书馆信息资源管理带来诸多的安全问题。从数据管理生命周期角度来看，数据采集、数据保存、数据传输、数据使用和数据删除等各环节均涉及图书馆的信息资源安全问题；从法律角度来看，隐私权保护、知识产权保护、取证、管辖等问题也值得进一步探讨。图书馆能否妥善克服引入云计算技术带来的此类障碍，深刻影响着其用户在使用云服务过程中的切身利益。

云计算环境下图书馆信息资源安全政策法律的构建为图书馆信息资源安全问题的有效解决提供了重要补充。依据图书馆的信息资源类型，可以将适用于图书馆信息资源安全的政策法律分为基于云计算数据管理生命周期核心环节的政策法律、基于个人数据安全的政策法律以及基于虚拟化计算资源安全政策法律三个层面。为确保图书馆有效应对云计算环境下可能发生的信息资源安全问题，主要可以从政策法律角度入手，构建满足图书馆信息资源安全需求的政策法律体系，签订有利于维护图书馆信息资源安全的云服务协议，制定适用于云计算下图书馆信息资源安全的内部管理制度，且有必要加强与应用云服务经验丰富的国外同行的交流合作。

本书的内容主要包括三个模块：第一个模块为研究背景与理论基础，即第1章到第6章介绍了主要国家图书馆界应用云服务的总体概况，在此基础上系统剖析了图书馆应用及提供云服务的发展现状及突出特点，并认为云环境下图书馆主要以云服务接受者为主。第二个模块为信息安全风险及原因剖析，即第7章和第8章探索了图书馆在云计算环境下的信息资源体系安全风险及原因。第三个模块为法律体系架构及应对策略，即第9章与第10章提出云计算环境下图书馆信息资源安全的政策法律体系，并在此基础上给出了云计算环境下确保图书馆信息资源安全的应对策略。

本书的撰写得到了国家图书馆吕淑萍老师、姜晓熙老师和韩新月老师的大力支持，北京大学周庆山教授为本书撰写序言；北京电子科技学院邸弘阳老师参与第3章、第4章、第5章和第6章的资料收集与整理；扬州大学郑琳老师参与第8章和第9章的资料收集与整理；北京市大兴区检察院王凤暄女士参与第7章的资料收集与整理；国家图书馆任思琪老师参与第3章、第5章、第6章和第7章的资料收集与整理；北京舞蹈学院屈亚杰老师参与第6章和第9章的资料收集与整理；张莎莎女士参与第 2 章的资料收集与整理；山西财经大学王舒参与第 9 章的资料收集与整理；首都医科大学王婷老师参与第 4 章和第 8 章的资料收集与整理。硕士研究生郑霞对本书通篇进行了认真细致的审读。在此，向各位参与者表示诚挚的谢意。

在本书的撰写与出版过程中，作者本着认真负责的态度，付出了最大的努力，但囿于研究水平，定有诸多不足之处，敬请广大读者不吝批评指正。

黄国彬

2021 年 5 月